Der Internationale Strafgerichtshof als Faktor der Globalisierung

# Europäische Hochschulschriften
Publications Universitaires Européennes
European University Studies

**Reihe II**
**Rechtswissenschaft**

Série II Series II
Droit
Law

**Bd./Vol. 4310**

PETER LANG
Frankfurt am Main · Berlin · Bern · Bruxelles · New York · Oxford · Wien

Andreas Th. Müller

# Der Internationale Strafgerichtshof als Faktor der Globalisierung

## Eine Annäherung aus rechtsphilosophischer und staatsrechtlicher Sicht

PETER LANG
Europäischer Verlag der Wissenschaften

**Bibliografische Information Der Deutschen Bibliothek**
Die Deutsche Bibliothek verzeichnet diese Publikation in der Deutschen Nationalbibliografie; detaillierte bibliografische Daten sind im Internet über <http://dnb.ddb.de> abrufbar.

Gedruckt mit Förderung des Amtes der Vorarlberger Landesregierung.

Die vorliegende Arbeit wurde von Prof. Brieskorn und Prof. Pernthaler für die Veröffentlichung vorgeschlagen.

ISSN 0531-7312
ISBN 3-631-54566-5



www.peterlang.de

*Meinen Eltern*

*In Liebe und Dankbarkeit*

צֶדֶק וְשָׁלוֹם נָשָׁקוּ

*Gerechtigkeit und Friede küssen sich.*

*Ps 85, 11*

# Vorwort

Der Entschluss zur Behandlung des Themas liegt schon geraume Zeit zurück, entspringt er doch einem Auslandsaufenthalt an der Université Robert Schuman de Strasbourg während des Studienjahres 1999/2000. Die Thematik des Internationalen Strafgerichtshofes, die sich damals angesichts des gerade beschlossenen Römer Statuts besonderer Aktualität und breiten Interesses erfreuen durfte, hat mich dann durch die folgenden Jahre, in denen es um den nunmehr errichteten Gerichtshof auch schon wieder etwas stiller geworden war, begleitet, bis die Ergebnisse dieser Überlegungen im Jahr 2003 als Abschlussarbeit für die Studien der Christlichen Philosophie und der Rechtswissenschaften an der Universität Innsbruck vorlegt werden konnten.

Von einem gut einjährigen Forschungsaufenthalt aus Jerusalem/Bethlehem zurückgekehrt – und durch die Erfahrungen vor Ort in der Einschätzung der Relevanz des Themas nur weiter bestärkt –, ist es nunmehr möglich, die entsprechenden Ausführungen einem größeren Publikum zugänglich zu machen. Dabei wurden, wo es unmittelbar geboten schien, kleinere Änderungen und Aktualisierungen vorgenommen; im Wesentlichen repräsentiert das Manuskript aber den Stand des Jahres 2003 und will sich auch aus dieser Perspektive verstanden wissen.

Der hauptsächliche Dank gebührt den beiden Betreuern der Arbeit, Herrn Univ.-Prof. Dr. NORBERT BRIESKORN SJ, Ordinarius für Sozial- und Rechtsphilosophie und Rektor an der Hochschule für Philosophie München, sowie zugleich Herrn Univ.-Prof. Dr. PETER PERNTHALER, mittlerweile emeritierter Ordinarius für Öffentliches Recht an der Universität Innsbruck, die die hier angestellten Überlegungen durch fruchtbare Hinweise und vielfältiges Entgegenkommen sehr gefördert haben.

Dank gilt ebenso meinen Freundinnen und Freunden CHRISTIAN Jochum, CHRISTOPH Aichbauer, FLORIAN Marxer, GABI Steixner, LEANDER D. Loacker und MONIKA Kößler, von welchen ich in umsichtiger und engagierter Lektüre des Manuskripts und in wertvollem Gedankenaustausch mannigfaltige Unterstützung erfahren durfte.

*Andreas Th. Müller*

# Inhaltsverzeichnis

# EINLEITUNG

„La création d'une Cour pénale internationale constitue, nul ne le conteste, un pas considérable accompli par l'humanité. Les métaphores et les superlatifs n'ont pas manqué dans la bouche de ceux qui ont voté l'adoption du statut de la Cour."[1] Es sind der Stimmen viele, die den Ereignissen des 17. Juli 1998 mit solch oder ähnlichem Urteil begegnen und in der Beschlussfassung über das Statut des Internationalen Strafgerichtshofes, welches mit 1. Juli 2002 in Rechtswirksamkeit erwachsen ist[2], ein Phänomen würdig der Superlative, ja vielleicht sogar einen „beträchtlichen (Fort)Schritt der Menschheit" sehen wollen. Dies ist hier nicht zu entscheiden, mag aber doch Grund genug dafür geben, einem Gebilde, das offensichtlich so hohe Erwartungshaltungen zu wecken im Stande ist, nähere Betrachtung zu schenken. Von daher machen der historische Akt des 17. Juli 1998 sowie der damit ins Leben gerufene *Internationale Strafgerichtshof* in seiner konkreten Verfasstheit Gegenstand und Mittelpunkt der vorliegenden Arbeit aus.

Dieser geht es nun aber mitnichten um eine vorrangig *völkerrechtlich* oder *kriminalrechtlich* motivierte Reflexion über das *Rome Statute of the International Criminal Court*. Wohl werden derartige Aspekte für Grundlegung und Verständnis eines *internationalen* (nämlich durch völkerrechtlichen Vertrag errichteten) *Straf*gerichtes sowohl hilfreich wie oft unerlässlich sein, die Hauptstoßrichtung der nachstehenden Überlegungen ist aber eine andere: Während die erstgenannten Fragerücksichten angesichts des schon mehr als fünfjährigen Bestehens des Statuts umfassende Betrachtung erfahren haben, steht eine *rechtsphilosophisch* motivierte Aufarbeitung des Phänomens noch in vielerlei Hinsicht aus. Just unter diesem Titel suchen sich die hier dargebotenen Überlegungen dem ICC zu nähern.

Damit ist natürlich ein überweites Feld der Reflexion eröffnet, das es weiter einzuschränken gilt: Wie der Titel *Der Internationale Strafgerichtshof als Faktor der Globalisierung* nahelegt, wird es uns im Folgenden darum zu tun sein, jene Aspekte und Dynamiken am ICC herauszuarbeiten, die ihn als relevantes Moment in jenem komplexen Prozessgeschehen charakterisieren, das heute fast einhellig konstatiert und mit einer Fülle von Untersuchungen dotiert wird – ob mit eher positiven oder negativen Konnotationen und mit welchem Begriffsinhalt genau, darf für die hier verfolgten Zwecke vernachlässigt werden.[3] Insofern das Phänomen der *Globalisierung* zweifellos als einer der prominentesten Gegenstände zeitgenössischer rechtsphilosophischer Reflexion fungiert, mag es auch gerechtfertigt erscheinen, den ICC im Speziellen unter dieser Rücksicht in den Blick zu nehmen. In dessen beschränk-

---

1 BOURDON, CPI, 329.
2 Zu alledem cf unten 1.4.2 und 1.4.3.
3 Cf dazu noch näher 3.1.

terem und überschaubarerem Rahmen darf man sich vielleicht erhoffen – die nachstehenden Überlegungen wollen als Beleg dafür dienen –, sich einerseits am gegebenen Beispiel Komplexität und Vielschichtigkeit, dann auch Gegenläufigkeit und Ambivalenz der unter dieser Begrifflichkeit zusammengefassten Prozesse plastisch machen zu können. Andererseits soll es im bewussten Abstellen auf ein *konkretes raumzeitliches Phänomen* möglich werden, über ein bloßes Weitertragen von Allgemeinplätzen hinaus gleichsam am Objekt selbst sicht- und nachvollziehbar zu machen, was der Stand der Entwicklung ist und in welche Richtung von daher weitergeschritten werden kann und soll.

Dabei wird sich erweisen, dass sich in der Einrichtung des Internationalen Strafgerichtshofes in markanter Weise eine – regelmäßig auch, ja prominent unter die Prozesse der Globalisierung gerechnete – Umgestaltung des überkommenen Staatsverständnisses und damit der vertrauten Verfasstheit und Funktionsweise der Staatenwelt manifestiert. In dieser Dynamik und Transformation von wesentlichen Rahmenbedingungen der Gemeinwesentheorie ist nicht zuletzt die *Staatslehre* auf den Plan gerufen. Und just den vielgestaltigen Aspekten der damit aufgeworfenen Fragestellung will sich die vorliegende Arbeit (wenigstens in rudimentärer Weise) annehmen, woher sich auch ihr Untertitel rechtfertigen mag: *Eine Annäherung aus rechtsphilosophischer und staatsrechtlicher Sicht.*

Des vorher Gesagten eingedenk, kann eine derartige Untersuchung kaum *in mediis rebus* anheben, sondern bedarf, so scheint es wenigstens, einer Grundlegung, einer substanziellen Auseinandersetzung nicht nur mit der abstrakten „Idee“ internationaler bzw universaler Strafgerichtsbarkeit, sondern mit dem *Internationalen Strafgerichtshof* selbst, eben als konkretes raumzeitliches Phänomen und auch in seinen Schwächen und Unzulänglichkeiten. Diesem Ziele haben sich die ersten beiden Abschnitte verschrieben: Der *erste* sucht in einem historischen Abriss nach geschichtlichen Verwirklichungen internationaler Strafgerichtsbarkeit, insofern nach mehr oder minder so zu apostrophierenden „Vorläufereinrichtungen“ derselben. Von ihnen her – als Vorbilder wie Gegenfolie – werden sich manch markante Züge des ICC aufzeigen lassen. Dabei wird deutlich, dass es sich bei Einrichtungen internationaler Strafgerichtsbarkeit – in einem pointierteren, im Folgenden zu entfaltenden Sinne – um ein geschichtlich doch recht junges Phänomen handelt.

Der *zweite* Abschnitt dann ist einer skizzenhaften Analyse des Statuts des ICC selbst gewidmet: Es scheint unerlässlich, Zielsetzung, Organisation, Funktionsweise (kurz: das *Regime*) des Internationalen Strafgerichtshofs zumindest kurz zu umreißen, um sich von den in diesem Zusammenhang zu entfaltenden Begriffsklärungen und Unterscheidungen her – im gegebenen Kontext wird man auch, wie schon angedeutet, nicht umhin kommen, sich zentraler völker- und strafrechtlicher Konzepte zu versichern – ein Grundverständnis zu erarbeiten, das den folgenden Überlegungen dienstbar gemacht werden kann.

Auf diesem Hintergrund erst soll zu Beginn des *dritten* Abschnitts eine Annäherung an das Phänomen der Globalisierung versucht werden, die sich von Anfang an nach den im Vorigen ausgearbeiteten Bedürfnissen richten wird und angesichts der überwältigenden Vielgestaltigkeit des Themas wohl auch darf. Von daher ist ein bescheidener Abriss der philosophischen Reflexion über die Fragen von Internationalität und Globalität zu geben, der uns zum der kantischen *Friedensschrift* entspringenden Konzept der *Weltrepublik* führen wird, welches wiederum den folgenden Überlegungen entscheidend zu Grunde liegt. Im Herzteil der Arbeit wird es unternommen, sich das Modell einer *föderal-subsidiär strukturierten Weltrepublik* zu vergegenwärtigen und auf deren Hintergrund herauszuarbeiten zu suchen, ob und inwieweit der ICC (in einem noch zu entfaltenden Sinne) als *Faktor* solcher Weltrepublik verstanden werden kann. Auf diese Weise sollen zum einen im zweiten Abschnitt nur kommentierend wiedergegebene Züge des ICC tiefere Bedeutung und Begründung erfahren. Zum anderen erhält dadurch zugleich das Modell der Weltrepublik selbst nähere Konturen und Prägung.

Der *vierte* Abschnitt bringt dann einen *Perspektivenwechsel*, indem er die bisherige Betrachtung von der Makro- auf die Mikroebene führt: Ist der ICC zuvor in seiner Relevanz für das Weltrepublikskonzept untersucht worden, so tritt er nun als *Faktor des Weltbürgerrechts* auf den Plan. Wiewohl die angestellten Überlegungen dem „eigentlichen" dritten Zentralabschnitt folgen und in vielerlei Hinsicht vom Vorigen zehren können, finden die angesprochenen Verschiebungen im Gemeinwesenverständnis hier doch ihren pointiertesten Ausdruck. Dass der Internationale Strafgerichtshof als *Weltgerichtsbarkeit* als seine Verfahrenssubjekte *allein* Menschen, *Individuen* (als *Weltbürger*) kennt, mag für sich genommen schon deutlich machen, dass über klassische Souveränitätslehren und behauptete Asymmetrien von Staats- und Völkerrecht hinaus neue, durchaus anders geartete Dynamiken am Werke sind. Die Neubewertung, die Rehabilitierung der Stellung des Individuums im Bereich des Überstaatlichen erweist sich von daher als Reflex wie Schlüssel zum Weltrepublikskonzept, der ICC aber als in besonderer Weise berufen, diese Zusammenhänge zu illustrieren.

In Hoffnung und Anspruch, für den Internationalen Strafgerichtshof den Standpunkt eines möglichen Instruments im Dienste am Menschen, eines substanziellen Gewinns an Handlungsfähigkeit hinsichtlich katastrophaler Unrechtserfahrungen gefunden und gegründet zu haben – das eigentliche Ziel der vorliegenden Ausführungen –, ist es dem *fünften* Abschnitt, gleichsam als „Abgesang", vornehmlich darum zu tun, den ICC mit alternativen Formen des Umgangs mit Menschenrechtsverletzungen großen Maßstabs zu kontrastieren. Einmal mehr werden in der Gegenfolie charakteristische Züge der universalen Strafgerichtsbarkeit deutlich werden, die schließlich im Sinne eines *Plädoyers für Bescheidenheit* den möglichen Beitrag des ICC in *einer*, – unter gewissen (zumindest anzudeutenden, aber im gegebenen Rahmen nicht ausfaltbaren) Kriterien – in der *relativ besten* Antwort auf den Skandal Menschen von Menschen zugefügten Unrechts sehen.

> „In the prospect of an international criminal court lies the promise of universal justice. That is the simple and soaring hope of this vision. We are close to its realization. We will do our part to see it through till the end. We ask you ... to do yours in our struggle to ensure that no ruler, no State, no junta and no army anywhere can abuse human rights with impunity. Only then will the innocents of distant wars and conflicts know that they, too, may sleep under the cover of justice; that they, too, have rights, and that those who violate those rights will be punished."[4]

---

4 So KOFI ANNAN, seines Zeichens Generalsekretär der Vereinten Nationen, in seiner Eröffnungsansprache vom 15. Juni 1998 an die Delegierten der Römer Konferenz.

# 1 Zur Geschichte der internationalen Strafgerichtsbarkeit

In einem ersten Schritt wollen wir eine historische Einordnung des Phänomens „Internationaler Strafgerichtshof" vorzunehmen versuchen. Es wird nicht verwundern, dass eine derartige Institution unzählige historische Parallelen, Vorläufereinrichtungen und eine komplexe Entstehungsgeschichte kennt. Dabei geht es nicht einfach um ein chronologisches Zusammenstellen der Akte und Prozesse, die dann schließlich in der Errichtung des Internationalen Strafgerichtshofes gipfelten, sondern die folgende Betrachtung dient gleichermaßen Herausarbeitung und Nachweis von Elementen, die den ICC in seiner spezifischen Beschaffenheit ausmachen, die gegenüber anderen Einrichtungen von Gestern und Heute Kontinuität wie Originalität herausstreichen.

Den Blick in die Geschichte tut man immer unter bestimmten Rücksichten, unter dem Gegenstand möglichst angemessenen Fragerichtungen. Über diese gilt es sich Rechenschaft abzulegen, um den Blick nicht von vornherein unzulässigerweise zu verengen, zu verbreitern oder abzulenken. Das bekannte Problem des „hermeneutischen Zirkels", dessen sich der Fragende gewärtig zu sein hat, besteht dabei darin, dass man diese Fragerichtungen schon bezeichnen können sollte, bevor man sich dem Gegenstand überhaupt zuwendet, dass aber andererseits deren Adäquatheit wiederum nur vom Gegenstand selbst her zu beurteilen ist. Nichtsdestotrotz muss irgendwo, gleichsam mit der Machete in den Dschungel des Problems eindringend, ein Einstieg gefunden werden, von dem aus es sich dann den Weg zu bahnen gilt.

Diesen Einstieg nun wollen wir in einer gewissen „erkenntnistheoretischen Naivität" vom Alltagsverständnis des Phänomens bzw der es konstituierenden Elemente her gewinnen. Die Bezeichnung „Internationaler Strafgerichtshof" lässt uns ohne weiteres drei Wortbestandteile ausmachen, die unserem weiteren Vorgehen zum ariadnischen Faden werden sollen: a) *Gerichtshof*, b) *Strafe/Strafrecht*, c) *international*. Von allen dreien haben wir ein zwar noch nicht ausdifferenziertes, aber durchaus tragfähiges „alltägliches Vorverständnis".[5] Wir wollen uns umso mehr von

[5] Es wäre ein vermessenes und wohl auch nicht sehr ergiebiges Unterfangen, hier ein wie immer geartetes *fundamentum inconcussum* oder gleichsam eine Wesensdefinition des Begriffes „internationaler Strafgerichtsbarkeit" anstreben zu wollen. Ohne weiter methodische Überlegungen in Hinblick auf erkenntnistheoretische, sprachphilosophische und philosophiegeschichtliche Bezüge und Implikationen dieses Vorgehens anstellen zu können, erscheint die vorgeschlagene Vorgangsweise – als ein erster Schritt – als durchaus angemessene, weil vorsichtige Annäherung an das Phänomen. Es wird sich in den folgenden Betrachtungen zeigen, dass man es hier mit sehr vielschichtigen, komplexen und schillernden Entwicklungen zu tun hat, die jede vorschnelle Festlegung verbieten.

diesem „*prima-facie*-Zugang" leiten lassen, als wir es in Gegensatz zu manch anderem Gegenstand wissenschaftlicher Untersuchung, wo dieses alltägliche Vorverständnis eher dünn gesät ist, in Anbetracht der genannten Begriffe mit einer relativ ausgeprägten Form davon zu tun haben, handelt es sich doch um Wörter, die unserem lebensweltlichen Sprechen nicht nur nicht peripher, sondern ganz selbstverständlich (allerdings nicht in dieser speziellen Kombination) angehören. Die folgenden Betrachtungen sollen uns helfen, auf ihrem Hintergrund den Blick zu schärfen und die genannten Elemente präziser fassen zu können.

Nach (scheinbarer oder wirklicher) Koinzidenz und Konzentration der genannten drei Elemente wird sich der folgende historische Abriss also richten. Dabei wird zuallererst auffallen, dass über weite Strecken nur isolierte Phänomene in den Blick kommen und sich erst relativ spät, im Wesentlichen erst in den letzten 60 Jahren eine kontinuierliche Entwicklung abzuzeichnen beginnt. Gleichzeitig muss betont werden, dass der nun zu unternehmende geschichtliche *tour de force* in keiner Weise ein ausgewogenes historisches Bild zu zeichnen versucht, sondern nur einige wichtige Anleitungen und Elemente an die Hand geben möchte, auf dass das Feld, auf und aus dem der Internationale Strafgerichtshof gewachsen ist, an Konturen, an geschichtlichem Zusammenhang, aber auch an Struktur gewinne.

## 1.1 VOR DEM ZWEITEN WELTKRIEG

### 1.1.1 Das Gericht über die athenischen Seeleute

Einige wollen als eine erste Begebenheit von Interesse für unsere Fragestellung das Gericht ins Treffen führen, das der spartanische Admiral LYSANDROS nach der Seeschlacht bei Aigospotamoi im Jahr 405 vor Christus über die gefangenen Seeleute der geschlagenen athenischen Flotte abhielt.[6] XENOPHON berichtet in seinen *Hellenika*[7], dass sie alle bis auf einen Offizier der grausamen

---

[6] Cf BASSIOUNI, Crimes Against Humanity, 196 und MERKEL, Lauter leidige Tröster, 327. Der im Folgenden des Öfteren wiederkehrende, vielleicht stutzig machende Titel des Merkel-Aufsatzes rührt daher, dass der Autor darin auf eine noch näher zu erörternde Passage aus KANT, Zum ewigen Frieden, AA VIII, 355 anspielen möchte. Cf dazu unten 3.2.5.1 aE.

[7] XENOPHON, Hellenika, 2. Buch, I, 31f: „Hierauf berief Lysandros eine Versammlung der Bundesgenossen, in der er diese aufforderte, über das Schicksal der Kriegsgefangenen zu beraten. Da wurden denn viele Anschuldigungen gegen die Athener laut, was sie bereits für Rechtsbrüche begangen und was sie für den Fall eines Seesieges beschlossen hätten, nämlich allen lebendig Gefangenen die rechte Hand abzuhauen ... Noch vieles andere wurde vorgebracht und dann der Beschluss gefasst, die Gefangenen, soweit sie Athener waren, zu töten, mit Ausnahme des Adeimantos, weil er als einziger in der athenischen Volksversammlung gegen den Beschluß über das Abhacken der Hände Einspruch erhoben hatte ... Lysandros

Verletzung von Regeln ehrhafter Kriegsführung schuldig gesprochen und hingerichtet worden seien.

Man wird sich hüten müssen, darin schon ohne weitere Prüfung eine Form internationaler Strafgerichtsbarkeit zu sehen. Wohl ist es zutreffend, dass hier nach einer Schlacht Soldaten, Offiziere für ihre „Kriegsverbrechen" zur Verantwortung gezogen werden sollten – es sich also um Verfolgung zu Strafzwecken handelte – und dass nicht einfach in einem Akt spontaner Rache Vergeltung geübt, sondern eine Art Verfahren, eine Art Gerichtshof installiert wurden, wo man Beweise für die vorgeworfenen Taten sammelte und den Angeklagten Gelegenheit zur Stellungnahme gab. Nun entspricht das beschriebene Vorgehen dennoch nicht wirklich unseren Vorstellungen eines geregelten Strafprozesses – man denke nur an die Art, wie sich LYSANDROS an PHILOKLES adressiert –, sondern lässt eher den Verdacht einer „Maskerade für die blutige Rache der Sieger" aufkommen, in der sich aber immerhin „ein moralisches Bedenken gegen die rohe Machtgeste einer blanken Vergeltung"[8] zeige. Und völlig zu Recht verweist REINHARD MERKEL hier auf den von IMMANUEL KANT konstatierten „verwunderlichen" Umstand, „dass das Wort *Recht* aus der Kriegspolitik noch nicht als pedantisch ganz hat verwiesen werden können"[9].

Was in Hinblick auf die von uns formulierten drei Kriterien allerdings das Element der Internationalität betrifft, wird man stutzig werden: Wollen wir in einem sehr weiten Sinne von Internationalität, von Zwischen- bzw Überstaatlichkeit schon jedes Mal dann sprechen, wenn ein Anknüpfungspunkt gegeben ist, der ein einzelnes staatliches Gebilde übersteigt? Das hieße, das Kriterium wäre hier schon erfüllt, weil nämlich im Krieg von Athen und Sparta die Sieger über die unterlegenen, gefangenen Athener Gericht halten, weil Athener von Spartanern nach spartanischem Recht zur Verantwortung gezogen werden – denn eine Verletzung der Regeln ehrenhafter Kriegsführung dürfte ja aus athenischer Sicht nicht vorgelegen haben, war ja gerade dort, wie XENOPHON berichtet, die Maßnahme des Abhackens der rechten Hand beschlossen worden. Oder aber scheint es sinnvoller, und dieser Option wird hier der Vorzug gegeben, das Kriterium der Internationalität in einem engeren, differenzierteren Sinne zu gebrauchen, der ein noch näher zu bestimmenes „Mehr" an Überstaatlichkeit verlangt?

---

fragte als ersten den Philokles, den, der die Andrier und Korinthier ins Meer hatte stürzen lassen, welche Strafe er dafür verdiene, mit gesetzeswidrigen Handlungen gegen Hellenen den Anfang gemacht zu haben, und ließ ihn hinrichten." (Übersetzung von GISELA STRASBURGER).

8 MERKEL, Lauter leidige Tröster, 328.

9 KANT, Zum ewigen Frieden, AA VIII, 355 (Hervorhebung im Original).

## 1.1.2 Die Verurteilung Peters von Hagenbach

In diesem Zusammenhang scheint es hilfreich, sich ein weiteres historisches Beispiel vor Augen zu führen: Der Landvogt PETER VON HAGENBACH hatte im Namen des Herzogs KARL VON BURGUND jahrelang eine Schreckensherrschaft über die Stadt Breisach ausgeübt, bis er 1474 von den gegen KARL verbündeten Mächten – Österreich, Frankreich, Bern und die unabhängigen oberrheinischen Städte – besiegt wurde. Die „Alliierten" bildeten ein Tribunal von 28 Richtern, das den Landvogt wegen Mordes, Vergewaltigung, Meineides und anderer Verbrechen gegen die „Gesetze Gottes und der Menschheit" seiner Ritterehre enthob, zum Tode verurteilte und hinrichten ließ.[10]

Sowohl BASSIOUNI als auch MERKEL qualifizieren, darin SCHWARZENBERGER folgend, dies als „ersten historisch verbürgten Fall einer wirklichen internationalen Strafjudikatur"[11]. Dass hier ein Strafgericht installiert wurde, können wir ohne weiteres, mit den gleichen Gründen wie auch im vorigen Falle, bejahen. Wie verhält es sich nun aber mit dessen Internationalität? Ganz anders als im Fall der Seeleute ist hier nicht einfach nur ein einzelner Stadtstaat als Akteur aufgetreten, sondern mehrere „staatliche" Gebilde haben sich zusammengetan und darüber verständigt, ein gemeinsames Gericht einzusetzen sowie dafür 28 Richter zu benennen. Und diese Richter wiederum konnten aufgrund ihrer unterschiedlichen Provenienz nicht einfach ein bestimmtes, schon „von Haus aus" gegebenes Strafrecht zur Anwendung bringen, sondern rekurrierten zum einen auf Verbrechen, deren Qualifikation als solche und Bestrafung allen Völkern gemein seien (zB Mord, Vergewaltigung, Meineid), zum anderen überhaupt auf das einzelne Gemeinwesen übersteigende Delikte, da sie dem Menschen als solchem und Gott widerstritten.

Dies alles sind schon sehr viel gewichtigere Elemente von Internationalität, die das oben angeführte Urteil plausibel und nachvollziehbar erscheinen lassen. Ohne hier eine differenziertere Bewertung dieses Ereignisses vornehmen zu können, muss gleichzeitig darauf hingewiesen werden, dass es sich dabei im Wesentlichen um ein isoliertes, ephemeres Phänomen handelte, das erst nach Jahrhunderten eine ernsthafte und engagierte Wiederaufnahme erfahren sollte. Dazu das lapidare Urteil von LYAL S. SUNGA: „Further significant development in the implementation of international criminal law dit not occur until around five centuries later, following the end of the First World War."[12] Es ist hier nicht der

---

10 Cf MERKEL, Lauter leidige Tröster, 328 und BASSIOUNI, Crimes Against Humanity, 197, beide bezugnehmend auf SCHWARZENBERGER, International Law, 462-466.

11 MERKEL, Lauter leidige Tröster, 328.

12 SUNGA, The Emerging System, 279. Nicht unerwähnt bleiben darf in diesem Zusammenhang der Schweizer GUSTAVE MOYNIER, einer der Gründungsväter des Internationalen Komitees

Platz, auf die vielfältigen, die Völkerrechtsgeschichte als solche betreffenden Gründe für diese Entwicklung näher einzugehen; an dieser Stelle sei mit dem Hinweis Genüge getan, dass diesbezüglich insbesondere ein Zusammenhang mit der sich zunehmend stärker etablierenden Lehre von der Souveränität der Staaten zu sehen ist, die in reziproker Weise internationales Handeln erschwerte und eine Schwächung völkerrechtlicher Aktivitäten, gerade im Bereich von „Kernelementen" der Souveränität bedeutete, wozu das Strafrecht immer gezählt hat.

### 1.1.3 Die Verfahren von Leipzig und die Anklage des Kaisers

„Das 19. Jahrhundert hatte die Erbschaft einer widersprüchlichen Entwicklung des Kriegsvölkerrechts hinterlassen: Während die klassische Lehre des bellum iustum und damit die eines stets prekären und beweispflichtigen *ius ad bellum* vom blutig durchgesetzten Dogma der absoluten nationalstaatlichen Souveränität zerrieben worden war und einer gänzlich rechtsfreien kriegerischen Willkür der Staaten Platz gemacht hatte, versuchte seit der Jahrhundertwende eine wachsende Zahl von Konventionen und Kodifikationen wenigstens den Formen der Kriegführung mit den Regeln eines verbindlichen *ius in bello* rechtliche Grenzen zu ziehen."[13] In den Gräueln des Ersten Weltkrieges, auf den uns SUNGA für die Fortsetzung der Geschichte der internationalen Strafgerichtsbarkeit verweist[14], manifestierte sich in gegenläufiger Bewegung das katastrophale und tragische Scheitern beider Tendenzen: „Die faktische Freiheit der Staaten zum Krieg hatte sich als normativ unhaltbar, die normative Begrenzung ihrer Kriegsformen dagegen als faktisch wirkungslos erwiesen."[15]

Auf dem Hintergrund dieser Erfahrungen versuchten die Staaten der Entente, auf beiden Ebenen zu reagieren:

a) Was das *ius in bello* betrifft, hatte dieses noch kurz vor dem Ersten Weltkrieg in den im Rahmen der Haager Friedenskonferenzen von 1899 und 1907 verabschiedeten Abkommen über die Gesetze und Gebräuche des Landkriegs eine durchaus ambitionierte Kodifikation erfahren. Dieser Internationalisierung auf Ebene des *materiellen* Rechts stand aber auf Seiten des *formellen* der Grundsatz gegenüber, dass die Aburteilung „gewöhnlicher" Kriegsverbrechen Angelegenheit jedes einzelnen Staates sei. Diesbezüglich versuchte Art 228 des Vertrags von Ver-

---

vom Roten Kreuz, der in einem 1872 erschienenen Aufsatz unter dem Eindruck der Gräuel des preußisch-französischen Krieges von 1870/71 als erster förmlich die Verbindung von Verletzungen des humanitären Völkerrechts mit der Strafverfolgung durch eine internationale Gerichtsbarkeit gefordert hatte.

13 MERKEL, Lauter leidige Tröster, 328f (Hervorhebungen im Original).

14 Cf SUNGA, The Emerging System, 279.

15 MERKEL, Lauter leidige Tröster, 329.

sailles vom 28. Juni 1919 eine Neuerung zu bringen: „The German Government recognises the right of the Allied and Associated Powers to bring before military tribunals persons accused of having committed acts in violation of the laws and customs of war.“[16] Zur Installierung derartiger Straftribunale der Entente kam es aber nicht, da sich die Weimarer Republik kategorisch weigerte, als Kriegsverbrecher Verdächtigte auszuliefern. Die Alliierten gestanden Deutschland schließlich zu, gegen diese vor dem Reichsgericht in Leipzig zu verhandeln: Von den von der Pariser Friedenskonferenz benannten 895 mutmaßlichen Kriegsverbrechern[17] wurden 45 von den Alliierten zur Verfolgung ausgewählt. Davon wiederum führte das Reichsgericht nur 12 Verfahren durch, von denen sechs mit Freispruch und die anderen mit Haftstrafen zwischen zwei Monaten und vier Jahren endeten.[18]

Wenn die Leipziger Verfahren auch letztlich für das Scheitern der Errichtung einer internationalen Strafgerichtsbarkeit zur Aufarbeitung von im Ersten Weltkrieg begangenen Verbrechen stehen, so markieren sie doch einen wichtigen Schritt der Entwicklung in diese Richtung. Erstmals wurde das Prinzip klar formuliert, dass es eine individuelle strafrechtliche Verantwortlichkeit für während eines Krieges verübte Verbrechen gibt, wenn dieses auch bloß halbherzig umgesetzt wurde und zunächst auf Verbrechen nur der einen Seite beschränkt war.

b) Einen weiteren Vorstoß in Richtung einer internationalen Strafjudikatur, und zwar auf Ebene des *ius ad bellum*, bedeutete Art 227 des Versailler Vertrages:

> „The Allied and Associated Powers publicly arraign William II of Hohenzollern, formerly German Emperor, for a supreme offence against international morality and the sanctity of treaties.
> A special tribunal will be constituted to try the accused, thereby assuring him the guarantees essential to the right of defence. It will be composed of five judges, one appointed by each of the following Powers: namely, the United States of America, Great Britain, France, Italy and Japan.
> In its decision the tribunal will be guided by the highest motives of international policy, with a view to vindicating the solemn obligations of international

---

16 Die zitierte englische Fassung des *Treaty of Peace between the Allied and Associated Powers and Germany* (und damit der hier einschlägige *Part VII. Penalties*) findet sich unter http://www.yale.edu/lawweb/avalon/imt/menu.htm. Wiewohl der Vertrag von Versailles gemäß dessen Art 440 authentisch nur in englischer und französischer Sprache abgefasst ist – abgesehen davon, dass diese die zentralen internationalen (Arbeits)Sprachen waren und sind, kommt darin nicht zuletzt zum Ausdruck, dass Deutschland als Verlierer des Krieges nicht ohne wieteres als gleichberechtigter Vertragspartner angesehen wurde –, sei in diesem Zusammenhang auch auf die unter http://www.documentarchiv.de/wr/vv07.html vorfindliche deutsche Übersetzung verwiesen, auf die teilweise auch zurückgegriffen wird.

17 Zu diesem Zweck installierte die Friedenskonferenz 1919 eigens eine *Commission on the Responsibilities of the Authors of War and on Enforcement of Penalties for Violations of the Laws and Customs of War*, deren Bericht als Grundlage der erwähnten Entscheidung fungierte.

18 Cf dazu, insbesondere zum angewendeten Verfahren und den einzelnen Anklagen, ausführlich BASSIOUNI, Crimes Against Humanity, 199-203.

undertakings and the validity of international morality. It will be its duty to fix the punishment which it considers should be imposed.
The Allied and Associated Powers will address a request to the Government of the Netherlands for the surrender to them of the ex-Emperor in order that he may be put on trial."[19]

In dem Wunsch, nicht nur bestimmte Kriegsverbrechen, sondern die Urheberschaft am Krieg selbst zu ahnden, soll ein „special tribunal" eingerichtet und der vormalige deutsche Kaiser WILHELM II. vor ihm unter Anklage gestellt werden: In nie gesehener Deutlichkeit wird das Prinzip formuliert, dass auch ein Staatsoberhaupt entgegen aller Berufung auf die *raison d'État* persönlicher Verantwortlichkeit für das Lancieren eines Aggressionskrieges nicht enthoben ist. Bei genauerer Betrachtung der vorliegenden Bestimmung finden sich darin all jene Elemente, die wir schon hinsichtlich des Hagenbach-Tribunals herausgearbeitet haben, allerdings in deutlich dichterer und konsolidierterer Form.

Aus individueller, persönlicher Verantwortlichkeit heraus soll sich WILHELM II. VON HOHENZOLLERN vor einem Strafgericht verantworten. Ganz explizit wird eine internationale Zusammensetzung dieser Instanz verankert. In einer Selbstbeschränkung der in Händen des Siegers liegenden Macht wird dem Angeklagten die „Wahrung der wesentlichen Bürgschaften des Rechts auf Verteidigung" in Aussicht gestellt, dieser aber auch, soweit es das Strafausmaß betrifft, gleichzeitig dem unbeschränkten Ermessen des Gerichts überantwortet.

Des weiteren ist davon die Rede, dass sich der Kaiser „wegen schwerer Verletzung des internationalen Sittengesetzes und der Heiligkeit der Verträge" zu verantworten habe und dass sich das Gericht in seinen Erwägungen von den „erhabensten Grundsätze(n) der internationalen Politik", „den feierlichen Verpflichtungen und internationalen Verbindlichkeiten ebenso wie dem internationalen Sittengesetze" leiten lassen solle. MERKEL fällt über diese Formulierungen ein sehr hartes Urteil: „Das war sub specie des Völkerrechts freilich ein merkwürdiges Dokument: ein Zwitter aus Recht und Moral, dessen Mangel an Begründung erkennbar mit einem Überschuss an Pathos behoben werden sollte und dem alle Tonfälle der Verlegenheit abzuhören (sic!) waren, aus einer unklaren Verbindung beider Sphären deduzieren zu müssen, was als einzelne keine von ihnen hergeben konnte."[20]

Jedenfalls, und darin ist der vorgetragenen Einschätzung zu folgen, bleibt es hier im Wesentlichen bei einem – noch weitgehend profillosen – Ringen, Prinzipien internationaler Gerechtigkeit und internationale Verbrechen als deren Verletzung zu proklamieren und ansatzweise in (nach Möglichkeit auch noch

---

[19] Cf FN 16.
[20] MERKEL, Lauter leidige Tröster, 330.

justiziable) Formulierungen zu gießen. Der politische Wille und dementsprechend auch die realen Bemühungen zu deren Umsetzung blieben weit hinter diesem Anspruch zurück. Es muss daher nicht verwundern, dass – ebenso wie und noch mehr als im Falle der „gewöhnlichen" Kriegsverbrechen – auch diesem Projekt nur sehr begrenzter Erfolg beschieden war. Das im Schlusssatz von Art 227 angekündigte und auch noch verwirklichte Auslieferungsbegehren stieß auf den beharrlichen Widerstand der niederländischen Regierung, die dahingehend argumentierte, dass ihr das nationale Recht eine Auslieferung wegen eines politischen Delikts nicht gestatte (sog *political offense exception*); das ausgelobte Gericht sollte seine Arbeit niemals aufnehmen.[21] Es blieb damit einmal mehr der juristischen Aufarbeitung des Zweiten Weltkrieges vorbehalten, den entscheidenden und einschneidenden Schritt in Sachen internationaler Strafgerichtsbarkeit zu tun.

## 1.2 Aufarbeitung des Zweiten Weltkrieges

### 1.2.1 Vorbereitungen zu Kriegsende

Als sich in den Wirren des Zweiten Weltkrieges um 1942 das Blatt mehr und mehr zugunsten der Alliierten zu wenden begann und die Niederlage des Deutschen Reiches sich immer deutlicher abzeichnete, schickten sich die drei „Schwergewichte" – die USA, Großbritannien und die UdSSR – an, sich über die Neuordnung des Globus für die Zeit nach dem Großen Krieg Gedanken zu machen. Neben den Entscheidungen über die politische Neugestaltung Europas und der Welt, die die Drei-Mächte-Konferenzen dominierten, wurden auch erste Vorkehrungen für eine juristische Aufarbeitung der Verbrechen des Zweiten Weltkriegs getroffen.

Ein erstes gewichtiges Signal in diese Richtung ging interessanterweise nicht etwa von den erwähnten Großmächten aus, sondern von Repräsentanten der von den Deutschen besetzten Länder Belgien, Tschechoslowakei, Frankreich, Griechenland, Holland, Jugoslawien, Luxemburg, Norwegen und Polen; diese verabschiedeten am 13. Januar 1942 in London die *Erklärung von St. James*, in der die Konferenzteilnehmer „als eines ihrer wichtigsten Kriegsziele die Bestrafung der für die Verbrechen Verantwortlichen, und zwar im Wege der Rechtsprechung, gleichgültig, ob die Betreffenden alleinschuldig oder mitverantwortlich für diese Verbrechen waren"[22], anführten. Ferner wurde verlangt, „dass im Geiste interna-

---

21 Cf MERKEL, Lauter leidige Tröster, 330f, BASSIOUNI, Crimes Against Humanity, 199f, und SUNGA, The Emerging System, 278.

22 Zitiert nach MÜLLER-BALLIN, Die Nürnberger Prozesse 1945-1949, 6.

tionaler Solidarität a) die Schuldigen oder Verantwortlichen ohne Ansehen der Nationalität gesucht und vor Gericht gestellt und abgeurteilt würden, b) dass die verkündeten Urteile vollstreckt würden"[23]. Diese Erklärung fand in der Folge die Anerkennung der USA, Großbritanniens und der UdSSR.

Selbst aktiv wurden die „Großen" in der von den USA, Großbritannien, der Sowjetunion und auch China verabschiedeten *Moskauer Erklärung* vom 30. Oktober 1943. Diese enthält im Anhang ein *„Statement on Atrocities"*, als dessen Zeichner FRANKLIN D. ROOSEVELT, WINSTON CHURCHILL und JOSEF STALIN aufscheinen. In ihm wird wie auch schon im Versailler Vertrag eine klare Trennlinie zwischen den Hauptkriegsverbrechern und den Exekutoren von deren Plänen gezogen: Für Letztere sind explizit keine internationalen Instanzen vorgesehen, sondern „those German officers and men and members of the Nazi party who have been responsible for, or have taken a consenting part in the ... atrocities, massacres and executions, will be sent back to the countries in which their abominable deeds were done in order that they may be judged and punished according to the laws of these liberated countries and of the free governments which will be created therein."[24]

Getragen ist die ganze Erklärung von einem überhöhenden Gerechtigkeitspathos, das aber nicht aus dem Auge verliert, dass die Aufarbeitung in gerichtsförmigen Bahnen erfolgen solle: "Let those who have hitherto not imbrued their hands with innocent blood beware lest they join the ranks of the guilty, for most assuredly the three Allied powers will pursue them to the uttermost ends of the earth and will deliver them to their accusors in order that justice may be done."[25] Und der Text fährt – in seiner Diktion in spürbarem Kontrast zum Vorigen stehend – fort: „The above declaration is without prejudice to the case of German criminals whose offenses have no particular geographical localization and who will be punished by joint decision of the government of the Allies."[26] Darin spiegelt sich eine gewisse Unentschlossenheit wider, wie mit den Hauptkriegsverbrechern bei Kriegsende adäquat umzugehen sein werde. Beachtenswert ist aber zum einen, dass hier konkret von Bestrafung („punishment") die Rede ist, und nicht nur allgemein von zu verwirklichender „justice" wie im vorhergegehenden Absatz, zum anderen aber auch, dass ganz deutlich das Bewusstsein zu Tage tritt, dass es sich

---

[23] Ibd, 6.

[24] *Declaration of the Moscow Conference, Statement on Atrocities*, Abs 3. Abrufbar in englischer (Original)Sprache unter http://www.yale.edu/lawweb/avalon/wwii/moscow.htm (deutsche Übersetzung unter http://www.derriere.de/Nuernberg/NP_8.htm).

[25] Ibd, Abs 5. Das englische „justice" ist von seinem Bedeutungsgehalt her zwar deutlich umfassender als das deutsche „Justiz"; die Formulierung „justice may be done" schließt aber den Aspekt der gerichtsförmigen Durchsetzung der Gerechtigkeit prominent mit ein.

[26] Ibd, Abs 6.

um eine Angelegenheit von internationalem Interesse handelt, die eine konzertierte Aktion der alliierten Mächte erfordert.

Der 8. Mai 1945 brachte dann die bedingungslose Kapitulation des Deutschen Reiches, die ihren juristischen Ausdruck nicht zuletzt in der sogenannten *Berliner Deklaration*[27] vom 5. Juni 1945 fand. In einem rechtstechnisch bemerkenswerten Akt vereinigen die Regierungen der USA, der UdSSR, Großbritanniens und Frankreichs die oberste Regierungsgewalt als Inbegriff aller politischen Macht in Deutschland in ihren Händen.[28] Dabei wird ausdrücklich betont, dass es dadurch zu keiner Annexion kommen, sondern dass Deutschland vielmehr als eigenständiges Völkerrechtssubjekt bestehen bleiben solle. Damit treten die Alliierten in Zukunft aber in einer eigenartigen Doppelrolle auf: einerseits (in Selbstvertretung) als Siegermächte mit zu Deutschland in Konkurrenz stehenden, ja oft konträren Interessengelagen, andererseits aber auch in einer Janusgesichtigkeit von Okkupanten- und Treuhänderstellung als „deutsche Regierung", dotiert mit dem Inbegriff von Hoheitsgewalt, die im Namen von und mit verbindlicher Wirkung für Deutschland sowohl auf internationaler Ebene agiert (äußere Souveränität) wie auch umfassende Kompetenzen nach innen ausübt (innere Souveränität).[29]

### 1.2.2 Die Nürnberger Prozesse

Unmittelbare Grundlage der Nürnberger Prozesse bildet das vom 8. August 1945 datierende *Londoner Abkommen über die Verfolgung und Bestrafung der Haupt-*

---

27 Authentisch bezeichnet sie sich als *Declaration regarding the defeat of Germany and the assumption of supreme authority with respect to Germany by the Governments of the United States of America, the Union of Soviet Socialist Republics, the United Kingdom and the Provisional Government of the French Republic.* Ganz im Stile des Versailler Vertrages sind nach Art 15 S 2 auch hier nur die englische, französische und russische Fassung authentisch (englisch: http://www.yale.edu/lawweb/avalon/wwii/ger01.htm), allerdings gibt es gemäß Art 15 S 1 eine offizielle deutsche Übersetzung (abrufbar unter http://www.dhm.de/lemo/html/dokumente/Nachkriegsjahre_erklaerungBerlinerDeklaration).

28 Ibd, Abs 5: "The Governments of the United States of America, the Union of Soviet Socialist Republics and the United Kingdom, and the Provisional Government of the French Republic, hereby assume supreme authority with respect to Germany, including all the powers possessed by the German Government, the High Command and any state, municipal, or local government or authority. The assumption, for the purposes stated above, of the said authority and powers does not affect the annexation of Germany."

29 Dies gibt den folgenden deutschlandbezogenen Akten der Alliierten eine Art Zwitterstellung und Komplexität, die auch die gleich zu besprechende Errichtung des Nürnberger Tribunals, die als völkerrechtlicher Vertrag der vier alliierten Staaten von der Form her zweifellos internationalen Charakters ist, in einem besonderen Licht erscheinen lässt.

*kriegsverbrecher der europäischen Achse.*[30] Inhaltlich inspiriert es sich weitgehend aus einem Bericht[31], den der von den USA als Chefankläger bestellte vormalige Richter am Obersten Bundesgericht ROBERT H. JACKSON dem amerikanischen Präsidenten HARRY S. TRUMAN vorlegte. Bezug nehmend auf die Moskauer Erklärung von 1943 und deren Vorbehalt betreffend die Behandlung der Hauptkriegsverbrecher, vereinbaren die vier Mächte die Errichtung eines *Internationalen Militärgerichtshofes*: „There shall be established ... an International Military Tribunal for the trial of war criminals whose offenses have no particular geographical location ..." (Art 1). Von Interesse ist, dass das Abkommen die hier definierte persönliche Kognitionsbefugnis des IMT für „Kriegsverbrecher, für deren Verbrechen ein geographisch bestimmbarer Tatort nicht vorhanden ist", mit der im Titel verwendeten und in Abs 3 wieder aufgegriffenen Bezeichnung „Hauptkriegsverbrecher" (major war criminals) parallelisiert und identifiziert. Das Wesensmerkmal des Hauptkriegsverbrechers liegt aus Sicht des Abkommens damit im grenzüberschreitenden Charakter der ihm vorgeworfenen Verbrechen.[32]

In Hinblick auf Verfassung, Zuständigkeit und Aufgaben des IMT verweist Abs 2 des Abkommens auf das am selben Tag verabschiedete *Statut für den Internationalen Militärgerichtshof*[33], das einen integrierenden Bestandteil des Abkommens darstellt. Das 30 Artikel umfassende Statut, das im Folgenden zumindest in seinen Kernbestandteilen dargestellt werden soll, installiert einen Gerichtshof, bestehend aus vier Richtern und vier Stellvertretern, wovon je einer von jedem Signatarstaat ernannt wird (Abs 2). Dieselbe Vorgangsweise gilt für die vier Generalstaatsanwälte, die gemäß Art 14f die Funktion der Anklagebehörde innehaben. Art 22 bestimmt als ständigen Sitz des IMT Berlin, ordnet als Tagungsort für den ersten Prozess aber Nürnberg an; die weitere Entscheidung über den Verhandlungsort wird dem Gerichtshof selbst zugesprochen.[34]

---

30 *Agreement by the Government of the United States of America, the Provisional Government of the French Republic, the Government of the United Kingdom of Great Britain and Northern Ireland and the Government of the Union of Soviet Socialist Republics for the Prosecution and Punishment of the major war criminals of the European Axis* vom 8. August 1945. Von den drei authentischen Sprachen sei wieder die englische herausgegriffen (http://www.yale.edu/lawweb/avalon/imt/proc/imtchart.htm); eine deutsche Übersetzung bietet http://www.derriere.de/Nuernberg/NP_8.htm.

31 Cf IDEM, Report 1945 (auch vorfindlich unter der Bezeichnung: *Report to the President on Atrocities and War Crimes*). Der Bericht ist elektronisch abrufbar unter http://www.yale.edu/lawweb/avalon/imt/jackson/jack08.htm.

32 Zu diesem Aspekt cf im Speziellen noch unten 3.4.1.1.

33 *Statute of the International Military Tribunal* vom 8. August 1945, vorfindlich in englischer Sprache unter http://www.yale.edu/lawweb/avalon/imt/proc/imtconst.htm; eine Übertragung ins Deutsche ist einsehbar unter http://www.derriere.de/Nuernberg/NP_8.htm.

34 Die faktische Bedeutung von Berlin als Hauptsitz des IMT war marginal und beschränkte sich im Wesentlichen auf die Anklageerhebung am 18. Oktober 1945; von seiner Möglichkeit der

Wohl die Kernbestimmung des Statuts, jedenfalls aber die für die weitere Entwicklung zentralste Norm stellt Art 6 dar, der die Kompetenz des Gerichtshofes in viererlei Hinsicht abgrenzt und ihn damit zuständig erklärt für

1) die *Hauptkriegsverbrecher*
2) der *europäischen Achse*
3) hinsichtlich deren *persönlicher Verantwortlichkeit*
4) für die aufgezählten *drei Verbrechenstatbestände.*

ad 1) Wenn davon die Rede ist, dass sich die personelle Kompetenz des IMT auf die „Hauptkriegsverbrecher" erstreckt, gilt es auf die obigen Erläuterungen, im Besonderen auf Art 1 des Londoner Abkommens zu verweisen, demzufolge darunter die Kriegsverbrecher zu verstehen sind, für deren Verbrechen ein geographisch bestimmbarer Tatort nicht vorhanden ist.

ad 2) Dabei geht es nur um Bürger „der der europäischen Achse angehörenden Staaten", die im Interesse eben dieser gehandelt haben.

ad 3) Die Täter der in Art 6 aufgeführten Verbrechen werden „persönlich verantwortlich" gemacht. Damit wird klargestellt, dass das IMT keine Kompetenz bezüglich einer Staatenverantwortlichkeit hat, sondern allein Individuen zur Rechenschaft ziehen kann. Diese Abgrenzung in Richtung individueller Strafbarkeit ist von besonderer Bedeutung und als solche gleichzeitig mit einem anderen Spezifikum des Nürnberger Statuts in den Blick zu nehmen: Gleichviel ob Delikte qua Einzelperson oder qua Mitglied einer Organisation verübt werden, sie unterfallen der Jurisdiktion des IMT immer nur unter dem Titel der persönlichen Verantwortlichkeit. In just diesem Zusammenhang ist das durch Art 9 eingeführte kollektivierende Element[35] zu sehen, wodurch der Gerichtshof auszusprechen ermächtigt wird, dass eine Gruppe oder Organisation als solche eine „verbrecherische Organisation" darstelle.[36] Dieses Verdikt gilt, einmal rechtmäßig gefällt, nach Art 10 „als bewiesen und wird nicht in Frage gestellt". Es kann in der Folge (auch von anderen Instanzen) als Grundlage und Basis herangezogen werden, Personen wegen ihrer Zugehörigkeit zu einer derartigen Organisation (dies aber einmal mehr nur unter Geltendmachung von deren persönlicher Verantwortlichkeit) zur Verantwortung zu ziehen.

ad 4) Hier geht es nun nicht mehr um spezifische Eigenschaften des (mutmaßlichen) Täters selbst, dh nicht mehr um Fragen der *personellen*, sondern um solche der *materiellen* Zuständigkeit, also um die Qualität der Handlungen, die die

---

Sitzverlagerung machte das Gericht nie Gebrauch. Cf dazu MÜLLER-BALLIN, Die Nürnberger Prozesse, 7.

35 Cf zu dieser Frage noch unten p 36.

36 Zu den in diesem Zusammenhang speziell aufgeworfenen Fragen der Strafbarkeit juristischer Personen cf unten 1.2.4, vor allem aber 2.2.2.2.

Strafbarkeit des Angeklagten begründen. In den lit a bis c werden so in taxativer Aufzählung drei Verbrechenstatbestände entwickelt, die das Völkerrecht zuvor in dieser Form nicht gekannt hat und die ihre Inspirationsquelle zu einem beträchtlichen Teil im schon erwähnten Jackson-Bericht finden:[37]

> a) *Crimes against peace:* „namely, planning, preparation, initiation or waging of a war of aggression, or a war in violation of international treaties, agreements or assurances ..."
> b) *War crimes:* „namely, violations of the laws or customs of war. Such violations shall include, but not be limited to, murder, ill-treatment or deportation to slave labor or for any other purpose of civilian population of or in occupied territory, murder or ill-treatment of prisoners of war or persons on the seas, killing of hostages, plunder of public or private property, wanton destruction of cities, towns or villages, or devastation not justified by military necessity"
> c) *Crimes against humanity:* „namely, murder, extermination, enslavement, deportation, and other inhumane acts committed against any civilian population, before or during the war; or persecutions on political, racial or religious grounds in execution of or in connection with any crime within the juridiction of the Tribunal, whether or not in violation of the domestic law of the country where perpetrated."

„Den *unmittelbaren* Tätern, dh jenen, die die genannten Handlungen selbst zur Ausführung gebracht haben, sind alle *mittelbar* Tätigen – „Anführer, Organisatoren, Anstifter und Teilnehmer" – in ihrer Verantwortlichkeit gleichzustellen (Art 6 lS). Neu und für die weitere Entwicklung prägend sind die beiden folgenden Bestimmungen, die zwei der in diesem Zusammenhang typischerweise vorgebrachten Entschuldigungs- und Verteidigungsargumente für unbeachtlich erklären: In Gegensatz zu den klassischen Theorien der *„act of state"-Doktrin* und der *immunité des chefs d'État* lässt Art 7 die amtliche Stellung eines Angeklagten, sei es als Staatsoberhaupt oder als sonstiger „responsible official in Government Departments", weder als Strafausschließungs- noch als Strafmilderungsgrund gelten. Wie sich die Spitzen der Hierarchie nicht ohne weiteres exkulpieren können sollen, gewährt nach Art 8 auch die Berufung darauf, auf Befehl der Regierung oder eines Vorgesetzten gehandelt zu haben, weder den unteren Chargen noch den allerhöchsten Befehlsempfängern die Straffreiheit; höchstens eine Wertung als Milderungsgrund kommt in Frauge, wenn es dem Gerichtshof denn gerechtfertigt erscheint.

In Abschnitt IV des Statuts finden sich unter der Überschrift „Fair Trial for Defendants" die verfahrensmäßigen Verbürgungen, die den Beschuldigten ein gerechtes Verfahren (*fair trial*) und ein ausgewogenes Kräfteverhältnis im Prozess (*Waffengleichheit*) gewährleisten sollen. Im Mittelpunkt davon steht Art 16, der fünf zentrale Angeklagtenrechte beinhaltet:

---

[37] Cf JACKSON, Report 1945, III, 5 (dazu schon oben FN 31).

a) Recht auf rechtzeitige Vorlage der Anklageschrift,
b) Recht auf Stellungnahme zu allen erhobenen Beschuldigungen,
c) Recht auf aktive und passive Teilnahme am Prozess in einer verständlichen Sprache,
d) Recht, sich selbst zu verteidigen oder sich verteidigen zu lassen, und
e) Recht auf Beibringung von Beweismitteln und Befragung der Zeugen im Kreuzverhör.

Neben der Verankerung der genannten Verteidigungsrechte soll eine detaillierte Gliederung des Verfahrens in elf Abschnitte (cf Art 24) ein rechtsstaatliches Vorgehen garantieren. Art 26 schließlich ordnet in gleicher Intention für den Schuldspruch an, dass er begründet zu sein habe, charakterisiert ihn aber gleichzeitig als „endgültig und nicht anfechtbar". In Hinblick auf das Strafmaß stehen dem Gerichtshof gemäß Art 27 sowohl die Todesstrafe als auch „eine andere ihm gerecht erscheinende Strafe" zu Gebote. Die Urteilssprüche werden nach Art 29 entsprechend den Anordnungen des Kontrollrates für Deutschland vollzogen, der das Strafausmaß jederzeit mildern oder sonst verändern, nicht aber verschärfen kann (Verbot der *reformatio in peius*).

Auf Grundlage des hier nur umrisshaft darstellbaren Statuts fand der Hauptprozess[38] – meist schlichtweg als „Nürnberger Prozess(e)" tituliert – gegen die 24 prominentesten Angeklagten[39] vom 14. November 1945 (nur wenige Monate nach

---

[38] Aus der unübersehbaren Fülle an Literatur zum Thema sei nur auf MÜLLER-BALLIN, Die Nürnberger Prozesse 1945-1949, auf MERKEL, Lauter leidige Tröster, 333-337 (cf die Literaturhinweise in FN 49) sowie auf BASSIOUNI, Crimes Against Humanity, 206-211 verwiesen (cf auch dort die weiterführenden Literaturhinweise, besonders in FN 71 und 75 mit dem Verweis auf die ausführliche Bibliographie in N.E. TUTOROW, War Crimes, War Criminals, and War Crimes Trials (1986), 283-342.) Besondere Beachtung verdient das im Gerichtsprotokoll 197 Seiten umfassende Urteil, das in englischer Sprache unter http://www.yale.edu/lawweb/avalon/imt/proc/judcont.htm in seinem vollen Umfang abrufbar ist.

[39] Die Anklage gegen GUSTAV KRUPP wurde fallen gelassen, da er als *non compos mentis* qualifiziert wurde; ROBERT LEY verübte noch vor Prozessbeginn Selbstmord. Über die anderen 22 Angeklagten sprach das IMT am 30. September und 1. Oktober 1946 folgendermaßen ab: 12 Todesurteile durch den Strang für HERMANN GÖRING, JOACHIM VON RIBBENTROP, WILHELM KEITEL, ERNST KALTENBRUNNER, ALFRED ROSENBERG, HANS FRANK, WILHELM FRICK, JULIUS STREICHER, FRITZ SAUCKEL, ALFRED JODL, ARTHUR SEYSZ-INQUART und MARTIN BORMANN (*in absentia*), lebenslängliches Gefängnis für RUDOLF HESZ, WALTER FUNK und ERICH RAEDER, jeweils 20 Jahre Gefängnis für BALDUR VON SCHIRACH und ALBERT SPEER, 15 Jahre Haft für CONSTANTIN VON NEURATH sowie zehn Jahre Haft für KARL DÖNITZ. HJALMAR SCHACHT, FRANZ VON PAPEN und HANS FRITZSCHE wurden für nicht schuldig befunden. Die Todesurteile wurden am 16. Oktober 1946 vollstreckt (Hermann Göring hatte noch zwei Stunden vor dem Termin Selbstmord verübt), die zu Freiheitsstrafen Verurteilten wurden in das unter Vier-Mächte-Verwaltung gestellte Gefängnis in Berlin-Spandau überführt. Die drei Freigesprochenen wurden später vor

Verabschiedung des Londoner Abkommens) bis zum 31. August 1946 statt. Zusammen mit diesen waren in Hinblick auf den schon erwähnten Art 9 des Statuts acht Einrichtungen als „verbrecherische Organisationen"[40] angeklagt. Das IMT hatte damit seine Arbeit beendet; für die amerikanische Besatzungszone wurden dann am gleichen Ort noch die sogenannten „Nürnberger Nachfolgeprozesse"[41] durchgeführt: Gegen 185 Personen wurde Anklage erhoben (24 Todesurteile, 20 lebenslängliche Haftstrafen, 98 Freiheitsstrafen zwischen 18 Monaten und 25 Jahren, 35 Freisprüche); das letzte Urteil erging am 11. April 1949.

### 1.2.3 Das Tokyoter Kriegsverbrechertribunal

Deutlich weniger bekannt und für die weitere Entwicklung auch bei weitem nicht so relevant, aber dennoch nicht zu übergehen ist das zweite dem Willen zur juristischen Aufarbeitung des Zweiten Weltkrieges entsprungene Kriegsverbrechertribunal, das *International Military Tribunal for the Far-East* (IMTFE)[42]. Es wurde am 19. Januar 1946 aufgrund einer Verfügung des Supreme Commander for the Allied Powers (SCAP), General DOUGLAS MACARTHUR, eingerichtet.

Das Statut des IMTFE lehnt sich im Aufbau wie auch in der konkreten Ausgestaltung stark an jenes des IMT von Nürnberg an. Angesichts der Übereinstimmung in allen Kernpunkten können wir uns in diesem Zusammenhang darauf beschränken, die wesentlichen Abweichungen vom Vorbild zu skizzieren, die von durchaus aufschlussreichem Charakter sind. Dies zeigt sich schon bei einer Untersuchung der Organisation des in Tokyo installierten, für die Bestrafung der Hauptkriegsverbrecher des Fernen Ostens zuständigen Gerichtshofes (Art 1).

Die elf Richter des IMTFE (ohne Ersatzmitglieder wie in Nürnberg) werden von den Signataren der japanischen Kapitulationserklärung[43] sowie von Indien und

---

deutsche Denazifizierungsgerichte gestellt und wegen Kriegsverbrechen für schuldig befunden. Cf dazu besonders MÜLLER-BALLIN, Die Nürnberger Prozesse, 29-34.

[40] Angeklagt waren das *Reichskabinett*, das *Führerkorps der NSDAP*, *SS* und *SD*, die *SA*, die *Gestapo* sowie *Generalstab* und *Oberkommando der Wehrmacht*. Als „verbrecherische Organisationen" verurteilt wurden das Führerkorps der NSDAP, SS, SD und die Gestapo. Das sowjetische Mitglied des Richtergremiums IOLA T. NIKITCHENKO protestierte gegen die Nichtverurteilung von Reichskabinett, Generalstab und Oberkommando der Wehrmacht (http://www.yale.edu/lawweb/avalon/imt/proc/juddiss.htm).

[41] Cf dazu sehr übersichtlich MÜLLER-BALLIN, Die Nürnberger Prozesse, 36-46 sowie BASSIOUNI, Crimes Against Humanity, 213-219.

[42] Cf BASSIOUNI, Crimes Against Humanity 206 und 211f (auch hier sei auf die ausführlichen Literaturangaben hingewiesen, besonders in FN 79). Die ausschließlich englische Originalfassung der *IMTFE Charter* ist abrufbar unter http://www.stephen-stratford.co.uk/imtfe_charter.htm.

[43] Dies waren Australien, China, Frankreich, Großbritannien, Kanada, Neuseeland, die Niederlande, die UdSSR und die USA.

den Philippinen vorgeschlagen (Art 2); deren Ernennung als Richter und die Berufung des Präsidenten des IMTFE (Art 3 lit a) liegen aber beim SCAP genauso wie jene des *Chief of Counsel*, des Chefanklägers (Art 8 lit a), dem die sonstigen alliierten Staaten nur Nebenankläger beigeben können (Art 8 lit b). Abgesehen von den ausgedehnten Machtbefugnissen des SCAP beachte man besonders die Hierarchie innerhalb der Anklagebehörde, während in Nürnberg die vier *Chief Prosecutors* gleichberechtigt agieren.

Die kardinale Bestimmung des Art 5 ist, sowohl was die Normierung der drei Delikte betrifft als auch hinsichtlich ihrer konkreten Ausgestaltung, nur durch geringe sprachliche Abweichungen von Art 6 der IMT Charter unterschieden, ebenso der die Strafausschließungsgründe der Art 7 und 8 des IMT-Statuts in sich vereinigende Art 6 der IMTFE Charter[44]. Die Entsprechung zu Art 16 der IMT Charter ist in Art 9 zu sehen, der in weitgehender Anlehnung daran die wichtigsten Verteidigungsrechte zur Gewährleistung eines *fair trial* normiert. Die in Art 9 des Nürnberger Statuts vorgesehene Möglichkeit der Qualifizierung von Kollektiven als „verbrecherische Organisationen" fehlt dagegen völlig.

Von besonderem Interesse ist dann wieder der in beiden Fällen gleichlautende Abschnittstitel „Judgment and Sentence"; dieser umfasst in der IMTFE Charter die Art 16 und 17, die ihre Parallele in Art 26 bis 29 des Nürnberger Statuts finden. Es wird schon rein äußerlich auffallen, dass sich die Tokyoter Regelung durch ausgesprochene Kürze charakterisiert: Wie in Nürnberg stehen als Sanktion die Todesstrafe oder jede andere Strafe zur Verfügung, die dem Gerichtshof angemessen erscheint. In Gegensatz zu den umfangreichen weiteren Anordnungen für das IMT werden hier aber nur eine Pflicht zur öffentlichen Verkündung des Schuldspruchs (*judgment*) sowie eine Begründungspflicht normiert. Das Protokoll ist auf direktem Wege dem SCAP zuzuleiten, der dann in Abstimmung mit dem Gerichtshof das Strafausmaß (*sentence*) festlegt, welches jener in der Folge noch jederzeit abändern oder mäßigen, nicht aber verschärfen kann, in welch letzterer Kompetenz eine Verwandtschaft zu Art 29 des IMT-Statuts liegt (wiederum Verbot der *reformatio in peius*).

Am 29. April 1946 wurde gegen 28 als „Class A war criminals" eingestufte Japaner vor dem IMTFE Anklage erhoben. Dieses tagte dann vom 3. Mai 1946 an in Tokyo und fällte am 12. November 1948 sein Urteil.[45] Kaiser HIROHITO wurde,

---

44 Besondere Erwähnung verdient nur, dass durch die Zusammenfassung in einer Bestimmung sowohl die Berufung auf höheren Befehl wie auch auf die amtliche Stellung eines Angeklagten – und dies stellt einen Unterschied zum Nürnberger Statut dar, das hier ausdrücklich Anderes anordnet – wenn auch nicht die Strafbarkeit ausschließen, so doch nach den Umständen als Milderungsgrund gewertet werden können.

45 Von den Angeklagten, unter denen sich vier Premierminister, vier Außenminister, fünf Kriegsminister, zwei Marineminister, der Kaiserliche Siegelbewahrer und vier Botschafter

in erster Linie aus politischen Erwägungen, nicht angeklagt, obwohl – so der amerikanische Chief of Counsel JOSEPH KEENAN[46] in Hinblick auf das schon in Nürnberg für gegenstandslos erklärte Privileg der *immunité des chefs d'État* – das Statut die Anklage und Verurteilung des Kaisers durchaus gerechtfertigt hätte.

### 1.2.4 Bewertung der Tribunale von Nürnberg und Tokyo

„Am Ende des furchtbarsten Krieges der Menschheitsgeschichte war die Einsicht unausweichlich geworden, dass es zur internationalen Kriminalisierung seiner Urheber (und der aller künftigen Kriege) keine moralische, keine rechtliche und keine politische Alternative mehr gab."[47] Wie MERKEL in Hinblick auf das Londoner Vier-Mächte-Übereinkommen sowie das damit verbundene Statut des IMT formuliert, so äußert sich auch BASSIOUNI: „The Nuremberg and Tokyo Charters were effective tools for individual enforcement of international criminal law ... The basic premise of the London and Tokyo Charters and all prosecutings arising out of World War II was that of the direct individual criminal accountability under international law."[48]

In der Tat haben die Tribunale von Nürnberg und Tokyo die grundsätzliche Möglichkeit *internationaler individueller strafrechtlicher Verantwortlichkeit* außer Frage gestellt. Dies Prinzip wurde nicht nur im Grundsatz bejaht, sondern auch auf ansonsten „privilegierte" und damit faktisch unantastbare Individuen ausgedehnt: „These historical precedents have developed new legal norms and standards of responsibility which have advanced the international rule of law, for example the elimination of the defense of ‚obedience to superior orders', and the accountability of heads of state."[49] Dies bedingt auch eine Einschränkung der völkerrechtlichen „act of state"-Doktrin[50], wonach hoheitliches Handeln, das einem Staat selbst als eigenes Handeln zurechenbar ist, keine individuelle Verantwortlichkeit seiner Organe vor fremdstaatlichen Gerichten begründen kann.

---

befanden, verstarben zwei während des Verfahrens, einer wurde als nicht prozessfähig qualifiziert. Unter den 25 gefällten Urteilen fanden sich sieben Verurteilungen zum Tod, 16 zu lebenslänglicher Haftstrafe und jeweils eines zu 20 und zu sieben Jahren Gefängnis. Freisprüche gab es keine. Die Hinrichtung der sieben zum Tode Verurteilten fand am 23. Dezember 1946 statt; von den 18 zu Haftstrafen Verurteilten starben vier im Gefängnis, die anderen wurden zwischen 1954 und 1956 bedingt aus dem Gefängnis entlassen.

46 Zitiert nach BASSIOUNI, Crimes Against Humanity, 212, FN 82.

47 MERKEL, Lauter leidige Tröster, 333.

48 BASSIOUNI, Crimes Against Humanity, 206.

49 BASSIOUNI, Statute, 9.

50 Cf NEUHOLD/HUMMER/SCHREUER, Handbuch des Völkerrechts, Bd I, Rz 882ff sowie THÜRER, Modernes Völkerrecht, 571, aber auch MERKEL, Lauter leidige Tröster, 334.

Es wurde gerade betont, dass in Nürnberg und Tokyo vor allem das Prinzip der strafrechtlichen Verantwortlichkeit von *Individuen* anerkannt wurde. Gleichzeitig wurde, wie wir gesehen haben, in Art 9 der IMT Charter durch die Möglichkeit der Qualifikation einer Gruppe als „verbrecherische Organisation" auch die Möglichkeit einer strafrechtlichen „Verantwortlichkeit" von *Organisationen* geschaffen.[51] Dies stellte eine Neuerung dar, die im gegenständlichen Zusammenhang bis heute unaufgegriffen geblieben ist.[52] Es darf aber – und nur soviel sei an dieser Stelle gesagt – nicht übersehen werden, dass dieses „kollektivierende Element" in jedem Falle auf die individuelle Verantwortlichkeit bezogen bleibt, dass eine derartige Qualifikation also stets im Dienste der Verfolgung und Bestrafung von Einzelpersonen steht. In diesem Sinne normiert Art 6 S 1 des IMT-Statuts, dass das Tribunal kompetent ist „to try and punish persons who ..., whether as individuals or as members of organizations, committed any of the following crimes".

Insgesamt sind die Stellungnahmen zu den beiden Militärtribunalen – und aus der überbordenden Fülle an Literatur ist hier einzig zu illustrativen Zwecken eine willkürliche Auswahl getroffen – durchaus ambivalent: MERKEL kritisiert zB den „offenkundigen Bruch des strafrechtlichen Rückwirkungsverbotes"[53], weil mit den „crimes against peace" und den „crimes against humanity" zwei dem Völkerrecht bis dahin unbekannte Straftatbestände festgeschrieben worden seien. Damit wird eine Verletzung des ersten Zweiges des strafrechtlichen Legalitätsprinzips, der im Grundsatz *nullum crimen sine lege* seinen Ausdruck gefunden hat, angesprochen.[54] In diese Kerbe schlägt auch BASSIOUNI[55], wenn er in Hinblick auf die Nachfolgeprozesse davon spricht, dass dort die „principles of legality" über die Maßen bemüht worden seien. Von mancherlei Seite werden auch Verstöße gegen den zweiten Aspekt des Legalitätsprinzips beklagt, der sich im Grundsatz *nulla poena sine lege*[56] verkörpert.

---

51 Cf in diesem Zusammenhang auch BASSIOUNI, Statute, 7.

52 Cf dazu und zur in diesem Zusammenhang auftauchenden Frage nach der Strafbarkeit juristischer Personen ausführlicher unten 2.2.2.2.

53 MERKEL, Lauter leidige Tröster, 335. Allerdings sei dies noch „eher einer der geringeren Defekte". Seiner Meinung nach hätte sich der Bruch nämlich als „notstandsähnliche[n] Prinzipienkollision zwischen Rückwirkungsverbot und dem Gebot, Taten allerschwerster Verwerflichkeit ... nicht straflos zu lassen, sowie dem Vorrang des letzteren Prinzips" argumentieren lassen, und man hätte sich nicht wie das IMT in seiner Urteilsbegründung „mit unzulänglichen Argumenten auf die falsche Behauptung" zurückziehen müssen, „ein Bruch des Rückwirkungsverbotes liege überhaupt nicht vor, da das Völkerrecht schon lange vor Kriegsbeginn im Jahre 1939 ... die Strafbarkeit des Angriffskriegs sub specie iuris gentium gekannt habe".

54 Zu Gehalt und Bedeutung dieses grundlegenden Prinzips des Strafrechts cf näherhin unten 2.2.4.1.

55 Cf BASSIOUNI, Crimes Against Humanity, 206.

56 Als Paradeexempel für Ermächtigungen zu Willkürstrafen, für *poenae sine lege* lassen sich die sehr unbestimmt gehaltene Bestimmung von Art 27 des IMT-Statuts („The Tribunal shall

Der von allen Seiten am kritischsten gesehene Punkt ist aber die Tatsache, dass sich die gerichtsförmige Aufarbeitung der Gräueltaten des Zweiten Weltkriegs schon von Anfang an, weil in den Kompetenzbestimmungen des Statuts selbst verankert, nur auf *eine* Seite bezog: Nur die Verbrechen der Verliererseite, dh von Deutschen in Nürnberg und von Japanern in Tokyo, waren Gegenstand der Verhandlungen, was den Vorwurf der „Siegerjustiz" schürte und bei vielen Zweifel bezüglich der wirklichen „Internationalität" dieser Gerichtshöfe aufkommen ließ: „The Nuremberg and Tokyo Tribunals are commonly regarded as archetypes of modern international criminal law implementation. However, it is important to recognize that these tribunals represent only imperfect examples of such implementation, particularly as regards their international facet ... While universal jurisdiction authorizes prosecution of certain offenders *regardless of nationality*, the fact that the Nuremberg and Tokyo Tribunals tried soldiers only of enemy countries indicates that the suspect's nationality was a key element in the Prosecutor's selection of persons to be indicted."[57]

Die Hand in dieselbe Wunde legend BASSIOUNI: „Their (sc the IMT's and the IMTFE's) credibility, however, was undermined by the selective enforcement of their provisions and by not applying the same standards to those Allied personnel that committed some of the same atrocities."[58] HANS KELSEN hat das Londoner Statut 1947 überhaupt als „privilegium odiosum" der Siegermächte[59] bezeichnet, da sie sich – unter Missachtung grundlegender Rechtsprinzipien – auf der einen Seite zu Richtern in eigener Sache gemacht und dabei nicht nur Vertreter der besiegten, sondern auch solche neutraler Staaten von der Richterbank ausgeschlossen hätten; zum anderen seien alle eigenen Staatsangehörigen von der Anklagebank ferngehalten worden. Damit in Zusammenhang steht das durchgängige Abschneiden aller „tu quoque"-Argumente[60] durch die beiden Gerichtshöfe.

---

have the right to impose upon a Defendant, on conviction, death or *such other punishment as shall be determined by it to be just.*"; Hervorhebung vom Verfasser) sowie die fast wortgleiche Formulierung des Art 16 des IMTFE-Statuts ins Treffen führen. In diesen Zusammenhang gehört auch Art 227 des Versailler Vertrages, der die Strafbefugnis des für die Anklage WILHELMS II. gedachten Gerichtshofs folgendermaßen „abgrenzt": „It will be its duty to fix the *punishment which it considers should be imposed.*" (Hervorhebung vom Verfasser). Cf auch hier wiederum unten 2.2.4.1.

57 SUNGA, The Emerging System, 281ff (Hervorhebung im Original).

58 BASSIOUNI, Crimes Against Humanity, 206.

59 KELSEN, Will the Judgement, 153ff. Zitiert nach MERKEL, Lauter leidige Tröster, 336.

60 Diese „Auch du"-Argumente fordern gleiche Reaktion, gleiches Strafmaß für gleiche Handlung. Auf das von der Verteidigung immer wieder vorgebrachte Argument, der Feind habe sich genauso verhalten, reagierten die Richter durchwegs mit einem Hinweis auf das Statut, das den Kognitionsbereich der Tribunale auf die Handlungen deutscher bzw japanischer Kriegsverbrecher beschränke. Cf dazu auch MÜLLER-BALLIN, Die Nürnberger Prozesse, 26.

So gingen denn die meisten Bemühungen der Verteidigung in Nürnberg dahin, Zuständigkeit und Legitimation des Gerichts in Frage zu stellen. Weitgehende Akzeptanz fand die Prozessführung als solche, die durchwegs als sachlich und korrekt bewertet wurde.[61] Wir haben ja gesehen, dass das Statut den Angeklagten eine Fülle von Verfahrensgarantien bietet, welche durchaus den heutigen Vorstellungen eines fairen Strafverfahrens nahe kommen, was BASSIOUNI insgesamt zu einer prinzipiell positiven, aber nichtsdestotrotz differenzierenden Einschätzung kommen lässt: „In general, the trials were fair and offered the defendants an opportunity to adequately defend themselves, though not in accordance with the full panoply of rights that the Common Law systems of England and the United States would have offered."[62]

Signifikant anders fällt die Beurteilung bezüglich des IMTFE aus: „The proceedings at Tokyo left much to be desired in terms of fairness, whereas the Nuremberg proceedings were substantially fair. And the judgment at Nuremberg was, with few exceptions, substantially fair, whereas the Tokyo judgment was substantially unfair to a number of defendants."[63] Über die Unzulänglichkeiten in Verfahren und Urteilsfindung hinaus konfrontiert uns das Tokyoter Statut aber mit noch grundsätzlicheren, weil in der Einrichtung des Gerichtshofes selbst begründeten Problemen, die es ratsam erscheinen lassen, wohl zwischen dem Nürnberger Tribunal und seinem Pendant in Tokyo zu unterscheiden.

Seinem äußeren Erscheinungsbild zufolge, man denke nur an die Zahl der Richter, haben wir es beim IMTFE mit einem 11-Staaten-Gerichtshof zu tun, der – noch dazu in Anbetracht der Tatsache, dass sich darunter nicht nur die „Großen", sondern auch mittlere Staaten befinden – *prima facie* die optimistische Einschätzung wecken könnte, dass hier ein (im Vergleich zum IMT) Mehr an Interessenvielfalt und Pluralismus auch den internationalen Charakter des Gerichts befördern könnte. Dieser erste Eindruck darf aber nicht darüber hinwegtäuschen, dass das IMTFE kaum einmal dem Begriff von Internationalität genügen kann, den wir noch in sehr vorläufiger und rudimentärer Weise in 1.1.2 zu entwickeln versucht haben:[64] Zehn der genannten Staaten haben sich in einer Art *Duldungsvollmacht* der eigenen Aktionsmöglichkeit begeben und, sich selbst mit einer Statistenrolle begnügend, die USA als im Wesentlichen einzig handelnde Figur auftreten lassen.

Das beginnt schon dabei, dass die Errichtung des Gerichtshofes nicht einmal auf formeller Ebene einem *multilateralen* völkerrechtlichen Akt entsprungen, son-

---

61 Cf MÜLLER-BALLIN, Die Nürnberger Prozesse, 26.

62 BASSIOUNI, Crimes Against Humanity, 210.

63 Ibd, 212.

64 Zu einem vertieften Begriff von Internationalität cf unten 2.3.

dern durch einen *unilateralen* Akt des SCAP erfolgt ist.[65] Was die nähere Ausgestaltung des Tribunals betrifft, sind zwar jeweils alle Staaten auf der Richterbank und in der Anklagebehörde vertreten, aber dem SCAP sind so umfassende Vollmachten anvertraut, dass sie am Charakter des IMTFE als unabhängiger Gerichtsbarkeit ernsthafte Zweifel aufkommen lassen: Er ernennt die von den Staaten vorgeschlagenen Richter und wählt daraus deren Präsidenten; er bestimmt den Hauptankläger, dem die von den Staaten entsandten Ankläger nur zur Seite stehen; er legt in Abstimmung mit dem Gerichtshof das Strafmaß fest, das er dann später noch mäßigen oder in sonstiger Weise abändern kann; nur das Verbot der *reformatio in peius* ist ihm als Grenze gesetzt.

Noch viel lauter werden hier die Stimmen, die von „Siegerjustiz" sprechen und im Tokyoter Tribunal ein bloßes Werkzeug in den Händen der USA als der bedeutendsten Siegesmacht über das Kaiserreich sehen. Von daher ist es verständlich, dass SUNGA in diesem Zusammenhang zu folgendem Gesamturteil gelangt: „The Nuremberg and Tokyo Tribunals represent rather equivocal examples of *international* organs and should therefore not be regarded as satisfactory archetypes thereof. In contrast, the International Criminal Tribunals for the Former Yugoslavia and Rwanda establish the beginning of a new pattern in the genuinely international implementation of international criminal law."[66]

Wem nun letztgültig die Siegespalme des ersten echten, diesen Namen verdienenden Exemplums einer „internationalen Strafbarkeit" zuzugestehen und wem dementsprechend der Part des bloßen Vorläufers, des „Gerade-noch-nicht" verbleiben muss, ist wohl nicht zu entscheiden und für die hier verfolgten Zwecke auch nicht wesentlich. Ob man den entscheidenden Anstoß für die Entwicklung schon in IMT (und IMTFE) sieht oder dies der Entwicklung nach 1989 vorbehält, hängt zentral davon ab, wo und anhand welcher Kriterien man – um eine mathematische Metapher zu bemühen – im wenn auch nicht stetig, sondern diskret voranschreitenden und sich konsolidierenden Entwicklungsprozess internationaler Strafgerichtsbarkeit die relevante Zäsur setzen möchte; hier soll auf einen derartigen Versuch überhaupt verzichtet werden.

Ohne also zu irgendeinem Zeitpunkt eine sprunghafte „Wesensveränderung" hin zum ersten echten „internationalen Strafgericht" aufzeigen zu wollen, kann

---

65 Ohne dass hier der Platz wäre, näher auf den völkerrechtlichen Charakter der Verfügung des SCAP eingehen zu können – eine Frage von vorrangig historischer Relevanz –, muss freilich zugestanden werden, dass der Supreme Commander of the Allied Powers, wie die Bezeichnung besagt, im Namen und auf Rechnung des Gesamts der alliierten Mächte zu handeln befugt war. Dies ändert jedoch nichts daran, dass der Akt der Installation des IMTFE (ähnlich wie bei den noch zu besprechenden durch den UN-Sicherheitsrat installierten ad-hoc-Tribunalen) einseitigen Charakters ist (cf in diesem Zusammenhang auch unten FN 275).

66 SUNGA, The Emerging System, 283 (Hervorhebung im Original).

nichtsdestotrotz festgehalten werden, dass mit den nach dem Zweiten Weltkrieg und zu dessen Bewältigung errichteten Jurisdiktionen entscheidende Weichenstellungen für die kommende Entwicklung im Bereich der internationalen Strafgerichtsbarkeit vorgenommen worden sind. Die folgenden Prozesse und Institutionen, darunter auch die im vorigen Zitat erwähnten beiden ad-hoc-Strafgerichte, stehen in wesentlichen Zügen im Zeichen und unter massiver Prägung der Vorgaben durch den Nürnberger und – vom Grundsatz her, aber mit den genannten Einschränkungen, die in verminderter Form aber auch schon bezüglich des IMT anzubringen waren – den Tokyoter Gerichtshof. Auf diesem Hintergrund kann man sich nur der Einschätzung anschließen: „Among all historic precedents, the IMT, whatever its shortcomings may have been, stands as the epitome of international justice and fairness."[67]

Nunmehr gilt es die diesem Präzedenzfall folgende historische Entwicklung in ihren großen Linien zu zeichnen. Diese Skizze ist keineswegs die eines historischen Kontinuums, im Rahmen dessen sich der weitere Gang hin zur Errichtung des Internationalen Strafgerichtshofes bruchlos nachvollziehen ließe; die Epoche des Kalten Krieges sollte auch hier merklich ihre Folgen zeitigen. Wohl aber wurde mancher Grundstein gelegt, mancher Akzent gesetzt, die die Idee einer internationalen Strafgerichtsbarkeit beförderten und im Zuge der geopolitischen Umwälzungen nach 1989 deren Realisierung mitermöglichten.

### 1.2.5 Die Ära „Post-Nürnberg"

Als „Vermächtnis des Nürnberger Prozesses" formuliert MERKEL drei grundlegende Einsichten, die die Ära „Post Nürnberg" gut zu charakterisieren vermögen:

> „Zum einen, dass das materielle Völkerrecht geeignet und notwendig war, um der Selbstlegitimation aller staatlichen Macht und jedes einzelnen ihrer Inhaber eine strafbewehrte absolute Grenze zu setzen in einem gemeinsamen Recht der Menschheit.
> Aber auch und zum anderen, dass die normative Sicherung dieser Grenze einer wirklich supranationalen, jedem einzelnen Staat gegenüber unparteiischen Institution übertragen werden musste, sollte jenes Recht nicht durch seine eigene Anwendung desavouiert werden.
> Und schließlich: dass wohl noch die Bereitschaft der Staaten zur abstrakten Anerkennung entsprechender Normen, aber nicht mehr die zur konkreten Unterwerfung unter eine zuständige Judikatur zu haben war."[68]

---

67 BASSIOUNI, The Statute, 8.
68 MERKEL, Lauter leidige Tröster, 336f.

Mit der am 26. Juni 1945 unterzeichneten und am 24. Oktober 1945 in Kraft getretenen UN-Charta war die *Organisation der Vereinten Nationen* (UNO) errichtet worden. Diese versuchte von Anfang an, die die Zeit unmittelbar nach dem Zweiten Weltkrieg prägende Euphorie über das Entstehen eines „neuen" Völkerrechtes für die Setzung konkreter Rechtsakte – auch und gerade im Bereich des im Zeichen von Nürnberg stehenden internationalen Strafrechts – fruchtbar zu machen, und zwar auf beiden Ebenen, auf der *materiellen* wie auch der *formellen* Rechts.

Nennenswerte Erfolge ließen sich aber erst einmal nur in jenem Bereich verbuchen. Im Jahr 1947 beauftragte die Generalversammlung[69] das *Committee on the Codification of International Law*, die spätere *International Law Commission* (ILC), a) die im Statut und im Urteil des IMT grundgelegten Prinzipien des Völkerrechts auszuformulieren und b) einen Entwurf für einen Katalog von Verbrechen gegen den Frieden und die Sicherheit der Menschheit vorzubereiten. Diese Bemühungen um die Kodifikation internationaler Verbrechen führten 1950 zur Vorlage der *Principles of International Law Recognized in the Charter of the Nürnberg Tribunal and in the Judgment of the Tribunal*[70] an die UNO-Generalversammlung. 1954 folgte dann der *Draft Code of Offences against the Peace and Security of Mankind*[71].

Als weitere zentrale Fortschritte und Errungenschaften dürfen die vier Genfer Konventionen von 1949[72] gelten, die der Fortentwicklung des humanitären Völkerrechts dienten und im Falle von deren schweren Verletzungen („grave breaches")[73] eine Pflicht der Staaten zur Bestrafung der Täter vorsahen. Noch

---

69 GA Res 177 (II) vom 21. November 1947.

70 Der englische Text der sog „Nürnberg-Prinzipien", die im Rahmen von sieben Prinzipien in höchst gedrängter Form gleichsam den Sukkus von Arbeit und Urteil des IMT zum Ausdruck bringen, findet sich unter http://www.un.org/law/ilc/texts/nurnfra.htm. Aufgrund der besonderen Prägnanz und des – so fühlt man sich fast zu sagen versucht – Credo-ähnlichen Charakters des Textes haben sie auch Aufnahme in den *Anhang* gefunden.

71 Dieser Kodifikationsvorschlag bezeichnet sich seit 1988 als *Draft Code of Crimes Against the Peace and Security of Mankind.* Die aktuellste Fassung stammt aus dem Jahr 1996 und ist unter http://www.un.org/law/ilc/texts/dcodefra.htm in englischer Sprache abrufbar. Auf der Seite der ILC findet sich auch noch die aus dem Jahre 1954 herrührende Fassung (http://www.un.org/law/ilc/texts/offfra.htm).

72 a) *Geneva Convention for the Amelioration of the Conditions of the Wounded and Sick in Armed Forces in the Field*, b) *Geneva Convention for the Amelioration of the Condition of Wounded, Sick and Shipwrecked Members of Armed Forces at Sea*, c) *Geneva Convention relative to the Treatment of Prisoners of War*, d) *Geneva Convention relative to the Protection of Civilian Persons in Time of War* vom 12. August 1949 (samt *Protocol Additional I und II* vom 8. Juni 1977). Der Text aller Genfer Konventionen samt Zusatzprotokollen in englischer Sprache ist zugänglich unter der Homepage des Internationalen Komitees vom Roten Kreuz (http://www.icrc.org/Web/Eng/siteeng0.nsf/html/genevaconventions).

73 Cf die jeweils wortgleichen Art 49 (a), Art 50 (b), Art 129 (c) und Art 146 (d): "The High Contracting Parties undertake to enact any legislation necessary to provide effective penal sanctions for persons committing, or ordering to be committed, any of the *grave breaches* of the present Convention defined in the following Article." (Hervorhebung vom Verfasser).

weiter ging die Völkermordkonvention von 1948[74], die normiert: „Persons charged with genocide ... shall be tried by a competent tribunal of the State in the territory of which the act was committed, or by such *international penal tribunal* as may have jurisdiction with respect to those Contracting Parties which shall have accepted its jurisdiction."[75] Damit wurde die Errichtung eines Internationalen Strafgerichts[76] – zumindest als eine denkbare Alternativoption neben der nationalen Zuständigkeit – konkret in den Raum gestellt, und zwar nicht wie bisher als Versuch der ex-post-Bewältigung schon eingetretener Geschichte, wo bereits im Moment der Einrichtung der Konflikt mit dem Rückwirkungsverbot sowie der Vorwurf der Anlassgesetzgebung manifest werden – welch Kritik sich Versailles, Nürnberg und Tokyo in der einen oder anderen Form allemal gefallen lassen müssen –, sondern im Sinne einer pro futuro eingerichteten und mit genereller Kompetenz (für eines oder mehrere Delikte) ausgestatteten Gerichtsbarkeit.

In diesem Sinne wurde auf einer zweiten, jetzt *formellen* Schiene die ILC mit der Ausarbeitung eines Entwurfs für das Statut eines Internationalen Strafgerichtshofes betraut.[77] Auf der Grundlage von deren Bericht richtete die Generalversammlung 1950 ein aus Vertretern von 17 Staaten bestehendes *Special Committee* ein. Dieses legte 1951 einen ersten Statutenentwurf vor (*1951 Draft Statute*), der aber politisch nur sehr begrenzte Chancen zur Umsetzung hatte. Deshalb wurde das Mandat des Komitees verlängert, welches dann 1953 einen überarbeiteten Entwurf präsentieren konnte (*1953 Revised Draft Statute for an International Criminal Court*): Dieser versuchte den Großmächten in vielerlei Hinsicht entgegenzukommen, etwa indem die obligatorische Zuständigkeit abgeschwächt und den Staaten mehr Einfluss auf die Arbeit des Gerichtshofs gegeben wurde.

Nichtsdestotrotz musste sich das politische Klima des beginnenden „Kalten Krieges" für das Projekt alles andere als günstig erweisen. Der genannte Entwurf wurde noch 1953 der Generalversammlung vorgelegt, die – den Wunsch des

---

74 *Convention on the Prevention and Punishment of the Crime of Genocide* vom 9. Dezember 1948, vorfindlich unter http://www.unhchr.ch/html/menu3/b/p_genoci.htm.

75 Art 6 leg cit (Hervorhebung vom Verfasser).

76 Die Errichtung eines Internationalen Strafgerichtshofes war schon im Rahmen des Völkerbundes in Zusammenhang mit der Terrorismuskonvention von 1937 vorgesehen (*Convention for the Creation of an International Criminal Court* vom 16. November 1937), welchem Projekt aber auf Grund der durch den Spanischen Bürgerkrieg ausgelösten Destabilisierung der internationalen Lage kein weiterer Erfolg beschieden sein sollte: Nur dreizehn Staaten zeichneten die entsprechende Konvention, der damit die Rechtskraft verwehrt blieb. Ausführliche Informationen zu den Bemühungen um eine internationale Strafgerichtsbarkeit im Schoß des Völkerbundes finden sich in BOURDON, CPI, 15f und 38 sowie in BASSIOUNI, The Statute, 10f, ebenso in SADAT, The Evolution, 34, bes die dortige FN 28.

77 Eine akribische Aufarbeitung und Zusammenstellung der nun folgenden Entwicklung bietet BASSIOUNI, The Statute, 12-15. Ebenso wertvoll sind die Hinweise in SADAT, The Evolution, 36ff.

Gleichlaufs von materiellen und formellen Bemühungen artikulierend – dessen Behandlung aufschob, bis der *Draft Code of Offences against the Peace and Security of Mankind* ausgearbeitet sei, was dann 1954 auch wirklich der Fall war.[78] Dann entschloss sich die Generalversammlung[79] aber überhaupt, sowohl die Arbeiten im materiellen wie auch im formellen Bereich zu vertagen, bis eine geeignete Definition des Terminus „Aggression" vorliege, wodurch sich MERKEL zu folgender Bemerkung veranlasst sieht: „Die zwiespältige Geschichte des Völkerstrafrechts seit Nürnberg hat ... das Nürnberger Verfahren ex post nachdrücklicher kompromittiert, als es dessen eigene Mängel vermocht hätten."[80] In diesem Zusammenhang führt er den niederländischen Völkerrechtler BERT RÖLING, vormaliges Mitglied des IMTFE, an, der aus Anlass der Vertagungsentscheidung in der UNO-Vollversammlung der Staatengemeinschaft einen Betrug an den Richtern und den Prinzipien von Nürnberg und Tokyo vorwarf.

In der in Ost und West zerrissenen Welt bedurfte es dann zweier Jahrzehnte, bis die Generalversammlung sich 1974 auf eine – allerdings rechtlich unverbindliche – Definition von „Aggression" verständigen konnte.[81] Auch nach diesem bescheidenen Fortschritt wurde der eingeschlagene Weg in einem höchst schwierigen politischen Umfeld und nur sehr schleppend verfolgt: 1976 setzte die Generalversammlung die Frage des *Draft Code of Offences* wieder auf ihre Tagesordnung und beauftragte 1980 die ILC, von Neuem in dieser Frage zu arbeiten; diese fand dann erst 1996 zu einem ausgearbeiteten Vorschlag.[82] Die Arbeiten bezüglich des Internationalen Strafgerichtshofes (und damit der formell-organisatorische Aspekt) standen seit der Vertagung von 1953 völlig still.[83] Der Hauptgrund für diese Untätigkeit ist weniger in Koordinationsschwierigkeiten zu suchen: „It was the result of a political will to delay the establishment on an international criminal court because that was a time when the world was sharply divided and frequently at risk of war."[84]

---

78 Cf hiezu schon FN 71.

79 GA Res 898 (IX) vom 14. Dezember 1954.

80 MERKEL, Lauter leidige Tröster, 337.

81 GA Res 3314 (XXIX) vom 14. Dezember 1974.

82 Cf wiederum FN 71.

83 Allerdings nahm mit der *Convention on the Suppression and Punishment of the Crime of Apartheid* vom 30. November 1973 noch einmal eine internationale Konvention Bezug auf eine internationale Strafgerichtsbarkeit: „Persons charged with the acts enumerated in article II of the present Convention may be tried by a competent tribunal of any State Party to the Convention which may acquire jurisdiction over the person of the accused or by an international penal tribunal having jurisdiction with respect to those States Parties which shall have accepted its jurisdiction." (Art 5).

84 BASSIOUNI, The Statute, 15.

## 1.3 Das Wiedererwachen der Idee: Die Ad-hoc-Tribunale des Sicherheitsrats

### 1.3.1 International Criminal Tribunal for the Former Yugoslavia

Eine völlig neue Dynamik bekamen die Bemühungen um die Etablierung einer internationalen Strafgerichtsbarkeit durch die Entwicklungen auf dem Balkan, wo sich im Gefolge der Umwälzungen der geopolitischen Lage ab 1989[85] die nach dem Ersten Weltkrieg gegründete „Sozialistische Bundesrepublik Jugoslawien" im Prozess voller Auflösung befand. Ohne im Rahmen dieser Arbeit die Vorgänge genauer nachzeichnen zu können[86], ist doch festzuhalten, dass bald nicht mehr von der Hand zu weisende Belege für systematische Menschenrechtsverletzungen, ethnische Säuberungen, Massaker, uU gar Völkermord vorlagen, die eine Reaktion der Staatengemeinschaft in zunehmendem Maße nötig erscheinen ließen.

Der Sicherheitsrat der Vereinten Nationen reagierte im Oktober 1992 zuerst mit der Aufforderung an den Generalsekretär, eine unabhängige und unparteiische Expertenkommission einzurichten, die untersuchen sollte, ob es auf dem Gebiet des ehemaligen Jugoslawien zu „schweren Verletzungen" der Genfer Konventionen gekommen sei.[87] Im Februar 1993 entschied das Gremium sich dann für die Errichtung eines internationalen Tribunals, das die Verantwortlichen für derartige Verstöße gegen das humanitäre Völkerrecht zur Rechenschaft ziehen sollte, und beauftragte gleichzeitig den Generalsekretär damit, diesen Vorschlag in alle Richtungen auszuloten und dem Sicherheitsrat einen Bericht über die Möglichkeiten von dessen wirksamer und schneller Umsetzung vorzulegen.[88]

Nur drei Monate später[89] akzeptierte der Sicherheitsrat einstimmig den vorgelegten Bericht und entschied „to establish an international tribunal for the sole purpose of prosecuting persons responsible for serious violations of international humanitarian law committed in the territory of former Yugoslavia between 1

---

85 Das Jahr 1989 wird in vielerlei Zusammenhängen als epochemachendes Datum apostrophiert. Aus der Fülle diesbezüglich möglicher Anknüpfungspunkte sei nur exemplarisch auf den Schweizer Staats- und Völkerrechtslehrer DANIEL THÜRER verwiesen, der in einem noch mehrfach aufzugreifenden Beitrag festhält: „Im Jahr 1989 scheint in der Tat ein Bruch im System der internationalen Beziehungen und damit auch der Entwicklung des Völkerrechts eingetreten zu sein, dessen Tragweite wir wohl erst aus historischer Distanz wahrzunehmen und zu ermessen vermögen." (IDEM, Modernes Völkerrecht, 557).

86 Detaillierte historische Hinweise zur Geschichte Jugoslawiens ab 1918 sowie zu Ursachen, Verlauf und Ergebnissen der Kriegshandlungen auf dem Balkan finden sich etwa in SUNGA, The Emerging System, 284-290.

87 Cf SC Res 780 vom 6. Oktober 1992.

88 Cf SC Res 808 vom 22. Februar 1993.

89 Cf SC Res 827 vom 25. Mai 1993. Der englische Text dieser zentralen Resolution ist unter http://www.un.org/icty/basic/statut/S-RES-827_93.htm verfügbar.

January 1991 and a date to be determined by the Security Council upon the restoration of peace". Damit war das ICTY, das Internationale Strafgericht für Ex-Jugoslawien, gegründet.

### 1.3.2 International Criminal Tribunal for Rwanda

Ganz ähnlich vollzog sich die Entwicklung in der nur zwei Jahre später akut werdenden Ruanda-Krise.[90] Die schon auf die Vorkolonialzeit zurückgehenden und durch die Kolonialherrschaft noch kultivierten ethnischen Konflikte zwischen dem Mehrheitsvolk der Hutu (ca 75 %) und der Minderheit der Tutsi (ca 25 %) eskalierten am 6. April 1994 mit dem Abschuss der Maschine des ruandesischen Hutu-Staatspräsidenten JUVÉNAL HABYARIMANA. Extremistische Hutugruppen, die das *Abkommen von Arusha*, das die ruandesische Regierung mit den in der Rwandese Patriotic Front (RPF) vereinigten Tutsis abgeschlossen hatte, als Hochverrat qualifizierten, rissen die Macht an sich und begannen ein beispielloses Massaker, dem allein in der kurzen Zeit bis Ende Mai 500.000 bis 1.000.000 Menschen, zumeist Tutsis, aber auch gemäßigte Hutuführer und deren Familien zum Opfer fielen. Zur Jahresmitte 1994 gelang es der RPF, den tobenden Genozid zu stoppen und den Großteil des Landes unter ihre Kontrolle zu bringen. Über zwei Millionen Hutus flüchteten aus Angst vor den danach einsetzenden Rache- und Vergeltungsakten in die Nachbarländer Burundi, Zaire[91] und Tansania, darunter auch viele der in das Morden Involvierten.

Wiederum bestand die erste Reaktion des Sicherheitsrates im Ersuchen an den Generalsekretär, eine unabhängige Expertenkommission einzurichten[92], dieses Mal aber schon mit dem ausdrücklichen Hinweis versehen, dass „all persons who commit or authorize the commission of serious violations of international humanitarian law are individually responsible for those violations and should be brought to justice". Die daraufhin eingerichtete Kommission konstatierte in einem ersten Bericht[93] hinsichtlich beider Konfliktparteien schwerwiegende Verletzungen des humanitären Völkerrechts, gab sich aber in Bezug auf den im Raum stehenden

---

90 Für eine fundiertere und genauere Darstellung der Problemlage, Ereignisse und Hintergründe kann erneut auf SUNGA, The Emerging System, 290-297 verwiesen werden.

91 Die heutige Demokratische Republik Kongo („Kongo-Kinshasa").

92 Cf SC Res 935 vom 1. Juli 1994, die sich über weite Strecken an der vorgenannten SC Res 780 orientiert.

93 Cf Preliminary Report on violations of international humanitarian law in Rwanda, dem Sicherheitsrat übermittelt durch Brief des Generalsekretärs vom 1. Oktober 1994 (UN Doc S/1994/1125).

Vorwurf des Völkermordes durchaus differenziert.[94] Auf diesem Hintergrund kam sie zur Empfehlung an den Sicherheitsrat, das Statut des ICTY in der Weise zu erweitern, dass es auch die ab 6. April 1994 in Ruanda begangenen völkerrechtlichen Verbrechen umgreife.

Auf diesem Hintergrund errichtete der Sicherheitsrat im November 1994 das International Criminal Tribunal for Rwanda (ICTR)[95], und zwar „for the sole purpose of prosecuting persons responsible for genocide and other serious violations of international humanitarian law committed in the territory of Rwanda and Rwandan citizens responsible for genocide and other such violations committed in the territory of neighbouring States, between 1 January 1994 and 31 December 1994".

### 1.3.3 Zur Rechtsgrundlage der beiden Ad-hoc-Tribunale

Es ist vielfach diskutiert worden, ob es im Rahmen der Kompetenz des Sicherheitsrates überhaupt zulässig gewesen sei, die beiden Strafgerichte zu installieren, da die Charta der Vereinten Nationen in keiner Weise eine spezielle Befugnis zur Errichtung einer internationalen Jurisdiktion vorsieht.[96]

In den beiden schon erwähnten Kernresolutionen 827 und 955 hat sich der Sicherheitsrat als Rechtsgrundlage seines Handelns auf Kapitel VII der UN-Charta[97] berufen, wo es um „Action with respect to threats to the peace, breaches of the peace, and acts of aggression" geht. Will der SC im Rahmen der ihm in diesem Kapitel verliehenen Befugnisse tätig werden, so hat er nach Art 39 UN-Charta zuerst formell festzustellen, dass eine Bedrohung des Friedens, ein Friedensbruch oder eine Angriffshandlung vorliegt[98]; erst dann kann er gemäß Art 41

---

[94] Cf ibd: „There exists overwhelming evidence to prove that acts of genocide against the Tutsi group were perpetrated by Hutu elements in a concerted, planned, systematic and methodical way. Abundant evidence shows that these mass exterminations perpetrated by Hutu elements against the Tutsi group *as such*, ... constitute genocide within the meaning of article II of the Convention on Genocide ... To this point, the Commission has not uncovered any evidence to indicate that Tutsi elements perpetrated acts committed with intent to destroy the Hutu ethnic group *as such*." (Hervorhebungen vom Verfasser).

[95] Cf SC Res 955 vom 8. November 1994, die der vorgenannten SC Res 827 weitgehend nachgebildet ist. Der englische Text dieser Resolution, die zugleich das Statut des Gerichts enthält, ist abrufbar unter http://www.ictr.org/.

[96] Cf etwa SUNGA, The Emerging System, 298ff. Zur (teilweise heftig geführten) Diskussion zum Thema sei auf die Angaben bei MERKEL, Lauter leidige Tröster, 341f, FN 65 verwiesen.

[97] Zum System kollektiver Sicherheit der Vereinten Nationen und der besonderen Rolle von Kapitel VII der UN-Charta cf NEUHOLD/HUMMER/SCHREUER, Handbuch des Völkerrechts, Bd 1, Rz 1840ff.

[98] Dies ist für Ex-Jugoslawien in SC Res 713 vom 25. September 1991 und für Ruanda in SC Res 812 vom 12. März 1993 geschehen.

und 42 leg cit Maßnahmen zur Aufrechterhaltung oder Wiederherstellung des Weltfriedens oder der internationalen Sicherheit ergreifen. Art 41 handelt von „measures not involving the use of armed force“[99], während Art 42, der im abgestuften System der kollektiven Sicherheit wiederum erst zur Anwendung kommen kann, wenn sich Maßnahmen nach Art 41 als ungenügend oder ungeeignet erwiesen haben, auf die Anwendung von Waffengewalt abstellt.[100]

Die Anordnungen des Sicherheitsrates sind für die Staaten dabei jedenfalls von rechtlich zwingendem Charakter. Dies leuchtet schon aus der im System der Vereinten Nationen für Entscheidungen des Sicherheitsrates allgemein geltenden Regel des Art 25 UN-Charta hervor: „The Members of the United Nations agree to accept and carry out the decisions of the Security Council in accordance with the present Charter.“[101] Kommt es zu einem Handeln des SC im Rahmen von Kapitel VII – einerlei, ob es sich um eine Entscheidung zu militärischen oder nicht militärischen Schritten handelt –, so erfährt der Grundsatz der rechtlichen Verbindlichkeit der getroffenen Entscheidungen weitere Untermauerung und Verdichtung durch die ins Kapitel VII selbst integrierte *lex specialis* des Art 48 S 1: „The action required to carry out the decisions of the Security Council for the maintenance of international peace and security shall be taken by all the Members of the United Nations or by some of them, as the Security Council may determine.“

Im gegebenen Fall hat sich der Sicherheitsrat darauf berufen, dass er im Rahmen des Art 41 zu allen nicht militärischen Maßnahmen greifen könne, die er in Hinblick auf das normierte Ziel der Aufrechterhaltung oder Wiederherstellung des Weltfriedens und der internationalen Sicherheit für geboten halte. Zu diesem Behufe sei er an den zwar ausführlichen, aber dennoch nur aufzählend-beispiel-

---

99 Als solche werden in demonstrativer Aufzählung (arg „may include“) die vollständige oder teilweise Unterbrechung der wirtschaftlichen Beziehungen, der Eisenbahn-, Schiffs-, Luft-, Post-, Telegraphen-, Radio- und sonstigen Verbindungen und der Abbruch der diplomatischen Beziehungen genannt.

100 Dies ergibt sich schon als *argumentum e contrario* zu Art 41 (arg „measures not involving the use of armed force") sowie positiv aus der wenn auch etwas schwammigen Diktion des Art 42: „It [sc the Security Council] may take such action by air, sea, or land forces as may be necessary to maintain or restore international peace and security. Such action may include demonstrations, blockade, and other operations by air, sea, or land forces of Members of the United Nations.“

101 In gewissem Sinne greift die den Sicherheitsrat betreffende Generalklausel des Art 24 eigentlich noch weiter aus, indem sie von den Mitgliedstaaten nicht nur ein beschlusskonformes Verhalten verlangt, sondern normiert, dass der SC im Rahmen dieser Aufgaben *im Namen* der Staaten, dh in für sie verbindlicher, ihnen zurechenbarer Weise handelt: „In order to ensure prompt and effective action by the United Nations, its Members confer on the Security Council primary responsibility for the maintenance of international peace and security, and agree that in carrying out its duties under this responsibility the Security Council acts *on their behalf*.“ (Hervorhebung vom Verfasser).

haften Maßnahmenkatalog des Art 41 S 2 nicht gebunden, sondern könne auch zu anderen geeignet scheinenden, zB auch justiziellen Mitteln greifen. Da Art 29 eine sehr weitgehende Ermächtigung zur Einrichtung von Unterorganen vorsehe[102], sei auch die Schöpfung eines internationalen Gerichts – wenn auch als *unabhängige*, so doch als *Hilfs*einrichtung des SC – im Rahmen von Kapitel VII der UN-Charta zulässig, solange es nur dem allerdings stets vor Augen zu habenden Hauptzweck der Vereinten Nationen, nämlich der Aufrechterhaltung oder Wiederherstellung des Weltfriedens oder der internationalen Sicherheit (Art 1 Abs 1 UN-Charta) dienlich sei.[103] Wenn man diesem Gedankengang einmal so weit Folge leistet, lässt sich weiter argumentieren, dass über entsprechende Ermächtigung des Sicherheitsrates auch Entscheidungen des gemäß Art 29 eingerichteten Unterorgans an dem sich aus Art 25 ableitenden völkerrechtlich verbindlichen Charakter der SC-Beschlüsse partizipieren können.

In diesem Zusammenhang kann nicht näher auf die spezifisch völkerrechtlichen Fragen eingegangen werden, die eine solche Argumentation aufwirft.[104] Wie

---

102 „The Security Council may establish such subsidiary organs as it deems necessary for the performance of its functions."

103 Dieser ganz speziellen Finalität muss man bei der Rede von Ad-hoc-Tribunalen immer gewärtig sein: Bei der dem Schoß des Sicherheitsrates entspringenden Gerichtsbarkeit geht es nicht so sehr um die Verfolgung von Verbrechen um ihrer selbst willen, sondern um den Dienst am regionalen wie Weltfrieden. Dies zeigt sich schon an formalen Bestimmungen (man denke etwa an die erwähnte Limitierung der zeitlichen Zuständigkeit des ICTY auf ein Datum „upon the restoration of peace"), vor allem aber in den grundlegenden Erwägungen (Nr 4-7) der beiden Res 827 und 955 (die abweichenden Formulierungen in dem Ruanda betreffenden Text sind in eckige Klammern gesetzt, Hervorhebungen vom Verfasser):

> „Determining that this situation continues to constitute a ***threat to international peace and security***,
> Determined to put an end to such crimes and to take effective measures to ***bring to justice the persons who are responsible for them***,
> Convinced that in the particular circumstances of the Former Yugoslavia [of Rwanda], the ***establishment as an ad hoc measure by the Council of an international tribunal*** and the prosecution of persons responsible for serious violations of international humanitarian law ***would enable this aim to be achieved*** and would contribute [sc to the process of national reconciliation and] to the restoration and maintenance of peace,
> Believing that the establishment of an international tribunal and [for] the prosecution of persons responsible for [sc genocide and] the [sc other] above-mentioned violations of international humanitarian law ***will contribute to ensuring that such violations are halted and effectively redressed*** ...".

104 Nur exemplarisch und umrisshaft sei hier angeführt, dass man sich fragen könnte, ob der zwar eine große Zahl von Maßnahmen umfassende Enumerativkatalog des Art 41 UN-Charta nicht dahingehend spezifiziert sei, dass es in einem weiten Sinne um verschiedene Arten von „relations" oder „means of communication" geht, die der Sicherheitsrat nach seinem Ermessen einzuschränken oder zu behindern ermächtigt ist. Mit dem auf diese Weise abgesteckten Bereich könnte man dann ein bestimmtes Spektrum zulässiger Typen von Maßnahmen des SC in Korrelation sehen, in dem die Option einer justiziellen Einrichtung dann uU keine Deckung mehr fände. Eine weitere Argumentationslinie könnte sich hinsichtlich Art 29 auftun, wo aus der (wenn auch ausdrücklichen) Ermächtigung zur Einrichtung von subsidiären Organen nicht ohne weiteres geschlossen werden kann, dass dem Sicherheitsrat auch die Befugnis zukommt, an diese seine Kompetenz zu verbindlicher völkerrechtlicher Entscheidung

bereits angesprochen, wurde diese vielfach kritisiert und die Meinung vertreten, dass der Sicherheitsrat die einschlägigen Bestimmungen extensiv, wenn nicht gar missbräuchlich oder rechtsbeugend ausgelegt habe. Für MERKEL liegt hier, in diesem Punkt leider ohne nähere Begründung, „erkennbar ein (wenngleich moralisch legitimierter) trickreicher Notbehelf“[105] vor. Im Großen und Ganzen hat die Vorgangsweise des Sicherheitsrates aber Zustimmung und Akzeptanz gefunden, sodass auf diese Weise „stillschweigend und wie selbstverständlich die völkerrechtliche Existenz einer universalen strafrechtlichen Jurisdiktion anerkannt und bekräftigt [wurde], die nicht auf einer Anmaßung einzelner Staaten, sondern auf der Zuständigkeit der Völkergemeinschaft beruht“[106].

### 1.3.4 Die Ausgestaltung der Ad-hoc-Tribunale

Die Res 827 und 955 nehmen die Statute des ICTY und des ICTR jeweils in ihren Anhang auf[107], wobei die in Den Haag (Niederlande) und in Arusha (Tansania) angesiedelten Tribunale in ihrer Einrichtung große Parallelen aufweisen. Wie die folgenden Ausführungen deutlich machen, stehen sie – von einigen bemerkenswerten, ebenfalls herauszustreichenden Abweichungen abgesehen – über weite Strecken in der Tradition des IMT und des IMTFE.

Hinsichtlich der örtlichen (*ratione loci*) und zeitlichen (*ratione temporis*) Zuständigkeit[108] kann auf das oben Gesagte[109] verwiesen werden; die sachliche Kompetenz (*ratione materiae*) umfasst a) „grave breaches“ der Genfer Konventionen (Art 2 ICTY, Art 4 ICTR), b) Verletzung der Gesetze und Gebräuche des Krieges (Art 3 ICTY)[110] [111], c) Völkermord (Art 4 ICTY, Art 2 ICTR) und d) Verbrechen gegen die Menschlichkeit (Art 5 ICTY, Art 3 ICTR).

---

zu delegieren (etwaiges *Delegationsverbot*). Überhaupt drängt sich die Frage auf, was generell von der Einrichtung eines justiziellen Hilfsorgans durch ein politisches Gremium zu halten ist, zB allein in Bezug auf Fragen der Gewaltenteilung, des institutionellen Gleichgewichts innerhalb des Systems der Vereinten Nationen, aber auch in Hinblick auf die Forderung nach (echter) richterlicher Unabhängigkeit.

105 MERKEL, Lauter leidige Tröster, 341.

106 Ibd, 342.

107 Das Statut für das ICTY findet sich (wie immer in englischer Fassung) unter http://www.un.org/icty/legaldoc/index.htm (zuletzt geändert durch SC Res 1411 vom 17. Mai 2002). Das ICTR-Statut ist abrufbar unter http://www.ictr.org/wwwroot/ENGLISH/basicdocs/statute.html (zuletzt geändert durch SC Res 1431 vom 14. August 2002).

108 Cf auch die detaillierte Regelung von Art 8 ICTY und Art 7 ICTR.

109 Cf p 45 und 46.

110 Der im Statut des ICTY aufscheinende Tatbestand „Violations of the laws or customs of war“ hat in die materielle Kompetenz des ICTR keinen Eingang gefunden. Damit hat es vornehmlich auf sich – und nur soviel sei an dieser Stelle gesagt –, dass „Kriegsverbrechen“ von ihrer Konzeption her auf „Kriege“, dh grenzüberschreitende Konflikte zugeschnitten sind,

Gemäß Art 6f ICTY bzw Art 5f ICTR ist die Jurisdiktion der Gerichte ausschließlich auf natürliche Personen, dh auf Individuen beschränkt (*ratione personae*); die in Nürnberg entwickelte Möglichkeit der Verurteilung von „verbrecherischen Organisationen" wird nicht aufgegriffen.[112] Dafür gelten, wie gehabt, weder die amtliche Stellung noch die Berufung auf höhere Befehle als Strafausschließungsgründe. Erstmals findet explizit der Grundsatz Verankerung, dass die internationalen und nationalen Gerichtsinstanzen konkurrierende Zuständigkeiten („concurrent jurisdiction")[113] bei der Ahndung schwerer Menschenrechtsverletzungen haben (können), dass aber der Vorrang („primacy") der internationalen Ebene zukommt, was darin seinen Ausdruck findet, dass diese jederzeit das Verfahren an sich ziehen kann. Kompensiert wird diese doppelte Zuständigkeit im Blick auf den Schutz des Angeklagten vor doppelter Verurteilung durch die Normierung des Non-bis-in-idem-Prinzips (Art 9f ICTY, Art 8f ICTR).

Was die Organisation betrifft (Art 11ff ICTY, Art 10 ICTR), ist besonders hervorzuheben, dass ICTY und ICTR in mehreren, jeweils drei Richter umfassenden Spruchkammern das Recht finden, aber über eine gemeinsame fünfköpfige Berufungskammer sowie einen gemeinsamen Ankläger verfügen[114], um sowohl Einheitlichkeit der Rechtsprechung wie auch Effizienz der Administration zu garantieren. In Abhebung von Nürnberg, mehr noch von Tokyo ist die stark ausgebaute Unabhängigkeit des „Prosecutor" zu unterstreichen; er ist an keine Weisungen gebunden und kann Menschenrechtsverletzungen auf allen Konfliktseiten zur

---

während es sich in Ruanda in allererster Linie um einen internen Konflikt handelte; das machte diesen Deliktstypus im gegebenen Zusammenhang verzichtbar. Das Statut des ICC stellt dagegen von vornherein auf internationale wie interne Konflikte ab. Cf dazu BOURDON, CPI, 66ff sowie unten 2.3.1.1.

111 Mit einer mit dem Vorigen zusammenhängenden, aber doch anders gelagerten Konstellation sah sich das ICTY im Fall *Prosecutor v. DUSCO TADIC* konfrontiert. Hier bestand das Problem gerade darin, dass sich der Angeklagte darauf berief, die der sachlichen Zuständigkeit des ICTY unterliegenden Tatbestände umfassten nur internationale bewaffnete Konflikte, während sich die Anklage im vorliegenden Fall gerade auf Handlungen im Rahmen eines bloß internen Konfliktes (nämlich innerhalb von Bosnien-Herzegowina) stützte. Die Appellationskammer wies im Urteil vom 2. Oktober 1995 die Bestreitung ihrer Kompetenz zurück, und zwar mit der Begründung, „Artikel 3 des Statuts sei nicht auf internationale bewaffnete Konflikte beschränkt; vielmehr verleihe diese Bestimmung – als Auffangklausel – dem Tribunal die Zuständigkeit zur Verfolgung irgendwelcher schwerer Verstöße gegen das humanitäre Völkerrecht, die nicht von den Artikeln 2, 4 oder 5 des Statuts erfasst seien." (Appellationskammer, Nr 91). Zitiert nach THÜRER, Modernes Völkerrecht, 576; zum Fall *Tadic* überhaupt cf ibd, 574-578.

112 Cf dazu schon oben p 30 sowie 36.

113 Schon an dieser Stelle sei auf das für den ICC gewählte Alternativkonzept der Komplementärzuständigkeit verwiesen (cf unten 2.1.2.4).

114 Rechtstechnisch wird dies in der Weise abgewickelt, dass die durch Art 12 Abs 3 ICTY eingerichtete Berufungskammer sowie der durch Art 16 ICTY installierte Ankläger jeweils durch Art 12 Abs 2 sowie Art 15 Abs 3 ICTR gleichzeitig zu Organen des ICTR berufen werden.

Anklage bringen.[115] Als Gegengewicht zur starken Stellung und Bewegungsfreiheit der Anklage folgt ein gegenüber den Nachkriegstribunalen noch weiter ausgebauter und ausdifferenzierter Katalog von Verfahrensrechten (Art 20f ICTY, Art 19f ICTR); zum ersten Mal findet aber auch der Gedanke des Opfer- und Zeugenschutzes seinen expliziten Niederschlag (Art 22 ICTY, Art 21 ICTR).

Zwei ganz markante Abweichungen von den in den Statuten von IMT und IMTFE getroffenen Dispositionen bringen die Art 24 und 25 ICTY bzw Art 23 und 24 ICTR: Zum einen sind explizit nur Haftstrafen vorgesehen, die Todesstrafe kann also nicht mehr verhängt werden; zusätzlich finden in Hinblick auf eine bessere Verwirklichung des Grundsatzes *nulla poena sine lege* erstmals auch Kriterien der Strafzumessung Verankerung. Zum anderen wird ein Berufungsverfahren und damit ein zweigliedriger Instanzenzug eingerichtet, wo Verurteilte oder der Ankläger rechtliche wie auch tatsächliche Fehler relevieren können.

## 1.4 Errichtung des Internationalen Strafgerichtshofes

Mit der Installierung der beiden Ad-hoc-Tribunale für Ex-Jugoslawien und Ruanda gliederten sich zwei weitere wichtige Bausteine im Aufbau einer umfassenden internationalen Strafgerichtsbarkeit ins Entwicklungsgefüge[116]. Immer mehr vermochte sich, gerade auch bei einflussreichen Spielern auf der Bühne der Weltpolitik, die Einsicht durchzusetzen, die MERKEL in aller Schärfe in Hinblick auf das Nürnberger Tribunal formuliert hat, die aber mit gewissen Einschränkungen auch noch für IMTY und IMTR[117] Gültigkeit hat: „Die monströsen, alle Staats-, alle Norm-, ja alle Vorstellungsgrenzen durchbrechenden Sachverhalte, die zur Aburteilung standen, machten die gegenwärtige und künftige Unverzichtbarkeit eines supranationalen Strafrechts mit quälender und bislang ungekannter Dringlichkeit deutlich. Doch ebenso drängend legten die unübersehbaren Mängel des

---

115 „The Prosecutor shall act independently as a separate organ … He or she shall not seek or receive instructions from any Government or from any other source." (Art 16 Abs 2 ICTY, Art 15 Abs 2 ICTR).

116 Laut BASSIOUNI, The Statute, 5f kannte das 20. Jahrhundert mit a) dem IMT in Nürnberg, b) dem IMTFE in Tokyo, c) dem ICTY in Den Haag und d) dem ICTR in Arusha vier Ad-hoc-Tribunale. Diesen gingen in weitgehender Parallelität fünf Untersuchungskommissionen voran: a) die 1919 installierte Commission on the Responsibilities of the Authors of War and on Enforcement of Penalties, b) die United Nations War Commission von 1943, c) die Far Eastern Commission von 1946, sowie d) und e) die beiden Expertenkommissionen für Ex-Jugoslawien und Ruanda nach den SC Res 780 und 935.

117 Eine differenzierende Analyse und Bewertung der trotz ihrer Kürze doch wechselvollen Geschichte der beiden Tribunale, ihrer Erfolge und Grenzen kann im Rahmen dieser Arbeit nicht vorgenommen werden. So muss mit dem eben gegebenen kursorischen Überblick über Rechtsgrundlage und Einrichtung derselben das Auslangen gefunden werden.

Verfahrens die Notwendigkeit eines *echten* internationalen Strafgerichtshofs nahe.“[118]

Das sich zunehmend konsolidierende Recht der völkerrechtlichen Verbrechen als *materielle* Seite des Völkerstrafrechts verlangte zunehmend auch auf *formell-organisatorischer* Ebene nach einer völkerrechtlichen Institutionalisierung, und zwar nicht (mehr) in einer Form, die nur aus dem konkreten Anlassfall erwachsen und auf ihn hin gebildet war, sondern – gerade auch in Hinblick auf eine wirklich unparteiische und gleichförmige Rechtsanwendung – in genereller und permanenter Absicht. Die beiden Tribunale, die in der hier vorgestellten Form in unseren Tagen durchaus Modell für weitere ins Auge gefasste Ad-hoc-Einrichtungen stehen[119], vermochten dieser Entwicklung letztlich die entscheidende Dynamik zum Durchbruch zu geben, erwiesen sich aber angesichts dessen im Moment selbst ihrer Gründung schon als überholt und als „Platzhalter“ für den zu leistenden größeren Wurf.

### 1.4.1 Der entscheidende Anlauf

„The question of an international criminal court came back to the United Nations by an unexpected route in 1989 after a hiatus of 26 years”[120], leitet

118 MERKEL, Lauter leidige Tröster, 335 (Hervorhebung im Original).

119 In SC Res 1315 vom 24. August 2000 ersuchte der Sicherheitsrat den Generalsekretär „to negotiate an agreement with the Government of Sierra Leone to create an *independent special court* ...“ (Nr 1 leg cit; Hervorhebung vom Verfasser). Durch das mittlerweile errichtete Ad-hoc-Tribunal, auf dessen Struktur hier nicht näher eingegangen werden kann (cf dazu *Report of the Secretary-General on the establishment of a Special Court for Sierra Leone* vom 4. Oktober 2000 sowie *Statute of the Special Court for Sierra Leone*, abrufbar unter http://www.sc-sl.org/scsl-statute.html), soll eine juristische Aufarbeitung des in *Sierra Leone* seit 1991 tobenden Bürgerkrieges möglich werden. Grundsätzlich am Modell von ICTY und ICTR orientiert, gibt es davon aber markante Abweichungen, von denen nur zwei Erwähnung finden sollen: Die Einrichtung erfolgt nicht durch den SC im Rahmen von Kapitel VII, sondern durch völkerrechtlichen Vertrag zwischen den Vereinten Nationen und Sierra Leone (welcher am 16. Januar 2002 abgeschlossen worden ist); dieses Zusammenwirken von internationaler und nationaler Ebene soll dann entsprechend auch in einer gemischten personellen Zusammensetzung des Gerichts Niederschlag finden. Zur Bezeichnung als „special tribunal“ cf noch FN 146. Pläne zur Errichtung eines vergleichbaren Hybrids für *Kambodscha* (in Zusammenhang mit dem Regime der Roten Khmer) bestehen auch schon seit geraumer Zeit und haben auch konkrete Fortschritte gezeitigt – zwischen den Vereinten Nationen und der kambodschanischen Regierung ist am 17. März 2003 ein vorläufiges Abkommen unterzeichnet worden (zu dessen Text vgl http://www.yale.edu/cgp/news.html) –, harren aber weiterhin der Realisierung. Weiters ist in diesem Zusammenhang auf das *Iraqi Special Tribunal* zu verweisen. Dessen am 10. Dezember 2003 vom irakischen Regierungsrat verabschiedetes Statut ist unter http://www.cpa-iraq.org/human_rights/Statute.htm abrufbar.

120 BASSIOUNI, The Statute, 16.

M. CHERIF BASSIOUNI lapidar die Schilderung der Entwicklungen der 90er Jahre ein, die relativ geradlinig und in der für völkerrechtliche Verhältnisse relativ kurzen Zeit einer Dekade zur Errichtung des Internationalen Strafgerichtshofs führen sollten. Der unmittelbare Anlass dafür war eher unscheinbarer Art: Im Jahr 1989 hielt die Generalversammlung eine Sondersitzung zum Problem des internationalen Drogenhandels ab, und Trinidad und Tobago[121] – ein „David" unter den Völkerrechtssubjekten – schlug in diesem Kontext die Schaffung einer auf diese Frage spezialisierten internationalen Strafgerichtsbarkeit vor.

Dies nahm sich die Generalversammlung zum Anlass, die ILC mit der Erstellung eines diesbezüglichen Berichtes zu betrauen.[122] Nach der positiven Aufnahme der der GA präsentierten Vorarbeiten wagte sich die ILC weiter, indem sie ohne besonderes Mandat über die Detailfrage des Drogenhandels hinaus ein umfassendes Statut für einen Internationalen Strafgerichtshof auszuarbeiten begann, was 1994 in ein 60 Artikel umfassendes *Draft Statute for an International Criminal Court*[123] mündete. Unter breiter Zustimmung zu der geleisteten Arbeit richtete die Generalversammlung 1995 in ihrem Schoß ein *Ad Hoc Committee for the Establishment of an International Criminal Court* ein, das noch im selben Jahr seinen Bericht vorlegte und 1996 in ein *Preparatory Committee on the Establishment of an International Criminal Court* überführt wurde. Bald stattete die Generalversammlung das PrepCom mit dem speziellen Mandat aus, einen konkreten Textvorschlag einer Konvention und eines Statuts für einen Internationalen Strafgerichtshof auszuarbeiten[124], um dann – im Bewusstsein, dass die Vorarbeiten nun ausreichend weit gediehen waren, um nennenswerte Zustimmung unter den Staaten finden zu können – die Staatenwelt im Dezember 1997 zu einer großangelegten diplomatischen Konferenz nach Rom zusammenzurufen.

## 1.4.2 Die Römer Konferenz von 1998

Die besagte *United Nations Diplomatic Conference of Plenipotentiaries on the Establishment of an International Criminal Court*, in der Folge meist kurz als „Römer

---

[121] Der Karibikstaat führte dabei eine Koalition von 16 karibischen und lateinamerikanischen Staaten an, die sich um Fortschritte bei der Auslieferung und Verfolgung von internationalen Drogenhändlern bemühen wollten. Cf dazu genauer SADAT, The Evolution, 47, FN 63.

[122] Für eine sehr detaillierte und aufschlussreiche Darstellung der Redaktionsarbeiten der ILC sowie der im Weiteren damit befassten beiden Komitees cf BASSIOUNI, The Statute, 16-26.

[123] Für ausführlichere Bemerkungen zu diesem Vorschlag cf SADAT, The Evolution, 38f.

[124] So zielte das Mandat ia darauf ab „to draft texts, with a view to preparing a widely acceptable consolidated text of a convention for an international criminal court as a next step towards consideration by a conference of plenipotentiaries" (A/RES/50/46 vom 11. Dezember 1995).

Konferenz" bezeichnet, hatte vom 15. Juni bis zum 17. Juli 1998 in der italienischen Kapitale statt.[125] Nachdem in der Anfangsphase der Vorarbeiten (1989-1992) nur relativ wenig Hoffnung auf eine politische Umsetzbarkeit eines Projekts solcher Dimension und Tragweite bestehen konnte, hatten sich durch die geopolitischen Umwälzungen insgesamt, insbesondere aber durch die Erfahrungen mit den beiden Ad-hoc-Tribunalen bei den Regierungen das Bewusstsein bestehenden Handlungsbedarfes wie auch die Handlungsbereitschaft sprunghaft erhöht. Dabei spielten die „Weltöffentlichkeit" oder, wie auch gesagt wird, die „internationale Zivilgesellschaft" (*international civil society*) sowie die rege Aktivität zahlreicher NGOs eine nicht zu unterschätzende Rolle.[126]

Grundlage der Arbeit der Konferenz war der vom PrepCom am 3. April 1998 vorgelegte Schlussbericht, der auf 173 Seiten einen Entwurf für das Statut des ICC in 116 Artikeln – allerdings noch mit etwa 1.300 Wörtern in Klammern – vorstellte.[127] In der relativ kurzen Zeit der zur Verfügung stehenden fünf Wochen[128] mussten sich 161 Delegationen mit insgesamt ca 2.000 Mitgliedern, von denen etwa zwei Drittel mit dem Vorschlag nicht näher vertraut waren, auf einen juristisch höchst anspruchsvollen und in politischer Hinsicht wohl noch sensibleren Normtext[129] verständigen.

Gerade in Hinblick auf das Erreichen von Kompromissen in den politisch heiklen Bereichen – sowohl im Rahmen der Vorbereitungsarbeiten wie dann auch während der Konferenz selbst – ist die Bedeutung zu unterstreichen, die der Gruppe der sog *like-minded states*[130], also der in Hinblick auf die Notwendigkeit der Er-

---

125 Cf dazu die noch immer im Internet stehende und aktualisierte Homepage der Römer Konferenz (http://www.un.org/icc/index.htm).

126 Das unterstreichen BASSIOUNI, The Statute, 25f, SADAT, The Evolution, 32 und ganz besonders auch BOURDON, CPI, 20ff. Zur „global civil society" auch noch unten 4.3.3.

127 Cf BASSIOUNI, The Statute, 24 und 26. Das in seiner Komplexität wie Vorläufigkeit beeindruckende Dokument ist unter der schon erwähnten Website der Römer Konferenz abrufbar (cf FN 125).

128 Für eine ausführliche Darlegung des Verlaufs der Römer Konferenz, der dort auftauchenden Probleme und ihrer Bewältigung, kann wiederum auf BASSIOUNI, The Statute, 26-34 verwiesen werden.

129 In diesem Zusammenhang sei übrigens erwähnt, dass als Vorsitzender des für die erfolgreiche Arbeit der Römer Konferenz so wichtigen *Drafting Committee* der Ägypter M. CHERIF BASSIOUNI fungierte, der uns hier in zahlreichen Zitationen schon begegnet ist. Nicht zuletzt aufgrund seiner umfangreichen Publikationstätigkeit zum Thema und seiner Mitarbeit in zahlreichen damit in Zusammenhang stehenden Gremien und Kommissionen darf er als einer der „Väter" des ICC in seiner heutigen Form gelten.

130 Im April 1998 umfasste diese Gruppe laut BASSIOUNI, The Statute, 25 folgende (teilweise international durchaus gewichtige) Staaten: Ägypten, Argentinien, Australien, Belgien, Chile, Dänemark, Deutschland, Finnland, Griechenland, Großbritannien (seit der Wahl TONY BLAIRS im August 1997), Guatemala, Irland, Italien, Kanada, Kroatien, Lesotho, Neuseeland, Niederlande, Norwegen, Österreich, Portugal, Samoa, Schweden, Schweiz, Slowakei, Süd-

richtung eines Internationalen Strafgerichtshofs „gleichgesinnten Staaten", zugekommen ist. Nicht zuletzt ihrem Engagement ist es zu verdanken, dass die Konferenz trotz erheblicher Widerstände einiger einflussreicher Staaten ein Erfolg geworden ist und dass die Schlussabstimmung in der Nacht des 17. Juli 1998 in einem beeindruckenden Votum von 120 Pro-Stimmen, sieben Kontra-Stimmen[131] und 21 Enthaltungen den Weg zur Errichtung des Internationalen Strafgerichtshofes frei gemacht hat.

### 1.4.3 Folgende Arbeiten und Status quo

Mit dem folgenden Tag wurde das *Rome Statute of the International Criminal Court*[132] zur Unterzeichnung aufgelegt, wovon 26 Staaten sogleich Gebrauch machten. Sodann blieb die Konvention gemäß Art 125 Abs 1 des ICC-Statuts beim italienischen Außenministerium in Rom bis 30. Oktober 1998 und dann beim Generalsekretär der Vereinten Nationen in New York bis 31. Dezember 2000 zur Unterzeichnung offen; insgesamt sind so 139 Staaten Signatare des ICC-Statuts geworden.

Nach Art 126 Abs 1 tritt das Römer Statut am ersten Tag des Monats, der auf den 60. Tag nach Hinterlegung der 60. Ratifikationsurkunde folgen wird, in Kraft.

---

afrika, Trinidad und Tobago (als Repräsentant von 12 CARICON-Staaten), Ungarn, Uruguay und Venezuela. Im Rahmen der Römer Konferenz wuchs die Gruppe auf etwa 80 Mitglieder an, darunter der Großteil der europäischen Staaten (außer Frankreich) sowie zahlreiche lateinamerikanische und afrikanische Nationen. Auch SADAT, The Evolution, 32 und BOURDON, CPI, 23 sehen in dieser Staatengruppe – neben der bereits erwähnten Bedeutung der „global civil society" – einen der Hauptfaktoren für den Erfolg der Konferenz, da die besagte Interessengemeinschaft im Zuge der Verhandlungen als einziger Akteur über eine wirkliche operative Strategie verfügt habe.

131 Über die genaue Zusammensetzung der Gruppe der Gegner des ICC bei der geheimen Schlussabstimmung besteht nicht völlige Klarheit in der Literatur: BOURDON, CPI, 300 nennt mit China, Israel, Katar, Libyen, Sri Lanka und den USA überhaupt nur sechs ablehnende Konferenzteilnehmer. Andere Quellen – dies nur als Hinweis, im Übrigen ist diese mehr für die Völkerrechtshisteriographie interessante Frage hier nicht weiter zu vertiefen – streichen Sri Lanka aus der Liste und fügen dafür Jemen und Irak ein (zB NZZ vom 20./21. April 2002, 82). Interessanterweise schweigt sich BASSIOUNI, The Statute, 32 – ansonsten von höchster Akribie – just über diese Frage aus. Sicher ist jedenfalls, dass mit den USA und China zwei ständige Mitglieder des Sicherheitsrates und „Schwergewichte" der Staatengemeinschaft ihre Ablehnung des ICC unmissverständlich bekundet haben.

132 Das Statut des ICC findet sich unter http://www.un.org/law/icc/statute/romefra.htm; gemäß Art 128 ist es im Wortlaut der sechs Hauptsprachen der Vereinten Nationen (arabisch, chinesisch, englisch, französisch, russisch, spanisch) authentisch. Unter http://www.un.org/Depts/german/gts/fs_gesverz.html ist auch eine deutsche Übersetzung abrufbar. Wegen seiner überragenden Bedeutung für die vorliegende Arbeit hat es (in englischer Sprache) auch – trotz seiner Länge in ungekürzter Fassung – in den *Anhang* Eingang gefunden.

Auf Grundlage dieser Bestimmung ist das Statut des Internationalen Strafgerichtshofes mit 1. Juli 2002 in Rechtwirksamkeit erwachsen. Bis zum 30. September 2005 haben 99 Staaten[133] das Statut ratifiziert, in den kommenden Monaten und Jahren wird aller Wahrscheinlichkeit nach noch eine respektable Zahl diesem Beispiel folgen. Richter und Ankläger sind gewählt.[134] Inzwischen hat der ICC in Den Haag seine Arbeit aufgenommen; die ersten Fälle sind anhängig gemacht worden.[135]

Mit Errichtung des Internationalen Strafgerichtshofes ist eine lange Kette von Ereignissen zu ihrem Ende und Ziel gekommen. Viele Hoffnungen waren in die Konferenz von 1998 gesetzt worden, großer Erwartungsdruck lastete auf ihr. Ihr Erfolg, der – auch bei vorsichtiger Bewertung – einen Markstein in der Geschichte des Völkerrechts darstellt, ließ vielen die Bemühungen und Enttäuschungen, die den steinigen Weg nach Rom gezeichnet haben, den Einsatz wert erscheinen. Allerdings darf man sich auch nicht vorschnell einem naiven Pathos verschreiben und meinen, alle nennenswerten Hindernisse seien nunmehr beseitigt, der ICC würde sich hinkünftig gleichsam im Wege eines Automatismus von selber etablieren, und alle Staaten würden im Verlaufe der Zeit sukzessive und mehr oder minder friktionsfrei in ihn Einbindung finden. Dies ist weder selbstverständlich[136] noch selbstverständlich wünschenswert.

---

133 Zuletzt ist die Dominikanische Republik am 13. Mai 2005 dem Statut beigetreten. Die Ratifikationsliste ist jeweils aktuell unter http://www.americanstudents.us/icc.shtml abrufbar. Eine sehr aufwändig angelegte Dokumentation des Ratifikationsstatus mit ausführlichen Informationen über die jeweilige Situation in allen Staaten der Welt findet sich auf http://iccnow.org/countryinfo.html.

134 Während ihrer Sitzung vom 3.-7. Februar 2003 wählte die Staatenversammlung die 18 Richter des Gerichtshofes. Diese habe am 11. März 2003 PHILIPPE KIRSCH (Kanada) zum Präsidenten sowie AKUA KUENYEHIA (Ghana) und ELIZABETH ODIO BENITO (Costa Rica) zu den Vizepräsidenten des Gerichtshofes gewählt. Am 21. April 2003 wurde LUIS MORENO-OCAMPO (Argentinien) von der Staatenversammlung zum Chefankläger des Gerichtshofes bestellt.

135 Einblick in die noch ausstehenden Vorbereitungsschritte und die schon geleistete Arbeit bietet die in diesem Zusammenhang zu erwähnende Homepage des ICC http://www.un.org/law/icc/ (sowie neu http://www.icc-cpi.int/index.php).

136 Wenn die Zahl der Contra-Stimmen auch nummerisch gering war, fanden sich darin doch auch, wie schon erwähnt, mit den USA und China sehr wichtige Mitglieder der Staatengemeinschaft; auch damalige Befürworter des ICC wie etwa Russland zeigen sich heute demonstrativ reserviert. Die USA – Signatarstaat der Konvention – haben inzwischen am 6. Mai 2002 dem Generalsekretär der Vereinten Nationen in unmissverständlicher Ausdrücklichkeit mitgeteilt, dass sie sich durch ihre Unterschrift nicht mehr gebunden fühlten und keine Absicht hegten, das Statut des ICC zu ratifizieren.
Ohne diesen Punkt hier zu sehr vertiefen zu wollen oder zu müssen, verdient besondere Erwähnung die wohl jetzt schon zu trauriger Berühmtheit avancierte SC Res 1422 vom 12. Juli 2002: Unter Drohung der USA, die anstehende Verlängerung des Mandates der UN-Mission in Bosnien-Herzegowina mit ihrem Veto zu blockieren, entschloss sich der Sicherheitsrat, auf Grundlage von Art 16 des Römer Statuts das Ersuchen an den ICC zu richten, in den folgen-

Das Kind ist geboren, seine Zukunft ungewiss. Betrachtet man die momentane publizistische Produktion zum Thema, so ist die oft überschwängliche Begeisterung der letzten Jahre vielfach einem vorsichtig-resignierenden Realismus, mancherorts auch Zweckpessimismus gewichen: Weder das eine noch das andere Extrem scheint angebracht. Hier aber ist nicht der Ort, eine möglichst verlässliche Zukunfts- oder Erfolgsprognose zu entwerfen oder die historische Gewichtigkeit der Geschehnisse abzuschätzen, sondern es ist in erster Linie einmal darum gegangen, die wesentlichen Entwicklungslinien der Errichtung des Internationalen Strafgerichtshofes nachzuziehen, welcher im folgenden Kapital dann selbst einer genaueren Analyse zu unterziehen sein wird. Trotz und gerade wegen aller Ambivalenz und Unsicherheit die Zukunft betreffend, mag den Abschluss der persönliche Eindruck BASSIOUNIS bilden, wenn er sich der Szene unmittelbar nach der Schlussabstimmung erinnert: „The delegates burst into a sponanteous standing ovation which turned into rhythmic applause that lasted close to 10 minutes, while some delegates embraced one another, others had tears in their eyes. It was one of the most extraordinary emotional scenes ever to take place at a diplomatic conference. The prevailing feeling was that the long historic journey that started after World War I had finally reached its destination."[137]

den 12 Monaten keinerlei Untersuchungen oder Verfahren hinsichtlich etwaiger Delikte in Zusammenhang mit UN-Einsätzen von Nicht-ICC-Mitgliedstaaten einzuleiten (Nr 1 leg cit); gleichzeitig bekundete der SC in Nr 2 seine Absicht, nach Ablauf des Jahres von der ihm eingeräumten Verlängerungsmöglichkeit um jeweils 12 Monate auch real Gebrauch zu machen, was dann in diesem – und anderen – Zusammenhängen auch tatsächlich geschehen ist. Das wirft zum einen die Frage nach einer etwaigen zu weit gehenden oder gar missbräuchlichen Verwendung des Art 16 auf (cf dazu unten p 76). Es bedeutet zugleich eine spürbare Einschränkung des Kognitionsbereiches des ICC, vor allem jedoch – auf politischer Ebene – einen massiven Dämpfer, wenn nicht Rückschlag für die Befürworter eines starken ICC.

137 BASSIOUNI, The Statute, 31f.

# 2 STATUT DES INTERNATIONALEN STRAFGERICHTSHOFES

Nachdem die lange Reise durch die Geschichte, die wir im Rahmen des vorhergehenden Abschnittes nachzuvollziehen versucht haben, in der Römer Konferenz und in dem mit 1. Juli 2002 erfolgten formellen Inkrafttreten des ICC-Statuts ihr vorläufiges Ende gefunden hat, ist es nun an der Zeit, diese „Verfassung"[138] des Internationalen Strafgerichtshofes selbst näher unter die Lupe zu nehmen, sich Aufgaben, Einrichtung, Funktionsweise etc dieser Institution deutlicher vor Augen zu führen.

Dies Projekt soll nicht einfach in Form der Abarbeitung des angesprochenen Textes Artikel für Artikel in Angriff genommen werden: In den Eingangsbemerkungen zum vorigen Abschnitt[139] wurde angekündigt, dass die anzustellenden historischen Betrachtungen in Auswahl und Durchführung von gewissen Fragerichtungen geleitet sein sollten, Fragerichtungen, die wir vorerst einmal aus dem alltäglichen Vorverständnis der Bezeichnung „Internationaler Strafgerichtshof" und deren dreier Elemente – a) *Gerichtshof*, b) *Strafe/Strafrecht*, c) *international* – gewinnen wollten. Im Gang durch die Geschichte dürfte diesbezüglich schon manch zusätzlicher Aspekt, manch weitere Differenzierung der Begrifflichkeit greifbar geworden sein. Gewisse Phänomene haben wir überhaupt aus dem hier zu behandelnden Gegenstandsbereich ausschließen können; gleichzeitig sollte deutlich gemacht werden, dass man sich aber auch angesichts der zu Recht mit dem Begriff „internationale Strafgerichtsbarkeit" in Zusammenhang gebrachten Erscheinungen noch mit einer Pluralität und Vielschichtigkeit des Phänomens konfrontiert sieht, die es weiter zu vertiefen gilt.

An diesem Punkt nun soll angesetzt und der Gedankengang fortgeführt werden. Im Folgenden wird es in erster Linie darum gehen, den Kern der im Statut

---

[138] Der Begriff der „Verfassung" wird hier wenn auch vielleicht nicht in technischer, so doch gleichermaßen nicht in zufälliger Weise aufs Tapet gebracht. Zwar beschränkt sich der Römer Text in seiner Diktion ausschließlich auf die Rede von „Statute"; es soll in diesem Zusammenhang aber nicht unerwähnt bleiben, dass sowohl in der IMT wie in der IMTFE Charter „Constitution of [the International Military] Tribunal" als erste Überschrift fungiert. Wenn auch hier vom Bedeutungsgehalt von „constitution" her noch der Akt der Einsetzung, der Begründung im Vordergrund stehen mag, so bildet doch die von 1919 herrührende „Constitution of the International Labour Organization" ein frühes Beispiel dafür, dass der Begriff der „Verfassung" nicht zwingend als absoluter *domaine réservé* der souveränen Staaten gesehen werden muss, sondern durchaus auch in einem weiteren, nicht äquivoken Sinne das Grundlagendokument einer Internationalen Organisation oder Einrichtung bezeichnen kann. Zu der in diesem Zusammenhang zumindest aufzuwerfenden Problematik der angemessenen Verwendung des Verfassungsbegriffes und der Vermeidung einer vorschnellen Parallelisierung von Staat und Verfassung cf näher PERNTHALER, Allgemeine Staatslehre, 26-29 und 41-44 sowie HERTEL, Supranationalität als Verfassungsbegriff, passim.

[139] Cf oben S 19.

getroffenen Regelungen darzulegen und auf dem Hintergrund der vorangehenden historischen Skizze einer kurzen Betrachtung zu unterziehen. Im Zuge dieser Untersuchung, die wir wiederum um die angesprochenen drei Elemente herum gruppieren wollen, die es aber nun in differenzierterer und systematischerer Form zu entfalten gilt, sollen die charakteristischen Strukturen und Elemente der gegenständlichen Institution sichtbar und im Normtext nachvollziehbar werden.

Dabei ist deutlich zu machen, dass das ICC-Statut mit seinen 128 Artikeln[140] nicht nur alles bisher in diesem Bereich Dagewesene an Umfang, Extensität und Komplexität der Regelung übertrifft[141], sondern dass es auch in Hinblick auf Verdichtung und Generalisierung der vorgenannten Elemente über seine Vorläufer in signifikanter Weise hinausgeht. Wenn wir uns hier noch einmal die Überlegungen des letzten Abschnittes ins Gedächtnis rufen, so ist schon allein am äußeren Umfang der Ausführungen erkennbar, dass die in dessen erstem Kapitel[142] behandelten Phänomene von eher episodenhaftem und ephemerem Charakter sind. Erst mit den nach dem Zweiten Weltkrieg im Rahmen des IMT und des IMTFE einsetzenden Bemühungen, nach Einigen gar erst mit den Ad-hoc-Tribunalen des Sicherheitsrates[143] kommen die drei Elemente zu einer Verdichtung in Programm und Realität, mit der gleichsam die „kritische Masse" erreicht ist, um mit Recht von „internationaler Strafgerichtsbarkeit" in einem engeren Sinne sprechen zu können. Die Geschichte derselben ist also eine sehr junge.

Einen (vorläufigen) Höhepunkt in diesem Spatium von kaum mehr als einem halben Jahrhundert bildet die Schaffung des ICC, die nicht nur einen *quantitativen* Fortschritt im Sinne einer erheblichen Vergrößerung des Jurisdiktionsbereiches in örtlicher und zeitlicher (weniger in materieller und persönlicher) Hinsicht[144] vorstellt, sondern auch und vor allem einen *qualitativen* Sprung, da sie sich mit einer grundlegenden Strategieänderung verbunden sieht: Von einer Vorgehensweise, die aus dem konkreten Anlassfall, aus dem zur Bewältigung anstehenden Konflikt heraus Ad-hoc-Lösungen sucht[145], wird zu einer zeitlich und örtlich im Prinzip nicht limitierten Gerichtsbarkeit gefunden, in der sich ein in diesem Zusammenhang bisher nicht gekannter Grad an Universalität manifestiert.

---

140 Artikelangaben ohne Hinzusetzung eines besonderen Normtextes sind im Folgenden als auf das Statut des Internationalen Strafgerichtshofes bezogen zu verstehen. Dabei wird durchgängig auf die (authentische) englische Fassung zurückgegriffen (cf Art 128).

141 Cf SADAT, The Evolution, 40. In diesem Zusammenhang soll gleich unterstrichen werden, dass aus der überwältigenden Fülle an Information im Rahmen dieser Arbeit nur ein kleiner Teil herausgegriffen werden soll, der für unsere Belange relevant erscheint. Im Übrigen sei auf den im *Anhang* vollständig abgedruckten Text verwiesen.

142 Cf 1.1.

143 Zu dieser Diskussion schon oben p 39.

144 Cf dazu ausführlicher 2.1.2.3.

145 Zu diesem Gedanken p 42 sowie 63.

## 2.1 INTERNATIONALER STRAF*GERICHTSHOF*

### 2.1.1 Gerichtshof

Wenn von „Gericht" die Rede ist, so ist die enge etymologische Verbindung zu Wörtern wie „richten", „Recht", „recht", „richtig" oder „gerecht" offensichtlich. Ohne hier auf diese Zusammenhänge näher eingehen zu können, wird dadurch zumindest deutlich, dass es beim „Gericht halten" jeweils und in einem wieten Sinne um normative Maßstäbe geht, auf die hin ein Sachverhalt, ein Ereignis, ein Handeln/Unterlassen, eine Person geprüft und bewertet werden; dem, was recht ist, soll zum Durchbruch verholfen werden. Und dies – darin liegt ein zentrales Charakteristikum des „Gerichts" – geschieht nicht einfach in beliebiger Weise, sondern in besonderer Form, nämlich als Handeln von dazu nach bestimmter Ordnung bestellten Organen in einem geregelten Verfahren. Der hohe Grad an Institutionalisierung und Reguliertheit, an Strukturiertheit und Beharrlichkeit, der dem Phänomen „Gericht" zu Eigen ist, tritt vielleicht markanter noch im Ausdruck „Gerichtshof" zu Tage.

Damit ist im Deutschen aber nur in abgeschwächter Weise eine in den romanischen Sprachen (sowie im insoweit romanisch beeinflussten Englischen) wohl etablierte Unterscheidung nachvollzogen. Es mag vielleicht deshalb auch nicht besonders aufgefallen sein, dass nicht zufälligerweise die fünf angesprochenen Vorläufereinrichtungen in den authentischen Fassungen – zumindest was die englische, die französische sowie spanische Sprache betrifft – jeweils als „tribunal" apostrophiert werden, während mit dem Gerichtshof der Römer Konferenz in diesem Zusammenhang erstmals die Bezeichnung „court", „cour", „corte" bedeutsam wird.[146]

Die Rede von „tribunal", jetzt einmal am französischen Beispiel veranschaulicht[147], verweist dabei im innerstaatlichen Recht auf ein ‚meist niedrigeres' Gericht

---

146 Dies erhellt für das geplante Hohenzollern-Tribunal aus Art 227 des Versailler Vertrages („special tribunal") sowie für IMT, IMTFE, ICTY und ICTR schon aus deren Bezeichnungen selbst. Ein interessantes Detail am Rande: Das mit der schon erwähnten SC Res 1315 vom 24. August 2000 (cf FN 119) ins Auge gefasste, konzeptuell stark an ICTY und ICTR angelehnte Ad-hoc-Tribunal für Sierra Leone wird in der englischen Fassung überraschenderweise als „special court" angesprochen, während die romanischen Sprachen beim altbewährten „tribunal spécial" bzw „tribunal especial" bleiben. Der Grund für diese Abweichung ist hier nicht näher zu untersuchen: Sie mag auf eine Parallelisierung zum im Jahr 2000 schon im Raum stehenden Römer Statut, auf die besondere international-nationale Hybridennatur oder auf ein redaktionelles Versehen zurückzuführen sein; eine Beschäftigung mit den entsprechenden Materialien könnte hier Klarheit bringen.

147 Cf in diesem Zusammenhang Langenscheidts Großwörterbuch Französisch, Teil I, Französisch-Deutsch, „cour", 3 und „tribunal", 1. Den entsprechenden Artikeln sind auch die im Text unter (einfache) Anführungszeichen gesetzten Übersetzungen entnommen.

(zB *Tribunal d'instance*), was einen eher limitierten Jurisdiktionsbereich bedingt, während die Bezeichnung „cour" (zB *Cour de cassation*) auf ein ‚höheres Gericht' mit umfassenderen Zuständigkeiten zielt. Im internationalen Recht wird die Unterscheidung dann dahingehend fruchtbar gemacht, zwischen mit speziellen Kompetenzen ausgestatteten bzw Ad-hoc-Einrichtungen, die stets den Charakter des Außerordentlichen an sich tragen, einerseits und auf Dauer sowie mit größerer Kompetenzfülle dotierten Gerichten, die sich durch mehr Autorität, Würde und den Nimbus einer gewissen „Endgültigkeit" auszeichnen, andererseits zu unterscheiden. In diesem Zusammenhang sei exemplarisch nur an den Internationalen Gerichtshof (*Cour internationale de justice*) in Den Haag oder an den Europäischen Gerichtshof (*Cour de justice des Communautés européennes*) in Luxemburg erinnert.

Gerade angesichts der Formulierung „cour de justice" (oder auch „court of justice") wird die an sich unmittelbar bestehende Parallele zum deutschen Wort „Gerichtshof" deutlich. Und in der Tat nimmt auch das *Deutsche Wörterbuch* der GEBRÜDER GRIMM[148] die vorher genannten Intuitionen auf, womit zumindest der Tendenz nach gesagt werden kann, dass diese Unterscheidung der deutschen Sprache ebenso geläufig ist.[149] In der Regel lässt sich im Bereich des Völkerrechts also „tribunal" angemessen mit „Gericht" oder „Tribunal" übersetzen, während für „court" besser von „Gerichtshof" gesprochen wird. Wiewohl diese terminologische Klärung wertvoll scheint und im Rahmen dieser Arbeit auch durchzuhalten versucht wird, muss doch zugestanden werden, dass sie keinesfalls wirklich konsequent Berücksichtigung findet; es war wohl ia die Tatsache, dass es nur von den allerwenigsten völkerrechtlichen Dokumenten eine authentische deutschsprachige Fassung gibt, die dazu geführt hat, dass sich auch offizielle Übersetzungen diesbezüglich keiner einheitlichen Terminologie befleißigen.[150]

Auf dem Hintergrund dieser Überlegungen können wir den ersten Satz des Normtextes des Statuts „An International Criminal Court ... is hereby established" (Art 1 S 1) dahingehend verstehen, dass hier ein Gerichtshof des oben explizierten Zuschnitts entstehen solle. Dieses „Schöpfungswort" ruft als nicht bloß

---

148 GEBRÜDER GRIMM, Deutsches Wörterbuch, Bd 5 (Erstausgabe 1897: Bd IV, I, 2), Art „Gerichtshof", 2 führt diesbezüglich an: „die gerichtsversammlung, das gericht, *besonders ein höheres*" (Hervorhebung vom Verfasser).

149 Dies bestätigt auch Langenscheidts Großwörterbuch Französisch, Teil II, Deutsch-Französisch, wo in Art „Gericht", 2 für Gericht „tribunal", für Gerichtshof aber „cour de justice" vorgeschlagen wird.

150 So verwendet der deutsche Übersetzungsdienst bei den Vereinten Nationen zwar für die beiden Ad-hoc-Tribunale den Ausdruck „Internationales Strafgericht" sowie für den ICC den Terminus „Internationaler Strafgerichtshof" (http://www.un.org/Depts/german/gts/fs_gesverz.html), für das IMT ist aber fast durchgängig vom „Internationalen Militärgerichtshof" die Rede (cf zB http://www.derriere.de/Nuernberg/NP_8.htm).

*deklaratorischer*, sondern *konstitutiver* Akt[151] den Internationalen Strafgerichtshof ins Leben, und zwar nach Pr IX als „unabhängige" Einrichtung. Solches manifestiert sich nicht zuletzt darin, dass dem ICC nach Art 4 Abs 1 S 1 „international legal personality" zugestanden wird: Ausstattung mit internationaler *Rechtspersönlichkeit* bedeutet, dass der Gerichtshof ein eigenständiges, in sich stehendes Rechtssubjekt auf der internationalen Bühne ist und als solches, unabgeleitet von anderen, als Träger von Rechten und Pflichten fungieren kann. Damit ist eine zwar grundlegende, aber eben doch nur eine *Potenzialität* normiert: Um auch zum völkerrechtlichen Akteur zu avancieren, dh um in eigenem Namen Rechte zu erwerben und Verbindlichkeiten einzugehen, kurz: rechtlich relevant zu handeln, wird dem ICC im selben Zuge in Art 4 Abs 1 S 2 die *Handlungsfähigkeit* („legal capacity") zugestanden, die notwendig ist, damit der Gerichtshof die ihm übertragenen Funktionen und Aufgaben erfüllen kann. Die Formulierung „The Court shall be brought into relationship with the United Nations" (Pr IX, Art 2) unterstreicht – wenn auch nur im Umkehrschluss – einmal mehr Substanzialität und Subjektcharakter des Gerichtshofes[152], denn nur als selbstständige Entität kann er in Beziehung zu anderen Völkerrechtssubjekten, zB den Vereinten Nationen treten.

Mit dieser Form der Einrichtung ist dem ICC vom ersten Tag an eine Grundselbstständigkeit und damit auch in besonderer Weise die Möglichkeit von Eigendynamik und eigenständiger Entwicklung gegeben. Diese Selbstständigkeit wird unterstrichen dadurch, dass der in Den Haag[153] ansässige Gerichtshof ausdrücklich als „permanent institution" (Pr IX, Art 1) errichtet wird. Anders als die Ad-hoc-Tribunale, denen mit der Aufarbeitung eines bestimmten Konfliktes eine konkrete, begrenzte Aufgabe gegeben ist und die deshalb spätestens nach deren Erfüllung obsolet sind, wird hier ein im Prinzip unbegrenzter zeitlicher Horizont eröffnet. Damit einher gehen eine gewisse Dauerhaftigkeit und Beständigkeit, die nicht ver-

---

151 Zur Bedeutsamkeit dieses Unterschieds cf noch unten 3.4.4.1 aB.

152 Hier kann nur kurz darauf hingewiesen werden, dass die Einrichtung einer internationalen Gerichtsbarkeit als selbstständiges Völkerrechtssubjekt weder im Allgemeinen noch in diesem besonderen Fall selbstverständlich war: Zum einen darf nicht vergessen werden, dass beide gerade erwähnten Gerichtshöfe – der IGH (Art 7, Art 92ff UN-Charta) wie auch der EuGH (Art 7 Abs 1, Art 220ff EGV) – jeweils als unselbstständige Organe in die Strukturen von UNO und EU bzw EG eingegliedert sind. Zum anderen ist zu sagen, dass es sehr ernsthafte Pläne gegeben hat, den ICC ebenso als zwar unabhängiges, aber doch unselbstständiges Organ in die UNO-Struktur einzugliedern; ursprünglich wurde sogar überlegt, ihn als Strafkammer beim IGH, also in noch einmal untergeordneterer Stellung, einzurichten (cf SADAT, The Evolution, 37 und BOURDON, CPI, 18 und 22).

153 Nach Art 3 Abs 1 ist Den Haag der Sitz des Internationalen Strafgerichtshofes, den er in Sonderfällen auch verlegen kann (Art 3 Abs 3, Art 62). Mit dem durch den IGH und andere internationale Einrichtungen ausgewiesenen niederländischen Regierungssitz hatten sich, mehr oder weniger halbherzig, aus historischen Gründen auch Nürnberg und Lyon (wegen der BARBIE-Prozesse) um den ICC-Sitz beworben (cf BOURDON, CPI, 31).

säumt haben, ihren Niederschlag in den Aspekten zu finden, die zu wesentlichen Teilen die einem Gerichtshof eigene Strukturiertheit und Institutionalisiertheit ausmachen. Dazu gehören – ohne Anspruch auf Vollständigkeit – mindestens a) ein abgegrenzter Zuständigkeitsbereich, b) eine feste Organisation, c) ein geregeltes Verfahren.

## 2.1.2 Abgegrenzter Zuständigkeitsbereich

Für jede gerichtliche Einrichtung ist charakteristisch, dass sie sich nicht ohne weiteres jedes Falles annimmt, der an sie herangetragen wird oder von dem sie anderweitig Kenntnis erlangt. Vielmehr wird jeweils, implizit oder explizit, der *meritorischen* Prüfung (dh jener in der Sache selbst) die Frage vorangestellt, ob das sich stellende Problem überhaupt in die *Kompetenz* (dh in die sich aus Aufgaben und Einrichtung ergebenden Grenzen des zulässigen Handlungsbereiches des Gerichts) fällt. Den Zuständigkeitsbereich des Internationalen Strafgerichtshofes gilt es im Folgenden auf mehreren Ebenen auszuloten; in Hinblick auf die Komplexität der im Statut diesbezüglich getroffenen Regelungen kann dies freilich nur in sehr verkürzender Form geschehen.

### 2.1.2.1 Anerkennung der Kompetenz des ICC

Gleich am Beginn ist ein Prüfungsschritt einzuschieben, der uns vom nationalen Recht her wegen seiner dortigen Selbstverständlichkeit kaum vertraut ist: Dort sind die Rechtssubjekte selbstredend der staatlichen Gerichtsbarkeit unterworfen; diesbezüglich kommt ihnen keine Wahlfreiheit zu: Es besteht damit für sie eine *obligatorische* Zuständigkeit. Eine solche gibt es im Völkerrecht aber in dieser Form nicht: Vermöge ihrer Souveränität sind die Staaten nur jenen Gerichten unterworfen, deren Kompetenz sie anerkannt haben, weshalb hier auch nur von einer *fakultativen* Zuständigkeit gesprochen wird. Auf dem Hintergrund dieser Konzeption erfolgt die Subordination eines Staates unter eine völkerrechtliche Gerichtsbarkeit also grundsätzlich nur mit seiner Zustimmung.

Diese kann jedoch von verschiedener Qualität sein: a) Der betroffene Staat hat die Möglichkeit, bloß im *Einzelfall* zB der Einrichtung eines Schiedsgerichtes zustimmen, das einen bestimmten Konflikt – auf dem Hintergrund des *ad hoc* hergestellten Staatenkonsenses dann allerdings rechtlich verbindlich – entscheiden soll. b) Genauso kann die Anerkennung aber in der Weise artikuliert werden, dass ein Gericht *generell* für alle in Zukunft aufkommenden Fälle bestimmter Beschaffenheit zuständig sein solle.[154] Hier ist der Staat dem Gericht und seiner verbindlichen Entscheidung auch dann unterworfen, wenn er es im konkreten Falle vorzöge, sich der Zuständigkeit des Gerichts zu entledigen; die grundsätzliche Anerkennung bleibt aber nichtsdestotrotz eine freiwillige.

Ein solche *fakultative Anerkennung einer obligatorischen Gerichtsbarkeit* sieht zB Art 36 Abs 2 des Statuts des ICJ vor[155], sie liegt aber auch Art 12 Abs 1 zugrunde: „A State which becomes a Party to this Statute thereby accepts the jurisdiction of the Court with respect to the crimes referred to in article 5." Ist ein Staat einmal freiwillig Mitglied des ICC-Statuts geworden, anerkennt er damit dessen obligatorische Zuständigkeit für alle in Art 5 aufgeführten Delikte (a).[156] Für Nichtmitglieder des Statuts gilt nach Art 12 Abs 3 dementsprechend, dass dem Gerichtshof hier grundsätzlich keine Zuständigkeit zukommt[157], es sei denn, der betreffende Staat – was ihm jederzeit offen steht – hätte die Kompetenz für den konkreten Fall gesondert anerkannt (b).

### 2.1.2.2 Voraussetzungen zur Ausübung der Kompetenz

Unter der etwas kryptisch anmutenden Überschrift „Preconditions to the exercise of jurisdiction" regeln die Art 12f in einem zweiten Schritt die Vorbedingungen, damit der Gerichtshof in dem ihm vorliegenden Fall überhaupt zur Prüfung seiner Zuständigkeit schreiten darf. Diese Kennzeichnung als Präliminarien darf über die Bedeutung dieser Bestimmungen nicht hinwegtäuschen: Denn sie sind es, die darüber entscheiden, ob ein Verfahren vor dem Internationalen Strafgerichtshof überhaupt seinen allerersten Schritt tun und somit dessen Getriebe zum Laufen kommen kann. Die im Folgenden vorgestellte Regelung ist Frucht langwieriger und schwieriger Verhandlungen, an deren Erfolg bis zuletzt Gedeih

---

154 Da durch eine derartige Erklärung die Souveränitätsrechte der Staaten erheblich beschränkt werden können – wohnt doch einer solchen *pro futuro* wirkenden Ermächtigung stets auch das Element des Ungewissen und Unkalkulierbaren inne –, legen diese auf eine präzise (und damit limitierende) Textierung der Kompetenzvorschriften internationaler Gerichte besonderen Wert; damit verbinden sich vielfach auch findige Versuche, „Fluchtklauseln" verschiedenster Gestalt in die entsprechenden Abkommen zu integrieren.

155 Cf dazu NEUHOLD/HUMMER/SCHREUER, Handbuch des Völkerrechts, Bd 1, Rz 1992.

156 Beschränkt wird dieses Prinzip zum einen durch die Opting-out-Klausel des Art 124 (cf unten 2.3.1.1 aE) sowie durch die in Art 127 normierte Möglichkeit, die Mitgliedschaft aufzukündigen. Nach Art 127 Abs 2 lS gilt aber die obligatorische Gerichtsbarkeit für bereits anhängig gewordene Fälle weiter (cf unten 2.1.2.3 1.).

157 Damit ist aber – um einem hier vielleicht auftauchenden Missverständnis gleich entgegenzutreten – noch nicht gesagt, dass Bürger des betreffenden Staates oder in diesem Staat begangene Verbrechen der Kompetenz des ICC zwingend entzogen wären (dazu sogleich 2.1.2.2).

und Verderben der Römer Konferenz hing[158] und die schließlich angesichts der Vielzahl und Komplexität der Kompromisse in eine nicht unbedingt übersichtliche Regelung gemündet haben.

Gemäß Art 13 kann der Gerichtshof seine Kompetenz unter einer der drei folgenden Vorbedingungen ausüben, und zwar wenn dem Ankläger eine Situation, in der eines der nach Art 5 strafbaren Delikte begangen worden zu sein scheint, von einem Vertragsstaat (lit a) oder vom Sicherheitsrat der Vereinten Nationen im Rahmen von Kapitel VII der UNO-Charta (lit b) unterbreitet worden ist oder aber wenn der Ankläger *proprio motu*[159] Ermittlungen eingeleitet hat (lit c).

Für die Fälle des *Art 13 lit a und c* gilt dies nach Art 12 Abs 2 aber nur, wenn entweder a) der Staat, auf dessen Hoheitsgebiet das fragliche Verhalten gesetzt worden ist, oder b) der Staat, dessen Staatsangehörigkeit die des Verbrechens beschuldigte Person besitzt, die Zuständigkeit des Gerichtshofes anerkannt hat – sei es nun, wie schon ausgeführt, nach Art 12 Abs 1 in genereller Weise oder nach Art 12 Abs 3 nur für den betreffenden Einzelfall. Geht die Initiative von einem Vertragsstaat oder vom Ankläger aus, dann muss also – *alternativ* – entweder α) der nach dem *Territorialitätsprinzip* (Tatort) oder β) der nach dem *aktiven Personalitätsprinzip* (Staatsangehörigkeit des Täters) berufene Staat dem Statut des Gerichtshofes unterworfen sein.[160]

---

158 Zum Diskussionsverlauf, auf den im Rahmen dieser Arbeit nicht näher eingegangen werden kann, cf exemplarisch BOURDON, CPI, 77-83.

159 Die Befugnis des Anklägers, *proprio motu* (aus eigenem Antrieb) oder *ex officio* (von Amts wegen) tätig zu werden, war in allen Phasen der Verhandlungen aufs heftigste umstritten. Eine solche Kompetenz wurde von vielen Staaten als überschießend betrachtet, sah man doch darin die Gefahr, dass dieses Instrument zu rein politisch motivierten Anklagen missbraucht werden könnte. Erst der französische Vorschlag, eine aus drei Richtern bestehende Vorverfahrenskammer (cf 2.1.3.2) vorzuschalten, die in diesem Fall (c) den Anklageantrag zu genehmigen hat (Art 15 Abs 3 bis 5), machte den Weg zu einer Einigung frei (cf BOURDON, CPI, 86f).

160 Als weitere mögliche Anknüpfungspunkte (zur Begrifflichkeit cf FUCHS, Strafrecht, 41ff) waren, speziell von vielen Menschenrechtsorganisationen und den like-minded states gefordert, noch γ) das *passive Personalitätsprinzip* (Staatsangehörigkeit des Opfers) sowie δ) das *Detentionsprinzip* (Verwahrungsort des Täters) im Gespräch. Des Weiteren wurden verschiedenste Kombinationsmöglichkeiten in Hinblick auf die *alternative* oder *kumulative* Erforderlichkeit der vier Anknüpfungspunkte erörtert (der sog Koreanische Kompromissvorschlag sah zB eine alternative Anknüpfung für alle vier Elemente vor), bis man sich schließlich auf das alternative Vorhandensein von α) oder β) verständigen konnte (cf BOURDON, CPI, 78-80). Die USA fühlten sich veranlasst, sogar noch diese sehr verdünnte Variante massiv zu bekämpfen, weil sie die Möglichkeit bedinge, dass ein amerikanischer Staatsbürger (etwa der vielzitierte *amerikanische GI*) – auch bei einem Nichtbeitritt der USA – für Delikte zur Verantwortung gezogen werden könnte, die er auf dem Gebiet eines Vertragsstaats begangen haben soll. Die Vereinigten Staaten, die hier ihr internationales (militärisches) Engagement in Gefahr stehen sahen, haben aus diesem Grund die beschlossene und in Kraft getretene Regel auf anderer Ebene auszuhebeln gesucht (cf FN 136).

E contrario ergibt sich, dass bei einem Tätigwerden des SC weder eine Anerkennung der Zuständigkeit durch irgendeinen der beteiligten Staaten noch ein Abstellen auf eines der erwähnten Anknüpfungsprinzipien notwendig ist; als einzige weitere, allerdings zwingende Tatbestandsvoraussetzung sieht *Art 13 lit b* vor, dass sich der SC in seinem Handeln auf Kapitel VII der UN-Charta stützen muss. Wie bereits ausgeführt worden ist[161], hat die Staatengemeinschaft dem SC in Art 24 und 25 der Charta die zentrale Verantwortung für den Erhalt des Weltfriedens und der internationalen Sicherheit übertragen und sich bereit erklärt, dessen Beschlüsse anzunehmen und durchzuführen; dabei kommt insbesondere den im Rahmen von Kapitel VII getroffenen Entscheidungen rechtlich verbindlicher Charakter zu.

Im Namen dieser Staatengemeinschaft (Art 24) und auf Grundlage von Kapitel VII handelnd, steht es dem Sicherheitsrat zu, jede Situation aufzugreifen, die ihm als Bedrohung von Weltfrieden und internationaler Sicherheit erscheint (Art 39), und diese – als eine Variante aus der ihm zur Verfügung stehenden breiten Palette an Reaktionsmöglichkeiten (Art 40 bis 42) – dem Gerichtshof zur Entscheidungsfindung vorzulegen; dabei kann es sich durchaus um Ereignisse handeln, die sich weder auf dem Gebiet eines Vertragsstaats abgespielt haben noch von einem Staatsangehörigen eines solchen zu verantworten sind. Auf diesem Hintergrund kommt dem Gerichtshof bei seiner Anrufung durch den Sicherheitsrat – und nur bei dieser – eine wirklich *universale Kompetenz*[162] zu.

### 2.1.2.3 Kompetenz des Gerichtshofes

Sind alle diese Präliminarien zur Ausübung der Kompetenz erfüllt, kann der Gerichtshof nun wirklich prüfen, ob seine Zuständigkeit für einen an ihn herangetragenen Sachverhalt gegeben ist, ob er also seine Gerichtsbarkeit im konkreten Fall bejahen kann. Dabei ist eine Untersuchung in viererlei Hinsicht anzustellen:

1) Zuständigkeit *ratione temporis*

Es wurde schon angesprochen[163], dass sich der Internationale Strafgerichtshof ia dadurch kennzeichnet, dass er – in Gegensatz zu den Ad-hoc-Tribunalen – *pro futuro* über eine grundsätzlich zeitlich unbegrenzte Zuständigkeit verfügt.

---

161 Cf dazu oben 1.3.3.

162 Auch in dieser auf eine der drei Initiativschienen beschränkten universalen Zuständigkeit (cf unten 2.3.3) – nicht mit dem Universalitäts- oder Weltrechtsprinzip zu verwechseln (cf dazu unten 2.3.2.2 sowie 3.4.2.2) – ist wiederum das Ergebnis politischer Kompromisse zu sehen. In dem von der ILC vorgelegten Statutenvorschlag war eine durchgängig ausgestaltete universale Kompetenz vorgesehen, die nur auf die Realisierung gewisser Delikte abstellte, aber alle persönlichen und territorialen Anknüpfungspunkte beiseite ließ (cf BOURDON, CPI, 77).

163 Cf oben p 42, 60 und 63.

Deutlich wird dies in dem mit „jurisdiction ratione temporis“ überschriebenen Art 11 Abs 1: „The Court has jurisdiction only with respect to crimes committed after the entry into force of this Statute“[164], der für die Zeit nach dem kritischen Datum des Inkrafttretens keinerlei Limitierung der Zuständigkeit in zeitlicher Hinsicht mehr vorsieht. Für einen später hinzukommenden Staat gilt als relevantes Datum erst das Wirksamwerden seiner Beitrittserklärung (Art 11 Abs 2), es sei denn, er hätte in der Absicht einer Vorverlegung dieses Termins eine Erklärung nach Art 12 Abs 3 abgegeben.

Mit gutem Grund war bisher immer von einer *im Prinzip* zeitlich unlimitierten Zuständigkeit die Rede. Gemäß Art 127 Abs 1 kann nämlich jeder Vertragsstaat gegenüber dem Generalsekretär der Vereinten Nationen seinen Rücktritt vom Statut erklären, der dann grundsätzlich ein Jahr später wirksam wird.[165] Dabei ist aber nach Art 127 Abs 2 lS zu beachten, dass eine einmal begründete Zuständigkeit für Fälle, die zwar nach Erklären, aber noch vor Wirksamwerden des Rücktritts anhängig geworden sind, von demselben unberührt bleibt: „Its withdrawal shall not ... prejudice in any way the continued consideration of any matter which was already under consideration by the Court prior to the date on which the withdrawal became effective.“

Erwähnung in Hinblick auf die Zuständigkeit in zeitlicher Hinsicht verdient nicht zuletzt Art 29, der die generelle Unverjährbarkeit aller in die Jurisdiktion des ICC fallenden Delikte normiert.[166]

2) Zuständigkeit *ratione loci*

Für die örtliche Zuständigkeit gilt im Wesentlichen das zum vorigen Punkt Gesagte: Sie ist im Prinzip unbegrenzt und umfasst sohin den ganzen Globus. Im Übrigen ist hier einmal mehr danach zu unterscheiden, von wem die Initiative zum Verfahren ihren Ausgang nimmt: Handelt es sich dabei um den Sicherheitsrat, so ist die örtliche Zuständigkeit actualiter unbegrenzt; geht der Anstoß von einem Vertragsstaat oder dem Ankläger selbst aus, dann gilt eine Beschränkung auf diejenigen Staatsgebiete, die der Gerichtsbarkeit des ICC entweder prinzipiell vermöge des Beitritts des betreffenden Staates zum Statut oder aber gelegentlich des delik-

---

164 Im Umkehrschluss ergibt sich daraus das strafrechtliche Rückwirkungsverbot, das in der Komplementärbestimmung des Art 24 seine ausdrückliche Verankerung gefunden hat und uns bei der Beschäftigung mit den Strafgrundsätzen (cf unten 2.2.4.1) noch ausführlicher begegnen wird.

165 Im Rahmen der eben genannten Bestimmung kann der erklärende Staat den Zeitpunkt des Wirksamwerdens beliebig in die Zukunft verschieben. Art 121 Abs 6 sieht bei einer Änderung des Statuts für die Staaten, die diese nicht mitvollziehen wollen, als *lex specialis* die Möglichkeit eines Rücktritts mit sofortiger Wirkung vor.

166 Zur Frage der Unverjährbarkeit cf noch ausführlicher unten 3.4.1.4 sowie 3.4.3.2.

tischen Handelns eines Bürgers eines Vertragsstaates auf dem Territorium eines Nichtvertragsstaates unterstehen.

Von dieser Frage der territorialen Kompetenz ist der Regelungsgegenstand von Art 4 Abs 2 zu unterscheiden, wo es um die Frage der territorialen Reichweite der Befugnisse des Gerichtshofes geht. In Einklang mit dem Grundsatz, dass eine Beschränkung der territorialen Souveränität eines Staates nur mit dessen Zustimmung möglich ist, wird normiert, dass der Gerichtshof seine Befugnisse (nur) auf dem Hoheitsgebiet eines Vertragsstaates (aufgrund genereller Zustimmung) sowie nach besonderer Vereinbarung auf dem jedes anderen Staates ausüben kann.

3) Zuständigkeit *ratione personae*

Was die der Gerichtsbarkeit des ICC unterworfenen Rechtssubjekte betrifft, sei an dieser Stelle nur soviel gesagt[167], dass nach der grundlegenden Norm des Art 1 der Gerichtshof „the power to exercise its jurisdiction over persons" haben soll. Das wird in Art 25 Abs 1 dann dahingehend präzisiert, dass sich die Jurisdiktion auf „natural persons", also Menschen erstrecken solle, die für die normierten Delikte „individually responsible and liable for punishment" seien.

Diese individuelle Verantwortlichkeit findet eine Altersgrenze in Art 26, wonach die Gerichtsbarkeit über Personen ausgeschlossen ist, die zum Zeitpunkt der Tatbegehung das achtzehnte Lebensjahr noch nicht vollendet haben. Eine weitere Einschränkung der persönlichen Zuständigkeit ist in dem mit „Non-retroactivity ratione personae" übertitelten Art 24 zu sehen, wo das Rückwirkungsverbot seinen Niederschlag findet.[168] Ansonsten greift die individuelle strafrechtliche Verantwortlichkeit weit aus, indem sie in Art 25 Abs 3 nicht nur die unmittelbare Täterschaft, sondern in sehr differenzierender Regelung vielfältige Formen der Mit-, Anstiftungs- und Beitragstäterschaft zur Begründung der Strafbarkeit ausreichen lässt.

4) Zuständigkeit *ratione materiae*

Auf Ebene der die Zuständigkeit des ICC begründenden Delikte ist wieder einmal an allererster Stelle Art 1 heranzuziehen, der dafür noch in sehr allgemeiner Form auf „the most serious crimes of international concern" verweist. Art 5, der dann explizit zur Regelung der „Crimes within the jurisdiction of the Court" schreiten will, greift in Abs 1 mit der Formulierung, dass die Zuständigkeit des Gerichtshofes auf „the most serious crimes of concern to the international community as a whole" beschränkt sein solle, denselben Gedanken wieder auf.

---

[167] Ausführlichere Überlegungen zur Qualität der der Jurisdiktion des Gerichtshofes unterstehenden Rechtssubjekte finden sich in 2.2.2.

[168] Cf dazu schon oben 1), va aber unten 2.2.4.1.

Konkret in die Sachkompetenz des ICC fallen nach dem taxativen[169] Katalog des Art 5 Abs 1 vier *völkerrechtliche Verbrechen*[170]: a) Verbrechen des Völkermords, b) Verbrechen gegen die Menschlichkeit, c) Kriegsverbrechen, d) Verbrechen der Aggression. Für Letzteres suspendiert Art 5 Abs 2 die grundsätzliche Zuständigkeit, bis eine Einigung über die Definition sowie die näheren Bedingungen der Ausübung der Gerichtsbarkeit für dieses Delikt erreicht worden sein wird[171], während die ersten drei Delikte ihre nähere Ausgestaltung in den folgenden Art 6, 7 und 8 erfahren.[172]

### 2.1.2.4 Prinzip der Komplementarität

Ist die Prüfung in den im Vorigen skizzierten Schritten jeweils positiv ausgefallen, ist die Zuständigkeit des Gerichtshofes zu Recht zu bejahen. Bevor dieser sich aber wirklich der meritorischen, dh inhaltlichen Prüfung des Falles widmen kann, ist eine letzte Hürde zu nehmen, die in Art 17 bis 20 ihren normativen Niederschlag gefunden hat. Terminologisch manifestiert sich diese weitere Prüfungsebene darin, dass nicht mehr wie bisher von „Gerichtsbarkeit" („jurisdiction") die Rede ist, sondern von „Zulässigkeit" („admissibility").

---

169 An dieser Stelle ist nur der Vollständigkeit halber darauf hinzuweisen, dass das Statut darüber hinaus in Art 70 Abs 1 lit a bis f noch weitere Delikte unter Strafe stellt. Dabei handelt es sich um Straftaten gegen die Rechtspflege (zB Falschaussage vor Gericht, Beeinflussung eines Zeugen oder eines Bediensteten des Gerichtshofes, Bestechung), denen eine „Dienstfunktion" in Hinblick auf ein reibungsloses Funktionieren der Gerichtsbarkeit zukommt.

170 Wenn hier von „völkerrechtlichen Verbrechen" (oder „Völkerstrafrecht" bzw „völkerrechtlichem Strafrecht") die Rede ist, dann sind damit nicht die *international crimes* gemeint, unter denen man in der völkerrechtlichen Terminologie eine einem Staat zurechenbare, schwerwiegende (und sie damit vom bloßen internationalen Delikt unterscheidende) Verletzung des Völkerrechts versteht. Vielmehr geht es um die *crimes under international law*, die auf eine unmittelbare Verantwortlichkeit von Individuen für die Verletzung von Völkerrecht abstellen. Zu dieser Unterscheidung genauer SUNGA, Individual Responsibility, 127f und 132 und BECKER, Der Tatbestand des Verbrechens gegen die Menschlichkeit, 50ff sowie unten FN 198.

171 Zu den Problemen bei der Definition des Verbrechens der Aggression schon p 43.

172 Zur Eigenart der vier Delikte cf unten 2.3.1. Sieben Jahre nach Inkrafttreten des Statuts sieht Art 123 Abs 1 eine Revisionskonferenz vor, die als zwingenden Tagesordnungspunkt den Zuständigkeitskatalog des Art 5 beinhalten wird. Gemäß der Sonderbestimmung des Art 121 Abs 5 übt der Gerichtshof bezüglich einer Änderung der Art 5, 6, 7 oder 8 – sei sie im Rahmen der genannten Revisionskonferenz, sei sie später erfolgt –, die ein Vertragsstaat nicht angenommen hat, seine Kompetenz über das von der Änderung erfasste Verbrechen nicht aus, wenn das Verbrechen von Staatsangehörigen des betreffenden Vertragsstaats oder in dessen Hoheitsgebiet begangen wurde. Man beachte die Verschärfung gegenüber Art 12 Abs 2: Während in diesem Fall zum Ausschluss der Zuständigkeit immerhin notwendig war, dass in *kumulativer* Weise sowohl die territoriale wie auch die aktiv-personale Anknüpfung zu einem Nicht-Vertragsstaat führt, reicht gemäß Art 121 bereits *alternativ* die territoriale oder aktivpersonale Anknüpfung beim nicht annehmenden Staat zum Wegfall der Zuständigkeit aus.

Just an dieser Stelle konfrontiert uns das Statut mit einem Prinzip, das auf den ersten Blick wie ein Fremdkörper darin anmuten mag, aber in ganz nachhaltiger Wiese Form und Gestalt der im ICC ausgeübten internationalen Strafgerichtsbarkeit prägt.[173] Gerade die Verankerung des Prinzips der Komplementarität an nicht nur zahlreichen, sondern dazu noch sehr prominenten Stellen macht in unmissverständlicher Weise deutlich, dass es sich dabei um eine der kardinalen Bestimmungen handelt, deren Bedeutung die „Herren des Statuts" in keinem Fall unterschätzt wissen wollten. So wird ein eigener Punkt der Präambel darauf verwendet, in nachdrücklicher Weise zu artikulieren, „that the International Criminal Court established under this Statute shall be complementary to national criminal jurisdictions" (Pr X); auch im Art 1 darf der gleichlautende Hinweis nicht fehlen. In die gleiche Kerbe schlägt Art 17 Abs 1, der ganz explizit auf die beiden prominenten Eingangsbestimmungen Bezug nimmt. Welche Bewandtnis hat es nun näherhin mit diesem *Prinzip der Komplementarität*?

In seinem Kern besagt es, dass der vom Internationalen Strafgerichtshof ausgeübten Gerichtsbarkeit gegenüber der nationalen Strafgerichtsbarkeit (lediglich) ein *ergänzender* Charakter zukommen solle: Damit ist den innerstaatlichen Gerichten der Vorrang gegenüber dem ICC eingeräumt. Wir erinnern uns[174], dass im Falle konkurrierender Zuständigkeit Art 9 ICTY und Art 8 ICTR noch für das *Prinzip des Vorrangs* (primacy) der internationalen Ebene optiert haben: Die beiden Tribunale können jederzeit und ohne nähere Begründung ein bei den nationalen Gerichtsinstanzen anhängiges Verfahren an sich ziehen. Schon von allem Anfang an soll im Statut des ICC dagegen klar gemacht werden, dass im Bereich konkurrierender Zuständigkeiten von nationaler und internationaler Gerichtsbarkeit nunmehr umgekehrte Vorzeichen gelten.[175]

Dementsprechend gestalten sich auch die konkreten Dispositionen, die in Art 17 getroffen werden: Grundsätzlich hat der Gerichtshof die Behandlung einer an sich in seine Zuständigkeit fallenden Sache für unzulässig zu erklären, wenn ein ebenfalls zuständiger Staat in dieser Sache Ermittlungen oder eine Strafverfolgung durchführt (Art 17 Abs 1 lit a) oder Ermittlungen durchgeführt und entschieden hat, die betreffende Person nicht strafrechtlich zu verfolgen (Art 17 Abs 1 lit b).[176]

---

173 Interessanterweise wird gerade dieses Prinzip in vielen Diskussionen über den Strafgerichtshof gerne vernachlässigt oder überhaupt übergangen. Das Komplementaritätsprinzip ist nicht nur für die juristische Konstruktion des ICC von hoher Bedeutsamkeit, sondern bringt in besonderer Weise rechtsphilosophische Implikationen mit sich, die noch ausführlicher zu besprechen sein werden (cf unten 3.4.2.3).

174 Cf dazu oben 1.3.4.

175 Cf in diesem Zusammenhang BOURDON, CPI, 26 und 94ff.

176 In der Aufzählung finden sich in lit c und d noch weitere Unzulässigkeitsgründe: In lit c geht es um das Non-bis-in-idem-Prinzip, auf das – gleichsam als Spiegelbild zum Komplementari-

Eine Ausnahme davon darf der ICC jeweils nur machen, wenn der betreffende Staat „unwilling or unable genuinely to carry out the investigation or prosecution" ist.

Im Folgenden erfahren die beiden Einschränkungen des nationalen Vorrangs ihre nähere Ausgestaltung: Nach Art 17 Abs 2 liegt „mangelnder Wille" des Staates dann vor, wenn unter Berücksichtigung der völkerrechtlich anerkannten Grundsätze eines ordnungsgemäßen Verfahrens a) ein Prozess geführt wird, um die betreffende Person der strafrechtlichen Verantwortlichkeit zu entziehen, sowie wenn b) eine nicht gerechtfertigte Verzögerung oder c) eine nicht unparteiische oder unabhängige Verfahrensführung vorliegt, die unter den gegebenen Umständen mit der Absicht unvereinbar ist, die betreffende Person vor Gericht zu stellen.[177] Das „Unvermögen" wird in Art 17 Abs 3 dahingehend definiert, dass der Staat wegen des völligen oder weitgehenden Zusammenbruchs oder der mangelnden Verfügbarkeit eines innerstaatlichen Justizsystems nicht in der Lage ist, ein entsprechendes Verfahren durchzuführen. Da die beiden Fälle als Ausnahme von der Regel der nationalen Zuständigkeit formuliert sind, fällt die Beweislast für das Vorhandensein des mangelnden Willens oder des Unvermögens dem Ankläger zu. Allerdings darf auf der anderen Seite auch nicht übersehen werden, dass im Rahmen der in Art 18 und 19 normierten Verfahren die letztgültige Entscheidung, ob die Voraussetzungen für die (Un)Zulässigkeit der Behandlung einer Sache durch den ICC gegeben sind oder nicht, – und damit die sog *Kompetenzkompetenz* – stets beim Gerichtshof selbst liegt.

Notwendiges Komplement und Kompensat jeder konkurrierenden Zuständigkeit im Strafrecht ist der Grundsatz *Ne bis in idem*: Angesichts der Gefahr einer ungerechtfertigten Doppelverurteilung gewährleistet er, dass jemand, der von einer Instanz für ein Delikt zur Verantwortung gezogen und von dieser rechtmäßig verurteilt oder freigesprochen worden ist, nicht ohne weiteres wieder von einer anderen Instanz belangt werden kann. Die nötigen Dispositionen in dieser Hinsicht trifft Art 20[178], und zwar in Hinblick auf alle drei aus Sicht des ICC in Frage kommenden Fallkonstellationen: Niemand darf für ein in Art 5 bezeichnetes Verbrechen, für das er vom ICC bereits verurteilt oder freigesprochen worden ist, ein zweites Mal vor den Gerichtshof (Abs 1) oder vor ein anderes Gericht (Abs 2)

---

tätsprinzip – sogleich einzugehen sein wird; die in lit d eingeführte „Gravitätsschwelle" gilt es in 2.3.1 näher zu behandeln.

177 Nicht zufällig werden hier nur solche Mängel aufgegriffen, die im weitesten Sinne an einem ernsthaften Interesse des Staates an der strafrechtlichen Verfolgung einer Person zweifeln lassen, dh Fälle, in denen die Fehlfunktionen des Gerichtssystems dem Angeklagten zugute kommen. Nicht unter diese Bestimmung fällt die Verletzung von Verfahrensgarantien zu Lasten des Angeklagten; diese sind über die diversen Regime des Menschen- und Bürgerrechtsschutzes geltend zu machen (cf BOURDON, CPI, 98).

178 Zu ganz ähnlichen Regelungen kommen auch Art 10 ICTY und Art 9 ICTR.

gestellt werden. Ist jemand schon für ein auch nach den in Art 5 vorgesehenen Delikten verbotenes Verhalten vor einem Gericht gestanden, darf ihn der Gerichtshof nur dann noch einmal belangen, wenn die Voraussetzungen für „mangelnden Willen" des verfolgenden Staates iSd Art 17 Abs 2 gegeben sind (Abs 3). Ist dem nicht so, dann hat der Gerichtshof die Verfolgung der betreffenden Person nach Art 17 Abs 1 lit c für unzulässig zu erklären.

## 2.1.3 Organisation

### 2.1.3.1 Rollenverteilung

Neben der Normierung von Zuständigkeitsgrenzen, die wir für den Fall des ICC gerade zu skizzieren versucht haben, ist als Charakteristikum einer gerichtlichen Einrichtung auch das Vorhandensein einer festen Organisation genannt worden. Damit ist die Frage angesprochen, wer im Rahmen der Institution Gerichtshof die handelnden Figuren sind, wer gleichsam als *dramatis personae* fungiert. Die Herstellung einer Parallele zum Drama kommt dabei nicht von ungefähr, hat doch das Kriterium einer festen Organisation zentral mit einer Festschreibung und Institutionalisierung gewisser *Rollen* zu tun.

In der Strafgerichtsbarkeit, um die es in unserem Zusammenhang geht, kann man ganz grob und viele hier eigentlich nötige Präzisierungen vernachlässigend zwei (Extrem)Konzeptionen unterscheiden, die dem Strafprozess jeweils ein charakteristisches Gepräge geben[179]: Auf der einen Seite steht der (va historisch bedeutsame) *Inquisitionsprozess*, wo der Richter *ex officio* zur Unrechtsverfolgung verpflichtet ist und die Wahrheit zu beweisen hat. Indem im Inquisitor die anklagende und richtende Funktion in Personalunion fusioniert sind, wird der Angeklagte tendenziell zum bloßen *Objekt* des Verfahrens; im Mittelpunkt des Interesses stehen die Untersuchung und das sich darin verkörpernde Streben nach Findung der Wahrheit. In Gegensatz dazu wird nach dem Prinzip des heute herrschenden *Anklageprozesses* jedes Strafverfahren durch Anträge eines Anklägers veranlasst und beschränkt, was entgegen ersten Intuitionen in Wahrheit eine Befreiung des Angeklagten bedeutet, da dieser sich nunmehr gegen die vorgebrachten Beschuldigungen wehren kann, ohne im selben Atemzug das Gericht zu kritisieren („Wohltat eines Gegners"). Das Strafverfahren bewegt sich auf diese Weise im Spannungsfeld der drei Pole Richter – Angeklagter – Ankläger, womit der Angeklagte zum *Subjekt* des Verfahrens samt den zahlreichen daraus erfließenden Parteirechten avanciert.

---

[179] Cf BERTEL/VENIER, Grundriss des österreichischen Strafprozessrechts, Rz 20f sowie VONES, Artikel „Inquisition", aber auch RIEDEL-SPANGENBERGER, Nulla poena sine lege, 11ff.

Das Modell des Anklageprozesses findet auch in der Organisation des Internationalen Strafgerichtshofes[180] seinen Niederschlag: Art 34 rechnet die Richter (lit b) sowie die Anklagebehörde (lit c) unter die Organe des Gerichtshofes[181], auf deren nähere Ausgestaltung gleich noch ein paar Worte verwendet werden sollen. Der Angeklagte bleibt in dieser Bestimmung zu Recht ausgeklammert, da er kein Organ im Sinne einer festen Eingliederung in die Gerichtsorganisation ist; nichtsdestotrotz ist er als Subjekt des Verfahrens omnipräsent.[182] Bemerkenswert ist, dass über die Konzeption des klassischen Anklageprozesses hinaus auch Bestimmungen in Hinblick auf einen besseren Schutz der Opfer und Zeugen ins Statut Eingang gefunden haben und diese somit mehr und mehr als eigene, selbstständige Größe relevant werden.

### 2.1.3.2 Die Richter

Die Richter des ICC werden nach den hiefür einschlägigen Bestimmungen der Art 35 bis 41 von der Versammlung der Vertragsstaaten in geheimer Wahl für neun Jahre ohne Möglichkeit der Wiederwahl berufen. Sie haben Spezialisten des Strafrechts oder des (humanitären) Völkerrechts zu sein, wobei bei der Wahl auf ein entsprechendes Verhältnis Bedacht zu nehmen ist. Ebenso sollen eine Repräsentanz der wichtigsten Rechtssysteme der Welt, eine gerechte geographische Verteilung sowie eine ausgewogene Vertretung weiblicher und männlicher Richter gewährleistet sein; in jedem Fall darf nicht mehr als ein Staatsangehöriger pro Vertragsstaat das Richteramt bekleiden. Die Zahl der Richter, die ihr Amt in völliger Unabhängigkeit ausüben, ist auf 18 beschränkt, kann aber von der Versammlung der Vertragsstaaten je nach den Erfordernissen erhöht werden.

Was die Entscheidungsformationen betrifft, gliedern sich die Richter gemäß Art 34 lit b zuerst in eine Berufungsabteilung (Appeals Division) – bestehend aus dem Präsidenten und vier weiteren Richtern –, in eine Hauptverfahrensabteilung (Trial Division) sowie in eine Vorverfahrensabteilung (Pre-Trial Division), welch beiden Letzteren jeweils mindestens sechs Richter zuzuordnen sind. Im Rahmen dessen werden nach Art 39 die konkreten Spruchkörper gebildet: a) die fünfköpfige

---

180 Für einen sehr komprimierten, aber dennoch gehaltvollen Überblick über Organisation und Zusammensetzung des Gerichtshofes cf BROWN, The Statute of the ICC, 71f.

181 Das in lit a angesprochene dreiköpfige Präsidium (cf Art 38) sowie die in lit d angeführte Kanzlei (cf Art 43) erfüllen Justizverwaltungsfunktionen und bedürfen als bloße Hilfseinrichtungen für einen geregelten Verfahrensablauf hier keiner näheren Erörterung. Nicht übergangen werden darf allerdings die in Art 112 geregelte Versammlung der Vertragsstaaten, die aus je einem Vertreter pro Mitgliedstaat besteht; Nationen, die das Statut oder die Schlussakte bloß unterzeichnet haben, kommt lediglich ein Beobachterstatus zu.

182 Für eine nähere Betrachtung von Status und Beschaffenheit der Rolle des Angeklagten sowie der damit verbundenen Parteirechte und Verfahrensgarantien cf unten 2.1.4.2 und 2.2.2.

(dh alle Richter der Abteilung umfassende) Berufungskammer (Appeals Chamber), b) dreiköpfige Hauptverfahrenskammern (Trial Chambers) und c) dreiköpfige Vorverfahrenskammern (Pre-Trial Chambers), deren Aufgaben unter bestimmten Voraussetzungen aber auch durch Einzelrichter wahrgenommen werden können.

#### 2.1.3.3 Der Ankläger

Getreu den Prinzipen des Anklageprozesses verfügt Art 42 Abs 1 S 1 ausdrücklich: „The Office of the Prosecutor shall act independently as a separate organ of the Court." Der Ankläger und seine Stellvertreter, denen des weiteren ausdrückliche Weisungsfreiheit von allen äußeren Stellen zugesichert ist, werden wie die Richter von der Versammlung der Vertragsstaaten in geheimer Wahl für neun Jahre und ohne Möglichkeit der Wiederwahl berufen. Auch in der Anklagebehörde darf keine Nationalität doppelt vertreten sein.

#### 2.1.3.4 Opfer und Zeugen

Wie bereits erwähnt wurde, gewinnt im Rahmen des Statuts über die drei klassischen Rollen des am Anklageprozessprinzip orientierten Verfahrens hinaus eine vierte Gruppe zunehmend an Profil: die „victims and witnesses", von denen im Statut idR gemeinsam die Rede ist. Dabei geht es nicht nur darum, dass deren spezifische Interessen vermehrt zu berücksichtigen sind (zB Art 53f sowie Art 64 Abs 2 und Abs 7)[183], sondern auch und vor allem darum, dass den Opfern und Zeugen zunehmend ein Status als eigenständige Akteure, dh als (Quasi-) Prozesspartei, zugestanden wird. Nur exemplarisch seien aus der Fülle der nicht systematisch kodifizierten, sondern über das ganze Statut verstreuten Regelungen drei markante Beispiele[184] herausgegriffen, in denen dieser Aspekt sich manifestiert: a) Gemäß Art 43 Abs 6 ist im Rahmen der Kanzlei eine eigene Abteilung für Opfer und Zeugen einzurichten, die für deren Beratung und, falls nötig, für entsprechende Sicherheitsvorkehrungen verantwortlich zeichnet. b) In der Folge haben die Opfer bezüglich aller sie persönlich betreffenden Verhandlungsteile das Recht auf Teilnahme und Artikulierung ihrer Anliegen, was auch durch deren Vertreter erfolgen kann (Art 68 Abs 3). c) Außerdem sieht Art 75 im Rahmen des Strafausspruches die Möglichkeit der Anordnung einer Wiedergutmachung an die Opfer vor.

---

[183] Auf dieser Ebene verbleiben sie, wiewohl es um Regeln zu ihrem Vorteil geht, gerade in einem *passiven* Status. Sie können ihre Interessen ja nicht selbst wahrnehmen, sondern diese werden dem Ankläger bzw den Richtern gleichsam *zu treuen Handen* überantwortet.

[184] Cf darüber hinaus noch unten FN 193 sowie 219.

## 2.1.4 Verfahren

### 2.1.4.1 Prozessverlauf

Als ein drittes Charakteristikum von gerichtlichen Einrichtungen haben wir die Normierung eines geregelten Verfahrens genannt. Die im Rahmen eines Prozesses vollzogenen Akte erfolgen nicht einfach spontan oder zufällig, sondern stellen ganz im Gegenteil eine besonders ausgeprägte Form regelgeleiteten Verhaltens dar. Die oft sehr präzisen, ja teilweise geradezu pedantisch anmutenden Handlungsanweisungen werden in eigenen Verfahrensordnungen positiviert oder machen, wie in unserem Fall, zumindest doch einen beträchtlichen Teil der Normmasse der einer Gerichtsbarkeit zugrundeliegenden Texte aus. Angesichts der Fülle der im Statut niedergeschriebenen Verfahrensregeln kann hier nicht einmal mehr annähernd versucht werden, das Verfahren vor dem ICC halbwegs geschlossen und zusammenhängend nachzuzeichnen.[185] Im Folgenden sollen nur einige ausgewählte Punkte angeführt werden, die markante Abweichungen bzw Nuancierungen gegenüber der uns geläufigen Vorstellung vom Ablauf eines Strafprozesses deutlich machen sollen.

Besondere Beachtung verdient vor allem das nicht ausdrücklich als solches bezeichnete Vorverfahren. Wir haben bereits gesehen[186], dass der Ankläger auf dreierlei Wegen zur Einleitung von Untersuchungen kommen kann: a) auf Anregung eines Vertragsstaats, b) auf Anregung des UNO-Sicherheitsrates, c) *proprio motu*. Nur im letzten Fall ist die Vorverfahrenskammer nach Art 15 Abs 4 berufen, im Vorhinein zu prüfen, ob eine hinreichende Grundlage für die Aufnahme von Ermittlungen gegeben ist. Darin drückt sich der Wunsch der Staaten, den Gerichtshof nicht an einer allzu langen Leine laufen zu lassen, ebenso aus wie in der Regelung des Art 16, demzufolge der Gerichtshof auf ein entsprechendes, im Rahmen von Kapitel VII der UN-Charta vom Sicherheitsrat formuliertes Ersuchen hin während 12 Monaten keinerlei Verfahren einleiten oder fortführen darf; dieses Ersuchen ist vom SC unter denselben Bedingungen erneuerbar.[187]

---

185 Eine übersichtliche und umfassende Zusammenstellung der einzelnen Verfahrensschritte bietet BROWN, The Statute of the ICC, 72-78. Besonders hilfreich ist die schematische Darstellung ibd, 251-254.

186 Cf oben 2.1.2.2, bes FN 159.

187 In dieser Bestimmung manifestiert sich wieder einmal eine Kompromisslösung, die nach langwierigen und schwierigen Verhandlungen vor und während der Römer Konferenz von Singapur ins Spiel gebracht wurde und schließlich zur Einigung führte. Bis zuletzt hatten die fünf Ständigen Mitglieder des SC durchwegs darauf bestanden, dass nicht erst, wie gerade aufgezeigt, ein „Passivierungsbeschluss" des SC, sondern schon das Unterbleiben eines „Aktivierungsbeschlusses" das Handeln des ICC einfrieren sollte; damit wäre aber jedem Ständigen Mitglied ein Vetorecht zugestanden worden. Nichtsdestotrotz gibt auch die hier ge-

Prägend für die Ausgestaltung des Hauptverfahrens ist vor allem das ständige Bemühen um die Versöhnung der beiden großen Systeme des kontinentalen und des angelsächsischen Rechtskreises[188]. Dies sei exemplarisch und nur ganz schematisch an folgenden drei Fällen aufgezeigt: a) In der alten Streitfrage, ob der Richter im Strafprozess eine eher aktive oder passive Rolle spielen solle, hat mit den Bestimmungen des Art 64 Abs 6 lit b und Abs 8 lit b, die die Leitung des Prozesses eindeutig in die Hände der Richter legen, eher die kontinentale Tradition[189] den Sieg davon getragen. b) Art 64 Abs 8 inspiriert sich klar aus dem angelsächsischen Rechtsdenken: Er gibt dem Angeklagten die Möglichkeit, sich unmittelbar nach Verlesung der Anklage nicht schuldig oder schuldig zu bekennen, und sieht für den zweiten Fall in Art 65 ein abgekürztes Verfahren vor.[190] c) Mit Art 74 Abs 5 und Art 76 wurde in einem weiteren Punkt eher der angelsächsischen Tradition gefolgt: Während im kontinentalen Recht durchwegs Schuldspruch und Verhängung des Strafmaßes in ein und demselben Urteil verkündet werden, so ist das Common Law vom Prinzip der Trennung von „decision“ und „sentence“ beherrscht.

Aus der Tatsache der Existenz einer Berufungskammer ergibt sich, dass der ICC wie die Ad-hoc-Tribunale – in Gegensatz zu den beiden Militärtribunalen nach dem Zweiten Weltkrieg – die Möglichkeit kennen, gegen Entscheidungen der Hauptverfahrenskammer Rechtsmittel einzulegen. So können sowohl Verteidigung als auch Anklage nach Art 81ff in umfassender Weise gegen Schuldspruch wie Strafhöhe Berufung erheben. Die Berufungskammer hat *kassatorische* wie auch

---

troffene Regelung dem Sicherheitsrat massive Einwirkungsmöglichkeiten auf den ICC, sodass man zu Recht von einem ständig über dem Gerichtshof schwebenden „Damoklesschwert“ sprechen kann (cf BOURDON, CPI, 90ff). Wie die in FN 136 angesprochenen jüngsten Entwicklungen belegen, hat diese Besorgnis nicht der realen Grundlage entbehrt; Art 16 dürfte damit – kein Ruhmesblatt – zur ersten Statutsbestimmung geworden sein, die reale Wirksamkeit entfaltet hat.

188 Zutreffend und einprägsam kommentiert BOURDON, CPI, 194: „Le Statue effectue une série de ‘va-et-vient’ entre le droit continental et celui de *Common Law.*“ (Hervorhebung im Original). Nicht ohne Grund hat die bereits zitierte Organisationsnorm des Art 36 Abs 8 lit a (cf oben 2.1.3.2) angeordnet, dass bei der Richterbestellung auf ein ausgewogenes Verhältnis der Vertreter der beiden Rechtssysteme zu achten ist.

189 Diese vertritt die Auffassung, dass der Prozess der Wahrheitsfindung nicht nur von den Parteien ausgehen, sondern durch Leitung und Impulse des Richters gefördert werden soll (cf BOURDON, CPI, 162f und 193).

190 Hat damit das *„plea guilty“* Aufnahme ins Statut gefunden, so scheiterte die Rezeption des nur im US-amerikanischen, nicht im englischen Strafrecht vorgesehenen *„plea bargain“* am heftigen und einhelligen Widerstand von Großbritannien und der in kontinentaler Tradition stehenden Staaten. Im Rahmen dieses Prinzips kann es zu verbindlichen Tauschabmachungen zwischen Anklage und Verteidigung in der Form „Anerkennung der Schuld gegen geringeres Strafmaß“ kommen (cf BOURDON, CPI, 196ff). Diesbezüglich hält Art 65 Abs 5 ausdrücklich fest, dass Konsultationen zwischen Ankläger und Verteidigung in Bezug auf eine Änderung der Anklagepunkte, das Geständnis oder die zu verhängende Strafe für den Gerichtshof nicht bindend sind.

*reformatorische* Gewalt, dh sie kann eine Entscheidung aufheben oder in jede Richtung abändern, aber auch die Durchführung eines neuen Prozesses anordnen (Art 83).

### 2.1.4.2 Verfahrensrechte des Angeklagten

Im Rahmen der im Statut verankerten Verfahrensregeln gebührt besondere Aufmerksamkeit den dem Angeklagten zugestandenen Verfahrensrechten. In ihnen erhalten die oben angesprochene Parteistellung des Angeklagten, sein Status als Subjekt des Verfahrens ihren sichtbaren Ausdruck. Ein wesentlicher Grundgedanke dieser Verfahrensgarantien ist der *Grundsatz der Waffengleichheit*[191]: Der Angeklagte, dem als Einzelnem die idR mit ungleich größeren Ressourcen ausgestattete Anklagebehörde entgegentritt, soll die Möglichkeit haben, sozusagen auf gleicher Augenhöhe mit dieser den Prozess zu bestreiten. Angesichts der Unsicherheiten, die ein mit fast jedem Schritt Neuland betretender Gerichtshof mit sich bringt und die sich zum Nachteil des Angeklagten auswirken können, sowie im Bewusstsein, dass eine der wesentlichen Stärken des ICC in einer weitum anerkannten moralischen Autorität bestehen müsse, haben sich die Staaten – zumindest dem Anspruch nach – entschieden, in allen Dimensionen der Angeklagtenrechte jeweils für das höchste Schutzniveau[192] zu optieren, das auf internationaler Ebene im Moment verfügbar ist.

In diesem Sinne normiert Art 64 Abs 2 in allgemeiner Weise: „The Trial Chamber shall ensure that a trial is fair and expeditious and is conducted with full respect for the rights of the accused and due regard for the protection of victims and witnesses."[193] Ihre konkrete Ausfaltung finden die Schutzmechanismen zu Gunsten des Angeklagten bes in den Katalogen des Art 55 (Vorverfahren) und des ganz ähnlich konstruierten Art 67 (Hauptverfahren). An dieser Stelle seien nur beispielhaft herausgegriffen: a) Schweigerecht, b) Recht auf Wahl bzw amtliche Bestellung eines rechtlichen Beistandes sowie auf vertraulichen Kontakt mit diesem, c) Recht auf Verhandlung in verständlicher Sprache bzw Recht auf Dolmetscher, d) Schutz vor willkürlicher Verhaftung, e) Recht auf Aufklärung über die Anklagepunkte, f) Recht auf Befragung der Zeugen der Anklage sowie auf das Stellen eigener Zeugen, g) Recht auf Erhebung einer Berufung.

---

191 Cf BERTEL/VENIER, Grundriss des österreichischen Strafprozessrechts, Rz 49.

192 Cf BOURDON, CPI, 200.

193 In Anschluss an das unter 2.1.3.4 Gesagte soll hier nicht unerwähnt bleiben, dass es auch Verfahrensgarantien zugunsten von Opfern und Zeugen gibt (zB Art 15 Abs 3, Art 19 Abs 3, Art 64 Abs 2 und 7, Art 65 Abs 4, Art 68), die aber erheblich kürzer greifen als jene des Angeklagten.

## 2.2 INTERNATIONALER *STRAF*GERICHTSHOF

Schon vielfach war in den bisherigen Überlegungen von Strafgericht oder Strafrecht die Rede, ohne sich näher über Reichweite und Implikationen dieser Begriffe Rechenschaft abzulegen. Im Folgenden soll das Statut gerade unter dieser Rücksicht etwas genauer unter die Lupe genommen werden. Inspirieren lassen wollen wir uns dabei von der Kantischen Definition des Strafrechts als „Recht des Befehlshabers gegen den Unterwürfigen, ihn wegen seines Verbrechens mit einem Schmerz zu belegen“[194]. Die sich darin manifestierenden, das Strafrecht kennzeichnenden drei Elemente gilt es im Rahmen dieses Kapitels aufzugreifen und in Hinblick auf das Regelungsdispositiv des ICC zu konkretisieren: a) das die Strafbarkeit begründende Verbrechen, b) den Täter als Urheber des Verbrechens, c) den „Schmerz“ bzw die Strafe als Sanktion des Verbrechens. Möglichkeitsbedingung eines Strafausspruches ist dabei ein Über- und Unterordnungsverhältnis: Der Staat sanktioniert in Verfolgung seines Strafanspruches den diesbezüglich als „Unterwürfigen“ zu apostrophierenden Täter. Nicht in der Definition angesprochen[195], aber nichtsdestotrotz höchst bedeutsam sind d) die Allgemeinen Prinzipien des Strafrechts, die gesonderte Erwähnung verdienen.

### 2.2.1 Das Verbrechen: Begründung der Strafbarkeit

Im vorigen Kapitel wurde bereits der in diesem Zusammenhang einschlägige Art 5 erwähnt[196], welcher die Überschrift „Crimes within the jurisdiction of the Court“ trägt. Wenn dann weiterhin davon die Rede ist, dass sich diese Gerichtsbarkeit auf „the most serious crimes of concern to the international community as a whole“ erstrecken solle, dann stellt sich ia auch die Frage, was es mit dem Begriff des „Verbrechens“ für eine nähere Bewandtnis hat. Bei der Konsultation eines mehr oder weniger beliebigen Strafrechtslehrbuches wird man auf die allgemeine Charakterisierung des Verbrechens als „Delikt“, dh als „strafbare Handlung“ stoßen.[197] Unter Vernachlässigung aller weiteren Differenzierungen, die das Allge-

---

194 KANT, Metaphysik der Sitten, AA VI, 331. Diese grundlegende Charakterisierung, mit der der Abschnitt „Vom Straf- und Begnadigungsrecht“ unmittelbar eröffnet wird, scheint uns, ohne dass im Rahmen dieser Arbeit eine weiterführende Auseinandersetzung mit dem Begriff des „Strafrechts“ und seinen Implikationen möglich wäre, in ausgesprochen prägnanter Weise die Kernpunkte des Phänomens zum Ausdruck zu bringen.

195 Dies hängt wohl nicht zuletzt damit zusammen, dass die angesprochenen Allgemeinen Prinzipien ihren genuinen Platz im Bereich des Straf*verfahrens* haben, welches KANT bei dieser grundlegenden definitorischen Annäherung nicht unmittelbar vor Augen gestanden sein wird.

196 Cf dazu ausführlicher oben 2.1.2.3 4) (Zuständigkeit *ratione materiae*), va aber unten 2.3.1.

197 Cf FUCHS, Strafrecht, 53.

meine Strafrecht in Anschluss an diese Eingangsdefinition regelmäßig vornimmt[198], wollen wir uns hier einmal mit dieser ersten Begriffsbestimmung begnügen und als die beiden Hauptmerkmale des Verbrechens a) den Handlungscharakter sowie b) den (das Setzen eines verbotenen, rechtswidrigen Verhaltens voraussetzenden) Charakter der Strafbarkeit festhalten.

Was den Punkt a) betrifft, so darf das Wörtchen „act", Handlung, nicht übersehen werden, das den Kern aller Tatbestandsbeschreibungen der Art 6 bis 8 ausmacht. Ohne hier genauer auf die vielfältigen Implikationen des Handlungsbegriffes eingehen zu wollen, ist damit doch gesagt, dass es als Anknüpfungspunkt zur Begründung eines Verbrechens – und dies ist nach heutigem Verständnis grundsätzlich für jede Form von Strafrecht konstitutiv – wenigstens eines *menschlichen*, in irgendeiner Form *nach außen* in Erscheinung tretenden (sog äußere Tatseite, objektiver Tatbestand oder auch *actus reus*) sowie *intentionalen* bzw *willkürlichen* (dh vom Willen beherrschten oder zumindest beherrschbaren) Verhaltens[199] bedarf.

Während die ersten beiden Elemente idR unproblematisch sind, erfordert das Kriterium der Willkürlichkeit eine eingehendere Regelung. Traditionell wird diesbezüglich zwischen einem *kognitiven* und *volitiven* Aspekt der Willkürlichkeit (sog innere Tatseite, subjektiver Tatbestand oder *mens rea*) unterschieden. Art 30 greift diese Differenzierungen[200] explizit auf und stellt an die kognitive wie volitive Ebene besonders strenge (dh täterfreundliche) Anforderungen im Sinne eines *dolus specialis*[201], also einer qualifizierten Form von Willkürlichkeit: Eine Strafbarkeit kann nämlich nur begründet werden, wenn der Beschuldigte nach Art 30 Abs 2 das gegenständliche *Verhalten selbst* setzen wollte (lit a) sowie zugleich die *Folgen* dieses Verhaltens gewollt hat oder wenn ihm zumindest bewusst war, dass diese im gewöhnlichen Verlauf der Ereignisse eintreten werden (lit b). Dazu hat nach Art 30 Abs 3 noch zu kommen, dass dem Täter alle relevanten Umstände des Falles, das Verhalten wie dessen Folgen, bewusst gewesen sein müssen. Damit ist jede Form fahrlässiger Begehung schon in der Wurzel ausgeschlossen.

In diesen Rahmen hinein setzen Art 31, 32 und 33 unter dem Titel „Grounds for excluding criminal responsibility" eine bunte Mischung dessen, was in der Strafrechtsdogmatik als Strafausschließungs-, Rechtfertigungs-, Entschuldigungs-

---

198 Dazu gehört idR, dass im Rahmen des Genus *Delikt* (oder *Verbrechen iwS*) zwischen „normalen" bzw weniger schwerwiegenden (oft als *Vergehen* bezeichneten) und den ein Gravamen darstellenden Delikten (*Verbrechen ieS*) unterschieden wird (cf FUCHS, Strafrecht, 68f). Uns ist es hier gerade um die letztere Kategorie zu tun; cf dazu schon FN 170.

199 Cf FUCHS, Strafrecht, 55ff.

200 In der authentischen englischen Fassung ist von „material element" und „mental element" sowie bezüglich der Diskretions- und Dispositionsfähigkeit von „knowledge" und „intent" die Rede.

201 Cf BOURDON, CPI, 126f.

gründe oder unter noch einmal anderen Titeln angesprochen und unterschieden wird. Ganz allgemein geht es dabei darum, dass von einem Delikt idR schon dann geredet werden kann, wenn eine Handlung eben beschriebener Qualität ein durch die entsprechenden Normen geschütztes Rechtsgut verletzt hat. Wiewohl also grundsätzlich die willkürliche Rechtsgutverletzung die in Punkt b) genannte Rechtswidrigkeit der Handlung indiziert, so gibt es doch Fallkonstellationen, in denen die Rechtsordnung die geschehene Verletzung eines geschützten Rechtsgutes als nicht strafwürdig qualifiziert. Der diesbezüglich aus einem breiten Konsens der nationalen Strafrechtsordnungen schöpfen könnende Katalog nennt beispielsweise: a) geistige Krankheit oder Störung sowie Rauschzustand, die Diskretions- bzw Dispositionsfähigkeit ausschließen, b) Notwehr oder Nothilfe, c) Notstand, d) Zwang, e) Tat- oder Rechtsirrtum.

### 2.2.2 Der Täter: Urheber des Verbrechens

Im Folgenden soll die Person desjenigen mehr in den Blick rücken, der für das Verbrechen verantwortlich zeichnet, also der *Täter.* Wie wir gesehen haben, spricht KANT diesbezüglich vom „Unterwürfigen", dem gegenüber das Strafrecht den „Befehlshaber" zur Verhängung einer Sanktion berechtigt (und verpflichtet). Damit wird über das schon Gesagte hinaus zum Ausdruck gebracht, dass Täter nur sein kann, wer auch *Rechtssubjekt* ist: Das impliziert zum einen die Anerkennung durch die Rechtsordnung, dass es hier einen nicht hintergehbaren Träger von Rechten und Pflichten und damit einen *selbstständigen Zurechnungsgrund* auch für Unrechtshandlungen gibt, zum anderen manifestiert sich darin, und zwar auch schon von der Wortbedeutung von „Subjekt" her, dessen *Unterworfenheit* unter die Rechtsordnung, die dasselbe für deliktisches Handeln zur Verantwortung zieht.[202]

Es wurde schon angesprochen, dass deliktisches Verhalten in der Verletzung von Gütern besteht, die von der Rechtsordnung unter ihren Schutz gestellt werden.[203] Eine derartige Rechtsgutverletzung ist stets *relationalen* Charakters, dh sie schafft eine Beziehung zwischen dem, der sich gegen das Rechtsgut vergangen hat

---

202 Ihren prozessualen Niederschlag findet diese Doppelnatur (und Ambivalenz) der Rechtssubjektivität im Anklageprozess (cf oben 2.1.3.1), wo der Täter in konsequenter Weiterführung dieses Gedankens im genannten Doppelsinne zum Subjekt des Verfahrens avanciert.

203 In diese Gruppe schutzwürdiger Rechtsgüter gehören traditionellerweise Leben, körperliche Unversehrtheit, Freiheit, Ehre, Eigentum, aber auch „kollektive Güter" wie zB eine intakte Umwelt, die Sittlichkeit, das Staatsinteresse, die Rechtspflege etc. Indem sich Strafrecht überhaupt als „Rechtsgüterschutz durch Einwirkung auf menschliches Verhalten" (FUCHS, Strafrecht, 2) verstehen lässt, wird es nicht überraschen, dass das jeweils geschützte Rechtsgut häufig überhaupt als das zentrale Ordnungskriterium der Deliktstatbestände, die im Besonderen Teil des Strafrechts aufgeführt sind, herangezogen wird (cf ibd, 67).

(Täter), und dem, dessen Rechtsgut die Verletzung widerfahren ist (Opfer). Das Strafrecht widmet sich schwerpunktmäßig der einen Seite dieser Relation und stellt die Deliktsverfolgung und damit den Täter in den Mittelpunkt seines Interesses; dementsprechend fungiert im Strafverfahren der Angeklagte als Hauptperson, der gegenüber das Opfer in der Prozessstruktur eine prinzipiell nachgeordnete Rolle einnimmt.[204] Auf diesem Hintergrund gilt es nun zu untersuchen, wie sich die Täterkonzeption des Statuts näherhin gestaltet und welche Typen von Rechtssubjekten damit in seinen Anwendungsbereich fallen.

### 2.2.2.1 Keine Souveränitätsträger

Das Strafrecht kommt klassischerweise gegenüber den einer nationalen Rechtsordnung unterworfenen Rechtssubjekten zur Anwendung. In diese Richtung zielte auch das gerade noch einmal in Erinnerung gerufene Zitat KANTS, nach dessen Dafürhalten ein Über- und Unterordnungsverhältnis konstitutiv für die Möglichkeit von Strafrecht ist. Während diese Überlegung dem Kontext des „Staatsrechtes"[205] entnommen war, sieht Kant aufgrund der spezifischen Beschaffenheit des internationalen Rechts, die sich vor allem im Grundsatz der souveränen Gleichheit der Staaten (*égalité souveraine des États*) manifestiert, im „Völkerrecht" aus prinzipiellen Gründen keinen Platz für das Strafrecht. Auf die überkommene Formel des *par in parem non habet iurisdictionem*[206] rekurrierend, formuliert er: „Denn Strafe findet nur im Verhältnisse eines Oberen (*imperantis*) gegen den Unterworfenen (*subditum*) statt, welches Verhältniß nicht das der Staaten gegen einander ist."[207]

Wenn wir einmal die Frage beiseite lassen, ob Souveränitätsträger, dh vornehmlich Staaten, nicht doch für Unrecht haftbar werden können (Staatenverantwortlichkeit, *state responsibility*)[208], ob es demnach nicht doch eine Art „Strafrecht für

---

204 Dieser strukturelle Unterschied erklärt sich aus den Zielen des Strafverfahrens heraus. Doch ist zu unterstreichen, dass es bei der konkreten Ausgestaltung der prozessualen Stellung der Opfer beachtliche Spielräume und Dynamiken gibt: Während dieses lange überhaupt nur als Zeuge und damit in einer bloßen „Dienstfunktion" relevant war, gewinnt es in vielen Belangen zunehmend eigenständige Bedeutung (cf dazu schon oben 2.1.3.4 sowie unten 4.3.1 aE).

205 Die den Ersten Teil der „Metaphysik der Sitten" einnehmende *Rechtslehre* untergliedert KANT, hier einer langen, schon vom Römischen Recht überkommenen Tradition folgend, in *Privatrecht* und *Öffentliches Recht* (cf KANT, Metaphysik der Sitten, AA VI, 242). Dieser letztere Teil nun erfährt wiederum eine Aufgliederung in drei Abschnitte: a) *Staatsrecht* (dem auch das Strafrecht zuzurechnen ist), b) *Völkerrecht* und c) *Weltbürgerrecht* (cf ibd, VI, 311). Mit diesem Hinweis sei für den Moment genug gesagt; auf das Öffentliche Recht, seine Ebenen und deren Verhältnis zueinander wird noch zurückzukommen sein (cf bes unten FN 391).

206 Cf dazu etwa ARENDT, Eichmann in Jerusalem, 60f.

207 KANT, Metaphysik der Sitten, AA VI, 347 (Hervorhebung im Original).

208 Cf dazu etwa NEUHOLD/HUMMER/SCHREUER, Handbuch des Völkerrechts, Bd 1, Rz 2682ff sowie schon oben FN 170.

Staaten" geben könne, so gilt für den Internationalen Strafgerichtshof jedenfalls, dass Souveränitätsträgern zurechenbares Unrecht vor ihm nicht geltend gemacht werden kann[209], sondern als Täter iSd Statuts allein nicht-souveräne Rechtssubjekte in Frage kommen, wie Art 25 Abs 4 klar belegt: „No provision in this Statute relating to individual criminal responsibility shall affect the responsibility of States under international law."

### 2.2.2.2 Natürliche Personen

Gemäß Art 25 Abs 1 erstreckt sich die Zuständigkeit des Gerichtshofes auf „natural persons", die für das von ihnen begangene Unrecht „individually responsible and liable for punishment" (Art 25 Abs 2) sein sollen. Damit wird, wie auch aus der Überschrift des gegenständlichen Artikels hervorleuchtet, das Prinzip der ***individual criminal responsibility*** verankert, das den Kern aller Formen internationaler Strafgerichtsbarkeit ausmacht.

In Art 9 des IMT-Statuts[210] haben wir, wie man auf den ersten Blick meinen könnte, eine Ausnahme von diesem Prinzip kennen gelernt, nachdem dieser Bestimmung zufolge das IMT nicht nur Individuen (dh natürliche Personen) aburteilen, sondern gleichermaßen eine Gruppe von Individuen als „verbrecherische Organisation" qualifizieren kann; damit scheint die Möglichkeit einer strafrechtlichen Verantwortlichkeit von Kollektiven bzw von juristischen Personen verankert worden zu sein.[211] Bei näherem Hinsehen zeigt sich aber, dass dieses kollektivieren-

---

209 Dies müsste etwa vor dem ebenfalls in Den Haag installierten IGH geschehen, nach Art 34 Abs 1 von dessen Statut gerade nur Staaten berechtigt sind, vor ihm als Parteien – auf *aktiver* (Kläger-), aber eben auch auf *passiver* (Beklagten)Seite – aufzutreten. Damit ergibt sich aber zugleich das Problem der Abgrenzung der beiden Phänomene: Auch das angesprochene „Souveränitätsträgern zurechenbare Unrecht" geht ja letztlich stets auf das Handeln oder Unterlassen von Individuen zurück. Wie kann – und diese Frage ist von hoher rechtlicher wie politischer Brisanz – einer extensiven Verwendung des act-of-state-Argumentes (cf dazu oben p 35) gesteuert werden, ohne aber gleichzeitig jede Form von „Staatenverantwortlichkeit" auf individuelle Verantwortlichkeiten hin zu reduzieren und zu atomisieren?

210 Cf dazu oben p 30 und 36.

211 Diese Kompetenz des IMT wird immer wieder als Beispiel für eine Frühform der heute viel diskutierten Strafbarkeit juristischer Personen angesprochen. Dies ist in mehrerlei Hinsicht unpräzise und im Ergebnis irreführend: Zwar wird über das Kollektiv als solches das für das Strafrecht grundlegende „Unwerturteil" ausgesprochen (cf dazu FUCHS, Strafrecht, 3ff). 1) Aber zum einen wird mitnichten darauf Bedacht genommen – und dies ist von Art 9 auch gar nicht intendiert –, ob es sich dabei im technischen Sinne um eine juristische Person, verstanden als eigenständiger Zurechnungsgrund von Rechten und Pflichten, handelt: Es ist nur allgemein von „Organisationen" die Rede, und die meisten angeklagten Entitäten, zB das Reichskabinett (cf oben FN 40) vermögen diese Qualifikation auch nicht zu erfüllen. 2) Zum anderen werden nach der Konzeption des Art 9 durch das Gericht – und dies gehört ebenso zum Wesenskern des Strafrechts wie die angesprochene Tadelsfunktion – keinerlei Sanktio-

de Element nur einen Zwischenschritt darstellt: Im engeren Sinne strafrechtlich verantwortlich ist auch nach Art 9 IMT-Statut nur die natürliche Person, sei es dass sie für gewisse Delikte *qua Individuum* verantwortlich zeichnet, sei es dass sie *qua Mitglied einer verbrecherischen Organisation* zur Rechenschaft gezogen wird. Letzterer kommt somit stets nur eine strafbarkeits*vermittelnde* Funktion zu; das Unwerturteil über das Kollektiv erweist sich als bloße Handreichung zur erleichterten Begründung der Strafbarkeit natürlicher Personen.[212]

Im Zuge der Verhandlungen über den ICC war es ein erklärtes Anliegen Frankreichs, über die Inanspruchnahme natürlicher Personen hinaus – und in Abhebung von der Konzeption von Art 9 IMT Charter – die Möglichkeit einer echten Strafbarkeit von juristischen Personen vorzusehen.[213] Eine solche Erweiterung des Statuts wäre in erster Linie den Opfern zugute gekommen, da die Sanktionen gegenüber juristischen Personen (mangels Anwendbarkeit des Freiheitsentzuges) idR in empfindlichen, das der natürlichen Person zumutbare Maß deutlich übersteigenden Geldstrafen bestehen.[214] Die dem ICC in Art 77 Abs 2 lit b[215] zugestandene Befugnis, im Rahmen des Strafausspruches auch Eigentum Dritter einzuziehen, das mittelbar oder unmittelbar aus dem Verbrechen stammt, kann bei entsprechender Auslegung durch den Gerichtshof letztlich zum selben Ergebnis führen.

### 2.2.2.3 Natürliche Personen als natürliche

Indem das Statut *nur* Menschen der Strafgewalt des ICC unterwirft, tut es das im selben Moment mit *allen* Menschen in gleicher Weise: „This Statute shall apply

---

nen (zB Geldstrafen, Zwangsliquidation) gegen die verurteilten Kollektive als solche ausgesprochen.

212 Im Ergebnis bedeutet Art 9 IMT Charter, trotz erster vielleicht gegenläufiger Intuitionen, sogar eine Akzentuierung persönlicher Verantwortlichkeit, weil nämlich individuelles Handeln vor dem IMT umfassend relevierbar wird, mag ein vermeintlicher Täter auch das überwiegende Verschulden in Richtung Organisation zu verlagern suchen, wohingegen das seinige nur von vernachlässigenswertem Gewicht sei; eine derartige Argumentation würde dagegen, berechtigt oder unberechtigt, gerade den Proponenten der Strafbarkeit der juristischen Person das Wort reden. In seiner Konzeption gerade umgekehrt angelegt, wird auf der Grundlage von Art 9 leg cit schon allein die Mitgliedschaft als solche zu einem dem Individuum vorhaltbaren Delikt. Die durch Mitwirkung oder Mitgliedschaft in einer bestimmten Organisation vermittelte individuelle Strafbarkeit bleibt von der Strafbarkeit der Organisation als solcher kategorial unterschieden.

213 Frankreich hatte die strafrechtliche Verantwortlichkeit von juristischen Personen nicht lange Zeit zuvor in einer eigenen Sektion „Des peines applicables aux personnes morales" (Art 137-45ff) seines Code pénal verankert. Cf dazu BOURDON, CPI, 118.

214 Zur Lukrierung entsprechender Mittel (bzw als Folge von deren Einziehung) kommt in diesem Zusammenhang – gleichsam als Analogon zur Todesstrafe – uU gar die zwangsweise Liquidation der juristischen Person in Frage.

215 Cf dazu unten 2.2.3.

equally to all persons." (Art 27 Abs 1) Damit rücken als potenzielle Täter, die vom Gerichtshof zur Verantwortung gezogen werden können, grundsätzlich alle natürlichen Personen in den Blick, damit also der *Mensch qua Mensch*. Auf diesem Hintergrund müssen sich viele dem Völkerrecht über lange Zeit geläufige Strafausschließungsgründe als unbeachtlich erweisen:

1) Art 27 Abs 1 des Statuts lautet vollständig: „This Statute shall apply equally to all persons without any distinction based on official capacity." Die offizielle Position des Angeklagten – sei es die Berufung auf die *immunité des chefs d'État* oder auf die *act-of-state-Doktrin*[216] – vermag die persönliche strafrechtliche Verantwortlichkeit weder auszuschließen noch zu mindern.

2) Während die Verantwortlichkeit der politischen Spitzen schon dem IMT und dem IMTFE geläufig war, kennen erst die beiden Ad-hoc-Tribunale (Art 7 Abs 3 ICTY und Art 6 Abs 3 ICTR) eine explizite Strafbarkeit der mittleren Chargen. Dies aufgreifend, macht Art 28 des Statuts militärische Befehlshaber (Abs 1) sowie sonstige, dh zivile Vorgesetzte (Abs 2) – über ihre selbstverständlich unabhängig davon bestehende Haftbarkeit für eigene Verbrechen hinaus – verantwortlich, wenn sie wussten (oder im Falle von Abs 1 hätten wissen müssen), dass die ihnen unterstellten Truppen oder Untergebenen Verbrechen begingen, und sie es unterlassen haben, die nötigen Maßnahmen zur Verhinderung, Unterbindung oder Verfolgung dieser Verbrechen zu setzen.

3) Schließlich widmet sich das Statut noch der Frage der Berufung von unteren Ebenen der Hierarchie auf Befehle Vorgesetzter („superior orders") bzw auf gesetzliche Vorschriften („prescription of law"). Dies lässt Art 33 unter sehr eingeschränkten Voraussetzungen als Strafausschließungsgrund zu, wenn kumulativ a) eine gesetzliche Gehorsamspflicht gegeben ist, b) der Täter nicht weiß, dass der Befehl rechtswidrig ist, und c) der Befehl nicht offensichtlich rechtswidrig ist, was bei der Anordnung von Völkermord oder Verbrechen gegen die Menschlichkeit unwiderleglich vermutet wird.

### 2.2.3 Die Strafe: Sanktion des Verbrechens

Gemäß Art 77 Abs 1 kann der Gerichtshof gegen eine eines der Verbrechen des Art 5 schuldig gesprochene Person eine Haftstrafe von bis zu 30 Jahren oder, wenn dies durch die außergewöhnliche Schwere des Verbrechens und die persönlichen Verhältnisse des Verurteilten gerechtfertigt ist, auch eine lebenslange Freiheitsstrafe[217] verhängen; die noch in Nürnberg und Tokyo verhängte und voll-

---

[216] Cf oben p 35.

[217] Die Vollstreckung der Freiheitsstrafe erfolgt nach Art 103 in einem der Staaten, die sich dem Gerichtshof gegenüber dazu bereit erklärt haben, ansonsten in den Niederlanden als Gast-

streckte und von manchen Staaten auch für den ICC geforderte Todesstrafe[218] ist wie bei den Ad-hoc-Tribunalen in keinem Fall vorgesehen.

Neben der Freiheitsstrafe kann der Gerichtshof nach Art 77 Abs 2 lit a auch auf eine Geldstrafe erkennen sowie nach lit b aussprechen, dass Erlöse oder Vermögensgegenstände, die unmittelbar oder mittelbar aus dem gegenständlichen Verbrechen stammen, einzuziehen seien, gleichgültig ob diese im Eigentum von natürlichen oder juristischen Personen stehen. Auf diesem Wege sind – va in Hinblick auf eine Wiedergutmachung („reparation")[219] gegenüber den Opfern – auch Sanktionen gegen juristische Personen möglich, wobei es aber zu beachten gilt, dass das Statut im gleichen Atemzug ausdrücklich den Schutz der Rechte gutgläubiger Dritter einmahnt; die genaue Grenzlinie wird hier die Interpretation der Bestimmung durch den Gerichtshof zu ziehen haben.

### 2.2.4 Allgemeine Prinzipien des Strafrechts

Es wurde bereits angesprochen, dass der Status des Angeklagten als Subjekt des Verfahrens seinen Ausdruck in den ihm zustehenden Verfahrensrechten[220] findet; sie sollen es ihm ermöglichen, seinen Standpunkt in angemessener Weise zu vertreten und sich wirksam gegen die gegen ihn erhobenen Beschuldigungen zu verteidigen. In engem Zusammenhang damit stehen Schutzmechanismen und Verfahrensgarantien zu Gunsten des Angeklagten, die sich im Strafrecht herausgebildet haben und unter der Bezeichnung „Allgemeine Prinzipien des Strafrechts" – die Überschrift von Teil III des Statuts spricht von den *General principles of criminal law* – einem großen Teil der Strafrechtsordnungen der Welt zu Grunde liegen. Einige zentrale Prinzipien aus dieser nicht fest abgrenzbaren Gruppe[221] sollen im Folgenden hinsichtlich ihrer Ausgestaltung im Statut Erwähnung finden.

---

staat. Art 110 zufolge steht niemals dem Vollzugsstaat, sondern immer nur dem Gerichtshof die Entscheidung über eine etwaige Herabsetzung des Strafmaßes zu; eine vorzeitige Entlassung ist erst nach Verbüßung von zwei Dritteln der verhängten Strafe bzw im Falle einer lebenslänglichen Freiheitsstrafe frühestens nach 25 Jahren möglich.

218 Cf zum Diskussionsverlauf BOURDON, CPI, 220.

219 In einer weiteren der bemerkenswerten Dispositionen des Statuts zum Opferschutz ordnet Art 75 an, dass der Gerichtshof Umfang und Ausmaß des durch ein Verbrechen entstandenen Schadens feststellen und dafür Reparationsleistungen gegenüber den Opfern anordnen kann. Zu diesem Zweck können sowohl die nach lit a verhängten Geldstrafen wie auch die nach lit b beschlagnahmten Vermögensgegenstände herangezogen werden. Für die Opfer von Verbrechen und deren Angehörige wird nach Art 79 überdies ein eigener Treuhandfonds eingerichtet, der ebenfalls aus Maßnahmen nach lit a und b gespeist wird.

220 Cf dazu oben 2.1.4.2.

221 Dieser Charakter dürfte zB auch dem in Zusammenhang mit dem Komplementaritätsprinzip behandelten Verbot der Doppelbestrafung (*Ne bis in idem*) zukommen (cf p 72). In Hinblick darauf wird an dieser Stelle auf weitere diesbezügliche Erläuterungen verzichtet.

### 2.2.4.1 Legalitätsgrundsatz

Der strafrechtliche Legalitätsgrundsatz, der in Art 22 bis 24 des Statuts verankert worden ist, besagt in seinem Kern, dass ein Schuldspruch sowie die darauf aufbauende Sanktion nur nach einer schon vor Begehung der Tat bestehenden positiven Rechtslage erfolgen können.[222] Das Legalitätsprinzip im Sinne der Bindung aller staatlichen Vollziehung an Gesetze kann heute, sei es in stärkerer oder schwächerer Form verwirklicht, allgemein als eines der Grundelemente eines rechtsstaatlichen Systems verstanden werden. Die im Strafrecht hinsichtlich dieses Maßstabs noch erhöhten Anforderungen rechtfertigen sich zum einen aus der Gravität der Sanktion Strafe, zum anderen aus der hier besonders bedeutsamen Präventivfunktion, die aber nur zum Tragen kommen kann, wenn von vornherein klar erkennbar ist, welches Verhalten mit Strafe bedroht ist. In dieser Hinsicht will ODERSKY[223] am strafrechtlichen Legalitätsprinzip vier Aspekte in Form dreier Verbote und eines Gebotes, dem noch ein weiteres (sich aus den anderen ergebendes, aber dennoch eigene Erwähnung verdienendes) Gebot beigefügt werden kann, unterscheiden:

a) *Rückwirkungsverbot:* In mustergültiger Weise[224] kodifiziert das Statut in Art 24 Abs 1 das das Zentrum des Legalitätsgrundsatzes ausmachende Rückwirkungsverbot: „No person shall be criminally responsible under this Statute for conduct prior to the entry into force of the Statute."[225] Während das Prinzip hier allgemein formuliert ist, erfährt es in den zwei vorangehenden Artikeln[226] eine doppelte Präzisierung: Zum einen wird es in die beiden klassischen Regeln des ***nullum crimen sine lege (sc priori)*** und des ***nulla poena sine lege (sc priori)*** entfaltet – so auch die Überschriften zu den Art 22f –, zum anderen wird hin-

---

[222] Cf dazu und zum Folgenden FUCHS, Strafrecht, 34-39. Es war der Jurist und Philosoph PAUL JOHANN ANSELM RITTER VON FEUERBACH, der in seinem 1801 herausgegebenen „Lehrbuch des gemeinen in Deutschland gültigen peinlichen Rechts" dem strafrechtlichen Legalitätsprinzip als erster unter der lateinischen Formel ***nulla poena sine lege*** explizit Ausdruck verliehen hat (cf dazu und zur ganzen Geschichte dieses Grundsatzes RIEDEL-SPANGENBERGER, Nulla poena sine lege, 10ff).

[223] Cf ODERSKY, Die Rolle des Strafrechts, 71f.

[224] Das Fehlen von analogen Bestimmungen war einer der zentralen Kritikpunkte an den Statuten von IMT und IMTFE; cf dazu oben 1.2.4.

[225] Cf in diesem Zusammenhang auch den bei der Untersuchung der Zuständigkeit ***ratione temporis*** des Gerichtshofes (2.1.2.3) zitierten, ganz ähnlich konstruierten Art 11 Abs 1: „The Court has jurisdiction only with respect to crimes committed after the entry into force of this Statute".

[226] So normieren Art 22 Abs 1 und Art 23 des Statuts: „A person shall not be ***criminally responsible*** under this Statute unless the conduct in question constitutes, at the time it takes place, a crime within the jurisdiction of the Court … A person convicted by the Court may be ***punished*** only in accordance with this Statute." (Hervorhebungen vom Verfasser).

sichtlich der Bedeutsamkeit des Legalitätsgrundsatzes in zeitlicher Hinsicht der Blick über den absoluten Zeitpunkt des Inkrafttretens des Statuts hinaus auf mögliche später relevante Zeitpunkte geweitet.[227]

b) *Ausschluss von Gewohnheitsrecht:* Das Verbot der Anwendung von Strafrechtsnormen, die sich gewohnheitsrechtlich entwickelt haben, hat im Statut keinen ausdrücklichen Niederschlag gefunden, ergibt sich aber als Umkehrschluss aus der Regelung, dass eine Strafbarkeit nur bezüglich von Verbrechen „within the jurisdiction of the Court" (Art 22 Abs 1) entstehen könne; diese sind in Art 5 abschließend aufgezählt. Diese „Versteinerung" der Rechtslage für die Zwecke der Strafrechtspflege wirkt aber nach der ausdrücklichen Anordnung des Art 22 Abs 3 nicht in die andere Richtung: Außerhalb und unabhängig vom Statut des Gerichtshofes können Akte – auch unter Berücksichtigung gewohnheitsrechtlicher Entwicklungen – als völkerrechtliches Unrecht qualifiziert werden.[228]

c) *Analogieverbot:* Im Sinne des oben angesprochenen besonderen Gewichts der Rechtssicherheit im Strafrecht verbietet Art 22 Abs 2 S 1 im Sinne der Regel *nullum crimen sine lege stricta* jede Form der extensiven Interpretation oder gar der Analogie („The definition of a crime shall be strictly construed and shall not be extended by analogy").

d) *Bestimmtheitsgebot:* Das Gebot der Bestimmtheit hängt eng mit den drei aufgeführten Verboten zusammen, indem es anordnet, dass sowohl Verbrechensdefinition wie auch die angedrohten Strafen in klarer, für die Rechtsunterworfenen nachvollziehbarer und kalkulierbarer Weise formuliert zu sein haben und in ihrer Anwendung eine restriktive Auslegung erfahren sollen.

e) *Günstigkeitsgebot:* Dieses ist, wie bereits gesagt, von ODERSKY nicht als eigener Punkt aufgeführt worden, ergibt es sich doch gleichsam als Reflex aus den

---

227 Mit der Rede von „prior to the entry into force of the Statute" berücksichtigt Art 24 (ebenso wie Art 11 Abs 1; cf soeben FN 225) als Bezugspunkt für das Rückwirkungsverbot nur den Termin des Wirksamwerdens des Statuts. Wenn die Art 22f sich dagegen der Begrifflichkeit „within the jurisdiction of the Court" oder „in accordance with this Statute" bedienen, sind damit auch alle späteren Änderungen des Statuts angesprochen, die jeweils relativ zu *ihrem* Inkrafttreten nicht zurückwirken dürfen.

228 Die hier aufgezählten Bedingungen – darunter auch der gegenständliche Ausschluss von Gewohnheitsrecht – sind in erster Linie im Blick auf nationale Strafrechtsordnungen formuliert. In der Tat ist es so, dass aufgrund der besonderen Strukturiertheit des Völkerrechts gewohnheitsrechtliche Normen auch im Völker*straf*recht erhebliche Bedeutung besitzen. Damit sieht man sich aber gleichzeitig mit all den Problemen konfrontiert, die nicht-positives Recht in Spannung zum Legalitätsgrundsatz zeitigt und die insbesondere in Hinblick auf das hier wiederum zu bemühende Beispiel von IMT und IMTFE (cf oben 1.2.4) zu herber, unter bestimmten Rücksichten wohl auch nicht unberechtigter Kritik geführt haben. Mit gutem Grund haben die Verfasser des ICC-Statuts für einen taxativen positivrechtlichen Kompetenzkatalog optiert.

anderen Prinzipien. Dennoch scheint es im Rahmen dieser Aufstellung hilfreich – gerade auch in Hinblick auf seine Brückenfunktion zum weiter unten behandelten Prinzip *in dubio pro reo* –, gesondert darauf hinzuweisen: Alle in den genannten Verboten zum Ausdruck kommenden Beschränkungen gelten nur *zu Lasten* des Angeklagten; *zu seinen Gunsten* sind sowohl die Rückwirkung neuer Strafnormen (Art 24 Abs 2: „In the event of a change in the law applicable to a given case prior to a final judgement, the law more favourable to the person ... shall apply") als auch etwa der Analogieschluss möglich, ja uU sogar geboten. In diese Richtung geht auch Art 22 Abs 2 S 2, demzufolge im Falle von Unklarheiten bei der Interpretation stets zu Gunsten des Angeklagten auszulegen ist.

#### 2.2.4.2 Verfahren in Gegenwart des Angeklagten

Hinter der lapidaren Formulierung „The accused shall be present during the trial" (Art 63 Abs 1) verbirgt sich einmal mehr einer der zahlreichen Konflikte der kontinentalen und der angelsächsischen Rechtstradition.[229] Gegenüber jener, die unter gewissen Umständen auch Abwesenheitsurteile akzeptiert, lehnt das Common Law Verfahren *in absentia* strikt ab, welche Position auch die überwiegende Mehrheit der Staaten überzeugt hat.[230] Bei der in Abs 2 vorgesehenen und unter strengen Bedingungen stehenden Befugnis des Gerichtshofes, den das Verfahren störenden Angeklagten zeitweilig oder ganz aus dem Verhandlungssaal zu verweisen, handelt es sich nicht um ein Abwesenheitsverfahren im hier zugrundeliegenden Sinne; überdies ist dem Angeklagten in diesem Falle die Möglichkeit zu gewähren, von außerhalb über entsprechende technische Einrichtungen dem Verfahren zu folgen und Anweisungen an seinen Rechtsbeistand zu geben.

#### 2.2.4.3 Öffentlichkeit des Verfahrens

Nach Art 64 Abs 7 gilt der Grundsatz der Öffentlichkeit des Verfahrens: „The trial shall be held in public." Gleichzeitig wird aber normiert, dass der Gerichtshof angesichts von „special circumstances" die Verhandlung hinter geschlossenen Türen anordnen könne. Als zureichende Gründe für die Verfügung eines *huis clos* nennt Art 64 selbst (in Zusammenhang mit Art 68 Abs 6 und Art 72)

---

229 Cf BOURDON, CPI, 187f. Zur Spannung der beiden Rechtskreise cf schon oben 2.1.4.1.

230 Die beiden einzigen Beschränkungen dieses Prinzips sind in Art 76 Abs 4 und Art 83 Abs 5 zu sehen, die eine Verkündung des Strafausmaßes (nicht des Urteils) im Hauptverfahren sowie die Verkündung des Urteils im Berufungsverfahren in Abwesenheit des Angeklagten erlauben.

den Schutz vertraulicher oder sensibler Informationen im Interesse der nationalen Sicherheit und verweist ansonsten auf Art 68 Abs 2, wo es um die Interessen von Opfern oder Zeugen geht, bes in Hinblick auf den Schutz von Opfern sexueller Gewalt oder von Kindern.

#### 2.2.4.4 Unschuldsvermutung

In Art 66 Abs 1 hat das Prinzip der Unschuldsvermutung, auch mit der lateinischen Formel *in dubio pro reo* ausgedrückt, seine Regelung gefunden: „Everyone shall be presumed innocent until proved guilty before the Court in accordance with the applicable law.“ In konsequenter Weiterführung dieses Grundsatzes wird dem Ankläger in Abs 2 die volle Beweislast überwälzt; eine Verurteilung durch den Gerichtshof darf erst erfolgen, wenn dieser von der Schuld des Angeklagten über jeden vernünftigen Zweifel hinaus überzeugt ist (Abs 3).

#### 2.2.4.5 Verschlechterungsverbot

Ebenso in den Zusammenhang der für den Angeklagten etablierten Schutzmechanismen gehört das Verschlechterungsverbot oder das Verbot der *reformatio in peius*. Wenn der Angeklagte Urteil oder Strafe für ungerechtfertigt hält, soll er ohne Angst vor einer Verschlimmerung der Situation *durch eigenes Handeln* dagegen Berufung erheben können: „When the decision or sentence has been appealed only by the person convicted, or the Prosecutor on that person's behalf, it cannot be amended to his or her detriment“ (Art 83 Abs 2 lS).[231]

### 2.3 *INTERNATIONALER* STRAFGERICHTSHOF

Nachdem wir in den bisherigen Überlegungen die Konturen des ICC va in seiner Eigenschaft als „Strafgerichtshof“ nachzuzeichnen versucht haben, gilt es nun zu untersuchen, unter welchen Rücksichten diesem „Internationalität“ zukommt, was es genauer mit diesem seinem zwischen- bzw überstaatlichen Charakter auf sich hat. Damit ist ein schillernder, sehr vielschichtiger Begriff ins Treffen

---

[231] Gleichzeitig wird hier wiederum der zentrale Gedanke des Anklageprozesses aufgenommen (cf oben 2.1.3.1): Da dessen Prinzipien zufolge der Entscheidungsspielraum der Richter durch die Anträge des Anklägers *beschränkt* sein soll, ergibt sich in konsequenter Wieterführung dieser Überlegungen in das Berufungsverfahren hinein zwanglos, dass angesichts einer Inaktivität des Anklägers oder aber *a fortiori* bei seinem Aktivwerden zu Gunsten des Angeklagten eine Verschärfung des Urteils durch die Berufungsinstanz nicht zulässig erscheint.

geführt; zugleich ein Begriff, der sich in aller Munde findet und sich dessen ungeachtet stets steigender Verwendungsfrequenz zu erfreuen scheint.

Einmal ganz grundsätzlich betrachtet, haben wir es von der Wortbedeutung her mit *Internationalität* jedes Mal dann zu tun, wenn ein Phänomen inter-nationale, dh zwischen-staatliche Bezüge aufweist, wenn es in seiner Dimension den einzelnen Staat übersteigt. In weitest möglichem Sinne können wir damit jeden Sachverhalt als international ansprechen, der in irgendeiner Hinsicht eine Überschreitung der nationalen Grenzen realisiert; eine solche „Transzendenz" kommt, auf unseren Zusammenhang angewendet, schon ins Spiel, wenn etwa Tatort, Staatsangehörigkeit von Tätern und Opfern, der Ort der Detention des Täters, die entscheidende Instanz oder das von ihr anzuwendende Recht etc nicht ein und demselben Staat zuordenbar sind.

Die verschiedenen Rücksichten, unter denen von einem internationalen, dh die Staatengrenzen überschreitenden Sachverhalt gesprochen werden kann, müssen aber sorgfältig unterschieden werden. In Hinblick darauf, dass wir, uns aufs internationale Parkett begebend, den nationalen Kontext hinter uns lassen, in dem gerade das Strafrecht uns so vertraut ist, gilt es verschiedene Begrifflichkeiten zu präzisieren und zu differenzieren, um drohenden Missverständnissen vorzubeugen und zur Klärung beitragen zu können, worin der internationale Charakter des ICC näherhin bestehen mag. Dabei wird sich zeigen, dass nicht alles, was international „glänzt", auch wirklich, dh in einem engeren, bestimmteren Sinne von dieser Provenienz ist.

### 2.3.1 Internationalität das materiellen Rechts

Es war der Bereich des materiellen Rechts, wo der Prozess der Internationalisierung des Strafrechts seinen Anfang genommen hat.[232] Bis Ende des 19. Jahrhunderts waren zumindest Piraterie und Sklaverei als internationale Verbrechen geächtet[233], weitere ambitionierte Schritte folgten mit den den Haager Konferenzen von 1899 und 1907 entspringenden Abkommen betreffend die Gesetze und Gebräuche des Landkrieges[234], wo zahlreiche von den Belligerenten gepflogene Praktiken als „internationale Delikte" unter Verbot und Strafe gestellt wurden.

Wenn damit und im Folgenden noch häufig von „internationalen Delikten" die Rede ist, so sind diesem Ausdruck zumindest zwei Aspekte immanent: Einmal ist damit einfach gesagt, dass die betreffenden Delikte ihre Rechtsgrundlage im

---

232 Zur historischen Entwicklung des Völkerstrafrechts cf die sehr informativen Ausführungen in BECKER, Verbrechen gegen die Menschlichkeit, 12-44.

233 Cf BASSIOUNI, Crimes Against Humanity, 193ff.

234 Cf schon oben p 23.

Völkerrecht finden – sei es, wie anfangs zumeist, im Gewohnheits-, sei es im Vertragsrecht. Darüber hinaus schwingt aber in dieser Formulierung auch mit, und dieser Punkt steht mit dem ersten in Zusammenhang, dass die besagten Verbrechen von ihrem Gewicht her internationalen Charakter haben, dass sie für die Staatengemeinschaft von Relevanz sind. Genau diesen Aspekt hört das Statut an verschiedenen Stellen (Pr IV und IX, Art 1 und 5 Abs 1) mit der Erstreckung der Zuständigkeit des Gerichtshofes auf „the most serious crimes of concern to the international community as a whole" nicht auf zu unterstreichen.[235]

Im Rahmen dieser Bestimmung umfasst die Zuständigkeit des Gerichtshofes in materieller Hinsicht vier der bedeutsamsten internationalen Verbrechen: a) Verbrechen des Völkermordes, b) Verbrechen gegen die Menschlichkeit, c) Kriegsverbrechen, d) Verbrechen der Aggression. Für diesen Kompetenzkatalog konnte von den verhandelnden Staaten im Verhältnis zu anderen Dispositionen des Statuts verhältnismäßig schnell ein Konsens erreicht werden[236]: Zum einen wurden Vorschläge einzelner Staaten bezüglich einer Aufnahme der Verbrechen des Terrorismus oder des Menschen-, Drogen- oder auch Waffenhandels in das Statut relativ einhellig abgelehnt;[237] zum anderen hat sich die völkerrechtliche Strafwürdigkeit der durch die vier ausgewählten Delikte geächteten Handlungen im Laufe des 20. Jahrhunderts, trotz und gerade wegen der Häufigkeit und der Dimension ihrer Begehung, nachhaltigst im Bewusstsein der Staatengemeinschaft verankert. In diesem Sinne wollen wir diese vier Menschheitsverbrechen, die Bibliotheken füllende Literatur außer Acht lassend, in der chronologischen Reihenfolge ihrer Etablierung im Völkerrecht einer kurzen Betrachtung unterziehen.

#### 2.3.1.1 Kriegsverbrechen

In der Entwicklung des Völkerstrafrechts gingen die ersten Bemühungen dahin, Regeln für die Kriegsführung, dh für ein *ius in bello* zu entwickeln. Der erste

---

[235] In diesem Zusammenhang sei noch einmal auf die Ausführungen über die Zuständigkeit des ICC *ratione materiae* zurückverwiesen (cf 2.1.2.3 4.). Spiegelbildlich zu der auf „the most serious crimes" gründenden sachlichen Zuständigkeit etabliert Art 17 Abs 1 lit d – gleichsam als Folge eines *argumentum e contrario* – eine Art *Gravitätsschwelle* (cf schon FN 176): Die Behandlung eines (an sich die Zuständigkeit des Gerichtshofes konstituierenden und auch ansonsten zulässigen) Falles ist dennoch unzulässig, falls „the case is not of sufficient gravity to justify further action by the Court". Zur Bedeutung dieser Norm wie insgesamt zur Konzeption des „internationalen Delikts" cf ausführlicher unten 3.4.1.1 sowie 3.4.1.2.

[236] Cf BOURDON, CPI, 36ff.

[237] Es braucht nicht eigens darauf hingewiesen zu werden, dass – angesichts der Ereignisse am und im Zuge des 11. September 2001 – die Diskussion um eine eventuelle Aufnahme des Delikts des „internationalen Terrorismus" in den Kompetenzkatalog weit engagierter und wohl auch kontroverser geführt worden wäre. Cf dazu auch noch unten FN 523.

wichtige Schritt in Form der von 1899 und 1907 datierenden Haager Landkriegsordnungen wurde eben erwähnt: Der von ihnen abgesteckte Rahmen diente als Grundlage für die im JACKSON-Bericht[238] vorgeschlagene und von Art 6 lit b IMT-Statut weitgehend aufgenommene Begriffsbestimmung der „violations of the laws or customs of war". Eine umfassende Kodifikation fanden die Kriegsverbrechen dann auf dem Hintergrund der Gräuel des Zweiten Weltkrieges in den vier Genfer Konventionen von 1949[239], ergänzt durch die beiden Zusatzprotokolle von 1977, welche dann in die Kriegsverbrechenstatbestände der Art 2f IMTY und Art 4 IMTR eingingen.

Das Statut des Internationalen Strafgerichtshofes regelt die Kriegsverbrechen in Art 8 und unterscheidet auf dem Hintergrund der beiden genannten Rechtsschichten zwischen „grave breaches of the Geneva Conventions" (lit a) und „other serious violations of the laws and customs applicable in international armed conflict" (lit b); unter diesen beiden Punkten werden in einem sehr umfassenden Katalog nicht weniger als 34 Akte als potenzielle Kriegsverbrechen unter Strafe gestellt. Allerdings darf nicht übersehen werden, dass das gegenständliche Delikt von seinem Wesen her – und dies ist kein Detail am Rande – auf den *Krieg* ausgerichtet ist. Je mehr im Laufe der Zeit die Deliktsdefinition den Bedürfnissen der sich wandelnden Kriegstypen und Methoden der Kriegsführung entsprechend ausgedehnt wurde, desto manifester wurden die dem Konzept der „Kriegsverbrechen" immanenten Schranken. Ohne detaillierter darauf eingehen zu können[240], soll diese Problematik kurz an einigen Punkten illustriert werden:

Einmal ist jeweils das Bestehen eines wenn auch nicht formell erklärten, so doch materiell bestehenden Kriegszustandes zu prüfen; der gleichlautende Art 2 aller Genfer Konventionen spricht hier von der Notwendigkeit eines „bewaffneten Konflikts". Das bedeutet, dass a) zeitlich gesehen vor oder nach der Verwirklichung dieser Bedingung bzw b) unterhalb eines gewissen (quantitativen und qualitativen) Schwellenwerts von Gewalthandlungen[241] eine Verurteilung eines Aktes als

---

238 Cf JACKSON, Report 1945, III,5 lit a (dazu schon oben FN 31).

239 Cf dazu FN 72.

240 Cf etwa NEUHOLD/HUMMER/SCHREUER, Handbuch des Völkerrechts, Bd 1, Rz 2877ff sowie BOURDON, CPI, 64-70.

241 Besonders in dieser Frage hat es in Rom heftige Diskussionen gegeben. Erst mit dem Einschub, dass der Gerichtshof für Kriegsverbrechen „in particular when committed as part of a plan or policy or as part of a large-scale commission of such crimes" (Art 8 Abs 1) zuständig sein solle, konnte eine zustimmungsfähige Kompromissformel gefunden werden. Im Prinzip bleibt der ICC somit für alle, auch isolierte „war crimes" zuständig, er hat aber einen Schwellenwert zu respektieren: Bei einem isolierten Delikt streitet die Vermutung für die Straflosigkeit unter diesem Tatbestand; eine eventuelle Verurteilung müsste auf einer speziellen Begründung im Sinne des genannten Zusatzes aufruhen. Aber auch dieser Kompromiss hatte seinen Preis: Für die Aufrechterhaltung der zumindest grundsätzlichen Zuständigkeit musste die (sogleich zu behandelnde) Opting-out-Klausel des Art 124 in Kauf genommen werden.

Kriegsverbrechen nicht möglich ist. Zu beachten ist auch, dass die Ausrichtung auf den Krieg c) dazu führt, dass unter den Anwendungsbereich des Art 8 nur „persons or property protected under the provisions of the relevant Geneva Convention“ fallen: Die Schutzwirkung kommt damit idR nur (militärischen und zivilen) Angehörigen der jeweils anderen Konfliktpartei zu; Verletzungen auf eigener Seite können in diesem Zusammenhang nicht geltend gemacht werden.

Weiters ist d) zu unterstreichen, dass die klassische Kriegskonzeption nur bewaffnete Konflikte zwischen Staaten, dh *internationale* Konflikte kennt.[242] In sehr rudimentärer Form weitet schon der allen Genfer Konventionen gemeinsame Art 3 (sowie dann va das 2. Zusatzprotokoll)[243] den Blick auch auf *interne* Konflikte. Dementsprechend trifft Art 8 Abs 2 lit c und e ausdrücklich Vorkehrungen für Verletzungen der Genfer Konventionen und der Kriegsgesetze und -gebräuche im Rahmen von „armed conflicts not of an international character“. Hier besteht aber evidentermaßen keine Gleichberechtigung zu den internationalen Konflikten: Zum einen sind hier nur noch 16 Akte (von vorher 34) unter Strafe gestellt, zum anderen sind unter diese Bestimmung nach der ausdrücklichen Anordnung von lit d und f nur lang anhaltende bewaffnete Konflikte zwischen staatlichen Kräften und organisierten bewaffneten Gruppen oder Konflikte unter solchen Gruppen subsumierbar, nicht aber innere Unruhen und Spannungen oder sonstige vereinzelt auftretende Gewalttaten. Dieser Restriktion des Anwendungsbereiches gesellt sich noch eine weitere, besonders von China geforderte Einschränkung in Gestalt des Art 8 Abs 3 zu: „Nothing in paragraph 2 (c) and (e) shall affect the responsibility of a Government to maintain or re-establish law and order in the State or to defend the unity and territorial integrity of the State, by all legitimate means."

Damit noch nicht genug: Obwohl Art 8 schon manche Spitze genommen war, reklamierte Frankreich am letzten Tag der Römer Konferenz für seine Zustimmung zur Formulierung des Tatbestands der Kriegsverbrechen die *Opting-out-Klausel* des Art 124[244] ins Statut, demzufolge ein Vertragsstaat erklären kann, für einen Zeitraum von sieben Jahren ab dessen Inkrafttreten (dh bis zur Revisionskonferenz) die Zuständigkeit des Gerichtshofes für Kriegsverbrechen, die auf dem

---

242 Zu in diesem Zusammenhang auftauchenden Abgrenzungsproblemen cf schon FN 110 f.

243 Dem Faktum, dass man sich im Falle Ruandas nach den anzulegenden Maßstäben fast ausschließlich mit einem „internen Konflikt“ konfrontiert sah, wurde dadurch Rechnung getragen, dass man Art 4 ICTR überhaupt gleich in Hinblick auf diese speziellen Erfordernisse konzipierte und diesen dann – in nicht gerade sehr eleganter, aber von der Sache her gebotener Weise – mit „Violations to Article 3 common to the Geneva Conventions and of Additional Protocol II“ überschrieb.

244 Cf BOURDON, CPI, 296-300. Im Zuge seiner Ratifikation des Statuts hat Frankreich am 1. April 2000 als bis dahin einziges Land erklärt, von der durch Art 124 eingeräumten Möglichkeit Gebrauch zu machen.

Territorium oder von einem Staatsbürger des betreffenden Staates begangen werden[245], nicht anzuerkennen.

### 2.3.1.2 Aggression

Auf dem Hintergrund der Erfahrungen des Ersten Weltkrieges war auch das im 19. Jahrhundert im Prinzip anerkannte *ius ad bellum*[246] fragwürdig geworden. Nach Art 227 des Versailler Vertrages sollte sich WILHELM II. für die Urheberschaft am Krieg vor einem besonderen Gericht verantworten müssen; wenn es dazu auch niemals kommen sollte, so war damit doch manifest geworden, dass es kein in der Diskretion der Staaten oder Staatschefs stehendes Recht zur Durchführung eines Angriffskrieges geben könne. Der BRIAND-KELLOGG-Pakt von 1928, dem in der Folge 63 Staaten beitraten, schloss den Krieg als Mittel staatlicher Politik dann generell aus. Auf diese völkerrechtliche Ächtung der Aggression konnten die Alliierten dann rekurrieren, als sie nach Ende des Zweiten Weltkrieges dieses Verbrechen unter der Bezeichnung „Crimes against peace" an den Anfang des Deliktskataloges in Art 6 IMT-Statut setzten.

Die vom Kalten Krieg verursachten Schwierigkeiten, sich auf eine verbindliche Definition des Delikts zu verständigen, wurden schon angesprochen.[247] Sie waren es ja auch, die 1954 zu einer Vertagung des ganzen Projekts eines Internationalen Strafgerichtshofes bis zur Einigung auf einen angemessenen Begriff von Aggression führten. Ein Teilerfolg konnte 1974 mit Res 3314 der Generalversammlung verbucht werden, die eine (wenn auch rechtlich nicht bindende) Definition des politischsten aller völkerrechtlichen Verbrechen mit sich brachte. Da eine obligatorische Festlegung des Bedeutungsgehaltes bis auf den heutigen Tag ausständig ist, die Staatengemeinschaft die Strafbarkeit der Aggression als „most serious and dangerous form of the illegal use of force" (Res 3314) aber unterstrichen wissen wollte, entschloss man sich zur Kompromisslösung, die Zuständigkeit des ICC in Art 5 Abs 1 lit d im Grundsatz zu bejahen, sie aber in Abs 2 im selben Atemzuge wieder zu suspendieren, bis über eine geeignete Definition Übereinstimmung erzielt worden ist.[248]

---

245 Zur alternativen Formulierung der Ausnahme cf schon FN 172.

246 Cf dazu schon oben p 24.

247 Cf diesbezüglich oben p 43.

248 Cf in diesem Zusammenhang BOURDON, CPI, 37f sowie BASSIOUNI, The Statute, 14 und 33. Die Schlussakte der Römer Konferenz (Res F, 7) beauftragt die Preparatory Commission, Vorschläge für eine Definition der Aggression zu erarbeiten und sie in der Folge der Versammlung der Vertragsstaaten zur Prüfung vorzulegen.

### 2.3.1.3 Verbrechen gegen die Menschlichkeit

Die „Verbrechen gegen die Menschlichkeit“[249] sind – abgesehen vom ephemeren Hinweis der Petersburger Deklaration von 1868, dass der Gebrauch gewisser Geschosse den „laws of humanity“ entgegenstehe, und dem Aufgreifen dieser Formel in den Präambeln der Haager Landkriegsordnungen[250] – eine genuine und gleichzeitig isolierte Schöpfung des Nürnberger Statuts; denn seit damals haben sie in keiner völkerrechtlichen Konvention eine Definition erfahren, die die Zustimmung der Mehrheit der Staaten gefunden hätte.[251]

Art 6 lit c der IMT Charter, wo die „Crimes against humanity“ ihre rechtliche Ausfaltung erfahren, speist sich wiederum direkt aus der Erfahrung der Verbrechen des Zweiten Weltkriegs oder genauer: des Naziregimes. Denn die Delikte, die das Konzept der Verbrechen gegen die Menschlichkeit vor Augen hatte, konnten gerade nicht als „Kriegsverbrechen“ qualifiziert werden, da sie etwa noch vor Kriegsausbruch begangen oder überhaupt an eigenen Staatsbürgern oder sonstigen Zivilbevölkerungen verübt worden waren, die nicht dem Schutz des Kriegsrechtes, also des schon vorgestellten *ius in bello* unterstanden. Dem sollte der neue Verbrechenstypus Abhilfe schaffen, indem er in sehr umfassender Weise Verbrechen „a) against any civilian population, b) before or during the war ... c) wheter or not in violation of the domestic law of the country where perpetrated“ für strafbar erklärte.

In Art 7 des Statuts des ICC fanden die Verbrechen gegen die Menschlichkeit dann eine eigenständige Definition, die in Art 5 ICTY und ICTR in weniger ausgefeilter Form, aber schon dem Kern nach vorweggenommen ist: Der Tatbestand des Deliktes ist verwirklicht, wenn auf der objektiven Tatseite einer der in lit a bis k genannten Akte[252] „as a part of a widespread or systematic attack directed against

---

249 Cf dazu ausführlich die Arbeit von BECKER, Der Tatbestand des Verbrechens gegen die Menschlichkeit sowie BOURDON, CPI, 44-58.

250 Zu dieser sog *Martensschen Klausel* cf NEUHOLD/HUMMER/SCHREUER, Handbuch des Völkerrechts, Bd 1, Rz 549. Auf diesem Wege hat die *humanity* auch Eingang in die Grundsatzbestimmungen der Genfer Konventionen gefunden.

251 So singulär der Auftritt der „Verbrechen gegen die Menschlichkeit“ sein mag, so dünn der juristische Boden, auf dem man sich in diesem Kontext bewegt – wichtige rechtliche Klärungen bringen in zunehmendem Maße die Judikatur der Ad-hoc-Tribunale, aber auch die Rechtsprechung nationaler Instanzen –, so zentral und gewichtig ist schon jetzt ihre symbolische Rolle. Dem Konzept der *crimes against humanity* wohnt eine bemerkenswerte Dynamik, ja Sprengkraft inne, die es im Folgenden noch näher zu untersuchen gilt (cf dazu noch unten 3.4.1.3).

252 Der Katalog beinhaltet beispielsweise vorsätzliche Tötung, Versklavung, Freiheitsentzug, Folter, zwangsweises Verschwindenlassen, Apartheid etc; des weiteren ist in lit k eine Generalklausel vorgesehen, die alle Akte ähnlicher Art umfasst, die vorsätzlich große Leiden oder eine schwere Beeinträchtigung der körperlichen Unversehrtheit oder der geistigen oder kör-

any civilian population"[253] begangen wird und der Täter auf der subjektiven Tatseite um das Vorliegen dieser Voraussetzungen gewusst hat. Damit ist die Begehung solcher Verbrechen gänzlich unabhängig vom Bestehen eines internationalen oder internen bewaffneten Konfliktes, also auch in Zeiten des „Friedens" möglich; der Anwendungsbereich erstreckt sich auf jede zivile Bevölkerung, womit einem Volk zB auch Schutz gegen die eigene Regierung gewährt ist.

### 2.3.1.4 Völkermord

Das „jüngste" Verbrechen innerhalb der materiellen Zuständigkeit des ICC ist das Verbrechen des Völkermordes. In Gegensatz zur Aggression ist in diesem Fall unmittelbar nach dem Zweiten Weltkrieg eine Kodifikation in Form der von 1948 datierenden *Völkermordkonvention* gelungen, die Anerkennung bei fast allen Staaten der Erde gefunden hat;[254] wir erinnern uns, dass dies auch der einzige völkerrechtliche Vertrag nach 1945 war, der nicht auf einen Mechanismus der universellen Kompetenz[255] Rückgriff genommen, sondern die Möglichkeit einer echten internationalen Gerichtsbarkeit vor Augen gehabt hat. Art 6 des Statuts – wie im Übrigen auch Art 4 ICTY und Art 2 ICTR – übernimmt Art 2 dieser Konvention Wort für Wort, wenn er Völkermord als die Begehung eines der in lit a bis e genannten Akte[256] (objektive Tatseite) „with intent to destroy, in whole or in part, a national, ethnical, racial or religious group, as such" (subjektive Tatseite) definiert.

---

perlichen Gesundheit verursachen. Besondere Erwähnung verdient lit f, der verschiedene Formen sexueller Gewalt – ausdrückliche Erwähnung finden Vergewaltigung, sexuelle Sklaverei, Nötigung zur Prostitution, erzwungene Schwangerschaft, Zwangssterilisation – für strafbar erklärt; solche Akte können nach Art 8 Abs 2 lit b xxii) auch den Tatbestand eines Kriegsverbrechens erfüllen, was bes deshalb einen großen Fortschritt darstellt, weil das Nürnberger Statut oder die Genfer Konventionen sexuelle Gewalt als Mittel einer Kriegs- oder Unterdrückungspolitik noch nicht in den Blick genommen haben (cf BOURDON, CPI, 51ff und 68f).

253 Wiederum wurde angesichts dieser Formulierung, die in Abs 2 lit a eine nähere Bestimmung als „course of conduct involving the multiple commission of acts referred to in paragraph 1 against any civilian population, pursuant to or in furtherance of a State or organizational policy to commit such attack" erfährt, lange debattiert. Besonders umstritten war die Frage, ob die Elemente „widespread" (quantitativ großer Umfang) und „systematic" (methodischer Plan) kumulativ (Frankreich, Großbritannien, USA) oder alternativ vorliegen müssten, bis die Mehrheit endlich für Letzteres ausschlug.

254 Cf dazu oben p 42 sowie BOURDON, CPI, 41.

255 Cf sogleich unten 2.3.2.2.

256 Diese sind in taxativer Aufzählung a) Tötung, b) Verursachung von schwerem körperlichen oder seelischen Schaden an Mitgliedern der Gruppe, c) vorsätzliche Auferlegung von Lebensbedingungen, die die körperliche Zerstörung der Gruppe herbeizuführen geeignet sind, d) Verhängung von Maßnahmen der Geburtenverhinderung sowie e) gewaltsame Überführung von Kindern der Gruppe in eine andere Gruppe.

## 2.3.2 Internationalität des formellen Rechts

Die bloße Anwendung materiell internationaler Delikte sagt noch nichts darüber aus, welchen Charakters der Richterstuhl ist, der über dieselben abspricht. Es ist durchaus möglich und, wie zu zeigen sein wird, auch keineswegs unüblich, dass (national)staatliche Gerichte Normen des Völkerstrafrechts – sei es in unmittelbarer Anwendung als Völkerrecht, sei es mittelbar in Form der vorherigen Umsetzung derselben in die staatliche Rechtsordnung – zur Fallentscheidung heranziehen.[257] Auch auf Ebene des *formellen* Rechts (dh des Rechts von Einrichtung, Organisation und Verfahren) gilt es zwischen nationalem und internationalem Recht sauber zu unterscheiden.

Die geschichtliche Betrachtung hat gezeigt, dass der hier angesprochene Prozess *formeller* Internationalisierung später eingesetzt und sich schwerfälliger weiterbewegt hat als jener der *materiellen* Internationalisierung. Zu einer ganz ähnlichen Beurteilung gelangt auch THÜRER, wenn er sich die gegenwärtigen Veränderungen des Völkerrechts vor Augen führt; diesbezüglich dürfe nämlich „nicht übersehen werden, dass sich diese Entwicklung vor allem auf die materielle Seite der Völkerrechtsordnung bezieht: das Völkerrecht als Normativsystem dehnt sich aus ... Die Fortschritte im materiell-rechtlichen, normativen Bereich haben aber bisher noch keine Entsprechung institutioneller Natur gefunden."[258] Aufgrund dieses augenscheinlichen Ungleichgewichts, besser vielleicht noch: dieser *Ungleichzeitigkeit* kommt er zu folgendem Résumé: „Das moderne Völkerrecht, in dem normative Ansprüche und institutionelles Verwirklichungspotential noch immer so schlecht ausbalanciert sind, erscheint insofern als ein ‚hinkendes' Rechtssystem."[259]

Ein Grund für dies Phänomen eines *hinkenden Rechtssystems*[260] dürfte, wiederum auf unseren konkreten Zusammenhang bezogen, nicht zuletzt darin zu sehen sein, dass die Staaten in der Verständigung auf gemeinsam anzuwendende Delikte idR eine weniger schmerzhafte Beschneidung ihrer Souveränitätsrechte sehen als in der Einigung über einen ihnen gemeinsamen internationalen Entscheidungskörper. Diese Vorbehalte gegenüber aktuellen wie auch nur potenziellen Einschränkungen der Souveränität, zu deren Kernelementen das Strafrecht klassischerweise zählt, haben sich dahingehend ausgewirkt, dass die Staaten gerade im Bereich des formellen

---

257 So wurden etwa ADOLF EICHMANN in Israel oder KLAUS BARBIE in Frankreich wegen Verbrechen gegen die Menschlichkeit angeklagt. Die 1998 in Großbritannien erfolgte Inhaftierung des chilenischen Ex-Staatschefs AUGUSTO PINOCHET erfolgte aufgrund eines Haftbefehls des spanischen Richters BALTASAR GARZÓN, der diesen ia auf den Vorwurf des Völkermordes und des Terrorismus stützte (cf zum Fall *Pinochet* ausführlich THÜRER, Modernes Völkerrecht, 568-574).

258 THÜRER, Modernes Völkerrecht, 601.

259 Ibd, 602.

260 Zu diesem sprechenden Bild des *hinkenden Rechtssystems* cf noch unten 3.4.2.2 aE.

Rechts weitgehend für ihrer Substanz nach *nationale* Lösungen optiert haben (und diese oft auch nach wie vor favorisieren), die sich aber innerhalb der etablierten Nomenklatur durchwegs zumindest des Prädikats „*international*" erfreuen dürfen.

### 2.3.2.1 Internationales Strafrecht

Ein erstes Beispiel dafür ist das sog „Internationale Strafrecht", das mit dem hier bevorzugten Verständnis von „international", anders als man *prima vista* wohl vermuten möchte, nur wenig zu tun hat: Es regelt nämlich, auf welche grenzüberschreitenden Sachverhalte – und in diesem weitest möglichen Sinn[261] erschöpft sich seine Internationalität dann auch schon wieder – ein Staat sein nationales Strafrecht zur Anwendung bringt.[262] Damit gilt für dieses Normenkorpus: a) Von seinem Geltungsgrund her ist es nicht internationales, sondern *nationales*, innerstaatliches Recht. b) Sein Regelungsgegenstand ist nicht materielles, sondern *Zuständigkeitsrecht*.[263] [264] Auf diesem Hintergrund gilt es, das Internationale Strafrecht strikt und in doppelter Hinsicht vom *Völkerstrafrecht* als materiell internationalem Recht[265] zu unterscheiden.

---

[261] Cf dazu oben p 91.

[262] Cf FUCHS, Strafrecht, 47f sowie BECKER, Der Tatbestand des Verbrechens gegen die Menschlichkeit, 51.

[263] Im Bereich des Strafrechts wird idR nicht der im Internationalen Privatrecht geläufige Ausdruck *Kollisionsrecht* verwendet. Der Grund dafür liegt darin, dass im IPR normiert wird, welches der auf einen grenzüberschreitenden (privatrechtlichen) Sachverhalt anwendbaren Rechte vor dem zuständigen nationalen Gericht zum Zug kommen soll. Während es hier also um echte Kollisionsregeln zwischen verschiedenen zur Anwendung drängenden materiellen Rechten geht, führt das Internationale Strafrecht – gleichsam im Sinne einer „Einbahnstraße" – bei Bestehen eines (relevanten) Anknüpfungspunktes stets zum nationalen materiellen Recht bzw zu von der nationalen Rechtsordnung anerkanntem materiell internationalem Recht. Die Berufung eines fremden materiellen Strafrechts zur Anwendung vor den nationalen Gerichten ist einem Internationalen Strafrecht zwar in keiner Weise verwehrt, aber (zumindest soweit dem Verfasser bekannt ist) beispiellos; zur Applikation fremden Straf*prozess*rechts kann es allerdings im Rahmen des Rechtshilfeverfahrens kommen.

[264] Es lassen sich allerdings regelmäßig Beispiele finden, wo unter den entsprechenden Bezeichnungen nichtsdestotrotz materielles Recht verstanden wird. HÖFFE, Demokratie im Zeitalter der Globalisierung, 229 formuliert in diesem Sinne: „Die zwischengesellschaftlichen Beziehungen (Wirtschaft, Heiraten, Kultur ...) werden durch ein internationales Privatrecht ... geregelt." IDEM, Interkulturelles Strafrecht, 24f tendiert demgegenüber bezüglich des Internationalen Privatrechts wiederum eher zum Konzept des Kollisionsrechtes; ibd, 13 ist dann etwas kryptisch von jenem „Strafanwendungsrecht[s], das man missverständlich ‚Internationales Strafrecht' nennt", die Rede.

[265] Cf dazu auch FN 170.

## 2.3.2.2 Universalitätsprinzip

Die klassischen Anknüpfungspunkte im Bereich des Internationalen Strafrechts sind uns schon aus anderem Zusammenhang geläufig;[266] dazu gehören etwa das Territorialitätsprinzip oder das aktive bzw passive Personalitätsprinzip. Von eigener Art wiederum ist das sog *Universalitätsprinzip*, *Weltrechtsprinzip* oder Prinzip der *Weltstrafrechtspflege*[267]: Hinter dieser Bezeichnung, von der man sich ebenso wenig täuschen lassen soll wie von der vorhergehenden, verbirgt sich der Grundsatz, dass ein Staat die Zuständigkeit seiner nationalen Gerichte uU auch bei Fehlen aller klassischen Anknüpfungspunkte bejahen kann. Hat der Staat A zB einen Bürger von B in seinem Gewahrsam, so kann er ihn unter diesem Titel für an Bürgern des Staates C auf dem Territorium von D begangene *internationale* Delikte vor ein *nationales* Gericht von A stellen.

Eine solche Zuständigkeit auf Basis des Universalitätsprinzips verdankt sich meist einer Verpflichtung (teils auch einer bloßen Ermächtigung) durch einen völkerrechtlichen Vertrag, der die Normdurchsetzung auf diese Weise an die Nationalstaaten delegiert. GILBERT GUILLAUME spricht in diesem Zusammenhang treffend von einer „compétence universelle obligatoire, encore que subsidiaire"[268]. In Hinblick auf den Grundsatz des *aut dedere, aut iudicare* kommt dem Staat nämlich nur dann die Verpflichtung zur strafrechtlichen Verfolgung zu, wenn er sich ihrer nicht durch Auslieferung des Verdächtigen entledigt. In dieser obligatorisch-subsidiären Form hat das Weltrechtsprinzip Eingang in zahlreiche internationale Instrumente gefunden, wofür etwa die Genfer Konventionen[269] ein schönes Beispiel bieten.

Gleichzeitig darf nicht übersehen werden, dass auf dieser Grundlage sowohl dem nationalen Gesetzgeber (in der näheren Ausgestaltung des Universalitätsprinzips) wie aber va auch den nationalen Strafverfolgungsbehörden (in ihrem Engagement beim Aufgreifen des einen oder anderen Falles) ein weiter Ermessensspielraum gegeben ist: Die einen sehen darin das Instrument *par excellence*, mit Hilfe

---

266 Cf dazu schon oben FN 160.

267 Cf FUCHS, Strafrecht, 47 und NEUHOLD/HUMMER/SCHREUER, Handbuch des Völkerrechts, Bd 1, Rz 757. Zur komplexen Thematik des *principle of universality* cf weiterführend GUILLAUME, La compétence universelle sowie BOURDON, CPI, 312-327 und MERKEL, Lauter leidige Tröster, 338ff.

268 GUILLAUME, La compétence universelle, 33, aufgegriffen in BOURDON, CPI, 312f.

269 Die oben schon zitierte Bestimmung (cf FN 73), die „grave breaches" der Genfer Konventionen zum völkerrechtlichen Verbrechen erklärt, findet – wieder jeweils in wortgleicher Weise – folgende Fortsetzung: „Each High Contracting Party shall be under the obligation to search for persons alleged to have committed, or to have ordered to be committed, such grave breaches, and *shall bring such persons*, regardless of their nationality, *before its own courts. It may also, if it prefers*, and in accordance with the provisions of its own legislation, *hand such persons over for trial* to another High Contracting Party concerned." (Hervorhebungen vom Verfasser).

einer dezentralisierten Strafverfolgung die oftmals konstatierte Lähmung des Völkerrechts, die immer wieder angeprangerte „impunity" von Kapitalverbrechen zu überwinden. Andere verweisen auf die Gefahr eines missbräuchlichen Einsatzes des Weltrechtsprinzips und unterstreichen die Unzulänglichkeiten[270] dieser Form des Umgangs mit völkerrechtlich relevanten Verbrechen. Darüber wird freilich an anderer Stelle noch ausführlicher zu sprechen sein.[271]

### 2.3.2.3 Internationale Strafgerichtsbarkeit

Zur Sicherung und Durchsetzung des Normbestandes des Völkerstrafrechts standen der Staatengemeinschaft nach dem Zweiten Weltkrieg zwei grundsätzliche Möglichkeiten offen:[272] Der eine und praktisch bedeutsamere Weg bestand, wie sich gerade gezeigt hat, in der Option für das Universalitätsprinzip, das trotz des internationalen Charakters des Zuständigkeitsrechts stets zur Zuständigkeit einer nationalen Instanz führt. Die mit IMT und IMTFE aufgezeigte zweite Möglichkeit der Errichtung eigener internationaler Organe für den Zweck der internationalen Strafrechtspflege konnte sich im Folgenden, wie im historischen Teil zu zeigen versucht wurde, auf Grund des Kalten Krieges, aber auch insgesamt auf Grund der diesbezüglichen prinzipiellen Reserven der Staaten nicht durchsetzen. Bis zum beschriebenen Aktivwerden des Sicherheitsrates in den 90er Jahren blieb die noch unmittelbar unter dem Eindruck Nürnbergs stehende Völkermordkonvention von 1948 das einzige bedeutende Völkerrechtsdokument, das neben dem klassischen Territorialitätsprinzip die Möglichkeit der Anklage vor einem „international penal tribunal"[273] vorsah.

Auf diesem Hintergrund wird auch deutlich, was den Kern einer „internationalen Strafgerichtsbarkeit" in Abhebung von anderen in diesem Zusammenhang ins Werk gesetzten Strategien ausmacht: *Völkerstrafrecht soll vor einer im Völkerrecht*

---

270 Derartige Kritik wurde in jüngster Zeit bes in Zusammenhang mit zwei prominenten Fällen artikuliert: Zum einen ruhte die schon erwähnte Causa PINOCHET, zumindest zum Teil, einer Anwendung des Weltrechtsprinzips auf (cf zu diesem Aspekt THÜRER, Modernes Völkerrecht, 570). Vorwürfe bezüglich einer überzogenen Anwendung des Universalitätsprinzips gab es aber dann bes hinsichtlich der Anklage des israelischen Ministerpräsidenten ARIEL SHARON vor der *Cour d'Appel de Bruxelles*, die sich auf eine in Art 7 der *loi du 16 juin 1993 relative à la répression des violations graves du droit international* für die belgischen Strafgerichte normierte Universalzuständigkeit für die in Art 1 leg cit aufgeführten Delikte (Kriegsverbrechen, Völkermord, Verbrechen gegen die Menschlichkeit) stützen konnte. Mit Entscheidung vom 26. Juni 2002 (französischer Originaltext unter: http://www.sabra-shatila.be/documents/arrest020626.pdf) bejahte die erkennende Kammer zwar ihre Zuständigkeit, erklärte die Anklage aber aus anderen Gründen nichtsdestotrotz für unzulässig.

271 Zu den zahlreichen Facetten dieses Problemkomplexes noch näher unten 3.4.2.2.

272 Cf MERKEL, Lauter leidige Tröster, 338.

273 Cf oben 42.

*wurzelnden und völkerrechtlich ausgestalteten Gerichtsbarkeit verhandelt werden.*[274] Abgesehen von dem in Versailles in Aussicht gestellten und dem in der Völkermordkonvention ausgelobten Gericht, kommen in der geschichtlichen Wirklichkeit des 20. Jahrhunderts nur vier Einrichtungen zu diesem *Gleichlauf von international materiellem und formellem Recht*: Das gilt zum einen für das Nürnberger wie auch das Tokyoter Tribunal, deren beider Rechtsgrundlage im völkerrechtlichen Vertragsrecht[275] zu suchen ist, wie auch für die Ad-hoc-Tribunale für Ex-Jugoslawien und Ruanda, die auf ebenso als völkerrechtlichen Charakters zu qualifizierende Resolutionen des Sicherheitsrates der Vereinten Nationen zurückgehen.[276] Wir können sie unter dieser Rücksicht zu Recht als Beispiele *internationaler Strafgerichtsbarkeit* ansprechen und damit als echte Vorläufereinrichtungen des 1998 beschlossenen und 2002 ins (freilich juristische) Leben erwachsenen *Internationalen Strafgerichtshofes* apostrophieren. Von „Vorläufern" sind wir deshalb zu sprechen berechtigt, weil im ICC in vielfältiger Weise Entwicklungsstränge zusammenlaufen und zahlreiche Elemente, die bis dahin nur bruchstückhaft und vorläufig realisiert waren, – wiewohl weiterhin in oft beschränkter Weise – zu beachtlicher Tragweite und Dimension finden und damit zu einer neuen Qualität führen.

## 2.3.3 Internationalität und Universalität

Ganz am Anfang des vorliegenden Abschnittes[277] wurde auf die Bedeutsamkeit der in authentischen Sprachen gemachten Unterscheidung zwischen „court"/ „cour"/„corte" und „tribunal" hingewiesen. Wir haben diesbezüglich ausgeführt, dass darin, zumindest der Tendenz nach, die Differenz zwischen einer in ihrem Geltungsbereich auf ein bestimmtes raumzeitliches Phänomen begrenzten Einrichtung und einer umfassenderen, solche Begrenztheit überschreitenden Institution zum Ausdruck kommt. Die damit gezogene Trennlinie zwischen den vier Straftribunalen und dem ICC lässt sich auch durch das Begriffspaar „Internationalität"

---

274 Diese Intuition des anzustrebenden „Gleichlaufs" von materiellem und formellem Recht, in der auch der allenthalben zu konstatierende „hinkende" Charakter des Völkerrechts (cf oben p 98) überwunden wäre, muss sich aber argumentativ aufweisen lassen (cf dazu unten 3.4.2.1).

275 Für das IMT ist dies mit dem Londoner Viermächteabkommen offensichtlich der Fall. Etwas problematischer scheint die Einordnung des IMTFE, das auf eine Verfügung von General DOUGLAS MACARTHUR zurückgeht; da er diese aber als SCAP, dh als Oberbefehlshaber der Alliierten Streitkräfte, ausgegeben hat, hat er in Namen und Auftrag der von ihm vertretenen Staaten gehandelt und damit einen dem Völkerrecht zuzurechnenden Akt gesetzt (cf in diesem Zusammenhang schon FN 65).

276 Zu den beiden für Sierra Leone und Kambodscha ins Auge gefassten Ad-hoc-Tribunalen und icrer speziellen, hybriden Beschaffenheit sei noch einmal auf FN 119 sowie auf FN 631 verwiesen.

277 Cf oben 2.1.1.

und „Universalität" veranschaulichen: In der Unterscheidung, die in ihren vielfältigen Dimensionen und Implikationen hier nicht weiter zu erörtern ist, soll zum Ausdruck kommen, dass sich im Internationalen Strafgerichtshof eine Größe manifestiert, die über die klassischen völkerrechtlichen Konzepte und Verständniszusammenhänge in signifikanter Weise hinausgeht, in diesem Sinne *Internationalität* transzendiert und somit den Horizont für eine neue, umfassendere Realität mit eigenen Gestaltungsprinzipien und Charakterzügen eröffnet, die sich in Abhebung davon als *Universalität* ansprechen lässt.

Dies soll jedoch nicht den Eindruck vermitteln, dass die Unterscheidung einer Art „Quantensprung" oder einer „Wesensumkehr" des Internationalen Strafgerichtshofes gegenüber Vorläufereinrichtungen und -entwicklungen das Wort reden wollte.[278] Ganz im Gegenteil ging es im Rahmen der Überlegungen dieses und des letzten Abschnitts gerade darum aufzuzeigen, wie das Phänomen „Internationaler Strafgerichtshof" aus seiner Geschichte herausgewachsen ist, wie es in der Gesamtheit, der Breite und der Tiefe der graduellen Verschiebungen aber auch zu einer Verdichtung gekommen ist, die dem Projekt der internationalen Strafgerichtsbarkeit in all seinen Unzulänglichkeiten zu einer universalen Dimension verholfen hat, die diesen Namen verdient. Im Zeichen des Versuches, zu einem tieferen Verständnis sowie zu einer möglichen Begründung des ICC als einer *universalen Strafgerichtsbarkeit* und (in diesem Sinne) eines *Weltgerichtshofes* einen bescheidenen Beitrag zu leisten, stehen die Ausführungen der folgenden Abschnitte.[279] Bevor diesem „Wesenszug" aber vertiefter nachgegangen werden kann, sind noch einige Überlegungen grundsätzlichen Charakters anzustellen.

---

278 Cf zu diesem Anliegen schon oben 1.2.4 aE.

279 Dazu cf insbesondere 3.4 aE.

# 3 Der ICC als Faktor der Globalisierung

Ein erster Teil des Programmes, das in der Einleitung ausgelobt worden ist, wurde einzulösen versucht und liegt nun als Grundlage für die weiteren Überlegungen vor. In einem zweifachen Schritt – in einer historischen Annäherung einerseits und einer Auseinandersetzung mit dem Statut des ICC andererseits – sollte eine Ausfaltung des Phänomens geleistet werden. Der Begriff der „Ausfaltung" lässt dabei zumindest zwei Punkte anklingen: Zum einen ist man, will man einem Phänomen Gerechtigkeit angedeihen lassen, auf eine gewisse Differenziertheit und Tiefe der Betrachtung verwiesen, die die nicht zufällige relative Ausführlichkeit der vorhergehenden Abschnitte rechtfertigen mag. Zum anderen bedeutet eine geschichtliche und Statutsanalyse, wie der Name schon signalisiert, einen eher *analytischen* Zugang: Es galt, aus der Vielfalt der Prozesse und Erscheinungen den ICC in seiner ganz besonderen Beschaffenheit herauszuarbeiten, gleichsam seinen Kern herauszuschälen und ihn gerade darin von anderen ähnlichen Phänomenen abzuheben und zu unterscheiden. In Weiterführung dieser Überlegungen – dazu komplementär und darauf aufbauend – soll die nun präzisierte Vorstellung des Internationalen Strafgerichtshofes für ein mehr *synthetisches* Vorgehen fruchtbar werden; das will heißen, dass es uns im Folgenden darum zu tun sein wird, den ICC in seinen Zusammenhängen, in seiner Rolle und Funktion im Gesamt herauszuarbeiten.

Die herausgestellte Komplexität und Vielschichtigkeit des Phänomens erweisen sich aber ambivalent gerade insofern, als just diese uns bei der Beantwortung der Frage zögern machen, wo denn eine derartige Ortsbestimmung begründeterweise ansetzen könne. Diesen Ausgangspunkt, so der Vorschlag, mögen wir von daher gewinnen, dass der ICC sowohl von seiner Genese wie von seiner ganzen Beschaffenheit her Produkt und Ausdruck eines Prozesses von Internationalisierung, ja Universalisierung darstellt.[280] Insofern wird er vielfach mit der momentan in aller Munde befindlichen „Globalisierung" in Verbindung gebracht; auf diesem Hintergrund soll auch gerechtfertigt erscheinen, die ersten Schritte der folgenden Überlegungen in diese Richtung zu tun und die hier vorfindlichen Zusammenhänge auszuloten.

Als „Phänomen der Globalisierung" erweist sich der Internationale Strafgerichtshof – wie noch zu zeigen sein wird – in vielerlei und vielschichtigem, zuallererst aber einmal in einem offensichtlichen, ja fast banalen Sinne: Seiner ganzen Konzeption nach ist er darauf angelegt, *Delikte globalen Charakters von Menschen gegen Menschen auf dem und für den ganzen Globus zu verfolgen*, und fungiert insofern, diverse

280 Cf dazu oben 2.3, vor allem 2.3.3.

Formen jurisdiktioneller Partikularismen transzendierend, als *Weltgerichtshof*.[281] Von einem derartigen (Vor)Bewusstsein von Globalität zeugt ebenso die höchst prominente Passage von Pr I des Statuts – gleichsam das *In principio* der ICC-Verfassung –, welche bekennt „that all peoples are united by common bonds, their cultures pieced together in a shared heritage, and concerned that this delicate mosaic may be shattered at any time". In der von allen Völkern geteilten Erfahrung eines gemeinsamen Erbes wie auch von dessen steter Gefährdung[282] leuchtet sohin die tragende Überzeugung globaler Verbundenheit auf, die von grundlegendem, begründendem Charakter zu sein beansprucht.

In Hinblick auf die genannten Punkte wird im Folgenden aufzuweisen und zu entfalten sein, inwieweit Gründung und Errichtung des Internationalen Strafgerichtshofes sinnvoll als Phänomen der Globalisierung verstanden, inwieweit der ICC angemessen als Konsequenz, als Element, aber auch als Movens der in diesem Zusammenhang sich abspielenden Prozesse gedeutet werden kann; kurz gesagt: inwieweit vom ICC begründeterweise – und von daher versteht sich die Überschrift des vorliegenden Abschnitts – als *Faktor der Globalisierung* gesprochen werden kann.

Dabei müssen Aufmerksamkeit und Sensibilität dahingehend gegeben sein, dass hier sowohl *deskriptive* wie auch *normative* Überlegungen eine Rolle spielen. Insofern geht es einmal um die Beschreibung von Kausalzusammenhängen, um die Herausarbeitung bestimmter Entwicklungslinien, von deren prägenden Faktoren wie Konsequenzen. Dies gilt insbesondere im Blick auf die Dynamik und Eigengesetzlichkeit, die mit dem Phänomen der Globalisierung (und oft zu Recht) in Verbindung gebracht werden. Nichtsdestotrotz darf angesichts solcher „Eigendynamiken", wie es bisweilen geschieht, nicht darauf vergessen werden[283], dass auch und gerade eine globalisierte bzw sich globalisierende Welt Raum menschlichen Handelns bleibt und Handlungsfähigkeit wie -pflichtigkeit impliziert, wenn auch die Bedingungen des Handelns in diesen Prozessen in Wandlung begriffen sind und menschliches Agieren zunehmend in Makrostrukturen bisher nicht gekannter Großräumigkeit und Folgenkomplexität statthat. In der allenthalben zu hörenden Rede von der „Unaufhaltsamkeit" oder „Unumkehrbarkeit" oder auch den „Zwängen" und „Notwendigkeiten" der Globalisierung, die tendenziell eine Reduktion und Degradierung des Menschen auf die Rolle eines bloßen Zuschauers oder gar nur Objekts von autopoietischen Prozessabläufen suggeriert, darf nicht untergehen, dass normative Optionen, wie wir unsere Lebenswelt gestalten wollen, nach wie vor möglich und gefordert sind und dass wir die getroffene Wahl jeweils zu begründen und zu verantworten haben.

---

281 Die damit verbundenen Aspekte werden in 3.4 zu entfalten gesucht.

282 Cf dazu noch ausführlicher 3.1.1.2 1) sowie 3.1.2.1.

283 Zu dieser Thematik näher 3.1.1.2 2) sowie 3.1.2.2.

Auch und gerade für den Internationalen Strafgerichtshof gilt selbstredend, dass er kein natürliches, sondern ein *kulturelles* Phänomen darstellt, den Menschen nicht vorgegeben, sondern von ihnen geschaffen ist.[284] Seine Errichtung ist auf rechts*positiver* Ebene als Datum anzuerkennen, hat sich aus rechts*philosophischer* Sicht aber auszuweisen und zu rechtfertigen. Damit ist die Praktische Philosophie auf den Plan gerufen, der es um eine begründete und verantwortete Entscheidung in den verschiedenen menschlichen Lebensbereichen zu tun ist; hier für den speziellen Fall des Internationalen Strafgerichtshofes einen Beitrag zu leisten zu versuchen, wird mit Anliegen der folgenden Überlegungen sein. Die dem ICC sohin auferlegte Begründungspflicht ist dabei nicht so sehr im unmittelbaren zwischenmenschlichen Bereich angesiedelt, sondern gehört in den Raum der öffentlichen Ordnung, des Politischen, des Gemeinwesens.[285]

In diesem Zusammenhang rückt auch der Staat als der heute bedeutendste Typus des Genus „Gemeinwesen" in den Blick: Im Rahmen der sich hier stellenden Fragen staatsrechtlichen Charakters[286] wird zu untersuchen sein, wie sich der ICC in Hinblick auf das Konzept des modernen Staates verhält, inwieweit er dazu in Harmonie oder in Spannung zu sehen ist und welche Rolle ihm in der Dynamik dieser Konzeption zukommt. In den Überlegungen zu einer Verhältnisbestimmung von ICC und Staatlichkeit ist der Blick unmittelbar auf die über- und zwischenstaatliche Ebene hin geweitet. Damit eröffnet sich der Reflexion das weite Feld einer *Philosophie der internationalen Beziehungen*[287], in der einer Einrichtung wie dem Internationalen Strafgerichtshof ein angemessener Platz zuzuweisen ist.

## 3.1 Das Phänomen der Globalisierung

### 3.1.1 „Globalisierung"

*Globalisierung* findet sich heute in aller Munde. Völlig vergebens wären alle Bemühungen, die Präsenz dieses Begriffes im alltäglichen wie akademischen Leben

---

284 In sinnfälliger Weise benennen beispielsweise das Englische bzw das Französische (wiederum paradigmatisch für alle romanischen Sprachen) diesen Akt mit *creation* bzw *création*. In diesem Zusammenhang cf noch unten 3.4.4.1 aB.

285 Damit ist die hier nicht zu vertiefende Unterscheidung von *Individualethik* und *Sozial-* bzw *Institutionenethik* angesprochen. In durchaus engem Zusammenhang, aber nicht in Kongruenz damit steht die Differenzierung von *Moral* und *Recht* bzw *Moralität* und *Legalität* (cf etwa BRIESKORN, Rechtsphilosophie, 69-79).

286 Cf zur Begrifflichkeit näher PERNTHALER, Allgemeine Staatslehre, 23ff.

287 Cf HÖFFE, Demokratie im Zeitalter der Globalisierung, 229f. An dieser Stelle sei nur darauf hingewiesen, dass dieser sehr junge Zweig philosophischer Reflexion erst mit IMMANUEL KANT zu einer nennenswerten Entfaltung gelangt; für die näheren Gründe hiefür cf unten 3.2, darin insb 3.2.5.

auch nur annähernd zu dokumentieren; die zum Thema sich ausbreitende Literatur und Reflexion sind schier uferlos. Angesichts dieser überwältigenden Materialfülle schwinden denn aber auch die Skrupel, und so soll im Rahmen der vorliegenden Arbeit aller Komplexität und Vielschichtigkeit zum Trotz mit einigen wenigen Strichen eine Skizze zu zeichnen versucht werden, der dementsprechend nur exemplarischer und illustrativer Charakter zukommen kann.

In diesem Zusammenhang scheint die Annäherung HÖFFES an den Begriff der „Globalisierung" bedenkenswert: „Der Ausdruck ist zwar mit widersprüchlichen Emotionen, teils Hoffnungen, teils Ängsten, besetzt. Überdies wird er so inflationär und zugleich so konturenarm verwendet, dass man ihn lieber vermeiden möchte. Vorausgesetzt, man gibt ihm ein genaueres Profil, hat er aber für unsere Epoche einen hohen diagnostischen Wert: Er präzisiert eine Herausforderung, ohne ihre Antwort zu präjudizieren."[288] Der einerseits ob seiner Konturlosigkeit und Ausgetretenheit nur mit Zögern ins Treffen geführte Begriff signalisiert – und darin ist dem Gesagten zuzustimmen – nichtsdestotrotz die große Dynamik und Wirkmächtigkeit, die mit den damit verbundenen Prozessen einhergehen. Globalisierung ist fürs Erste mehr Vollzug als Resultat, mehr Bewegung als Ziel. Ob das vielstrapazierte Wort, wie landläufig so gerne gesagt wird, den Beginn einer neuen „Ära" oder „Epoche" markiert, ob sich darin der etwa von THÜRER diagnostizierte *Paradigmenwechsel*[289] manifestiert oder ob spätere Generationen die von den Heutigen identifizierten großen Umwälzungen als überzogene Projektion oder gar als bloße Illusion entlarven werden – wir wissen es nicht.

Insofern stehen alle unsere diesbezüglichen Reflexionsbemühungen, die bereits angesprochenen wie auch die im Laufe dieser Arbeit entwickelten Denkversuche unter einem generellen Vorbehalt – gleichsam in Parallelität zu der von KANT bemühten *Clausula salvatoria*[290] –, den es in gewisser Gelassenheit und Bescheidenheit anzunehmen gilt und den HANNAH ARENDT in treffender Metapher zu formulieren verstanden hat: „Es ist durchaus möglich, dass wir an einem entscheidenden Wendepunkt der Geschichte stehen, welche ganze Epochen voneinander trennen. Für uns Zeitgenossen, die wir in die unerbittlichen Anforderungen des täglichen Lebens verstrickt sind, ist die Trennungslinie zwischen einem Zeitalter und dem nächsten beim Überschreiten wahrscheinlich kaum sichtbar; erst nach-

---

288 HÖFFE, Demokratie im Zeitalter der Globalisierung, 13.

289 In Anlehnung an das berühmte Werk von THOMAS S. KUHN „Die Struktur der wissenschaftlichen Revolutionen" spricht THÜRER, Modernes Völkerrecht, 560 angesichts der *„neuartigen Ausrichtung* der internationalen Beziehungen" sowie der *„neuartigen Ansätze[n]* im völkerrechtlichen Denken" von „Ansätzen eines *Paradigmas* für ein neu heraufziehendes System der internationalen Rechtsordnung" (Hervorhebungen jeweils im Original).

290 Cf KANT, Zum ewigen Frieden, AA VIII, 343.

dem die Menschen darüber hinweggestolpert sind, wachsen die Linien zu Mauern empor, hinter denen unwiederbringlich die Vergangenheit zurückbleibt."[291]

Zu Recht wurde eingefordert, dass die Verwendung des Begriffes „Globalisierung" allerdings nur dann fruchtbar werden kann, wenn er nicht einfach eine unspezifizierte, diffuse Größe bezeichnet, die sich jedem Phänomen problem- und reibungslos überstülpen lässt, sondern man ihn mit einem nachvollziehbaren, nachprüfbaren Profil versieht, dh die verschiedenen Dimensionen desselben auszuloten und explizit zu machen sucht. In dieser Absicht will auch HÖFFE[292] der Grundcharakterisierung von „Globalisierung als Zunahme und Verdichtung der weltweiten sozialen Beziehungen"[293] greifbarere Konturen verleihen, und zwar indem er sie in Hinblick auf vier Qualifizierungen weiterentwickelt: Dies sind zum einen das Zurückdrängen des bisher vorherrschenden Konzepts des Nationalstaates sowie zum anderen die Herausbildung einer globalen Schicksalsgemeinschaft, die sich uns in dreifacher Weise darbietet.

### 3.1.1.1 Entmachtung des Einzelstaates

Als prägend erachtet Höffe zunächst und vor allem die immer mehr zu konstatierende Entmachtung des Einzelstaates. Auf vielerlei Ebenen – seien es die innere oder äußere Sicherheit, Fragen der Ökonomie oder Ökologie – wird in zunehmendem Maße ein Überschreiten der staatlichen Grenzen verwirklicht und weiter notwendig. Parallel dazu treten auch neue Akteure[294] auf den Plan: inter- und supranationale Institutionen, transnational agierende Unternehmen, Nicht-Regierungs-Organisationen etc. Auf diesem Hintergrund weitet sich die Reflexion über die partikularen, regional begrenzten Gemeinwesen hinaus zu neuen, bisher nicht gekannten Formen menschlicher Selbstorganisation hin.

Wenn PERNTHALER von Globalisierung als einer „neuartige[n] technische[n] und funktionelle[n] Vernetzung über weite räumliche Entfernungen und bisher wenig durchlässige Grenzen hinweg"[295] spricht, stellt er auf genau dieses Moment der Transzendierung der Nationalstaatlichkeit ab und steuert zum schon Gesagten noch manch Element der Verdeutlichung bei. Das uns so geläufige Konzept des

---

291 ARENDT, Zur Zeit, 163.

292 Aus der überbordenden Literatur zum Thema und angesichts der Unmöglichkeit, in diesem Rahmen eine auch nur einigermaßen angemessene Auseinandersetzung mit den verschiedenen ins Treffen geführten Begrifflichkeiten und Konzepten zu veranstalten, ist die Wahl auf den besagten Autor gefallen; der von ihm gewählte Zugang scheint, wie noch zu zeigen sein wird, für die im Folgenden anzustellenden Überlegungen in besonderer Weise fruchtbar.

293 HÖFFE, Demokratie im Zeitalter der Globalisierung, 13.

294 Zu diesem Aspekt cf noch unten 4.3.3.

295 PERNTHALER, Die Globalisierung als Herausforderung an eine moderne Staatslehre, 69.

Einzelstaates wird durch diese Prozesse in mehrerlei Hinsicht in Frage gestellt und einer Transformation unterzogen:

a) Der moderne Nationalstaat ist charakterisiert durch die „*territoriale Grundlage* der Staatsgewalt in einem relativ geschlossenen Staatsgebiet“[296]. In und durch die Globalisierung schwindet die Bedeutung des Raumes als Grundlage politischer Identität; gleichzeitig rücken nichtstaatliche Räume – seien es nun über- (Kontinente, Welt), seien es unterstaatliche Räume (neuer Regionalismus) – immer mehr in den Blickpunkt.

b) Historisch wie sachlich mit dem Konzept der Territorialität in enger Verbindung steht jenes der Souveränität: Der Relativierung der Territorialität korrespondiert sohin ein *Abbau an Souveränität.* In vielerlei Hinsicht erfahren staatliche Absolutheitsansprüche, die noch etwa der Lehre des 19. Jahrhunderts selbstverständlich waren[297], Einschränkung und Infragestellung; hier sei nur exemplarisch auf wachsende globale wirtschaftliche Vernetzung sowie das entsprechende Agieren multinationaler Konzerne, auf diverse Formen globaler Bedrohungen und Probleme (Umwelt- und Klimaentwicklung, internationale Kriminalität wie zB Terrorismus, Drogen- und Menschenhandel, Migrationsbewegungen ...) sowie auf die damit verbundene steigende Notwendigkeit von internationaler Kooperation hingewiesen.

c) Gerade war vom Auftreten neuer Akteure die Rede: Auf dem Hintergrund der genannten Entwicklungen büßen die Staaten ihre Exklusivstellung als Handelnde auf der „Weltbühne“ ein; inter- und supranationale Organisationen, transnationale Konzerne, NGOs, Regionen geschichtlich gewachsenen oder reißbretterwachsenen Zuschnitts gewinnen auf Kosten der klassischen Nationalstaaten zunehmend an Handlungs- und Bewegungsspielraum. Damit einher geht ein *Abwandern von öffentlichen Aufgaben* an die neuen Akteure: In einer *mediatisierenden*[298] Bewegung wandern vormalige *domaines réservés* des Nationalstaats nach oben und nach unten; Prozesse der Kontinentalisierung wie auch Dynamiken von Regionalisierung und Dezentralisierung gehören gleichermaßen in diesen Zusammenhang.

Die bisherigen Ausführungen vermögen trotz ihrer Kürze und Oberflächlichkeit drei Aspekte – zugleich *Relativierungen* – zu verdeutlichen, die in der (oft emphatischen) Rede von Globalisierung zu wenig beachtet oder überhaupt ausgeblendet werden:

---

296 Cf dazu ibd, 76 sowie zum Folgenden ausführlicher ibd, 76-79.

297 Cf dazu unten auch 3.3.1.2.

298 Cf PERNTHALER, Die Globalisierung als Herausforderung an eine moderne Staatslehre, 79.

1) Globalisierung bedeutet nicht einfach eine Bewegung hin zu immer größeren Einheiten und Zusammenhängen, bis schließlich die Ebene, die Fülle der *Globalität* erreicht ist, sondern schließt immer auch *beachtliche Gegenbewegungen* ein, zB die angeklungenen Formen eines „neuen Regionalismus“.[299] Diese Prozesse sind einerseits als Korrekturbemühungen der sich vollziehenden Entwicklungen zu verstehen, andererseits sind sie durch diese selbst mitbedingt. Sohin dürfte es sich also in der Rede von Globalisierung – und dies gilt es sich um der Fruchtbarkeit und Angemessenheit dieser Begrifflichkeit willen stets vor Augen zu halten – in der Tat „nicht um einen Komplex *einliniger Prozesse* handeln, sondern um sehr allgemeine Trends der Entwicklung, die *antagonistische Kräfte* hervorrufen und regionale oder lokale Nischen andersgearteter Strukturen zulassen“[300]. Das Ergebnis der konstatierten Entmachtung des Einzelstaates wird dementsprechend auch nicht dessen schlechthinnige Abschaffung sein[301], sondern – wie schon angeklungen ist – eine Mediatisierung und Transformation seiner Stellung. Das macht eine Repositionierung desselben nötig, die sich in Hinblick auf die neu auf den Plan tretenden Akteure und das sich zwischen allen beteiligten Größen spannende neuartige Beziehungsnetz zu vollziehen hat.

2) „Gewöhnlich spricht man ... von der *Globalisierung im Singular* und meint wirtschaftliche Entwicklungen, die der Kritiker zuspitzt zu einer ‚Durchkapitalisierung der Welt'.“[302] In der Tat rekurriert die aktuelle Globalisierungsdebatte vorrangig auf wirtschaftliche Phänomene und Zusammenhänge, deren Wichtigkeit und Gewicht außer Zweifel stehen. Um einer Verengung des Blicks vorzubeugen, scheint es aber durchaus sinnvoll, Höffe in seinem Vorschlag zu folgen, der Globalisierung „im Singular“ als einer ökonomischen Verkürzung das Konzept der *Globalisierung im Plural* entgegenzusetzen. Damit soll ausgedrückt sein, dass wirtschaftliche Veränderungen zwar eine bedeutende Rolle spielen, aber nichtsdestotrotz in eine umfassendere Gesamtheit an Dynamiken eingebunden bleiben; Globalisierung ist eine Größe, die, über den Bereich des rein Ökonomischen ausgreifend, in vielerlei Bereichen[303] ihren Niederschlag findet und sich von daher angemessen nur als *multidimensionales Phänomen* verstehen lässt.

3) Eine dritte Relativierung ist in *historischer* Perspektive zu vollziehen. Hierher gehört die „Einsicht, dass die heutige Globalisierung gar nicht so ‚heutig' ist“. „Sie

---

299 Cf HÖFFE, Demokratie im Zeitalter der Globalisierung, 20f.

300 PERNTHALER, Die Globalisierung als Herausforderung an eine moderne Staatslehre, 75 (Hervorhebungen im Original).

301 Cf HÖFFE, Demokratie im Zeitalter der Globalisierung, 14.

302 Ibd, 15 (Hervorhebung vom Verfasser).

303 HÖFFE führt ibd, 15 sowie va 23f eine Fülle von kaum oder gar nicht dem ökonomischen Bereich zuordenbaren Globalisierungsphänomenen an (zB Ausbildung von Weltreligionen, insbesondere von internationalen Pilgerwegen, Phänomene von „Weltliteratur“, Internationalität der Wissenschaft).

tritt der beliebigen Selbstüberschätzung unserer Epoche und ihrer historischen Kurzsichtigkeit entgegen."[304] Wenn sich auch zahlreiche Belege dafür finden lassen, dass schon vergangene Epochen eindrucksvolle Zeugnisse für Globalisierung (im Sinne einer Ausbreitung über und Relevanz für die gesamte jeweilige *terra cognita* der damaligen Zeit[305]) bieten, so spricht doch vieles für den Gedanken, dass das uns hier beschäftigende Phänomen der Globalisierung in der gegebenen Dimension und Dichte doch nicht nur ein quantitatives *plus*, sondern durchaus ein qualitatives *novum* gegenüber diversen Vorläufern darstellt. Nichtsdestotrotz soll dieser Aspekt Warnung vor einem bisweilen feststellbaren Streben nach Abkoppelung von der historischen Entwicklung bzw vor einer Haltung der Geschichtslosigkeit überhaupt sein, positiv gewendet: Anlass zu einer gewissen Bescheidenheit geben. Phänomene von Globalität hat es im Verlauf menschlicher Geschichte oft und in vielerlei Gestalt gegeben; so für unsere Welt beansprucht wird, in privilegierter Weise eine „globalisierte" und „sich globalisierende" zu sein, so kann dies nicht einfach verfügt werden, sondern hat sich im Einzelnen zu rechtfertigen.

### 3.1.1.2 Globale Schicksalsgemeinschaft

Genau um eine derartige Rechtfertigung leisten zu können, verweist HÖFFE über die bloße Feststellung der Entmachtung des Einzelstaates hinaus[306] auf ein sich zunehmend etablierendes „globales Beziehungsfeld", das sich die Menschheit schafft. Auf diese Weise entstehe eine „gemeinsame Weltgesellschaft im Sinne einer Schicksalsgemeinschaft"[307]. Damit soll, noch vorsichtig formuliert, zum Ausdruck gebracht werden, dass es auf vielerlei Ebenen zu einer bisher nicht gekannten Verdichtung von Prozessen und Beziehungen kommt, die als selbstverständlich geltende Grenzen überwindet und im Ergebnis dazu führt, dass neben und trotz allen Partikularismen, die im Sinne der vorstehenden Überlegungen oft sogar noch

304 Ibd, 21 und 24. An letzterer Stelle gibt der Autor das in diesem Zusammenhang beliebte und einprägsame Beispiel, wonach die idR als bes prägnanter und schlagender Beleg für nie gekannte Dimensionen der Globalisierung bemühte Internationalisierung der Finanz- und Devisenmärkte dem Historiker als bloße Reprise erscheine. In der Zeit der klassischen Goldwährung (dh zwischen 1887 und 1914) soll sich nach neueren Untersuchungen der globale Handel zwischen den entwickelten Ländern in etwa auf dem heutigen Niveau bewegt haben.

305 Cf ibd, 23f.

306 Dieser Aspekt allein würde nicht vermögen, dem Phänomen der Globalisierung ausreichend Rechnung zu tragen. Historisch betrachtet ist der Nationalstaat nämlich als Kind der Neuzeit ein durchaus junges Phänomen. Seine Zurückdrängung könnte – dem Schicksal anderer historischer Spielarten von Gemeinwesen gleich – als Ende von dessen „Lebenszyklus" gedeutet werden, ohne dass dies *per se* schon Rückschlüsse auf die besondere Charakteristik der Globalisierung ermöglichte. Solches soll in den folgenden Überlegungen zum Begriff der „Schicksalsgemeinschaft" versucht werden.

307 HÖFFE, Demokratie im Zeitalter der Globalisierung, 15.

an Gewicht gewonnen haben, in wirtschaftlicher, politischer, ökologischer, etc Hinsicht die Rede von einer *„Schicksalsgemeinschaft" aller Menschen* – im Zuge dessen auch die Rede von der *„Menschheit"* selbst[308] – zunehmend weniger metaphorisch, sondern immer angemessener scheint.

Diesen Befund wollen wir insbesondere hinsichtlich zweier Dimensionen, zweier Themenfelder näher beleuchten, die sich gerade für die im Folgenden anzustellenden Überlegungen[309], die uns langsam wieder in Richtung ICC führen, als fruchtbar erweisen sollen:[310]

1) Das erste Phänomenbündel, das es in den Blick zu nehmen gilt, ist jenes der gemeinsam erfahrenen Bedrohung menschlichen Lebens. Wenn dies vielen in ihren geschützten und von den *Problemzonen* der Welt weitgehend abgeschotteten *Sicherheitszonen* auch kaum zu Bewusstsein kommen mag, so ist menschliches Leben durch die Zeiten wie (auch und vor allem) heute ein in vielerlei Hinsicht in Frage gestelltes und gefährdetes (zB durch Naturkatastrophen, Krieg, Hunger, Krankheit, Altern). Diese gemeinsam erfahrene Fragilität und Zerbrechlichkeit menschlicher Existenz stellt ein kardinales Element der *conditio humana* und damit – trotz der Negativität der Erfahrung – einen gewichtigen und nicht nur metaphorisch bedeutsamen Baustein eines gemeinsamen Bewusstseins als *Menschheit* dar: In der *Gemeinschaft von Tod, Not und Leid* sehen wir uns schicksalhaft verbunden mit allen Menschen (und gerade darin als Menschheit).[311]

2) Parallel dazu und damit in Zusammenhang steht eine andere Gattung von Erfahrungen: Wir sind Tod, Not und Leid nämlich nicht schlichtweg hilflos ausgeliefert, sondern lernen, damit umzugehen und uns bis zu einem gewissen Grad gegen die dräuenden Gefahren zu wappnen. Damit verbindet sich die Einsicht, dass rein individuelles Bestreben angesichts vieler Bedrohungen nicht sehr weit trägt und sich kollektives, gemeinsames, abgestimmtes Handeln diesbezüglich als deut-

---

308 Cf dazu noch unten 3.4.1.3.

309 Cf unten 3.1.2, dann aber auch 3.4.

310 Diese Überlegungen inspirieren sich va aus HÖFFE, Demokratie im Zeitalter der Globalisierung, 15-20, wo die menschliche Schicksalsgemeinschaft in die Aspekte a) der *Gewaltgemeinschaft*, b) der *Kooperationsgemeinschaft* und c) der *Gemeinschaft von Not und Leid* entfaltet und auf diesem Hintergrund einer näheren Betrachtung unterzogen wird. Allerdings wird dem Leser kaum deutlich, weshalb die sowohl in Benennung wie Beschreibung eng verwandten Punkte a) und c) dennoch selbstständig geführt werden (cf zu diesem Punkt noch FN 316): Aus diesem Grund wie auch in Hinblick auf die gebotene Kürze werden sie im Folgenden zusammenfassend behandelt.

311 Völlig ausgeklammert bleibt hier die Frage, ob und inwieweit die erwähnte Gemeinschaft von Tod, Not und Leid ein „Privileg" des Menschen ist oder ob man in diesen Kreis nicht genauso alle bzw gewisse Kategorien von (leid-, also empfindungsfähigen) Lebewesen aufnehmen müsste. Diese vielschichtige und sehr differenziert anzugehende Frage kann im Rahmen dieser Arbeit nicht weiter verfolgt werden.

lich effizienter und wirkmächtiger erweist. Angesichts der diversen Herausforderungen der Umwelt haben sich erste Formen von Kooperation im Laufe der Geschichte zu den vielschichtigen und komplexen arbeitsteiligen Systemen entwickelt, die unsere heutige Welt prägen. Neben und auf dem Hintergrund der Gemeinschaft von Tod, Not und Leid ist also als zweites Element der Schicksalsgemeinschaft eine globale Handlungs- oder *Kooperationsgemeinschaft* zu konstatieren.[312]

Nachdem es hier einmal darum gegangen ist, die eben genannten zwei Dimensionen in sehr allgemeiner und grundsätzlicher Weise anzusprechen, wird es Anliegen des folgenden Kapitels sein, näher zu fragen, welche besondere Ausprägung diese Elemente der Schicksalsgemeinschaft in Zeiten der Globalisierung annehmen. Dabei werden insbesondere jene Phänomene herauszustreichen und zu entfalten sein, die in Hinblick auf ein angemessenes Verständnis von Rolle und Stellung des ICC in diesen Prozessen vorrangig relevant erscheinen.

Die Besonderheit eben dieser Prozesse – soviel sei hier vorausgeschickt – hängt nicht zuletzt damit zusammen, dass Globalisierung (und Globalität als ihr Zielpunkt) in doppelter Hinsicht eine „Letzterfahrung" impliziert: Einerseits bedeutet sie die Bewegung hin auf bzw das Gelangen zu einer letzten Ebene, einer (nach unserem jetzigen Vorstellungsvermögen[313]) nicht mehr übersteigbaren räumlichen Dimension menschlicher Existenz: Schicksalsgemeinschaft als Zusammenfassung aller Menschen in ein wenn auch nicht einheitliches, so doch *alle umgreifendes Schicksal*.[314] Gleichzeitig wohnt dem Gedanken größtmöglicher Extension aber auch jener der Begrenztheit inne: In der zunehmenden Verdichtung der Beziehungen ist vereinzelte, isolierte, autarke Existenz angesichts des Wegfalls aller Aus-

---

312 Für die eben angesprochene doppelte Dimension der Schicksalsgemeinschaft wird gerne das durchaus treffende Bild des „In-einem-Boot-Sitzens" verwendet: Im Letzten erleben wir uns, allen Unterschieden und Besonderheiten zum Trotz, auch und insbesondere als Insassen *eines* Bootes; wir können uns dem Schicksal, das das Boot als Ganzes nimmt, nicht beliebig entziehen und teilen somit in Landung im sicheren Hafen wie im Kentern sein und der anderen Insassen Schicksal. Und – der zweite Aspekt – wir müssen uns nicht einfach hilflos von Wind und Wellen treiben lassen, sondern können unser Schicksal in gewissem Maße selbst in die Hand nehmen: indem wir Ruder und Segel gebrauchen, indem wir uns des Steuers bemächtigen und einen Kompass verwenden, um dies in kontrollierter Weise zu tun.

313 Diese Einschränkung scheint in Hinblick auf eventuelle weitere räumliche Expansion (sei es hinsichtlich des Mondes, anderer Planeten unseres Sonnensystems oder gar über unsere Galaxis hinaus) angebracht, wenn solchem im Moment auch der Charakter des Utopischen, der „Science fiction" anhaften mag. Ob es sich dabei nur um eine Denkmöglichkeit oder um potenzielle zukünftige (Menschheits)Geschichte handelt, ist für uns nicht zu entscheiden.

314 Globalität ist als Abschluss der Entwicklung auch in gewissem Sinne mit der Vorstellung vom *Ende der Geschichte* bzw von der *Endzeit* konnotiert. Zu den damit fruchtbar in Verbindung zu bringenden, hier aber nicht zu verfolgenden Gedanken der *Ahistorizität* der Menschenrechte, dh von Rechten auf globalem, den Menschen als Menschen in den Blick nehmenden Niveau, cf BRIESKORN, Menschenrechte, 135f sowie noch unten FN 608.

weichmöglichkeiten kaum mehr möglich: Die Menschen erfahren sich zunehmend als bezogen aufeinander und abhängig voneinander[315], mag man darin nun vorrangig Chancen und Möglichkeiten fruchtbarer Kooperation oder eher die Gefahr von potenzierter Konkurrenz und Konflikthaftigkeit sehen: Schicksalsgemeinschaft bedeutet sohin auch, dass im gemeinsamen Geschick zunehmend die *Menschen zu der Anderen Schicksal* werden.

### 3.1.2 Globalisierung und ICC

Wie gerade angekündigt, sollen in einem ersten Versuch der Annäherung jene Elemente herausgestellt werden, die in besonderer Weise einem tieferen Verständnis des Kerns einer internationalen Strafgerichtsbarkeit dienlich sein können. Hier erweist es sich als fruchtbar, den Ausgang gerade mit den beiden im Vorigen entfalteten Dimensionen zu nehmen: Ihnen kommt – jeder für sich wie in ihrer Wechselbezogenheit – eine Schlüsselfunktion beim Verständnis dessen zu, was den ICC seinem Innersten nach ausmacht. Sie stellen den Angelpunkt dar, von dem her sich alle weiteren Vertiefungen und Ausfaltungen erklären, die in der Folge anzustellen sein werden.

#### 3.1.2.1 Gemeinschaft von Tod, Not und Leid

Die hier angesprochenen Phänomene von Tod, Not und Leid hat es immer gegeben: Sie sind ein prägendes Element menschlicher Existenz und waren als solche stets schon Gegenstand der Reflexion. Uns ist es hier und im Folgenden, das sei trotz dessen Offensichtlichkeit gleich deutlich gemacht, einzig um einen bestimmten Part dieser Phänomene zu tun, nämlich um jene, die vom Menschen verursacht sind, jene, für die er selbst als verantwortlich einzustehen hat.[316]

Auch diesbezüglich muss nicht näher dargelegt werden, dass es Leiden und Sterben von Menschenhand durch alle Zeiten hindurch gegeben hat; der Rekurs auf Kain und Abel als Ansatzpunkt für eine Betrachtung *ab origine* soll und kann daher ausbleiben. Allerdings haben diese Phänomene in der historischen Entwick-

---

[315] Dieser Aspekt der Begrenztheit stand schon KANT vor Augen, wenn er spricht von „der Oberfläche der Erde, auf der als Kugel sie [sc die Menschen] sich nicht ins Unendliche zerstreuen können, sondern endlich sich doch nebeneinander dulden müssen" (Zum ewigen Frieden, AA VIII, 358).

[316] Eine solche Unterscheidung scheint auch HÖFFE (cf FN 310 sowie die dort angegebene Stelle) implizit vorzunehmen, wenn er der *Gewalt*gemeinschaft die Gemeinschaft von *Not und Leid* gegenüberstellt, ohne dies aber näher zu entfalten und ohne in der näheren Charakterisierung dieser beiden Dimensionen dieses Unterscheidungskriterium wirklich konsequent zur Anwendung zu bringen.

lung, insbesondere jener des 19. und vor allem des 20. Jahrhunderts eine bis dahin ungekannte, ja ungeahnte Dimension und Breitenwirksamkeit, kurz: globale Qualität erreicht. Nicht umsonst ist, ohne ihre Zahl zwingend auf zwei beschränken zu wollen, in diesem Zusammenhang erstmals die Rede von *Weltkriegen* aufgekommen. Gerade im Zuge des Zweiten Weltkrieges ist es in Quantität, geographischer Ausdehnung und Grad der Betroffenheit von Militärs wie Zivilbevölkerung zu einem Eklat an Gewalt und Zerstörung, an Verbrechen und Vernichtung, an Leid und Sterben gekommen, die in aller Geschichte und bis auf den heutigen Tag ihresgleichen sucht.

Dabei geht es nicht nur um eine „Globalität der Fakten", sondern ebenso sehr um eine „Globalität des Bewusstseins": Allerspätestens die Ereignisse der Jahre 1939 bis 1945 haben unhintergehbar deutlich gemacht, dass Krieg und Verfolgung keine reine Angelegenheit der unmittelbar betroffenen Gruppen und Individuen sind, sondern *alle* Menschen angehen; und nicht so sehr deshalb, weil sie durch die Dimension eines Konflikts vielleicht selbst Gefahr laufen, ihm über kurz oder lang nicht entgehen zu können, sondern weil sie dadurch schlichtweg in ihrem Menschsein berührt werden. Dieser *Betroffenheit* und *Berührtheit* aller Menschen entspricht ein sich in vielerlei Hinsicht schon etabliert habendes und sich weiter etablierendes *Weltbewusstsein.* Sensibilität für ein solches globales Bewusstsein findet sich, wie man vielleicht vermuten möchte, nicht erst dieser Tage, sondern etwa schon in der Einleitungspassage jenes berühmten Zitates aus der Friedensschrift, das uns an anderer Stelle[317] noch ausführlicher beschäftigen wird, wo nämlich KANT den Ausgang seiner Überlegungen von der Beobachtung nimmt, dass „es nun mit der unter den Völkern der Erde einmal durchgängig überhand genommenen (engeren oder weiteren) Gemeinschaft so weit gekommen ist, dass die Rechtsverletzung an *einem* Platz der Erde an *allen* gefühlt wird"[318].

Diese Bemerkung, die an Deutlichkeit nichts zu wünschen übrig lässt, muss auf unsere Zeit umso mehr Anwendung finden. Ein ganz prägender Faktor für die Ausbildung eines derartigen „Weltbewusstseins", der nicht unerwähnt bleiben darf, ist dabei die für den Königsberger Philosophen in ihrer Dynamik und Dimension nicht antizipierbare Rolle der *Medien* iwS[319], einmal der modernen (Massen)Transportmittel, va aber in einem engeren Sinne der (Massen)Kommunikationsmittel, die Ereignisse an beliebigen Stellen des Erdballes in kürzester Zeit einem breiten Publikum zugänglich machen können, in welcher Qualität, in welcher Absicht, in wessen Interesse dies auch immer geschieht. So ambivalent man die Rolle der Medien in diesem Zusammenhang sehen mag, so gewichtig, ja unverzichtbar ist sie bei der

---

317 Cf dazu unten 3.2.5.3 aE sowie 4.2.

318 KANT, Zum ewigen Frieden, AA VIII, 360 (Hervorhebungen im Original).

319 Cf dazu auch unten 3.3.3.1 b) i).

Bewusstseinsbildung bezüglich Menschenrechtsverletzungen oder Verbrechen globalen Zuschnitts: „Ce sont la mondialisation accélérée des images des atrocités commisses à travers le monde et la multiplication des moyens de communication qui ont universalisé l'indignation."[320] Von keineswegs zu unterschätzender Bedeutung für die Meinungsbildung der Weltöffentlichkeit sind auch die Nichtregierungsorganisationen; diesbezüglich wird neuerdings gerne der noch einer näheren Erörterung zu unterziehende Begriff der *Weltzivilgesellschaft* (*global civil society*)[321] im Munde geführt.

Die Bedeutung dieser Grunderfahrung gemeinsamer und geteilter Bewusstheit unsäglichen, Menschen von Menschen zugefügten Leides kann für unseren Kontext kaum überschätzt werden. Dafür mag schon allein die Charta der Vereinten Nationen stehen, die gleich im allerersten Erwägungsgrund ihrer Präambel bekennt: „We the Peoples of the United Nations determined to save succeeding generations from the scourge of war, which twice in our lifetime has brought untold sorrow to mankind." Und wie in diesem Fall ist auch beim Statut des Internationalen Strafgerichtshofes die Präambel der Ort, wo in expliziter Weise über die prägenden und handlungsleitenden gemeinsamen „Urerfahrungen" Rechenschaft abgelegt wird. In derselben Stoßrichtung und noch deutlicherer Formulierung ist hier zu lesen:

> „The State Parties to this Statute,
> Conscious that all peoples are united by common bonds, their cultures pieced together in a shared heritage, and concerned that this delicate mosaic may be shattered at any time,
> Mindful that during this century millions of children, women and men have been victims of unimaginable atrocities that deeply shock the conscience of humanity."[322]

Pr II artikuliert die traumatisierenden Gewalterfahrungen des 20. Jahrhunderts, welchen in Pr I interessanterweise – und in Abweichung vom Vorbild der UN-Charta – noch die wechselseitige Versicherung positiver Verbundenheit vorangestellt wird. Damit wird explizit gemacht, was zuvor nur als enthymematische Prämisse hinzuzudenken war: Als Bedingung der Möglichkeit, dass sich Menschen gemeinsamer negativer Erfahrungen bewusst und diese zu artikulieren fähig werden, erweist sich ein *gemeinsames Erbe von Werten.* Erst auf dem Hintergrund einer solchen gemeinsam-geteilten Positivität werden Bedrohtheit, Scheitern und Verfehlung als Mangel- bzw Privationserscheinungen buchstabierbar. Man mag bei HÖFFE vermissen, dass er diesem Aspekt in adäquater Weise Beachtung schenkt;

---

320 BOURDON, CPI, 21.
321 Cf unten 4.3.3.
322 Pr I und II.

und in der Tat stellt er das notwendige Bindeglied zwischen der Leidens- und der sogleich zu behandelnden Kooperationsgemeinschaft dar: Der gemeinsame Wertehorizont bildet jenes Feld, auf dessen Boden kollektive Handlungsfähigkeit und -motivation überhaupt erst einen sinnvollen Ausgang nehmen können. Gleichzeitig darf darüber – und das Statut macht auch daraus keinen Hehl – die dem geteilten Erbe, diesem *zerbrechlichen Mosaik*[323] stets inhärente Gefährdetheit nicht vergessen werden.

Damit bleibt eine eigenartige Ambivalenz: Wenn die negativen Erfahrungen auch nur von der positiven Verbundenheit des gemeinsamen Wertehorizontes her deut- und bewältigbar werden, so steht die Leiderfahrung doch oft greifbarer und plastischer vor Augen. Es scheint viel leichter, in Übereinstimmung mit Anderen die Privation zu benennen, als – über das Unisono-Bekenntnis des „dass" des Erbes hinaus – in der Pluralität der Weltanschauungen mit ihren konkurrierenden, ja teils gegenläufigen anthropologischen, ethischen, etc Grundprämissen ebenso konsensuell festzumachen, worin das vorausgesetzte gemeinsame Erbe an Werten näherhin bestehe. Diese Diskrepanz zieht sich, ohne dieser Frage hier weiter nachgehen zu können, als Charakteristikum durch alle Grundwertedebatten. Insofern erweist sich im Letzten das Bewusstsein von Fragilität und Zerbrechlichkeit doch wieder oft als der unmittelbar tragende Erfahrungshintergrund.

### 3.1.2.2 Kooperationsgemeinschaft

Das globale Bewusstsein ist, wie aus den aufgeführten Zitaten hervorleuchtet, wesentlich von einer Art *Weltgedächtnis* geprägt. Damit ist nicht ein bloß festhaltendes, rein rückwärts gewandtes Erinnern verbunden, sondern daran knüpfen sich zukunftsrelevante Ansprüche an menschliches Handeln. „Aus der gemeinsamen Erinnerung großer Gewalttaten ... könnte ein ‚kritisches' Weltgedächtnis entstehen. Und vorausgesetzt, dass es nicht selektiv verfährt, vielmehr eine ‚anamnetische Gerechtigkeit' pflegt, überdies beim bloßen Erinnern nicht stehen bleibt, hilft es, künftigen Gewalttaten vorzubeugen."[324]

Als im Vorigen von der Schicksalsgemeinschaft als Kooperationsgemeinschaft die Rede war, ist herausgestrichen worden, dass die gemeinsamen Erfahrungen von Tod, Not und Leid uns vielfach lehren, dass individuellem Handeln und

---

323 In BOURDON, CPI, 27 wird als „détail piquant" am Rande ausdrücklich darauf verwiesen, dass sich um diese Formulierung besonders der Delegierte Andorras bemüht habe.

324 HÖFFE, Demokratie im Zeitalter der Globalisierung, 16. Auf die zentrale Frage von Möglichkeit und Bedeutung eines *Weltgedächtnisses* und einer in Hinblick darauf zu übenden *anamnetischen Gerechtigkeit* kann in diesem Rahmen nicht näher eingegangen werden. In diesem Zusammenhang sei aber ausdrücklich auf das Werk *Ethik der Erinnerung* (original: *Ethics of Memory*) des israelischen Philosophen AVISHAI MARGALIT verwiesen.

Engagement enge Grenzen gesetzt sind, dass aber in Zusammenwirken und Kooperation neue Handlungsspielräume gewonnen werden können: Dies gilt *a fortiori* für jene Bedrohungen von Menschen für Menschen, die globalen Charakters sind. Dazu hat sich aber im selben Atemzuge die frappierende Einsicht gesellen müssen, dass das Bewusstsein um die Gefährdung des „zerbrechlichen Mosaiks" Menschheit und die „Schockiertheit" über unaussprechliche Taten von Menschen an Menschen nicht ausreichen. Für sich allein genommen, reflektiert das in allen Zungen voll Empörung ausgerufene „Nie wieder!" nämlich nur ein Bewusstsein der Ohnmacht und allenfalls eine diffuse Handlungsdisposition.

Dies hat uns gerade die mittlerweile schon mehr als ein halbes Jahrhundert umgreifende Post-Weltkriegsgeschichte in vielerlei Hinsicht schlagend wie auch schmerzhaft vor Augen geführt. Ohne hier besondere Beispiele anführen zu müssen, wird man zu gewärtigen haben, dass Menschenrechtsverletzungen und Verbrechen globaler Dimension bis auf den heutigen Tag unsere ständigen Wegbegleiter, ja beinahe an der Tagesordnung sind. Von alledem mag die lapidare Analyse BASSIOUNIS zeugen: „World War I was dubbed as 'the war to end all wars', but no sooner had it ended when the winds of World War II started blowing. As World War II emptied its horrors, a new promise emerged, 'never again'. Yet since then, some 250 conflicts of an international and non-international character occurred, which, along with tyrannical regime victimizations produced an estimated 170 million casualities and other inestimable harmful consequences."[325]

Diese Ohnmacht, und auch diese Stimme hat sich immer lauter erhoben, muss nicht das letzte Wort sein: Es gibt auch und gerade im überstaatlichen Bereich, der ja Raum menschlichen Handelns ist, die Möglichkeit wie Pflicht, Handlungsspielräume zu schaffen. Und da die Gefährdungen auf globaler Ebene anzusiedeln sind, müssen auch die Handlungsmöglichkeiten zumindest *globale Relevanz und Wirksamkeit* haben, noch ohne an dieser Stelle ihre nähere Beschaffenheit schon vorweg nehmen oder gar suggerieren zu wollen, dass dies nur in einer ganz bestimmten Art und Weise geschehen könne. Just solche Gedanken, dass nämlich Globalisierung nicht nur Prozesse bedeutet, als deren bloßes Objekt wir fungieren, sondern dass sie genauso die Schaffung und Ausübung von Handlungsspielräumen ermöglicht, erfordert und uns dazu verpflichtet, hat auch UN-Generalsekretär KOFI ANNAN vor Augen, wenn er in einer vor der Generalversammlung der

[325] BASSIOUNI, The Statute, 2 (Publikationsjahr: 1998!). Nur allzu leicht vergisst man über die Konflikte, die die Grenze medialer Erheblichkeit überschreiten oder gar zu konkretem internationalen Engagement führen – wie zB die im ersten Abschnitt erwähnten Fälle von Ex-Jugoslawien, Ruanda, Sierra Leone oder Kambodscha –, jene Konflikte, die an der *Bewusstseins-* bzw *Handlungsschwelle* der Weltöffentlichkeit weitgehend oder ganz gescheitert sind.

Vereinten Nationen gehaltenen Rede in einem Atemzug von den „forces de la mondialisation et de la coopération internationale“[326] spricht.

Damit rückt auch schon jenes Feld in den Blick, mit dem wir uns im Folgenden eingehender beschäftigen wollen: Ziel der vorliegenden Überlegungen kann es natürlich nicht sein, die aufgeworfene Frage der Handlungsspielräume und -möglichkeiten ausgreifend zu untersuchen, sondern vielmehr, sie in Hinblick auf einen ganz spezifischen Bereich – unter Ausblendung aller anderen – zu formulieren und Elemente für eine Antwort darauf zu finden. Dieser spezifische Sektor ist jener der *rechtlichen Kooperation*, wenn man so will: der *juristischen Globalisierung*. Wenn auch vielleicht zaghafter und weniger auffällig als in anderen Zusammenhängen (zB Ökonomie, Kommunikationsmittel, Mobilität) lassen sich auch hier mächtige Integrationsprozesse orten[327]: Globalisierungsbewegungen finden sich einmal in diversen Formen regionaler bzw kontinentaler Zusammenschlüsse, deren dynamischster und am weitesten gediehener (allerdings sicherlich nicht der einzige) der europäische ist. Hierher gehören aber auch Phänomene globalen Charakters, sei es in den klassischen Formen völkervertragsrechtlicher Vernetzung von Einzelstaaten[328], sei es in der immer prominenter werdenden Rolle weltweit agierender internationaler Organisationen: Hier muss als erste, trotz aller gebotenen Abstriche, die UNO genannt werden, ebenso deren zahlreiche Unterorganisationen (zB UNESCO, UNIDO, FAO, ILO), aber etwa auch die WTO etc.

Mehr der Beispiele aufzuzählen ist nicht nötig: Schon sie allein machen uns deutlich, dass wir es – natürlich in beschränkter und unvollkommener Form – gleichsam mit einer *Globalisierung des juristischen Syllogismus*[329] zu tun haben: Damit soll gesagt sein, dass wir uns nicht nur mit Globalisierungsphänomenen im Sachverhaltsbereich (zB Umweltverschmutzung, Klimaverschiebungen, Wohlstandsgefälle, aber eben auch Verbrechen globalen Maßstabs) konfrontiert sehen, sondern dass diese Sachverhalte auch zunehmend als *(welt)rechtlich relevante* erkannt werden und man sich bemüht, sie auf Tatbestandsebene unter (und darin liegt die Schwie-

---

326 ANNAN, Rede vor der Generalversammlung der Vereinten Nationen am 20. September 1999 (zitiert nach BOURDON, CPI, 334).

327 Cf zum Folgenden etwa PERNTHALER, Die Globalisierung als Herausforderung an eine moderne Staatslehre, 73f sowie die gehaltvolle Aufzählung von entsprechenden Beispielen bei HÖFFE, Demokratie im Zeitalter der Globalisierung, 17f.

328 Man denke in diesem Zusammenhang allein an die zahlreichen im ersten Abschnitt erwähnten völkerrechtlichen Instrumente: Versailler Vertrag, Nürnberger Statut, UN-Charta, Genfer Konventionen, Völkermordkonvention, letztlich natürlich auch das Statut des ICC selbst.

329 Zur näheren Gestalt des vielfach als „Syllogismus“ apostrophierten Aktes *rechtlicher Subsumption*, in dem einem (einen bestimmten Lebenssachverhalt zum Ausdruck bringenden) *Untersatz* ein (die generelle Rechtsnorm, den entsprechenden Tatbestand enthaltender) *Obersatz* übergeordnet wird, aus denen dann als *Conclusio* die Rechtsfolge hervorgeht, cf ausführlicher und mit zahlreichen Hinweisen BYDLINSKI, Juristische Methodenlehre und Rechtsbegriff, 43f, 49f sowie 395f.

rigkeit) erst global zu schaffende, dann auch allen politischen Unzulänglichkeiten ausgesetzte und vielfach ganz neuartige rechtliche Regime zu subsumieren, um daran die oben geforderten *(Rechts)Folgen globaler Relevanz und Wirksamkeit* anknüpfen zu können.

Um ein tieferes Verständnis eines besonderen rechtlichen Regimes, nämlich des Statuts des Internationalen Strafgerichtshofes[330], wollen wir uns im Folgenden bemühen. Und wie im Vorigen[331] nachzuweisen war, dass das ICC-Statut in Pr I und II die Grunderfahrung der Menschheit als einer Schicksalsgemeinschaft von Tod, Not und Leid reflektiert, hängt es im Weiteren in konsequenter Umsetzung der hier angestellten Überlegungen dem Gedanken an, dieser Erfahrung mit dem Streben nach Gewinnung globaler Handlungsformen zu begegnen:

> Affirming that the most serious crimes of concern to the international community as a whole must not go unpunished and their effective prosecution must be ensured by taking measures at the national level and by enhancing international cooperation,
> Determined to put an end to impunity for the perpetrators of these crimes and thus to contribute to the prevention of such crimes."[332]

Der aus diesen Zeilen hervorleuchtende Wille zum Handeln, vor allem aber der ICC als dessen Produkt wird Gegenstand der kommenden Ausführungen sein. Dabei ist ia zu fragen, welche Erfahrungen, welche Bedingungen als „Handlungsauslöser" fungieren („most serious crimes of concern to the international community as a whole"), worin die angesprochene „internationale Kooperation" näherhin bestehen solle, welche Chancen und Grenzen ihr innewohnen und schließlich auch welche Konsequenzen eine derartige Einrichtung für die weitere Entwicklung des Umgangs mit Unrechtserfahrungen (Stichwort: „prevention of such crimes") und überhaupt für die Verfasstheit einer sich globalisierenden Welt zeitigen kann und wird.

Ein solcher Reigen von Fragen stellt sich auf dem Hintergrund dieser wenigen Zeilen. Ihnen wohnen aber zugleich (zumindest der Anlage nach) zentrale Elemente einer Antwort inne, die in den folgenden Kapiteln[333] einer näheren Betrachtung und Entfaltung zu unterziehen sein werden. Vor derartiger vertiefender

---

330 In seiner in FN 327 erwähnten Beispielliste räumt HÖFFE, Demokratie im Zeitalter der Globalisierung, 17 globaler Gerichtsbarkeit einen besonderen Stellenwert ein, wenn zuallererst die Rede ist von der „Erweiterung und Verdichtung des internationalen Rechts und des Völkerrechts, das für gewisse Bereiche sogar schon global zuständige Gerichtshöfe kennt". Eine spezifische Betrachtung erfährt der ICC dann in IDEM, Gibt es ein interkulturelles Strafrecht?, 12.

331 Cf oben 3.1.2.1 aE.

332 Pr IV und V.

333 Cf dazu unten 3.4 und die folgenden Abschnitte.

Untersuchung soll der Blick aber noch einmal geweitet werden: Um den ICC in einer angemessenen Annäherung nicht nur als isoliertes Phänomen, sondern als Antwort auf gewisse Erfahrungen, als Element einer Traditionskette, als Faktor einer größeren Entwicklung verstehen zu können, ist vorher noch zu untersuchen, wie philosophische Reflexion durch die Zeiten mit dem Phänomen von Internationalität und Globalität überhaupt umgegangen ist. Dabei werden sich wesentliche Gehalte für das weitere Vorgehen gewinnen lassen.

## 3.2 Internationalität und Globalisierung als Gegenstand philosophischer Reflexion

### 3.2.1 Bestandsaufnahme

Widmet man sich, wie gerade ausgelobt, der Untersuchung, in welcher Form und mit welchen Ergebnissen das Phänomen der Internationalität, der Überstaatlichkeit, der internationalen Beziehungen Gegenstand der philosophischen Reflexion geworden ist, so ergibt sich ein frappierender Befund: Einmal sind die Erfahrungen der Pluralität von Gemeinwesen und der Relevanz ihrer wechselseitigen Relationen zweifellos uralt. Damit verbindet sich, dass die griechische Antike – durchwegs als „Wiege" abendländischer Philosophie angeführt – sich sehr prominent und intensiv mit Fragen von Recht, Staat und Politik befasst hat. Insbesondere die politischen Traktate von PLATON (va *Politeia* und *Nomoi*) sowie von ARISTOTELES (in erster Linie die *Politika*), aber auch zahlreiche andere, hier ungenannte Schriften gelten bis heute als rechts- und staatsphilosophische Grundlagenwerke. Nichtsdestotrotz drängt sich für diese „Kirchenväter der Philosophie" in Hinblick auf unseren Fragegegenstand die lapidare Feststellung auf: „Trotzdem gelingt der Philosophie eine Theorie der *globalen* Rechts- und Friedensordnung erst sehr spät."[334]

Diesem Urteil ist uE, wie im Folgenden noch zu entfalten sein wird, im Ergebnis zuzustimmen, genauso wie dessen Fortsetzung: „Erst Kant gelingt es, die verschiedenen ideengeschichtlichen Stränge zusammenzuführen und die bis heute wichtigste Theorie einer sowohl globalen als auch zeitlich unbegrenzten Rechts- und Friedensordnung zu entwickeln."[335] Allerdings wäre es vorschnell, die damit signalisierte Zäsur so zu deuten, als ob die Jahrhunderte „vorkantischer" Zeit solche der Umnachtung, Blindheit oder Oberflächlichkeit gewesen wären, denen der Blick für ebenso entscheidende wie offensichtliche Zusammenhänge gefehlt hätte.

---

334 HÖFFE, Demokratie im Zeitalter der Globalisierung, 229f (Hervorhebung vom Verfasser).

335 Ibd, 230.

Wenn Höffe davon spricht, dass mit KANT die Zusammenführung ideengeschichtlicher Stränge möglich geworden sei, so tut er dies auf dem Hintergrund der Diagnose zweier (miteinander zusammenhängender) *Spaltungen*:[336] Zum einen stehe der schon konstatierten Blüte des politischen Denkens bei PLATON und ARISTOTELES, welches aber jeder internationalen oder gar kosmopolitischen Perspektive entbehre, der apolitische Kosmopolitismus der Stoa gegenüber. Gleichzeitig erfahre das im letzten Falle gleichwohl propagierte Ideal eines sowohl globalen wie auch ewigen Friedens eine vornehmlich eschatologische Deutung, die nur sehr limitierte Relevanz für die irdische Gesellschaftsordnung entfalte. Diesen Spaltungen oder vielleicht besser: Spannungen wollen wir im Folgenden näher nachgehen, weil sie uns ein angemesseneres Verständnis des kantischen Zugangs sowie eine bessere Würdigung seiner Leistung zu ermöglichen scheinen.

Gleichzeitig darf nicht übersehen werden, dass die genannten „Spaltungserfahrungen" wesentlich solche der Heutigen, dh unserer Zeit und Zugangsweise sind. Ohne derartige Anfragen an überkommene Denkmodelle schon gleich eines prinzipiellen Anachronismus zeihen zu wollen, muss doch im Hinterkopf behalten werden, dass solche stets von gewissen Prämissen, gewissen Verständnisvoraussetzungen aus formuliert werden, die es bei dieser Gelegenheit explizit zu machen gilt. Dabei wird sich zeigen, dass sie auf ein bestimmtes Verständnis von Staatlichkeit[337] – in diesem Zusammenhang wird dann auch der schillernde Begriff der „Souveränität" seinen Part spielen[338] – rekurrieren, welches in dieser Form vorigen Zeiten nicht geläufig war, aber entschieden Grundlage und Hintergrund für die kantischen Denkanstrengungen darstellt. Die Frage nach dem Verhältnis von Gemeinwesen auf dem Hintergrund der Erfahrung ihrer Vielheit ist demnach in der Tat nie verbaut gewesen, stellt sich allerdings in der Neuzeit in ungekannter Brisanz, welche das Problem der „internationalen Beziehungen" und die Reflexion darauf unmittelbar virulent macht.

In diesem Sinne soll in den folgenden Überlegungen versucht werden, an Hand von vier Entwürfen exemplarisch zu skizzieren, in welcher Weise mit dem Anspruch einer *globalen Rechts- und Friedensordnung* umgegangen worden ist. Dabei ist gleichzeitig mit herauszustellen, welche tragenden Konzepte von Gemeinwesen den Hintergrund dafür bilden. Es geht sohin in keiner Weise um eine differenzierte historische Würdigung und Kritik dieser Entwürfe (was hier auch gar nicht zu

---

336 Zum Folgenden cf ibd, 229.

337 Für hier soll allein der Hinweis auf das in der geläufigen Rede von einer „Philosophie der internationalen Beziehungen" vorkommende Wort *international* genügen, indiziert es doch, dass es um das Verhältnis *inter nationes*, damit aber um die Relation zwischen Nationen, Nationalstaaten, dh um Gemeinwesen im modernen, mit früheren Formen nur beschränkt vergleichbaren Sinne geht.

338 Cf dazu ausführlicher unten 3.3.1.2.

leisten wäre), sondern vielmehr um eine schlaglichtartige Hinführung zu einem „philosophischen Entwurf", der – und dafür soll argumentiert werden – bis heute, insbesondere für die gegenständliche Fragestellung einer philosophischen Annäherung an den ICC die „wichtigste Theorie einer sowohl globalen als auch zeitlich unbegrenzten Rechts- und Friedensordnung"[339] darstellt. Die Bedeutung dieser Theorie liegt nicht zuletzt darin, dass sie die neuzeitlichen Veränderungen im Staats- und Souveränitätsbegriff aufnimmt: Sich die Relevanz eines steten Dialogs von Verfasstheit und Dynamik der Formen menschlicher Gemeinwesen sowie der philosophischen Reflexion darauf bewusst zu machen, ermöglicht auch die Herausbildung einer gewissen „Distanziertheit", die Reflexionsergebnisse stets aufs Neue mit den historischen Entwicklungen zu konfrontieren weiß und die es dementsprechend auch zum kantischen Zugang selbst zu bilden gilt. Darauf wird noch zurückzukommen sein.[340]

Wer nun wie die vier angekündigten, besonders markant und illustrativ scheinenden Entwürfe die Möglichkeit der Gewinnung einer globalen Perspektive in den Blick nehmen will, tut dies – und darin kommen sie bei aller historischen Relativität überein – von einem bestimmten Hintergrund aus: Es ist die Erfahrung der Welt als einer vielfältigen, hier aber mehr negativ verstanden als einer oft gespaltenen, ja zerrissenen Welt; Vielheit der Gemeinwesen bedeutet immer auch Gefahr von deren Konkurrenz und Konflikt, traditionell gesprochen: von deren *Krieg*. Vermeidung und Verhinderung des Krieges, positive Wendung oder Überwindung der gefährdenden Vielheit, ihre Zusammenführung zu einer höheren Einheit, kurz: der *Friede* bildet damit das Leitmotiv aller diesbezüglichen Denkanstrengungen.[341] Er entsteht aber nicht allein schon durch Formulierung des Anliegens und der Hoffnung, sondern muss erarbeitet, erstrebt, *gestiftet*[342] werden – ohne allerdings noch den Autor dieses Handelns präjudizieren zu wollen. Um den Begriff des Friedens werden sich dementsprechend auch die folgenden Überlegungen zu gruppieren haben.

---

339 Cf oben FN 335.

340 Cf dazu im Besonderen 3.3.2 und 3.3.3.

341 Klassisch in diesem Kontext statt aller nur DANTE ALIGHIERI in seinem Traktat *De monarchia*, Buch I, Kapitel 4: „Et per consequens visum est propinquissimum medium per quod itur in illud ad quod, velut in ultimum finem, omnia nostra opera ordinantur, quia est *pax universalis.*" (Hervorhebung vom Verfasser) Für die Auffassung, wonach der umfassende Friede von allen Dingen, die auf unsere Glückseligkeit hinzielen, das beste sei, führt RADBRUCH, Rechtsphilosophie, § 29 auch den alten Siegelspruch der Universität Kiel an: *pax optima rerum.*

342 Cf KANT, Zum ewigen Frieden, AA VIII, 349 (Hervorhebung im Original).

### 3.2.2 Die „Kirchenväter" und die *pax politica*

Wir haben die Feststellung noch im Ohr, dass die „Kirchenväter" abendländischer Philosophie, PLATON und ARISTOTELES, bei und trotz allem ihrem Interesse für rechts- und staatsphilosophische Fragen diese doch weitgehend im Rahmen der ihnen vertrauten griechischen Polis behandelt und nur in minimer Weise den Blick über deren Rahmen hinaus geworfen haben. Natürlich lassen sich dafür nichtsdestotrotz manche Beispiele finden, aber sie sind wenige an Zahl und noch weniger an Gewicht.[343] Man könnte nun in Anschluss an die oben hergestellte Verknüpfung zwischen den Vorgaben der politischen Realität und deren philosophischer Reflexion vorbringen, dass der damaligen Zeit eben die Form von Internationalität gefehlt habe[344], die das Thema dann späteren Epochen zum Anliegen gemacht hat. Das gerade trifft aber nur beschränkt zu: Denn in gewisser Weise hätte just die „griechische Welt" ein Paradebeispiel für eine frühe Form einer „Philosophie der internationalen Beziehungen" geboten, erfuhren sich doch die relativ kleinen Poleis einerseits in vielfältiger Weise mit den anderen in Beziehung (zB über Handel, Bündnisse oder Kriege) sowie gleichzeitig durch größtenteils gemeinsame Sprache, Kultur und Religion (zB im Kult von Delphi, den Olympischen Spielen oder dem Olympischen Götterhimmel) miteinander verbunden.

Dennoch „fehlt bei Platon und Aristoteles die Theorie selbst jener bescheidenen internationalen Rechtsordnung, für die es Gemeinsamkeiten doch gab: eine Theorie der Beziehungen zwischen den griechischen Stadtrepubliken"[345]. Von einer Erweiterung des Blicks von dieser beschränkt- (da regional-)internationalen – als „Welt der Hellenen" – hin auf eine globale (dh die ganze bekannte Welt umgreifende) Perspektive, die dann auch die Barbaren hätte umfassen müssen, kann umso mehr keine Rede sein, fielen ja die sog „Stammler" gar aus der Sprachgemeinschaft heraus. Den Grund dafür kann man va im Autarkie-Ideal der Polis sehen: Sie ist, und zwar *per definitionem*, die vollendete, weil in sich abgeschlossene und selbst genügsame Gesellschaft.

„Die aus mehreren Dörfern sich bildende *vollendete Gemeinschaft* nun aber ist bereits der *Staat*, welcher, wie man wohl sagen darf, das *Endziel völliger Selbstgenügsamkeit* erreicht hat, indem er zwar entsteht um des bloßen Lebens, aber besteht um des vollendeten Lebens willen."[346] Wenn die in dem entsprechenden Kapitel nachgezeichneten Entwicklungsschritte der menschlichen Beziehungen von Ehe und Familie, vom Herrschaftsverhältnis von Herr und Sklave über Haus

---

[343] Cf dazu etwa HÖFFE, Demokratie im Zeitalter der Globalisierung, 230f sowie 243f.

[344] Man fühle sich hier durchaus an FN 337 zurückerinnert.

[345] HÖFFE, Demokratie im Zeitalter der Globalisierung, 231.

[346] ARISTOTELES, Politika, I, 2 1252b27-30 (Hervorhebungen vom Verfasser; im Original: „κοινωνία τέλειος πόλις", „ἤδη πάσης ... πέρας της αὐταρκείας").

und Dorf schließlich zur Polis als der vollkommenen menschlichen Gemeinschaft führen, bleibt für ein weiteres Ausgreifen kein Platz mehr. Wohl gibt es die größeren Räume: den gemeinsamen Sprach- und Kultraum der Griechen, den Raum menschlicher Existenz, der auch die Barbaren einschließt, den Kosmos überhaupt; aber diese stellen keine „politischen Räume" vor. Für das griechische Denken, in dessen Zentrum nicht zuletzt das *Maßhalten*, die *rechte Mitte* steht, ist das Vollkommene im Partikulären erreichbar: und das Optimum im Politischen eben in der Polis.

Vor diesem Hintergrund muss man auch den in unmittelbarem Konnex damit stehenden Satz lesen: „Hiernach ist denn klar, dass der Staat zu den naturgemäßen Gebilden gehört und dass *der Mensch von Natur aus ein politisches Lebewesen* ist."[347] Diese zu hoher Berühmtheit und Wirksamkeit gelangte Zoon-politikon-Formel ist dahingehend zu verstehen, dass der Mensch von seiner ganzen Anlage her ein Wesen darstellt, das auf die Polis ausgerichtet ist; dort ist der vorzügliche Ort, seine „politische" Existenz zu leben. Jenseits derselben machen Begriffe wie Gerechtigkeit (δίκη) und Wohlergehen/Glück(seligkeit) (εὐδαιμονία), die jeweils auch stark „politische" Implikationen haben, keinen Sinn. Und unter dieser Rücksicht kann mit Recht gesagt werden: „Für Aristoteles ist das Recht ‚national' [sc ‚politisch'] oder keines; ebenso ist das Gemeinwesen ein Einzelstaat [sc eine ‚Polis'] oder kein Gemeinwesen."[348]

Wie sich solcherart das Fehlen eines „Völkerrechts" in der theoretischen Reflexion – nicht in der Praxis[349] – nachvollziehbar machen lässt, wird auch besser verständlich, weshalb es im Rahmen der klassischen griechischen Philosophie zu keiner Herausbildung einer Theorie eines internationalen, dh suprapolitischen Friedens (εἰρήνη) gekommen ist. Auf diesem Hintergrund ist es nur konsequent, wenn PLATON vorrangig das Ideal eines im Rahmen der Polis zu realisierenden Friedens, also einer *pax politica* zeichnet.[350] Der Friede ergibt sich – allerdings nicht mit dieser Vokabel angesprochen[351] – aus einer Projektion des Gleichgewichts der drei Seelenteile in ihrer Unterschiedenheit und Hierarchie in ein entsprechendes Equilibrium der drei Klassen der Polis.[352] So ein jeder in diesem Rahmen „das Seinige tut"[353], erreicht das Gemeinwesen Stabilität, Ausgeglichenheit und eben inneren Frieden. In der *pax politica* zeichnen sich damit wiederum die Gedanken

347 Ibd, 1253a2 (Hervorhebung vom Verfasser; original: „ὁ ἄνθρωπος φύσει πολιτικὸν ζῷον").

348 HÖFFE, Demokratie im Zeitalter der Globalisierung, 233.

349 Cf dazu HÖFFE, Gibt es ein interkulturelles Strafrecht?, 20ff sowie wiederum IDEM, Demokratie im Zeitalter der Globalisierung, 230-232.

350 Cf zur Konstruktion dieser Idealpolis PLATON, Politeia, II, 369b-372c.

351 Insofern ist HÖFFE, Demokratie im Zeitalter der Globalisierung, 244 zuzustimmen, dass „der Begriff des Friedens der klassischen griechischen Philosophie so gut wie fremd ist".

352 Cf PLATON, Politeia, IV, 434a-435e.

353 Cf ibd, 443d-444a.

von *Maßhalten* und *Autarkie* ab: Begrifflichkeiten wie Gerechtigkeit und Frieden, die den Übergang zur internationalen Perspektive geradezu aufzudrängen scheinen, erfahren nicht die Erweiterung, der wir sie gerne zugänglich machen würden. Für die griechische Polis, die sich in ihrer Partikularität als exklusiven Raum des Politischen und als sich selbst genügend sieht, ist sie selbst Kosmos und Globalität des Politischen.

### 3.2.3 Die Stoa und die *pax universalis*

Es war bereits von „Spaltungen" die Rede.[354] Und in der Tat steht die behandelte Blüte politischen Denkens (allerdings, wie gesagt, ohne internationale Perspektive) in einem eigenartigen Spannungsverhältnis zu stoischem Denken, das in sehr pointierter Weise kosmopolitische Züge zeigt, diesen Kosmo*politismus* allerdings in durchwegs *apolitischer* Manier pflegt, und dies in einem doppelten Sinne:

a) Rein geschichtlich betrachtet ist die Zeit der Poleis, der freien griechischen Stadtrepubliken vorüber; sie werden vom Weltreich ALEXANDERS DES GROSSEN abgelöst. „Apolitisch" heißt von daher, dass nicht mehr in der Grammatik der „Polis" gedacht wird, sondern in Kategorien eines Gemeinwesens, das in seinen Dimensionen beinahe die gesamte damals bekannte Welt umfasst. Ähnliches wird dann vom *Imperium Romanum* gelten, welches in der Abfolge der Weltreiche als nächstes auf den Plan treten sollte. b) So sehr sich in der räumlichen Erstreckung im Vergleich zum griechischen Kleinstaat eine markante Bewegung hin zu Internationalität, ja (hinsichtlich der *terra cognita*) zu Globalität feststellen lässt, so sehr – und darin ist ein zweiter zentraler Aspekt zu sehen – mutiert in den neuen Staatsgebilden der das Gemeinwesen aktiv mitgestaltende *Bürger* der Polis[355] zum *Untertan* des Imperiums. Dies führt tendenziell zu einer Apolitizität im Sinne eines Rückzugs aus der Politik in die Privatheit. Davon zeugt (jetzt einmal abseits dezidiert stoischer Tradition) allein schon die zum geflügelten Wort avancierte Maxime EPIKURS: „Lebe im Verborgenen!"[356] Und auch die beiden großen stoischen Grundwerte der Leidenschaftslosigkeit (ἀπάθεια) und der Unerschütterlichkeit der Seele (ἀταραξία) zielen in erster Linie auf einen inneren seelischen Frieden ab, der jeder spezifisch politischen Komponente entbehrt bzw eine solche sogar eher als Behinderung empfindet.[357]

---

[354] Cf oben p 123.

[355] Zumindest jener stets geringe Prozentsatz der Bevölkerung, der im vollen Sinne an den Bürgerrechten Anteil hatte.

[356] Das berühmte λάθε βιώσας findet sich bei EPIKUR, Fragmente 551.

[357] Cf dazu HÖFFE, Demokratie im Zeitalter der Globalisierung, 235f. Dort wird auch zu Recht darauf hingewiesen, dass mit dem Gründer der Stoa ZENON VON KITION und dem „Philosophen auf dem Kaiserthron" MARC AUREL wichtige Ausnahmen bzw Korrektive der

Nichtsdestotrotz ist der Kosmopolitismus, dh die Auffassung, dass es eine gemeinsame Polis aller Menschen, aller Lebewesen, aller Götter, ja des gesamten Kosmos gebe, ein zentraler Topos der Stoa. Allerdings „liegt der Akzent auf dem Kosmos, nicht der Polis“[358]. *Weltbürger* im stoischen Sinne bedeutet demnach zwar – der Pleonasmus sei gestattet –, sich in kosmische Ordnungen einzufügen, aber diese sind weniger rechtlicher oder staatlicher Natur. Polis hat hier schon mehr metaphorischen Sinn: Kosmopolit ist somit nicht so sehr der Bürger eines Weltgemeinwesens, sondern jener, der die Zwänge und Unzulänglichkeiten von Staatlichkeit in Hinblick auf ein Annehmen und Einordnen in das allumfassende Gefüge des Kosmos zu transzendieren weiß. Friede erweist sich auf diesem Hintergrund dezidiert nicht als politische Kategorie. Die *pax cosmopolitica sive universalis* gründet vielmehr darin, im Bewusstsein zu leben, Element des universalen kosmischen Zusammenhangs zu sein und unter Berücksichtigung dessen den jeweils angemessenen Platz zu finden und einzunehmen.

### 3.2.4 Augustinus und die *pax aeterna*

In Bezug auf den großen Kirchenlehrer des Abendlandes AUGUSTINUS VON HIPPO wird die zweite Spaltung konstatiert:[359] Zwar findet sich in seinem politischen Denken (und zwar in bis dahin einzigartig prominenter Weise) der Friedensgedanke, aber in dem Moment, da das Thema in seiner Gewichtigkeit bewusst geworden ist, wird es durch seine „Entweltlichung“ schon wieder weitgehend möglicher fruchtbarer Wirkungen für die irdische Gesellschaftsordnung beraubt.

In der Tat avanciert mit Augustinus (in markanter Abhebung von seinen antiken Vorgängern) der Friede zu einem der zentralen Themen der Reflexion, mehr noch: zum menschlichen Grundgut katexochen, das beinah hymnisch gefeiert wird: „So könnten wir denn sagen, unser höchstes Gut oder, wie wir es vorhin nannten, das ewige Leben sei der Friede ... Denn solch großes Gut ist der Friede, dass man auch im Bereich der irdischen und vergänglichen Dinge nichts Lieberes hören, nichts Erwünschteres begehren, endlich auch nichts Besseres finden kann.“[360] Und in diesem Kontext wird auch explizit das Phänomen internationaler Beziehungen in den Blick genommen, die negative Erfahrung des Krieges ebenso wie ihre Überwindung durch den und im Frieden: „Mit Friedensabsicht werden also auch die Kriege geführt ... Friede ist demnach das erwünschte Ende des Krie-

---

ansonsten betont apolitischen Haltung der Stoiker zu berücksichtigen sind, wenn man eine so vielgestaltige und mannigfaltige Schule nicht über einen allzu groben Kamm scheren möchte.

358 Ibd, 234.

359 Cf wiederum oben p 123.

360 AUGUSTINUS, De civitate Dei, XIX, 11.

ges. Denn jedermann erstrebt durch Kriegführung Frieden, keiner durch Friedensschluss Krieg."[361] Das systematisch gewichtige Buch XIX des Gottesstaates ist ganz der Frage nach dem höchsten Gut (*fines bonorum* bzw *summum bonum*) und dem ewigen Frieden (*pax aeterna*) gewidmet, welch beide Begriffe überhaupt in eins gesetzt werden. Mit Recht ist in diesem Zusammenhang von dem „für Jahrhunderte wichtigsten friedenstheoretischen Werk des Abendlandes"[362] gesprochen worden.

Haben wir im Blick auf die Stoa aber schon eine Zurückdrängung der politischen Züge des Friedensbegriffs hin auf ein eher kosmisches oder universales Verständnis desselben feststellen können, so tritt dieser Befund hier noch deutlicher hervor. Wenn wir nämlich im vorigen Kapitel von einer diesbezüglichen „Transzendierung" gesprochen haben, so ist dies in einem untechnischen Sinne geschehen: Den eigentlichen Akt der *Transzendierung* des Friedensbegriffes setzt nämlich Augustinus, indem er den „wahren" Frieden menschlichem Können und Maß grundsätzlich entreißt. Das Konzept des Friedens gewinnt damit eine dezidiert *eschatologische* Ausrichtung: Echter Friede ist eine Sache Gottes und seiner Gnade, die der Mensch im Wesentlichen nur dankbar annehmen, aber nicht selbst schaffen kann. Nicht zufällig wurde vorher[363] insistiert, dass man bei der Rede von der Friedens*stiftung* bezüglich einer vorschnellen Festlegung des Autors Vorsicht walten lassen solle. Menschliches Streben und Schaffen erweisen sich auf solchem Hintergrund immer nur als Stückwerk: Ob dieses in erster Linie als wertloses Abfallen und blinde Verkehrung zu deuten ist oder aber als wenn auch nur unvollkommene, so doch abbildhafte Vorwegnahme der *pax divina* ewigen Lebens verstanden werden kann, hängt dann davon ab, ob das entsprechende menschliche Handeln aus einer Haltung der Selbstbezogenheit und des Egoismus (*amor sui*) oder aber aus Anhänglichkeit an Gott (*amor Dei*) motiviert und geleitet ist.[364]

Auf ähnlichem Hintergrund wird auch hinsichtlich der Staatlichkeit als solcher argumentiert: Augustinus bedient sich des Staatsbegriffs CICEROS[365], um aufzuweisen, dass nach dieser Definition selbst Rom kein Staat gewesen sei, da es der wahren Gerechtigkeit, des echten *iuris consensus* entbehrt habe; demselben Verdikt muss auch die *pax Romana* anheimfallen. An anderer Stelle vermag das Römische Imperium in Hinblick auf eine alternative, abgeschwächte Staatsdefinition[366] zu

---

[361] Ibd, XIX, 12.

[362] HÖFFE, Demokratie im Zeitalter der Globalisierung, 247.

[363] Cf oben p 124.

[364] Cf AUGUSTINUS, De civitate Dei, XIV, 28.

[365] Cf CICERO, De re publica, I, 25: „Est igitur ... res publica res populi, populus autem ... coetus multitudinis iuris consensu et utilitatis communione sociatus." Insofern unterfällt auch Rom dem berühmten Räuberbanden-Diktum von ibd, IV, 4: „Was anders sind also Reiche, wenn ihnen Gerechtigkeit fehlt, als große Räuberbanden?"

[366] Cf AUGUSTINUS, De civitate Dei, XIX, 24: „Populus est coetus multitudinis rationalis rerum quas diligat concordi communione sociatus."

bestehen. Rechtfertigung und Legitimation kann politische Macht aber – und insofern haben wir es hier nicht mit einem philosophischen, sondern einem pointiert theologischen Zugang zu tun – einzig und allein aus Gott beziehen.

Aber sogar solche politische Macht wie auch der durch sie angestrebte Friede (wenn auch als *unvollkommen positiv* anerkannt) sehen sich tiefgreifender Distanz und Reserviertheit ausgesetzt. Zu tief verwurzelt ist das Bild der bloßen Pilgerschaft durch das irdische Jammertal: „Der himmlische Staat dagegen oder vielmehr der Teil desselben, der noch in dieser vergänglichen Welt auf der Pilgerfahrt sich befindet und im Glauben lebt, bedient sich notwendig auch dieses Friedens [sc des irdischen] ... Solange er darum im irdischen Staat gleichsam in Gefangenschaft sein Pilgerleben führt, trägt er ... kein Bedenken, den Gesetzen des irdischen Staates ... zu gehorchen."[367] Und noch stärker: „Denn solange die beiden Staaten miteinander vermischt sind, bedienen auch wir uns des Friedens Babylons. Zwar wird das Gottesvolk durch den Glauben von Babylon befreit, doch muss es einstweilen noch bei ihm als Pilgrim weilen."[368]

HÖFFE findet deutliche Worte der Kritik, indem er vor allem auf die prinzipiell negative Deutung von Menschenwerk rekurriert: „Problematisch ist ... dass der irdische, zeitliche und vom Menschen selbst zu stiftende Friede zu einem nur unvollkommenen Abbild des ewigen, geistlichen und von göttlicher Gnade abhängigen Friedens abgewertet wird. Das Abbild kann sogar – hier ist Augustinus ein ‚christlicher Eiferer' – zum schlechten und falschen Frieden erklärt werden."[369] Auch wenn man zu einem gewogeneren Urteil kommen möchte und dementsprechend den Elementen mehr Gewicht einräumt, die einer positiven Deutung als abbildhaft-antizipatorischen Annäherung das Wort reden, so muss doch festgehalten werden, dass die augustinische Konzeption – und darin tut man ihr wahrscheinlich kein Unrecht – nicht zu einer echten Würdigung und Anerkennung einer genuinen Rolle des irdischen Friedens, der Möglichkeiten des Menschen als politisches Wesen gelangt.

Kein Unrecht: Das prominenteste Anliegen des Gottesstaates war es, in eine als dekadent und zerfallend empfundene Welt hinein – das Anlassereignis der Schrift, die Eroberung Roms durch die Westgoten im Jahre 410, mag exemplarisch dafür stehen –, in eine Welt hinein, die für des Kirchenvaters Begriffe viel zu sehr auf menschliche Selbstheilungs- und -vollendungskräfte oder auf für ihn nicht existente Götzen setzte, ein neues Paradigma zu formulieren. In der Tat musste vor der Botschaft einer *pax aeterna (sive divina)*, als deren Verkünder Augustinus sich be-

---

367 Ibd, XIX, 17.

368 Ibd, XIX, 26.

369 HÖFFE, Demokratie im Zeitalter der Globalisierung, 248, wo gleichzeitig auf die Fortführung dieses Traditionsstranges durch BERTHOLD VON REGENSBURG („valsche fride") und durch NIKOLAUS VON KUES („schmutziger Friede") hingewiesen wird.

rufen sah, jegliche *pax terrena*, auch die bestgemeinte, als letztlich vorläufige, fragmentarische und unvollkommene weichen.

### 3.2.5 Kant und die *pax sempiterna*

Unzweifelhaft hat der augustinische Gottesstaat die folgende Diskussion entscheidend geprägt, ja vielfach dominiert. Nichtsdestotrotz würden im Gang durch die Jahrhunderte manche Denker ob ihrer zunehmend eigenständigen Weiterentwicklung und Entfaltung des überkommenen Erbes gesonderte Erwähnung und Behandlung verdienen.[370] Angesichts der gebotenen Knappheit sollen uns aber Siebenmeilenstiefel in einem großen historischen Schritt von mehr als tausend Jahren gleich zu einem Philosophen und Werk führen, die nach fast einhelliger Meinung mit Fug und Recht als neue, entscheidende Zäsur in der gegenständlichen Frage zu betrachten sind.

Die Rede ist von IMMANUEL KANT und seiner Abhandlung *Zum ewigen Frieden. Ein philosophischer Entwurf*, der sog *Friedensschrift*. Der relativ kurze Text – er nimmt in der Akademie-Ausgabe nur gut 40 Seiten ein[371] – stammt aus dem Jahr 1795 und wird gemeinhin als Reaktion auf den Basler Separatfrieden zwischen

---

[370] In diesem Zusammenhang muss wenigstens der Name von FRANCISCO DE VITORIA, herausragender Vertreter der *Schule von Salamanca*, fallen: In Ansatz und Terminologie dem scholastischen Erbe treu bleibend, bereichert und belebt er in durchaus origineller Weise zentrale Elemente desselben. Unter dem Eindruck des Abschlusses der spanischen *Reconquista* mit dem Fall von Granada sowie der Entdeckung von *Las Indias*, welch beide Schlüsselereignisse sich prominent mit dem Jahr 1492 verbinden, sucht er den Anforderungen einer sich abzeichnenden „Epochenwende" gerecht zu werden und bemüht sich insbesondere um eine Vermittlung des in vielerlei Hinsicht spannungsreichen Zusammentreffens von Alter und Neuer Welt. Für unseren Kontext ist entscheidend, dass er die überkommene aristotelisch-augustinisch-thomasische Gerechtigkeitslehre um eine bisher ausgesparte Dimension ergänzt: De Vitoria entwickelt eine ausgebaute *Völkerrechtslehre* und darin ein Exempel der so lange vermissten Reflexion über die internationalen Beziehungen, das auch für die späteren, weitum als „klassisch" geltenden Ansätze (insb für HUGO GROTIUS) eine nicht zu unterschätzende Grundlage und Inspirationsquelle werden sollte. Ganz im Sinne der vorstehenden Ausführungen steht dabei für ihn die Schaffung und Gewährleistung einer *Weltfriedensordnung* im Vordergrund, womit er, für die folgenden Überlegungen im höchsten Maße relevant, ein *Weltgemeinwesen* („totus orbis ... qui aliquo modo est una respublica", *Relectio de potestate civili* 21, Obras 191) meint, welches um des weltumspannenden Gemeinwohls willen durch eine *universale Rechtsordnung* auf einen *universalen Friedenszustand* auszurichten ist. Cf zur näheren Entwicklung des Gedankenganges JUSTENHOVEN, Francisco de Vitoria zu Krieg und Frieden, 62-75, bes 64 und 68 oben sowie DECKERS, Gerechtigkeit und Recht, 342-394.

[371] Vgl ibd, Bd VIII, 343-386. Künftig werden zitierte Stellen aus der Friedensschrift durch die Beifügung des folgenden Klammerausdrucks im Text belegt: (ZEF *Seitenzahl der Akademieausgabe*, [O/V]). Ein angehängtes „O" bedeutet „Hervorhebung(en) im Original", während „V" für „Hervorhebung(en) vom Verfasser" zu stehen hat.

Preußen und dem revolutionären Frankreich im April dieses Jahres gedeutet.[372] Sein 200. Geburtstag hat das schon von allem Anfang an positiv aufgenommene und auch verlegerisch überaus erfolgreiche Opus[373] mit einer nur schwer übersehbaren Fülle von Gedächtnisschriften, Sammelbänden, Aufsätzen etc beschenkt.

Das hat einmal damit zu tun, dass die Friedensschrift ohne pathetische Überhöhung bis auf den heutigen Tag als Meilenstein, ja vielleicht sogar als die für einen anderen Zusammenhang in Aussicht gestellte *kopernikanische Wende*[374] in der Reflexion der internationalen Beziehungen gelten kann. Höffe adressiert sie unmittelbar als „die bis heute wichtigste Theorie einer sowohl globalen als auch zeitlich unbegrenzten Rechts- und Friedensordnung“[375]. Dazu kommt noch, dass Kants bescheiden als *„philosophischer Entwurf“* tituliertes Werk gerade in der Gegenwart, insbesondere nach den vielfältigen und gewichtigen Ereignissen im Gefolge des Jahres 1989, in hohem Maße relevant und aussagekräftig erscheint. In Hinblick auf dessen „erstaunliche Aktualität“ formuliert eine der Geburtstagsgaben: „Der Kantsche Entwurf, der in seiner eigenen Zeit angesichts der damaligen Verbreitung von Kriegen als bloße Spekulation erscheinen mochte, stellt sich nunmehr – durchaus in Übereinstimmung mit der Intention Kants – als eine plausible Vorhersage dar.“[376]

Die Friedensschrift, die in sich, wie noch zu zeigen sein wird, wichtige ideengeschichtliche Stränge zusammenführt, diese aber in durchaus eigenständiger Weise aufnimmt, wandelt und darin zentrale Impulse für die weitere Diskussion setzt, wollen wir im Folgenden einer näheren Betrachtung unterziehen. Wiederum ist zu sagen, dass dabei nicht so sehr der historische Text als solcher und eine umfassende Darstellung des kantischen Gedankengangs im Vordergrund stehen; federführend ist das Interesse, in einigen auf den Text geworfenen interpretatorischen Schlaglichtern, damit allerdings auch in gewisser Selektivität Elemente herauszukristallisieren, die für den aktuellen Diskurs der Internationalisierung und Globalisierung, besonders aber für die Frage nach der Stellung des ICC in diesen Prozessen von Relevanz scheinen.

---

372 Auf Fragen der Entstehungsgeschichte sowie der Motivation der Friedensschrift kann hier nicht näher eingegangen werden. Cf dazu nur etwa PATZIG, Zum ewigen Frieden, 12ff sowie KLEMME, Einleitung, VII-XV sowie XXXVI-XLVIII. Dabei lassen sich insb Meinungsverschiedenheiten zur Rolle des angesprochenen Separatfriedens feststellen: PATZIG, 14 lässt den Zusammenhang „als sicher gelten“, während KLEMME, XI „gute Gründe für die [sc Gegen-]These“ sieht.

373 Cf ibd, L-LII.

374 Cf KANT, Kritik der reinen Vernunft, Vorrede zur 2. Auflage, B XVI.

375 HÖFFE, Demokratie im Zeitalter der Globalisierung, 230.

376 MERKEL/WITTMANN (Hrsg.), Zum ewigen Frieden, Einleitung, 7.

### 3.2.5.1 „Ein philosophischer Entwurf"

Wenn Kant die Friedensschrift mit dem Untertitel „Ein philosophischer Entwurf" versieht, so geschieht dies gewiss nicht zufällig. Ohne dem weiter nachgehen zu wollen, scheinen hier doch einige Bemerkungen angebracht:

Die Friedensschrift zeichnet sich trotz und gerade wegen ihres ernsten Inhalts durch nicht wenige ironisierende Elemente aus, die aber beileibe nicht nur der Auflockerung des Textes dienen: Das fängt schon mit dem ersten Satz an, wo der Titel des Traktates in Hinblick auf die „satirische Überschrift auf dem Schilde jenes holländischen Gastwirts, worauf ein Kirchhof gemalt war" (ZEF 343) – eine Anlehnung bei LEIBNIZ[377] – „gerechtfertigt" wird. Überhaupt stehe zu befürchten, dass dieses Ziel „nur [für] die *Philosophen* gelte, die jenen süßen Traum träumen" (ZEF 343, V) – nicht für die *Menschen* überhaupt, wie der Gegensatz in feiner Ironie hergestellt wird, und erst recht nicht für die *Staatsoberhäupter*, „die des Krieges nie satt werden können". Falls aber der besagte Philosoph seine „auf gut Glück gewagten und öffentlich geäußerten Meinungen" zu artikulieren sich getraue, dürfe der „*weltkundige* Staatsmann", der „mit großer Selbstgefälligkeit auf ihn [sc den Philosophen] als einen Schulweisen" herabsehe, darin auch „nicht Gefahr für den Staat [zu] wittern" (ZEF 343, O).

Diese *Clausula salvatoria*, wie sie Kant an besagter Stelle ausdrücklich anzubringen für nötig hält, hat einerseits handfeste autobiographische Hintergründe[378], zum anderen spielt sie aber durchaus bewusst mit dem der Philosophie immer wieder entgegengeschleuderten Vorwurf der Weltfremdheit: Wenn die Friedensschrift als dezidiert „philosophischer Entwurf" mit der Gliederung in sechs Präliminar- und drei Definitivartikel genauso entschieden in Struktur und Form eines damaligen Friedensvertrages gegossen wird[379], so ist damit durchaus klar der Anspruch signalisiert, dass der Philosoph auch für den Bereich zwischenstaatlicher Realitäten etwas Sinnvolles und Beachtenswertes beizusteuern habe – darin (wir denken wiederum an die salvatorische Klausel) eben auch Dinge, die die Mächtigen vielleicht nicht allzu gerne hören.

Ganz grundlegend geht es Kant nicht um eine Erweiterung der damals ein beliebtes Genre bildenden und entsprechend reichen utopischen Friedensliteratur.

---

[377] KLEMME (Hrsg), Zum ewigen Frieden, 111f.

[378] Cf dazu PATZIG, Zum ewigen Frieden, 16f: Der Königsberger Philosoph hatte im Gefolge der 1793 besorgten Publikation seiner Schrift „Die Religion innerhalb der Grenzen der bloßen Vernunft" ein von 1794 datierendes Reskript des preußischen Königs FRIEDRICH WILHELM II. erhalten, das ihm „Entstellung und Herabwürdigung mancher Haupt- und Grundlehren der Heiligen Schrift und des Christentums" vorwarf und ihm „bei fortgesetzter Renitenz unangenehme Verfügungen" ankündigte.

[379] Cf ibd, 17.

Vielmehr soll hier in bewusster Abhebung von einer bloßen *pax utopica* ein „Entwurf" vorgelegt werden, der – durch entsprechendes menschliches Handeln und sicherlich erst innert erheblicher Zeiträume – grundsätzlich *faktisch* realisierbar und dessen Realisierung zugleich *moralisch geboten* ist, womit auch der Bogen zum allerletzten Satz der Friedensschrift gespannt wird: „Wenn es Pflicht, wenn zugleich gegründete Hoffnung da ist, den Zustand eines öffentlichen Rechts, obgleich nur in einer ins Unendliche fortschreitenden Annäherung wirklich zu machen, so ist der *ewige Friede* ... keine leere Idee, sondern eine Aufgabe, die nach und nach aufgelöst, ihrem Ziele (weil die Zeiten, in denen gleiche Fortschritte geschehen, hoffentlich immer kürzer werden) beständig näher kommt." (ZEF 386, O)

Gleichzeitig werden philosophische Allmachtsphantasien aber mindestens ebenso engagiert verworfen. In offensichtlicher, aber anonymer Auseinandersetzung mit PLATONS *Philosophenkönigssatz*[380] hält er diesem unmissverständlich entgegen: „Dass Könige philosophieren, oder Philosophen Könige würden, ist nicht zu erwarten, aber auch nicht zu wünschen, weil der Besitz der Gewalt das freie Urteil der Vernunft unvermeidlich verdirbt." (ZEF 369) Der Philosoph soll sich frei und öffentlich äußern können, und die Politiker, die Mächtigen tun gut daran, die von ihm aus der Moral entfalteten allgemeinen Grundsätze ernst zu nehmen. Ersterer kann und soll aber keine Rezepturen für den Einzelfall entwerfen: Dies wiederum ist Aufgabe des (im Idealfall) „*moralischen Politikers* ..., der die Prinzipien der Staatsklugheit so nimmt, dass sie mit der Moral zusammen bestehen können." (ZEF 372)

Diese Grundsatzarbeit der „Schulweisen" aber ist gerade die entscheidende, und sie ist eine genuin *philosophische*: Kant warnt ausdrücklich davor, sich hier zu sehr vom vermeintlichen Einfluss der mit der Staatsmacht in unmittelbarer Verbindung stehenden[381] Juristen blenden zu lassen. Beispielhaft nimmt er auf unbestrittene Größen der damaligen Staats- und Völkerrechtslehre Bezug: auf den hinsichtlich seines monumentalen Werkes *De iure belli ac pacis* überhaupt als „Vater des Völkerrechts" apostrophierten Niederländer HUGO GROTIUS, auf den Deutschen SAMUEL VON PUFENDORF sowie den Schweizer EMER DE VATTEL.[382] Sie alle sind

---

380 Cf PLATON, Politeia, V, 18 473c-d: „Wenn nicht entweder die Philosophen Könige werden in den Städten, sage ich, oder die, die man heute Könige und Machthaber nennt, echte und gründliche Philosophen werden, und wenn dies nicht in eines zusammenfällt: die Macht in der Stadt und die Philosophie ... so wird es, mein lieber Glaukon, mit dem Elend kein Ende haben, nicht für die Städte und auch nicht, meine ich, für das menschliche Geschlecht."

381 Cf dazu die ironisierende Passage in ZEF 369: Der Jurist, „der die *Waage* des Rechts und nebenbei auch das *Schwert* der Gerechtigkeit sich zum Symbol gemacht hat, bedient sich gemeiniglich des letzteren, nicht um etwa bloß alle fremden Einflüsse von dem ersteren abzuhalten, sondern, wenn die eine Schale nicht sinken will, das Schwert mit hineinzulegen (*vae victis*)" (Hervorhebungen im Original).

382 Cf dazu näher KLEMME (Hrsg), Zum ewigen Frieden, 115 sowie MERKEL, Lauter leidige Tröster, 309f.

ihm, und wiederum kann er sich den Spott nicht verbeißen, nichtsdestotrotz nur „lauter leidige Tröster", deren „Kodex ... immer treuherzig zur *Rechtfertigung* eines Kriegsangriffs angeführt [sc wurde], ohne dass es ein Beispiel gibt, dass jemals ein Staat durch mit Zeugnissen so wichtiger Männer bewaffnete Argumente wäre bewogen worden, von seinem Vorhaben abzustehen" (ZEF 355, O), und erweisen sich von daher im Letzten als die eigentlichen „Schulweisen".

### 3.2.5.2 Ewiger Friede

Den die Definitivartikel enthaltenden Kernteil der Friedensschrift eröffnet Kant mit einer wichtigen terminologischen Festlegung: „Der Friedenszustand unter Menschen, die nebeneinander leben, ist kein Naturzustand ..., der vielmehr ein Zustand des Krieges ist, d.i. wenngleich nicht immer ein *Ausbruch der Feindseligkeiten*, doch *immerwährende Bedrohung* mit denselben." (ZEF 348f, V) Gerade entgegen dem zeitgenössischen und bis ins 20. Jahrhundert dominierenden Verständnis des Völkerrechts ist Friede von daher nicht allein schon die Abwesenheit von Krieg im Sinne des Fehlens oder der Beendigung tatsächlicher Kampfhandlungen. Dies wäre ein „*bloßer Waffenstillstand* (Aufschub der Feindseligkeiten), nicht *Friede*, der das Ende aller Hostilitäten bedeutet" (ZEF 343, V/O). Dieses nicht nur *aktuelle*, sondern auch *potenzielle* Gewalt umgreifende Verständnis des Krieges finden wir genauso prominent und deutlich herausgearbeitet bei THOMAS HOBBES, der in der Darstellung des Zustandes des *bellum omnium contra omnes* in dieselbe Kerbe schlägt: „For *Warre*, consisteth not in Battell onely, or the act of fighting; but in a tract of time, wherein the Will to contend by Battell is sufficiently known ... So the Nature of War, consisteth not in actuall fighting; but in the known disposition thereto, during all the time there is no assurance to the contrary. All other time is *Peace*."[383]

Zu dieser Erweiterung des Friedensbegriffs hinsichtlich der Überwindung auch bloß potenzieller Bedrohungen gesellt sich eine wichtige Beschränkung in anderer Richtung: Der kantische Friede ist dezidiert *weltlichen, säkularen Charakters*, mithin *irdischer Friede*. Damit sind wir wiederum bei der schon oben[384] erwähnten *pax terrena*, die uns aber hier in Gegensatz zu AUGUSTINUS nicht als Mangelerscheinung entgegentritt. Nichtsdestotrotz bedeutet sie letztlich eine *negative* Ausrichtung des Friedensbegriffs, die mit anspruchsvolleren positiven Konzeptionen in Konkurrenz tritt;[385] Frieden in diesem letzteren Sinne meint, allgemein gefasst, gelungenes, stimmiges menschliches Zusammenleben: Gerade das augustinische Denken ist ein Musterbeispiel für die Propagierung eines derartigen Friedensverständnisses,

---

383 HOBBES, Leviathan, I, 13 (Hervorhebungen im Original).
384 Cf oben p 131.
385 Cf dazu ausführlicher HÖFFE, Demokratie im Zeitalter der Globalisierung, 244ff.

welches diesem „eine schwerlich überbietbare Reichweite und begriffliche Fülle zuspricht“[386]. Mit ihm kommt eine *eschatologische* Komponente ins Spiel, die den irdischen, zeitlichen und vom Mensch selbst zu stiftenden Frieden als mehr oder minder vollkommenes Abbild des ewigen, himmlischen und gottgegebenen Friedens deutet. Dies führt nicht zwingend zu einer *Abwertung der pax terrena*, sehr wohl aber zu einer *Relativierung* derselben hin auf die höhere Wichtigkeit und Wirksamkeit der *pax aeterna.*

Diese Form der Relativierung kennt – bei allen Abstrichen, die bei einer vertiefenden Auseinandersetzung wohl noch zu machen wären – Kant im Ergebnis doch nicht. Höffe bringt dies uE sehr treffend mit der Rede von der *pax sempiterna* zum Ausdruck, die dem Wörtchen „ewig“ die entscheidende sprachliche Nuance gibt: „Bei Kant bedeutet es eher ‚sempiterna‘: auf immer, als ‚aeterna‘: erst in der Ewigkeit. Es verweist weder auf eine jenseitige Welt noch auf einen Rückzug in die Innerlichkeit, sondern meint eine Qualität des Diesseits: jenen vorbehaltlosen Frieden, der sich einer kategorischen Ächtung von Gewalt und Krieg verdankt.“[387] Darin manifestiert sich die *Loslösung* des Friedensbegriffs von der eschatologischen Perspektive, die *Verselbstständigung* der Friedenssuche auf Erden, die für die Friedensschrift als Ganze charakteristisch ist: An keiner Stelle findet sich ein expliziter, ein offenkundiger Hinweis, dass der angestrebte „ewige Friede“ eine Größe wäre, die sich in nennenswerter Weise außer- oder überirdischen Faktoren verdankte.

### 3.2.5.3 Die Stiftung des Friedens

Vor gewissen weltanschaulichen Hintergründen mag man diese „Entspiritualisierung bzw Deeschatologisierung der Friedenstheorie“[388] als unangebrachte Verkürzung oder willkürliche Ausblendung beklagen. Das vermag aber einmal nichts daran zu ändern, dass dieser säkularisierte und säkularisierende Zugang auch und gerade für unsere Zeit kennzeichnend ist; und zum anderen hat die Betonung des Eigenwertes der weltlichen Sphäre den Vorzug, menschlichem Handeln und menschlicher Verantwortung ein Mehr an Bedeutung zuzumessen. Wenn eine *theonome* Friedensordnung als solche auch nicht impliziert, dass der Mensch angesichts göttlichen Gnadenhandelns getrost die Hände in den Schoß legen kann, so rückt die in der Neuzeit prominenter werdende *autonome* Zugangsweise doch Gewicht und Rolle des Menschen stärker in den Mittelpunkt.

Mit diesen einfachen Gegenüberstellungen soll nicht der naiven Ansicht das Wort geredet werden, dass diese beiden Deutungsmuster völlig unverträglich und

---

386 Ibd, 248.
387 Ibd, 258.
388 Ibd, 251.

einander ausschließend wären oder dass die Propagierung des einen zwingend die Ablehnung des anderen forderte. Sehr wohl soll damit aber gesagt sein, dass die Relevanz menschlichen Handelns, insbesondere die Relevanz menschlichen Handelns im Diesseits für eben dieses Diesseits stärker ins Bewusstsein tritt als in früheren Zeiten, und dies in der ganzen Ambivalenz der Aussage: Denn hier geht es nicht nur um ein Bewusstwerden der „guten Seiten" des Menschen, seiner Berufung und Befähigung zur moralischen Gesetzgebung, sondern auch und mindestens ebenso gewichtig um ein zunehmendes Wissen um menschliche Zerstörungskraft und Destruktivität. In beiderlei Hinsicht hat das 20. Jahrhundert die Menschheit besonders eindrückliche und einprägsame Lektionen gelehrt.

Und so manifestieren sich *Eigenständigkeit* und *Eigenmächtigkeit* des Menschen in dem Doppelaspekt, der schon weiter oben ausgeführt worden ist: das wachsende Bewusstsein einer globalen Schicksalsgemeinschaft als wechselseitige Bedingtheit von Gemeinschaft von Tod, Not und Leid und Kooperationsgemeinschaft.[389] Just diesen Erfahrungen weist auch Kant einen zentralen Platz in seiner Friedensschrift zu: An prominentester Stelle, nämlich als Abschluss, Zusammenfassung und Kulminationspunkt der drei Definitivartikel, verknüpft er die beiden Elemente in einem überaus dichten und komprimierten Satz, von dem an anderer Stelle noch ausführlicher die Rede sein wird.[390] Dieser formuliert in seinem Kern Hoffnung und Anspruch, dass der Mensch aus der Erfahrung globalen Unrechts sowie seiner globalen kollektiven Handlungsfähigkeit im Stande und berufen sei, den ewigen Frieden zu „stiften" (ZEF 349), dh diesem weder als utopische oder jenseitige Größe nachjagen zu wollen noch ihn wie manches Etappenziel unmittelbar bewirken und verfügbar machen zu können, sondern ihn als gleichermaßen idealen wie realisierbaren Zustand handelnd zu erstreben:

> „Da es nun mit der unter den Völkern der Erde einmal durchgängig überhand genommenen (engeren oder weiteren) Gemeinschaft so weit gekommen ist, dass die Rechtsverletzung an *einem* Platz der Erde an *allen* gefühlt wird: so ist die Idee eines Weltbürgerrechts keine phantastische oder überspannte Vorstellungsart des Rechts, sondern eine notwendige Ergänzung des ungeschriebenen Kodex sowohl des Staats- als Völkerrechts zum öffentlichen Menschenrechte überhaupt, und so zum ewigen Frieden, zu dem man sich in der kontinuierlichen Annäherung zu befinden nur unter dieser Bedingung schmeicheln darf." (ZEF 360, O)

### 3.2.5.4 Völkerrecht und globale Rechtsordnung

Während der einleitende Nebensatz des vorgenannten Zitates unmittelbar nachvollziehbar scheint, türmen sich im Hauptsatz nicht selbstverständliche Be-

---

389 Cf dazu oben 3.1.2.1 sowie 3.1.2.2

390 Dazu cf ausführlicher unten 4.2.

griffe, die (wie aus dem Satzaufbau hervorleuchtet) als eingeführte, miteinander in Beziehung stehende *termini technici* verwendet werden. Im Hintergrund dessen steht die Trias von Staatsrecht, Völkerrecht und Weltbürgerrecht[391], die in ihrer Gesamtheit das Öffentliche Recht ausmacht und deshalb naheliegenderweise ihre nähere Entfaltung in der Abteilung *Rechtslehre* der *Metaphysik der Sitten*[392] findet. In diese Dreiteilung fügen sich unübersehbar die drei Definitivartikel der Friedensschrift: Deren erster bezieht sich auf das Staatsrecht[393], das die Beziehungen der Bürger untereinander (und zum Staat) in den Blick nimmt, das Völkerrecht dagegen widmet sich den Relationen der Staaten untereinander, während das Weltbürgerrecht[394] schließlich ausgreift auf das Beziehungsgeflecht der Bürger eines Staates zu anderen Staaten bzw zur Gesamtheit derselben.

Erscheint die Analyse des Verhältnisses der Staaten untereinander gemäß der vorgenommenen Darstellung auch fast als eine auf der Hand liegende Ergänzung jeden Staatsrechts, haben wir doch feststellen müssen[395], dass eine umfassende philosophische Reflexion der internationalen Beziehungen, dh prägnant gesagt: eine ausgebaute *Philosophie des Völkerrechts* lange hat auf sich warten lassen. Die Antike hat das Phänomen der Pluralität von Gemeinwesen durch die Bank stiefmütterlich behandelt, und auch in der umfassenden Friedenskonzeption AUGUSTINS spielt der zwischenstaatliche Friede nur eine sehr untergeordnete Rolle.[396] Zu einer dezidierten *Philosophie der internationalen Beziehungen* und damit (und genau darum geht es in diesem Kapitel) zu einer Weitung des Blicks zur philosophischen Reflexion hinsichtlich Möglichkeit und Beschaffenheit einer *globalen Rechtsordnung* kommt es weitgehend erst in der Neuzeit: Und wiederum sei gestattet, wichtige Figuren in diesem Zusammenhang zu übergehen[397] und gleich auf KANT zu verweisen, dessen

---

391 Die systematische Entfaltung dieser Dreiteilung hat im Zweiten Teil der *Metaphysik der Sitten*, *Rechtslehre* statt, welcher dem *Öffentlichen Recht* (§§ 43-62) gewidmet ist und eben in drei Abschnitten *Staatsrecht* (§§ 43-52), *Völkerrecht* (§§ 53-61) und *Weltbürgerrecht* (§ 62) behandelt. In der Zahl der den jeweiligen Abschnitten gewidmeten Paragraphen zeichnet sich schon ein deutliches Gefälle ab, das sich in Hinblick auf die jeweilige Zahl an Seiten in der Akademieausgabe noch verstärkt (311-342; 343-351; 352-353).

392 Künftig werden zitierte Stellen aus der Rechtslehre der Metaphysik der Sitten durch die Beifügung des folgenden Klammerausdrucks im Text belegt: (MSR *Seitenzahl der Akademieausgabe*, [O/V]). Cf dazu auch oben FN 371.

393 Das Staatsrecht sowie die diesbezüglich in der Friedensschrift geforderte *republikanische Verfassung* (ZEF 349ff) erfahren hier im Folgenden keine nähere Behandlung. Cf dazu noch unten 3.3.3.2 a).

394 Das für die im Rahmen dieser Arbeit anzustellenden Überlegungen zentrale Konzept des Weltbürgerrechts bleibt in der hiesigen Betrachtung nichtsdestotrotz ausgespart. Cf dazu ausführlich unten 4.2 sowie 4.3.

395 Cf oben 3.2.5.1.

396 Cf HÖFFE, Demokratie im Zeitalter der Globalisierung, 250.

397 Cf schon oben p 131.

Entwurf in seiner Bündelung der historischen Entwicklungsstränge, der Aufnahme der neuzeitlichen Staatsentwicklung und seiner besonderen Wirkmächtigkeit eine einzigartige Stellung zukommt.[398]

Es ist hier weder der Raum, noch liegt es in der Möglichkeit des Verfassers, einen angemessenen Überblick über die kantische Konzeption des Völkerrechts und seiner Vorstellung einer globalen (Rechts)Ordnung in Hinblick auf die Realisierung des ewigen Friedens – „das letzte Ziel des ganzen Völkerrechts" (MSR 350) – zu geben. Im Übrigen wird auch gar nicht vorrangig angestrebt, eine ausgewogene, Denker und Werk gerecht werdende, philosophiegeschichtlichen Qualitätsstandards verpflichtete Darstellung vorzulegen. Vielmehr sind die folgenden Ausführungen von der These her zu verstehen, dass Kant einen „philosophischen Entwurf" vorgelegt hat, der im neuzeitlichen Denken weder der einzige noch der erste war, der eine Philosophie des Völkerrechts vorgelegt hat, dessen Ansatz, wie die folgenden Überlegungen belegen werden müssen, aber in besonderer Weise für die Zwecke der vorliegenden Untersuchung geeignet zu sein scheint.

Indem sich der Königsberger Philosoph einerseits nicht als völliger Revoluzzer gebärdet, sondern vom Boden einer gewachsenen Tradition der Reflexion aus argumentiert, andererseits aber, geleitet vom *finis ultimus* des ewigen Friedens, durchaus engagiert, pointiert und für einen alternden Königsberger Ordinarius bisweilen bemerkenswert unabhängig von den gängigen Vorstellungen seiner Zeit seine Konzeption einer Weltrechtsordnung entfaltet, gibt er ein Instrumentarium an die Hand, das im besten Sinne „philosophisch" ist: Ebenso bewusst, wie es in Abhebung von utopisierenden Entwürfen der Realität der Welt, den Unrechtsstrukturen, den dominierenden Interessen, den machtheischenden Politikern ins Gesicht schaut und auf dieser Grundlage gleichermaßen realistische wie ambitionierte Etappenziele in Hinblick auf das „Letztziel" des ewigen Friedens zu formulieren sucht, so sehr distanziert es sich von einem rein pragmatischen Denken im Sinne einer politischen „Klugheitslehre" (ZEF 370ff) und müht sich, die angestrebte Ordnung auf eine tragfähige allgemeine normative Grundlage zu stellen.

Dieses Ringen hat in mannigfaltiger Weise den Rahmen für das folgende Denken abgesteckt – und die breite Wirkungsgeschichte der Friedensschrift durch die nunmehr 200 Jahre ihrer Existenz mögen als Beleg dafür stehen.[399] Das ungebrochene, ja heute noch gesteigerte Interesse an diesem Text erklärt sich wohl nicht zuletzt dadurch, dass sich darin ein Horizont eröffnet, der auch und gerade für die Anliegen, für die Voraussetzungen, für die Begrifflichkeit unserer Zeit eine taugliche Reflexionsgrundlage abgeben kann. Diese Vitalität soll sich insbesondere

---

[398] Aber auch für Kant gilt, und hier darf auf FN 391 zurückverwiesen werden, dass das Völkerrecht in Gegensatz zum Staatsrecht eine weit weniger umfangreiche und ausgebaute philosophische Behandlung erfährt.

[399] Cf etwa HÖFFE, Demokratie im Zeitalter der Globalisierung, 263ff.

in Hinblick auf den hier unternommenen Versuch einer philosophischen Annäherung an das Phänomen internationaler Strafgerichtsbarkeit bewähren.

Den ersten Überlegungen dieser Arbeit[400] war es zwar darum zu tun, den gerade aus der Taufe gehobenen Internationalen Strafgerichtshof in einen größeren Entwicklungs- und Traditionszusammenhang zu stellen. Dies darf aber nicht darüber hinwegtäuschen, dass die in ihm zu einem vorläufigen Höhepunkt gelangte Idee internationaler Strafgerichtsbarkeit ihrem Kern nach, und dies wird hier noch einmal nachdrücklich unterstrichen, ein sehr junges Phänomen ist, jedenfalls auf das 20. Jahrhundert, wenn nicht im Letzten sogar auf dessen zweite Hälfte zu beschränken ist.[401] Damit bewegen wir uns weit jenseits von Kants Lebenszeit und – angesichts der Fülle und Dynamik der geschichtlichen Entwicklung, wiederum ganz besonders jener des letzten Jahrhunderts – wohl noch markanter außerhalb seines historischen Vorstellungsvermögens.

Nichtsdestotrotz wird hier davon ausgegangen, dass gerade die Friedensschrift für ein tieferes Verständnis des Phänomens einen substanziellen Beitrag zu leisten hat, und so soll im Folgenden versucht werden, in dem dadurch eröffneten Horizont eine angemessene Platzierung herauszuarbeiten. Diesem Ziel des Strebens nach angemessener Einordnung dienen letztlich die relativ ausführlichen Erläuterungen zu Geschichte und Statut des ICC ebenso wie der in diesem Abschnitt noch folgende skizzenhafte Abriss der kantischen Völkerrechtslehre. Dabei wird sich erweisen, dass, so sehr die kantische Vorstellung einer globalen Rechtsordnung auch in fruchtbarer Weise Ausgangspunkt und Rahmen der kommenden Überlegungen bilden mag, dennoch eine kritische Auseinandersetzung damit erforderlich sein wird, die die besagte Konzeption auf ihre Voraussetzungen hin befragt und diese einer kritischen Sichtung, teils auch der Relativierung und Korrektur (insbesondere im Lichte der geschichtlichen Entwicklung der letzten beiden Jahrhunderte und der Anforderungen unserer heutigen Zeit) unterwirft. MERKEL spricht in diesem Zusammenhang pointiert von einem Denken „mit Kant und gegen ihn“[402].

Darin kommt zum Ausdruck, dass das Denken Kants selbst historisch bedingt ist und sich vor dem weiteren Gang der Dinge weder verschließen kann noch muss: Aktualität und Relevanz des Ansatzes gründen ja nicht zuletzt darin, dass in ihm – um jetzt sich über Jahrhunderte erstreckende, komplex ineinander verwobene Entwicklungsstränge sehr verkürzend anzusprechen – der die Szenerie des neuzeitlichen politischen Denkens prägende *Territorialstaat* sowie der sich auf diesem Hintergrund zunehmend entwickelnde *Nationalstaat* bewusst aufgenommen sind. Eine wichtige Zäsur und einen zentralen Angelpunkt stellen dabei in der histori-

400 Cf dazu oben 1.

401 Cf oben p 39.

402 MERKEL, Lauter leidige Tröster, 343. Zu den entsprechenden Ausführungen cf sogleich unten 3.3.

schen Betrachtung nicht zuletzt die Westfälischen Friedensschlüsse dar, mit denen 1648 der Dreißigjährige Krieg sein Ende fand: Der damit immer mehr auf den Plan tretende Typus des Territorialstaates und die für ihn charakteristische Dotierung mit Souveränität[403] bilden überhaupt erst den Boden, die einen friedenstheoretischen Ansatz solchen Zuschnitts gleichermaßen möglich wie notwendig machen. Und genau *Verschiebungen* in diesen Grund*konstanten* sind es, die manche Neubewertung und Neuorientierung innerhalb des erarbeiteten Rahmens nötig erscheinen lassen.

Bevor aber eine solche kritische Sichtung des Voraussetzungsrahmens im folgenden Kapitel in Angriff zu nehmen versucht wird, scheint es angebracht, einige wenige Hinweise zu geben, zu welchen Schlüssen Kant seine Völkerrechtskonzeption führt. Ganz zentral für das Verständnis dessen wiederum ist die Tatsache, dass sich in der damaligen Reflexion immer mehr das Bewusstsein gefestigt hat, dass nicht nur die einzelnen Menschen Personen seien, sondern dass auch anderen Gebilden Personencharakter zukommen könne: Aus mittelalterlichen Vorläufern wächst so die Theorie der *juristischen*, oder traditionell ausgedrückt: der *moralischen Person*. Und was in HUGO GROTIUS' *De belli ac pacis libri tres* von 1625 noch nicht in dieser Form nachweisbar ist, tritt im Jahre 1758 bei dem – wir erinnern uns – ebenso als „leidigen Tröster" bemühten EMER DE VATTEL schon deutlich, ja in definitorischer Unmissverständlichkeit zu Tage: „Eine Nation oder ein Staat ist eine *persona moralis*."[404]

Und genau in diese teils bespöttelte völkerrechtliche Tradition sich stellend, will auch der Königsberger den Staat nicht anders sehen als als eine „Gesellschaft von Menschen" und in der Folge und ausdrücklich als „moralische Person" (ZEF 344, MSR 343). Und ganz zwanglos ist ihm dann das Völkerrecht „das Recht der Staaten im Verhältnis gegen einander" (ZEF 350, MSR 343), das sich, wie das Staatsrecht aus dem Verhältnis natürlicher Personen erwächst, in Parallelität dazu als wechselseitige rechtliche Verfasstheit von Staaten als juristischen Personen darstellt. Und an später aufzugreifender Stelle bringt die Friedensschrift diese Parallelisierung selbst zum Ausdruck: „Völker als Staaten können wie einzelne Menschen beurteilt werden." (ZEF 354). Daraus folgt in konsequenter Weiterführung des Gedankens beispielsweise ein dem der natürlichen Personen nachempfundenes *Selbstbestimmungsrecht*[405] wie auch *Überlebensrecht*[406].

---

[403] Cf zu diesem zentralen Begriff im Speziellen unten 3.3.1.2.

[404] DE VATTEL, Le droit des gens ou principes de la loi naturelle, 17.

[405] Dies ist die *ratio* des im 2. Präliminarartikel ausgesprochenen Vererbungs- und Veräußerungsverbotes von Staaten: „Der Staat ist nämlich nicht ... eine Habe (*patrimonium*). Er ist eine Gesellschaft von Menschen, über die niemand anders als er selbst zu gebieten und zu disponieren hat. Ihn aber ... als Pfropfreis einem andern Staate einzuverleiben, heißt seine Existenz als einer moralischen Person aufheben und aus der letzteren eine Sache machen." (ZEF 344, O).

Wird nun aber der Staat als „moralische Person" anerkannt, so stellt sich unmittelbar aus der Erfahrung der Pluralität der Staaten heraus die Frage, wie diese Personenvielheit strukturiert ist bzw zu strukturieren sei, was also die leitenden Organisationsprinzipien der Staatenwelt und damit der ins Auge gefassten globalen Ordnung seien. In relativer Klarheit und vor allem in einprägsamer Begrifflichkeit gibt Kant darauf im Zweiten Definitivartikel (ZEF 354-357) eine Antwort, die auf dem lapidaren Leitsatz aufruht: „Das Völkerrecht soll auf einen *Föderalism* freier Staaten gegründet sein." (ZEF 354, O) Damit ist – und auch dieser technisch verwendete Ausdruck wird an der zitierten Stelle eingeführt – ein „Völkerbund" (ZEF 354) gemeint, womit eine begriffliche Abhebung von zwei verwandten, aber jeweils problematisch scheinenden Alternativvorstellungen gewährleistet werden soll:

a) Das eine Gegenmodell zum angestrebten „*Friedensbund (foedus pacificum)*" ist der schlichte „*Friedensvertrag (pactum pacis)*", welche beiden sich dahingehend unterscheiden, „dass dieser bloß *einen* Krieg, jener aber *alle* Kriege auf immer zu endigen suchte" (ZEF 356, O). Dies vermag nicht sonderlich zu überraschen, ist es doch erklärtes Grundanliegen von Anfang an, allen ephemeren Bestrebungen zum Trotz ewigen Frieden anzusteuern; der (terminologisch von vornherein pejorativ eingeführte) „Friedensvertrag" ist demgegenüber nur „bloßer Waffenstillstand (Aufschub der Feindseligkeiten), nicht *Friede*, der das Ende aller Hostilitäten bedeutet" (ZEF 343, O).[407]

b) Die zweite, viel interessantere Abhebung besteht gegenüber den Begriffen des „*Völkerstaates (civitas gentium)*" bzw der „*Weltrepublik*"[408] (ZEF 357, O).[409] Denn diese sind im (va heutigen, aber auch schon damaligen) Sprachgebrauch durchaus positiv, zumindest aber nicht spezifisch negativ besetzt, und Kant selbst zeigt sich diesem Vorhaben gegenüber im Grundsatz ausgesprochen wohlwollend, ja zustimmend, was ihn aber nicht davon abzuhalten vermag, ihm am Ende dennoch entschieden entgegenzutreten:

---

406 In diesem Sinne wird klar formuliert, dass „weder ein *Ausrottungskrieg (bellum internecinum)* noch *Unterjochungskrieg (bellum subiugatorium)*, der eine moralische Vertilgung eines Staats ... sein würde" (MSR 347, O) zulässig sein könnten, da eben durch diese der Staat als moralische Person zuschanden ginge. Dieselbe Überlegung motiviert auch den 6. Präliminarartikel (cf ZEF 346f), was dort allerdings nur indirekt zum Ausdruck kommt.

407 Cf den Friedensvertrag ganz ähnlich charakterisierend ZEF 355.

408 Dieser zentrale Begriff taucht schon etwas früher, nämlich 1793, in der *Religion innerhalb Grenzen der bloßen Vernunft* auf, wo Kant den „*philosophischen Chiliasm* ... eines ewigen, auf einen Völkerbund als Weltrepublik gegründeten Friedens" beschwört (cf ibd, AA VI, 34).

409 In der Fülle der angebotenen Termini gilt es zu beachten, dass die kantische Rede von „Föderalism" entgegen der heute geläufigen Verwendung der Begriffe „Föderalismus" und „Föderation" nicht auf eine bundesstaatliche Struktur verweist, sondern den Rahmen eines (bloßen) Staatenbundes, dh der *Konföderation* in gegenwärtiger Nomenklatur, wahren möchte (cf dazu aber unten 3.3.2.2).

> „Da sie [sc die Staaten] dieses [sc die Errichtung eines Völkerstaates] aber nach ihrer Idee vom Völkerrecht durchaus nicht wollen, mithin, was *in thesi* richtig ist, *in hypothesi* verwerfen, so kann an die Stelle der positiven Idee *einer Weltrepublik* (wenn nicht alles verloren werden soll) nur das *negative* Surrogat eines den Krieg abwehrenden, bestehenden und sich immer ausbreitenden *Bundes* den Strom der rechtsscheuenden, feindseligen Neigung aufhalten, doch mit beständiger Gefahr ihres Ausbruchs.“ (ZEF 357, O)

Als Ersatz- oder „zweitbeste Lösung“[410], als Surrogat eines nicht realisierbaren Weltstaates optiert und plädiert er also für den „Völkerbund“, dessen Bild in der Metaphysik der Sitten noch etwas nähere Ausgestaltung erfährt: Hier ist von einem „*permanenten Staatencongreß*“ als „*Verein* einiger *Staaten*, um den Frieden zu erhalten“ (MSR 350, O), die Rede, was ganz im Sinne des oben Ausgeführten noch folgendermaßen präzisiert wird: „Unter einem *Congreß* wird hier aber nur eine willkürliche, zu aller Zeit *auflösliche* Zusammentretung verschiedener Staaten, nicht eine solche Verbindung, welche (so wie die amerikanischen Staaten) auf einer Staatsverfassung gegründet und daher unauflöslich ist, verstanden.“ (MSR 351, O)

Die hier entfaltete eigenartige Mittelstellung und Zwischenexistenz des Völkerbundes als eines freien, jederzeit kündbaren Staatenbundes reflektiert auf *organisatorischem* Niveau, was auf *rechtstheoretischer* Ebene für das Völkerrecht als Rechtsordnung in eben derselben Weise gilt.[411] Auch dieses zeichnet sich durch eine charakteristische Ambivalenz aus, die in bestimmten, in der Folge zu entfaltenden Voraussetzungen gründet und auf deren Hintergrund nachvollziehbar wird. Dabei soll deutlich werden, welch nähere Bewandtnis es mit der kantischen Vorstellung einer globalen Rechtsordnung hat und wo eine vielleicht fruchtbare oder gar notwendige Kritik und Relecture von deren Voraussetzungsrahmen sinnvollerweise ansetzen kann.

## 3.3 Globale Rechtlichkeit in föderal-subsidiärer Weltrepublik

### 3.3.1 Voraussetzungsrahmen der kantischen Reflexion

Es ist schon mehrfach angeklungen, dass KANTS Analyse des Völkerrechts und globaler Rechtlichkeit erst von einer Herausarbeitung gewisser Voraussetzungen her angemessen verständlich wird. Dabei zeigt sich, und auch darauf wurde

---

410 HÖFFE, Demokratie im Zeitalter der Globalisierung, 259.

411 Und diese strukturelle Parallelisierung ist ja Kants erklärtes Ziel, um hiermit einen Bogen zum Eingangszitat des Leitsatzes des Zweiten Definitivartikels herzustellen: „Das Völkerrecht soll auf einen *Föderalism* freier Staaten gegründet sein.“ (ZEF 354, O).

schon hingewiesen, dass sich sein Zugang in diesem Punkt als durchwegs traditionell erweist: Wenn er auch GROTIUS, PUFENDORF und VATTEL, mithin die großen akademischen Vertreter der Völkerrechtsdisziplin, mit dem Verdikt der „leidigen Tröster" (ZEF 355) geißelt, wenn er auch im Blick auf das real existierende internationale Recht abfällig spricht von einem „auf Statuten nach Ministerialplanen vorgeblich errichtete[n] *Völkerrecht*, welches in der Tat nur ein Wort ohne Sache ist und auf Verträgen beruht, die in demselben Akt ihrer Beschließung zugleich den geheimen Vorbehalt ihrer Übertretung enthalten" (ZEF 377, O), so bleibt er in den Prämissen seiner Reflexion über das Völkerrecht doch dem gängigen Voraussetzungsrahmen seiner Zeit verhaftet. Dies wird insbesondere an dem seinen Ausführungen zu Grunde liegenden *Rechts*- wie auch *Souveränitäts*begriff deutlich, welche dementsprechend einer spezielleren Betrachtung unterzogen werden sollen.

### 3.3.1.1 Rechtsbegriff

Die im Vorigen formulierte harsche Kritik am Vertragsvölkerrecht richtet sich, das ist wohl zu beachten, nicht allein gegen den akzidentellen Missbrauch sowie die faktische Machtverfallenheit und -verfangenheit des Völkerrechts. Ganz im Gegenteil steht für den Königsberger Philosophen, was er einmal deutlich, ein andermal nur indirekt anspricht, der Rechtscharakter des internationalen, dh des über den Staat hinausgehenden Rechts grundsätzlich in Frage.

Den Ausgangspunkt der Reflexion bildet dabei die kategorische Feststellung: „Demnach ist kein Recht ohne eine Unwiederstehliche Gewalt."[412] Wenn sich in der Rechtslehre an die Überschrift „Das Recht ist mit der Befugniß zu zwingen verbunden" die Erläuterung anschließt: „Mithin ist mit dem Rechte zugleich eine Befugnis, den, der ihm Abbruch thut, zu zwingen, nach dem Satz des Widerspruchs verknüpft" (MSR 231), kommt der zentrale Gedanke noch unabweislicher zum Ausdruck. Der *Zwangscharakter*, die *Zwangsbewehrtheit* sind für Kant nicht nur ein historisch durchgängiger oder faktisch zentraler Bestandteil des Rechts, sondern ein *begrifflich-logisches Wesensmerkmal.* Erst eine normative Ordnung, die mit „unwiderstehlicher Gewalt" dotiert ist, den von ihr gewünschten Zustand notfalls mit Zwang herzustellen, kann *sensu stricto* als Rechtsordnung apostrophiert werden.

Dieser Maßstab will sich auch auf das Völkerrecht angewendet sehen: „Nur unter Voraussetzung irgendeines rechtlichen Zustandes ... kann von einem Völkerrecht die Rede sein." (ZEF 383) Nun wird aber gleichzeitig festgestellt, dass „Staaten als solche nicht unter einem gemeinschaftlichen äußeren Zwange stehen" (ZEF 355), und dies im unmittelbaren Zusammenhang mit dem „Lauter-leidige-Tröster"-Diktum. Kant zielt an dieser Stelle klar auf ein nicht nur faktisches Versagen der

[412] KANT, Reflexionen zur Rechtsphilosophie 7665, AA XIX, 482.

aufgeführten Autoren, sondern auf einen prinzipiellen Defekt des Völkerrechts ab, wenn er betont, dass deren Produkt „nicht die mindeste *gesetzliche* Kraft *hat* oder auch nur *haben kann*" (ZEF 355, V). Die Staaten sind keinem fremden äußeren Zwange untertan und sind sohin im technischen Sinne keine Rechts*unterworfenen*, keine Rechts*subjekte*. Damit scheitert aber auch der Rechtscharakter des Völkerrechts im eigentlichen Sinne. „Wer so strikt den Begriff eines äußerlich verbindlichen Rechts an das Bestehen einer dem innerstaatlichen Zwangsapparat vergleichbaren Garantie der Rechtsdurchsetzung bindet, der muss die Existenz von Völkerrecht sensu stricto überhaupt leugen. Hobbes hat das getan und Kant folgt ihm hierin – daher die Grimasse über die ‚leidigen Tröster'."[413]

Darin klingt schon eine erste Präzisierung an, die es an dieser Stelle vorzunehmen gilt: Kritisch aus kantischer Sicht ist der Charakter des Völkerrechts als Teil des *Öffentlichen Rechts* in Abhebung vom *Privatrecht*. Letzteres bedeutet jenen vorbzw naturrechtlichen Zustand (*status naturalis*), wo es noch keine souveräne, rechtsgarantierende Durchsetzungsmacht gibt.[414] Der Gegenbegriff des Öffentlichen Rechts verweist auf diesem Hintergrund (entgegen der heute herrschenden Terminologie) auf das Hinzutreten einer zentralen, zwangsbewehrten und darin gesellschaftsbegründenden Gewalt (*status civilis*).[415] Privatrechtlicher Charakter, dies kann einmal festgehalten werden, kommt dem Völkerrecht jedenfalls zu: Die Staaten begegnen einander ja nicht in bloßer Willkür, sondern gehen wechselseitig Verträge

---

413 MERKEL, Lauter leidige Tröster, 315, der in diesem Zusammenhang verweist auf HOBBES, De cive, Kap. XIV, 4 wie auch auf IDEM, Elements of Law, Natural and Politic, Lib. II, Cap 10 aE.

414 Cf ibd, 317.

415 Cf MSR, 306, wo folgerichtig auch festgehalten wird: „Dieses [sc das öffentliche Recht] enthält nicht mehr oder andere Pflichten der Menschen unter sich, als in jenem [sc dem Privatrecht] gedacht werden können; die Materie des Privatrechts ist eben dieselbe in beiden. Die Gesetze des letzteren [sc des öffentlichen Rechts] betreffen also nur die rechtliche Form ihres Beisammenseins." Es kann nur betont werden, dass die hier vorgestellte Unterscheidung nicht vorschnell mit den heute geläufigen Abgrenzungskriterien vermischt werden darf (cf dazu näher BYDLINSKI, Juristische Methodenlehre, 550f): Das Zitat legt dies unmittelbar nahe hinsichtlich der *Interessentheorie*, welche die diversen Materien nach ihrer schwerpunktmäßigen Interessenlage für den Einzelnen oder die Gemeinschaft zu scheiden sucht. Ähnliches gilt für die *Subjektstheorie*, die die beiden Bereiche nach der Beschaffenheit der beteiligten Subjekte unterscheidet. Aber auch die sich vielleicht nahelegende Parallele zur *Subjektionstheorie* erweist sich als nur scheinbare: Während diese darauf abstellt, ob die beteiligten Rechtssubjekte mit *imperium*, dh mit Zwangsgewalt auftreten oder nicht, meint der kantische Begriff des „Privatrechts" in deutlicher Abhebung davon einen Zustand, der überhaupt (noch) keine Zwangsgewalt kennt. Von daher sind sowohl Öffentliches wie auch Privatrecht heutigen Verständnisses als ganze „Öffentliches Recht" (im kantischen Sinn), weil letztlich auch hinter dem Privatrecht die zentrale, zwangsweise Durchsetzung der entstandenen Ansprüche in Form des *staatlichen Gewaltmonopols* steht, welch „Schwert" dieser den Privaten im Wege des staatlichen Zivilprozesses „leihweise" zur Verfügung stellt.

ein und treten miteinander in vielerlei Arten von Rechtsbeziehungen.[416] Wenn der naturrechtliche Zustand der monopolisierten, zwangsbewehrten Rechtsdurchsetzung ermangelt, bleibt nur die Alternative einer dezentralisierten, dem Einzelnen überlassenen Verfolgung seiner Ansprüche.[417] Diesem ist dabei sowohl die Beurteilung der Frage überlassen, ob und, wenn ja, welcher Anspruch vorliege, desgleichen die Wahl der ihm opportun und angemessen scheinenden Mittel: „Die application der Gesetze des Naturrechts" vollzieht sich „durch eigen Urtheil und Gewalt"[418] jedes Staates für sich. „Der Krieg ist blos ein Gebrauch der Gewalt in Ermangelung der Rechtspflege in statu naturali."[419] Oder noch präziser formuliert:

> „Im natürlichen Zustande der Staaten ist das *Recht zum Kriege* (zu Hostilitäten) die erlaubte Art, wodurch ein Staat sein Recht gegen einen anderen verfolgt, nämlich, wenn er von diesem sich lädiert glaubt, durch eigene *Gewalt*: weil es durch einen *Proceß* (als durch den allein die Zwistigkeiten im rechtlichen Zustande ausgeglichen werden) in jenem Zustande nicht geschehen kann." (MSR 346, O)

Und wenn die Friedensschrift in derselben Weise argumentiert, dass „die Art, wie Staaten ihr Recht verfolgen, nie, wie bei einem äußeren Gerichtshofe, der Prozess, sondern nur der Krieg sein kann ... den man auch nicht geradezu für ungerecht erklären kann" (ZEF 355), so unterstreicht das einmal mehr die Kategorisierung des Völkerrechts als privatrechtlichen Zustand, der keinen „kompetenten Richter" (MSR 312) kennt.

Aber damit ist die Angelegenheit nicht erledigt: Was Kant interessiert, ist eine Begründung des Völkerrechts als *Öffentliches Recht*. Dies ergibt sich schon allein daraus, dass er, wie wir im Vorigen[420] gesehen haben, den Abschnitt „Völkerrecht" ganz selbstverständlich der Abteilung über das „Öffentliche Recht" zuschlägt. Auf dem Hintergrund des Vorgetragenen muss sich diese Qualifizierung aber gravieren-

---

416 Diese Naturzustands-Rechte sind aber – eben wegen ihrer mangelnden zentralen Durchsetzbarkeit – in einem entscheidenden Sinne nur *Quasi-Rechte*, womit allerdings nicht gesagt sein soll, dass ihre „Durchsetzungschance" unbedingt eine geringere sein muss (cf etwa den Fall eines besonders potenten und mächtigen Individuums, das im Stande ist, sich selbst effizient zu seinem Recht zu verhelfen): Kant spricht in diesem Zusammenhang treffender von *provisorischen* Rechten, denen er die *peremptorischen* Rechtsverhältnisse des bürgerlichen Zustandes entgegensetzt (cf MSR 256, 312 sowie ZEF 348).

417 In diese Richtung argumentiert, sich der analogen Gegenüberstellung von *Naturzustand* und *bürgerlichem Zustand* bedienend, auch LOCKE, Zweite Abhandlung über die Regierung, §§ 4 sowie 7-13. Wegen der natürlichen Gleichheit aller Menschen im Naturzustand „ist in jenem Zustand die *Vollstreckung* des natürlichen Gesetzes in jedermanns Hände gelegt. Somit ist ein jeder berechtigt, die Übertreter dieses Gesetzes in einem Maße zu bestrafen, wie es notwendig ist, um eine erneute Verletzung zu verhindern." (§ 7, Hervorhebung im Original).

418 KANT, Reflexionen zur Rechtsphilosophie 7817, AA XIX, 525.

419 Ibd, 7824, AA XIX, 527.

420 Cf dazu oben FN 391.

den Anfragen stellen: „Außer Zweifel steht [aber] Kants Absicht, in der Friedensschrift die Bedingungen der Möglichkeit eines wirklichen ‚öffentlichen Rechts' zwischen den Staaten zu klären. Es ist jedoch schwer zu sehen, wie er unter den Prämissen seines Entwurfs dieses Prädikat für ein künftiges Völkerrecht plausibel machen könnte ... Denn die Absolutheit, mit der er den Begriff des (öffentlichen) Rechts analytisch an einen ‚gemeinschaftlichen äußeren Zwang' ... bindet, scheint auch seinen eigenen Entwurf dem Tadel des bloß ‚leidigen Trostes' auszuliefern. Tatsächlich wird die skizzierte Inkonsistenz in der Friedensschrift nicht behoben."[421]

Was Merkel hier artikuliert, ist keine Kritik an der Definition des Rechts als zwangsbewehrte Normenordnung. Insofern steht Kant in einer langen und bewährten Tradition, die gerade in diesem Aspekt das charakteristische Unterscheidungsmerkmal zu anderen normativen Ordnungen wie Sitte, Brauch etc sieht. Vielmehr geht es um ein Infragestellen der *Absolutheit* dieses Kriteriums und (damit zusammenhängend) der *Rigidität* des Rechtsbegriffes, wovon sich für unseren Zusammenhang gravierende Folgen ableiten: „So wird ein ‚Alles-oder-nichts'-Kriterium des Rechtsbegriffs fixiert, das nicht nur das positive Völkerrecht, sondern auch große Teile der historischen Entwicklung innerstaatlichen Rechts ausschließt."[422] In Abhebung vom Verdikt von THOMAS HOBBES[423] oder JOHN AUSTIN[424], die auf dem Hintergrund derartiger Überlegungen den Rechtscharakter des Völkerrechts verneinen, lässt etwa HANS KELSEN, der genauso die Erzwingbarkeit als *das* Charakteristikum des Rechts ansieht[425], innerhalb gewisser Bandbreiten eine Variation in Hinblick auf Form und Intensität des Zwangsmomentes zu. Damit rückt neben den entwickelten nationalen Rechtsordnungen mit ihrem Gewaltmonopol das Völkerrecht, wo die Normvollstreckung weitgehend der Selbsthilfe der Rechtsgenossen überantwortet ist, als *„primitive"*[426], aber um nichts weniger *echte* Rechtsordnung in den Blick.

---

[421] MERKEL, Lauter leidige Tröster, 318f.

[422] Ibd, 322.

[423] Cf schon oben FN 413.

[424] Cf dazu AUSTIN, The Province of Jurisprudence Determined, 138f.

[425] Cf KELSEN, Reine Rechtslehre, 34ff: „Als Zwangsordnung unterscheidet sich das Recht von anderen Gesellschaftsordnungen. Das Zwangsmoment ... ist das entscheidende Kriterium." (ibd, 36).

[426] Cf ibd, 323f sowie IDEM, Das Problem der Souveränität, 260; in diesem Zusammenhang lässt sich etwa auch auf die Rede vom „anarchischen Recht" in GEORG JELLINEKS Allgemeiner Staatslehre verweisen. Mit der Rede von der *primitiven bzw anarchischen Rechtsordnung* darf nicht nur oberflächlich die schon erwähnte Charakterisierung des Völkerrechts als *hinkendes Rechtssystem* assoziiert werden (cf oben 2.3.2). Auch in diesem Zusammenhang wurde va das Fehlen von kollektiven Institutionen und Verfahren konstatiert, die zur allseits verbindlichen Feststellung, Umsetzung und Vollstreckung gemeinsamen Rechts befugt sind.

### 3.3.1.2 Souveränitätsbegriff

„Die Rigidität dieses *Rechts*begriffs korrespondiert mit einer aus heutiger Sicht ebenfalls unangemessenen Verabsolutierung des *Souveränitäts*dogmas."[427] Von *Souveränität*, diesem so wirkmächtigen und schillernden Begriff, war im Rahmen dieser Arbeit schon mehrfach und in verschiedenen Zusammenhängen die Rede, ohne dass er bisher genauer adressiert worden wäre. Dabei fühlt man sich etwas an AUGUSTINS Reflexion über die Zeit im 11. Kapitel seiner *Bekenntnisse* erinnert, wo er von einem Phänomen spricht, auf das wir uns einerseits so selbstverständlich und unbefangen wie kaum ein anderes beziehen – ein echter Alltagsbegriff also –, das aber gleichzeitig einer Erklärung nicht ohne weiteres zugänglich ist. „Wenn mich jemand danach fragt, weiß ich es, wenn ich es aber einem, der mich fragt, erklären sollte, weiß ich es nicht."[428] Nicht unähnlich verhält es sich mit der „Souveränität", die in der neuzeitlichen Reflexion über Rechtlichkeit und Staatlichkeit zum Alltags- und Königsbegriff avanciert ist. So selbstverständlich und unhintergehbar diese Begrifflichkeit mithin auf der einen Seite geworden ist, so schwierig und spannungsreich erweist sie sich, so man sie genauer festzumachen sucht.

Als erste und prägende Gestalt hat sich JEAN BODIN gegen Ende des 16. Jahrhunderts an einer rechtsphilosophischen Durchdringung des Begriffs versucht, der in seiner Etymologie auf das lateinische *superanus* (dh oben befindlich) zurückgeht. Ihm verdanken wir die berühmte Definition: „La souveraineté est la puissance absolue et perpétuelle d'une République …, c'est-à-dire la plus grande puissance de commander."[429] Komplementär dazu versteht sich der *citoyen*, der Bürger (oder vielleicht besser: das Rechtssubjekt) als „franc sujet tenant de la souveraineté d'autrui"[430]. Dieses Verständnis einer absoluten und dauernden Macht als höchster Befehlsgewalt setzt sich in der Folge zunehmend in den Köpfen fest und konsolidiert sich im Laufe des 17. Jahrunderts in Richtung der Dotierung des Staates mit Souveränität im Sinne einer *ihm und nur ihm eigentümlichen, höchsten, allumfassenden und nicht abgeleiteten Hoheitsgewalt.*

Diese Hoheitsgewalt wiederum ist von doppeltem Charakter; das Verbindende ist aber jeweils, dass sie als unabgeleitete, in sich stehende, mithin als originäre

---

427 MERKEL, Lauter leidige Tröster, 323 (Hervorhebungen vom Verfasser).

428 Cf AUGUSTINUS, Bekenntnisse, XI, 14: „quid est enim tempus? quis hoc facile breviterque explicaverit? quis hoc ad verbum de illo proferendum vel cogitatione comprehenderit? quid autem familiarius et notius in loquendo conmemoramus quam tempus? ... si nemo ex me quaerat, scio; si quaerenti explicari velim, nescio."

429 BODIN, Les six livres de la République, I, 8. Soweit die französische Erstauflage von 1576; der lateinische Text aus 1580 (*De republica libri sex*) formuliert an dieser Stelle den berühmten Satz: „maiestas est summa in cives ac subditos *legibusque soluta potestas*" (Hervorhebung vom Verfasser).

430 Ibd, I, 6.

Gewalt verstanden wird: Zum einen meint sie als *innere Souveränität* die höchste und letzte Verfügungsgewalt bezüglich der „inneren Angelegenheiten" eines Gemeinwesens, auf deren Hintergrund die Grammatik der im 17. und 18. Jahrhundert immer heftiger werdenden Konfrontation der Ansprüche des absoluten Monarchen, des „Souveräns", mit jenen der Autonomie und Eigenrechtlichkeit für sich in Anspruch nehmenden „Untertanen" verständlich wird, welche eine zunehmende Überführung der *Fürsten-* in die *Volkssouveränität* mit sich bringt. Uns interessiert hier naturgemäß mehr die *äußere Souveränität*, die auf *Unabhängigkeit* und *Gleichheit* eines Gemeinwesens gegenüber den anderen abstellt, die ihm nicht irgendwie verliehen oder zugestanden ist, sondern welchen Anspruch auf Anerkennung durch die anderen Staaten es aus sich selbst zu haben beansprucht. Genau das meint die traditionelle Rede von der *égalité souveraine des États*; und genau daraus folgt, wenn man als Wesenszug von Gerichtsbarkeit die Unterwerfung unter fremde Entscheidungsgewalt erkennt[431], die Anwendung der Formel *par in parem non habet iurisdictionem* für das Völkerrecht. Mangels einer übergeordneten Instanz scheinen die Staaten – und dies ergibt sich allein aus der Begrifflichkeit selbst – als Richter und Vollstrecker in eigener Sache zur Selbsthilfe berufen.

Genau diese weitgehende Ermächtigung, und auch dieser Hinweis darf nicht fehlen, beinhaltet aber zugleich eine wichtige Einschränkung: Wenn BODIN von „puissance absolue" spricht, meint er in allererster Linie die Losgelöstheit eines Staates vom Willen der anderen, die Unabhängigkeit den anderen Völkerrechtssubjekten gegenüber, die ihn in der Tat zur selbstständigen Verfolgung seiner Ansprüche und damit als *ultima ratio* auch zum Krieg ermächtigt. Dies ist aber zu unterscheiden von völliger Ungebundenheit oder Willkür, von einer Art von normativem Solipsismus: Insofern wird der Franzose durchwegs als Vertreter einer *relativen Souveränität* verstanden[432], indem er diese nämlich naturrechtlichen Bindungen unterworfen sieht; eben dasselbe gilt für den vielfach als „Theoretiker der Macht" verschrieenen THOMAS HOBBES.[433] Als Vertreter der Gegenmeinung einer echten *absoluten Souveränität* auf Basis einer dezidiert voluntaristischen Völkerrechtskonzeption, die dieses allein als „äußeres Staatsrecht" sieht und im besten Falle in Gestalt einer einseitig widerrufbaren Selbstbindung der Staaten anzuerkennen bereit ist, wird generell GEORG WILHELM FRIEDRICH HEGEL angeführt.[434]

---

[431] Cf dazu schon oben 2.2.2.1.

[432] Zu dieser Unterscheidung NEUHOLD/HUMMER/SCHREUER, Handbuch des Völkerrechts, Bd I, Rz 34ff.

[433] Cf dazu etwa HOBBES, Leviathan I, 14 und 15 sowie IDEM, De cive, 81ff.

[434] Dies tritt deutlich im Abschnitt *Das äußere Staatsrecht* in HEGEL, Grundlinien der Philosophie des Rechts, §§ 330 bis 340 (Zusätze von EDUARD GANS) zu Tage: „Staaten sind keine Privatpersonen, sondern vollkommen selbstständige Totalitäten an sich ... Bei Privatpersonen ist die Stellung so, dass sie über sich ein Gericht haben, das das, was an sich Recht ist, realisirt ... Das Verhältnis von Staaten ist das von Selbstständigkeiten, die zwischen sich stipuliren, aber

Es muss hier mit dieser kruden Gegenüberstellung genug sein. Deutlich werden soll aber, dass der Souveränitätsbegriff einerseits nicht zwingend in einer völlig abgehobenen Willkürmacht des Einzelstaates und damit in einer schlechthinnigen Negation des Völkerrechts gipfeln muss, dass andererseits aber die Rede von einer *legibus soluta potestas* durchaus geeignet ist, als Einfallstor für solche Positionen zu dienen. Dies gilt für den Bereich der rechts- und staatsphilosophischen Reflexion wie auch für die politische Praxis und die Historie gewordene Realität, wofür paradigmatisch das 19. Jahrhundert[435] und wohl noch mehr das vorige Säkulum stehen müssen.

Für KANT in diesem Feld eine angemessene Platzierung zu finden, erweist sich als nicht einfach: JEAN-JACQUES ROUSSEAU entwickelt in seinem *Contrat social* einen sehr strengen Begriff von Souveränität – insbesondere hinsichtlich deren Unveräußerlichkeit und Unteilbarkeit[436] –, dem im Letzten auch die Möglichkeit eines Völkerrechts im eigentlichen Sinne zum Opfer fällt.[437] Eine in der Struktur ähnliche Argumentation haben wir auch beim Philosophen aus Königsberg gesehen: Auf Grund seines rigiden Rechtsbegriffs ist die Möglichkeit von Völkerrecht als Teil des „Öffentlichen Rechts" problematisch geworden. Hand in Hand damit geht eine ebenso strikte Ausgestaltung der Souveränitätskonzeption, indem jede Form einer wirklichen Unterordnung des Staates unter eine von ihm verschiedene (wie auch immer sonst näher beschaffene) Autorität verworfen wird. Dabei geht es nicht nur um die Zurkenntnisnahme faktischer Unabhängigkeit, sondern um die

---

zugleich über diesen Stipulationen stehen." (Zusatz zu § 330) In diesem Musterbeispiel der Formulierung eines *Vollkommenheitsargumentes* sowie der darauf aufbauenden prinzipiellen *Asymmetrie von Individuen und Staaten*, die sich aber auch, in abgeschwächter Form, KANT wird vorhalten lassen müssen (cf dazu sogleich unten 3.3.2.1), zeigen sich zugleich klar die Konsequenzen eines solchen Konzepts hinsichtlich des Ideals ewigen Friedens. „Es giebt keinen Prätor, höchstens Schiedsrichter und Vermittler zwischen Staaten, und auch diese nur zufälligerweise, d.i. nach besondern Willen. Die *Kantische* Vorstellung eines *ewigen Friedens* durch einen Staatenbund, welcher jeden Streit schlichtete, und als eine von jedem einzelnen Staate anerkannte Macht jede Mishelligkeit beilegte, und damit die Entscheidung durch den Krieg unmöglich machte, setzt die *Einstimmung* der Staaten voraus, welche auf moralischen, religiösen oder welchen Gründen und Rücksichten, überhaupt immer auf besondern souverainen Willen beruhte, und dadurch mit Zufälligkeit behaftet bliebe." (Zusatz zu § 333, Hervorhebungen im Original).

435 MERKEL, Lauter leidige Tröster, 328 spricht hier anschaulich vom „blutig durchgesetzten Dogma der absoluten nationalstaatlichen Souveränität ... und einer gänzlichen rechtsfreien kriegerischen Willkür der Staaten". Von der besonderen Bedeutung der Exzesse hinsichtlich des *ius ad bellum* für die Beförderung der Idee einer internationalen Strafgerichtsbarkeit cf schon oben 1.1.3.

436 Cf ROUSSEAU, Du contrat social, II, 1 („Que la souveraineté est inaliénable") und 2 („Que la souveraineté est indivisible"). Hier lässt aber auch KANT nichts an Deutlichkeit vermissen, wenn er in einer Fußnote zu GS 294 formuliert: „Es kann also im Staate nicht mehr als einen einzigen gnädigen Herren geben."

437 Cf dazu HÖFFE, Demokratie im Zeitalter der Globalisierung, 256.

Sanktionierung einer prinzipiellen normativen Autarkie des einzelnen Gemeinwesens, die den Staaten nicht nur Rechte verleiht, sondern gar zur Pflicht gemacht wird: Ganz deutlich wird an zwei Stellen der Friedensschrift zum Ausdruck gebracht, dass der „*status iuridicus* [sc des Völkerrechts] ... nicht eben (gleich dem, woraus ein Staat entspringt), auf Zwangsgesetze gegründet sein *darf*" (ZEF 383, V), ja dass die Staaten sich begegnen müssten, „ohne dass diese doch sich deshalb (wie Menschen im Naturzustande) öffentlichen Gesetzen und einem Zwange unter denselben unterwerfen *dürfen*" (ZEF 356, V).

Just an diesem Punkt setzt MERKEL wiederum mit seiner (relativ harsch ausfallenden) Kritik an, wenn er im Blick auf Kant „eine so apodiktische Strenge seines Dogmas [sc der Souveränität]" in Frage stellt und diesem eine „unangemessene Alles-oder-nichts-Folgerung" auf dem Hintergrund der „starren Logik seiner ausschließlichen begrifflichen Konstruktion" attestiert.[438] Inwieweit diese Kritik berechtigt sei, gilt es im Folgenden näher zu beleuchten, knüpfen sich daran doch wichtige Folgen in Hinblick auf ein angemessenes Verständnis eines globalen Rechtssystems.

### 3.3.2 Zur Kritik des Voraussetzungsrahmens

#### 3.3.2.1 Asymmetrie von Individuen und Staaten als Rechtssubjekte

Den Ausgang wollen wir von einem Punkt nehmen, der sich vielleicht auf den ersten Blick nicht nahezulegen scheint, aber unmittelbar ins Herz der Problematik führt. Wir erinnern uns[439], dass wir als Voraussetzung der hier nachvollzogenen Reflexionsschritte herausgearbeitet haben, dass neben die Menschen als *natürliche* Personen Gebilde treten, denen durch die Rechtsordnung ebenso Personencharakter verliehen ist, die sog *moralischen* bzw *juristischen* Personen. Den Individuen als den *geborenen* treten so im inner- wie überstaatlichen Bereich (*more* oder *iure*) *gekorene* Rechtssubjekte zur Seite.

Es ist wichtig zu sehen, dass dieser Schritt Völkerrecht im heutigen Sinne überhaupt erst ermöglicht, denn die hier relevanten Rechtssubjekte – also jene Gebilde, die als solche als Träger von Rechten und Pflichten fungieren – sind nicht etwa Menschen, sondern Staaten.[440] In diesen Zusammenhang gehört auch eine ter-

---

438 Cf MERKEL, Lauter leidige Tröster, 323f.

439 Cf dazu oben p 141.

440 Während GROTIUS die (äußere) Souveränität, die just die Völkerrechtssubjektivität bedeutet, noch in der Person des (absoluten) Monarchen lokalisiert, wird diese bei DE VATTEL schon unmissverständlich der (moralischen) Person des Staates zugeschrieben. Zu dieser Entwicklung der Ablösung der *Fürstensouveränität* durch die *Souveränität der Staatsperson* (bzw die Redu-

minologische Klärung, die KANT nachdrücklich ans Herz legt: „Das Recht der *Staaten* im Verhältniß zu einander [welches nicht ganz richtig im Deutschen das *Völkerrecht* genannt wird, sondern vielmehr das Staatenrecht (*ius publicum civitatum*) heißen sollte] ist nun dasjenige, was wir unter dem Namen des Völkerrechts zu betrachten haben" (MSR 343, O). Mithin wäre im Folgenden richtiger vom *internationalen Recht*[441] als dem Recht der Staaten untereinander (*inter nationes*) zu sprechen, was angesichts des Grades der Verbreitung des Begriffes *Völkerrecht* aber nicht konsequent durchgehalten werden wird. Auf dem Hintergrund ihrer prinzipiellen Gleichheit als Rechtssubjekte will Kant Individuen und Staaten konsequent gleich behandelt sehen: „Völker als Staaten können wie einzelne Menschen beurteilt werden." (ZEF 354) Aus dieser Parallelisierung ergeben sich, wie schon erwähnt worden ist, ganz folgerichtig ein den Individuen analoges *Selbstbestimmungs-* sowie *Überlebensrecht* von Staaten.[442]

An einem ganz entscheidenden Punkt sieht der Königsberger Philosoph den Gleichlauf von Individuen und Staaten aber durchbrochen: Wir haben oben[443] vom Privatrecht gesprochen, das gekennzeichnet ist von jenem vor- bzw naturrechtlichen Zustand (*status naturalis*), wo es noch keine zentrale Durchsetzungsmacht gibt. Kant charakterisiert diesen folgendermaßen und gibt damit wichtige Hinweise für ein tieferes Verständnis der sich abzeichnenden Asymmetrie: „Zwar durfte sein [sc des Menschen] natürlicher Zustand nicht eben darum ein Zustand der *Ungerechtigkeit* (*iniustus*) sein ... aber es war doch ein Zustand der *Rechtlosigkeit* (*status iustitia vacuus*), wo, wenn das Recht *streitig* (*ius controversum*) war, sich kein kompetenter Richter fand, rechtskräftig den Ausspruch zu thun." (MSR 312, O)

Der Naturzustand ist also nicht *ungerecht*, sondern *rechtlos*. Diesen Unterschied hat HOBBES in besonderer Klarheit herauszuarbeiten gewusst: „To this warre of every man against every man, this also is consequent; that nothing can be Unjust. The notions of Right and Wrong, Justice and Injustice have there no place. Where there is no common Power, there is no Law: where no Law, no Injustice. Justice, and Injustice ... are Qualities, that relate to men in Society, not in Solitude."[444] Was

---

zierung der ersteren auf eine bloße *Organsouveränität*) cf näher MÜLLER, Zum Primat der juristischen Person im internationalen Recht, sodann auch unten FN 682 sowie 759.

441 Genau in diesem Sinne findet sich zB im Englischen die Rede von *public international law*, im Französischen (wie auch *mutatis mutandis* in den anderen romanischen Sprachen) jene von *droit international public*. Zu beachten ist aber, dass das Adjektiv „public" der terminologischen Abgrenzung zum Internationalen *Privat*recht (cf dazu FN 263) dienlich ist, aber mitnichten auf den Charakter als „Öffentliches Recht" im kantischen Sinne (cf oben p 145) anspielen möchte. Unter dieser Rücksicht nämlich ist das herrschende Völkerrecht Teil des „Privatrechts". Cf dazu ZEF 385 sowie MERKEL, Lauter leidige Tröster, 317.

442 Cf oben FN 405 und 406.

443 Cf oben p 145.

444 HOBBES, Leviathan, I, 13.

den Unterschied, den Sprung in den rechtlichen, den bürgerlich-gesellschaftlichen („society") Zustand ausmacht, ist die Begründung und Unterordnung unter eine zentrale Autorität, die im Letzten über das Monopol legitimer Gewalt verfügt.[445] Bei dieser – um die kantische Terminologie aufzugreifen – *Stiftung* (ZEF 349) des öffentlichen Rechts handelt es sich nicht um einen Naturvorgang oder irgendeinen Automatismus sonstiger Art, sondern um einen Akt verantworteten menschlichen Handelns.

Der Naturzustand ist in doppeltem Sinne *provisorisch*: i) Wenn im Zitat von ihm in der Vergangenheit gesprochen wird, so ist damit signalisiert, dass er für den Bereich der einzelnen Gemeinwesen durchwegs schon überwunden ist; die Überführung des Provisoriums in *peremptorische* Rechtsverhältnisse ist sohin gelungen.[446] ii) Das Provisorium ist aber nicht nur ein faktisch überwundenes, sondern überall dort, wo dies noch nicht geschehen ist oder konnte, ein zu überwindendes. Es gibt ein moralisches Gebot zum Übertritt in den rechtlichen Zustand: *exeundum est e statu naturali*.[447]

Die bisher in diesem Zusammenhang angeführten Zitate entspringen allesamt dem Staatsrecht und zielen somit in erster Linie auf den Bereich des einzelnen Ge-

---

445 In diesem Zusammenhang ist anzumerken, dass es dabei nicht so sehr auf eine anerkannte *Legislative* (im engeren Sinne) ankommt, sondern vielmehr auf eine verbindliche Auslegung und Entscheidung von Interessenkonflikten und -kollisionen in Hinblick auf die Überwindung des defizienten Naturzustandes, wo ein jeder als „Richter in eigener Sache" fungiert. Wenn Kant den „kompetenten Richter" (MSR 312) apostrophiert, fordert er als *differentia specifica* von naturalem und zivilem Zustand mithin die „Existenz eines (logisch) endgültigen, also notwendig souveränen Entscheidungsmechanismus für sämtliche Fälle unklarer oder streitiger Rechtsverhältnisse" (MERKEL, Lauter leidige Tröster, 314). Die starke Betonung des *richterlichen* Elementes ist stets mitzudenken, auch wenn bei Kant oft einfach davon gesprochen wird, dass als Friedenszustand „allein der *unter Gesetzen* gesicherte Zustand des Mein und Dein in einer Menge einander benachbarter Menschen" (MSR 355, V) anzusehen ist. Dies geht sogar so weit, dass „man denn auch jenen Gerichtshof selbst die *Gerechtigkeit* eines Landes nennt, und, ob eine solche sei oder nicht sei, als die wichtigste unter allen rechtlichen Angelegenheiten gefragt werden kann" (MSR 306, O).

446 An dieser Stelle ist nicht weiter zu erörtern, inwieweit es nach der kantischen Vorstellung tatsächlich in der historischen Realität derartige Naturzustände gegeben hat und gegeben haben kann bzw inwieweit dem Konzept des *status naturalis* vornehmlich fiktiver Charakter im Blick auf die Verdeutlichung des Wesens des *Stiftungs*aktes zukommt.

447 Seine prägnantesten Formulierungen hat dieser Gedanke, den Kant zu betonen nicht müde wird, an zwei Stellen der *Rechtslehre* gefunden: „Aus dem Privatrecht im natürlichen Zustande geht nun das Postulat des öffentlichen Rechts hervor: du sollst im Verhältnisse eines unvermeidlichen Nebeneinanders mit allen anderen aus jenem heraus in einen rechtlichen Zustand ... übergehen." (MSR 307) „Mithin das Erste, was ihm [sc jedermann] zu beschließen *obliegt*, wenn er nicht allen Rechtsbegriffen entsagen will, der Grundsatz sei: man müsse aus dem Naturzustande, in welchem jeder seinem eigenen Kopfe folge, herausgehen und sich mit allen anderen ... dahin vereinigen, sich einem öffentlich gesetzlichen äußeren Zwange zu unterwerfen." (MSR 312, O)

meinwesens ab. Kant will – in Fortführung des „Gleichlaufgedankens" – dieselben Prinzipien aber ausdrücklich auch auf das Völkerrecht angewendet wissen und formuliert damit den Ankerpunkt der folgenden Überlegungen: „Da der Naturzustand der Völker eben so wohl als einzelner Menschen ein Zustand ist, aus dem man herausgehen soll, um in einen gesetzlichen zu treten: so ist vor diesem Ereigniß alles Recht der Völker und alles durch den Krieg erwerbliche oder erhaltbare äußere Mein und Dein der Staaten bloß *provisorisch* und kann nur in einem allgemeinen *Staatenverein* (analogisch mit dem wodurch ein Volk Staat wird) *peremptorisch* geltend und ein wahrer *Friedenszustand* werden." (MSR 350, O) Allein auf diese Art könne „die Idee eines zu errichtenden öffentlichen Rechts der Völker, ihre Streitigkeiten auf civile Art, gleichsam durch einen Proceß, nicht auf barbarische (nach Art der Wilden), nämlich durch Krieg zu entscheiden, realisiert werden" (MSR 351).[448]

In Kants *Über den Gemeinspruch: Das mag in der Theorie richtig sein, taugt aber nicht für die Praxis*[449] von 1793 kommt das Ganze noch deutlicher zum Ausdruck: „Nun ist hierwider [sc gegen den kriegsschwangeren Naturzustand unter Staaten] *kein anderes Mittel*, als ein auf öffentliche mit Macht begleitete Gesetze, denen sich jeder Staat unterwerfen müsste, gegründetes Völkerrecht (nach der Analogie eines bürgerlichen oder Staatsrechtes einzelner Menschen) möglich." (GS 312, V) Und exakt in dieser Argumentationslinie liegt die zentrale Passage der *Friedensschrift*: „Für Staaten im Verhältnisse untereinander kann es *nach der Vernunft keine andere Art* geben, aus dem gesetzlosen Zustande, der lauter Krieg enthält, herauszukommen, als dass sie, *ebenso wie die einzelnen Menschen*, ihre wilde (*gesetzlose*) Freiheit aufgeben, sich zu *öffentlichen Zwangsgesetzen* bequemen und so einen (freilich immer wachsenden) *Völkerstaat* (*civitas gentium*), der zuletzt alle Völker der Erde befassen würde, bilden." (ZEF 357, V)

Nach des Königsbergers eigenen Worten ist es gerade der schon mehrfach artikulierte *Gleichlauf* von Individuen und Staaten, der auch den Letzteren das *exeundum e statu naturali* zur unabdingbaren Pflicht macht und sie dazu anhält – wozu es (wie er selbst sagt) „nach der Vernunft" keine Alternative gäbe –, sich öffentlichen Zwangsgesetzen zu unterwerfen. Dieser überwältigenden Fülle an Indizien, ja Fest-

---

[448] Zur Untermauerung des dort formulierten Gedankens sei noch einmal auf FN 445 zurückverwiesen: Wie für den Bereich des *Staatsrechts* artikuliert worden ist, dass ein Leben „unter Gesetzen" die Existenz eines „kompetenten Richters" impliziere, wird in den beiden hier aufgeführten Zitaten auch für das *Völkerrecht* der unmittelbare Konnex vom Eintritt in den „gesetzlichen Zustand" und der Entscheidung von Streitigkeiten auf „zivile" Art, dh in dem für den bürgerlichen Zustand charakteristischen „Prozess" (in Abhebung von dem für die „barbarische" Art typischen Krieg) hergestellt.

[449] Künftig werden zitierte Stellen aus der Gemeinspruch-Schrift durch die Beifügung des folgenden Klammerausdrucks im Text belegt: (GS *Seitenzahl der Akademieausgabe*, [O/V]). Ein angehängtes „O" bedeutet „Hervorhebung(en) im Original", während „V" für „Hervorhebung(en) vom Verfasser" zu stehen hat.

legungen in diese Richtung scheut sich Kant nicht, und das ist doch durchaus überraschend, eine unmissverständliche Absage an eine wirkliche Parallelführung entgegenzusetzen und damit einer *prinzipiellen Asymmetrie von Individuen und Staaten* das Wort zu reden. Die Textbelege dafür sind nicht minder zahlreich: Da ist davon die Rede, dass der „*status iuridicus* [sc des Völkerrechts] ... nicht eben (gleich dem, woraus ein Staat entspringt), auf Zwangsgesetze gegründet sein darf" (ZEF 383, O) und dass „von Staaten nach dem Völkerrecht nicht eben das gelten kann, was von Menschen im gesetzlosen Zustande nach dem Naturrecht gilt, ‚aus diesem Zustande herausgehen zu sollen'" (ZEF 355). Dabei geht es nicht nur um faktisch bedingte Unmöglichkeiten, sondern geradezu um ein *Verbot*, den Naturzustand in Richtung eines Völkerstaates zu verlassen, will heißen: die Staaten müssen zusammen kommen, „ohne dass diese doch sich deshalb (wie Menschen im Naturzustande) öffentlichen Gesetzen und einem Zwange unter denselben unterwerfen *dürfen*" (ZEF 356, V).

Mancher würde hier wohl kopfschüttelnd anraten, sich ob solcher offensichtlicher Inkohärenz, ja Widersprüchlichkeit besser anderen Dingen zuzuwenden, aber ein Autoritätsargument hinsichtlich Gewicht und Bedeutung von Autor und Werk mag uns doch dazu bewegen, den Gründen für die letztendlich formulierte Option einer *Ungleichbehandlung* von Staaten und Individuen in der Art der Überwindung des Naturzustandes etwas näher auf den Grund zu gehen. Dabei lassen sich mindestens drei Gattungen von Argumenten gegen die „Primäroption" einer Weltrepublik ausmachen, die hier (ohne Anspruch auf Vollständigkeit) zusammenzutragen versucht werden:

a) *Vollkommenheitsargument:* Das gerade angeführte Zitat, wonach von den Staaten in Bezug auf das Völkerrecht nicht dasselbe gelten könne wie von den Menschen (nämlich ein Exeundum-Befehl in Richtung einer souveränen, zwangsbewehrten Gewalt), wird im Text nahtlos weitergeführt und dahingehend begründet, dass „sie als Staaten innerlich schon eine rechtliche Verfassung haben und also dem Zwange anderer, sie nach ihren Rechtsbegriffen unter eine erweiterte gesetzliche Verfassung zu bringen, entwachsen sind" (ZEF 355f).

b) *Anti-Leviathan- oder Pluralitätsargument:* Kant befürchtet, dass sich der ersehnte einheitliche[450] Völkerstaat in Wirklichkeit (wahrscheinlich oder zwangsläufig) als unregierbarer Koloss erweisen müsse, der im überbordenden Chaos zum übermächtigen, repressiven Staatswesen – gleichsam zu einem *globalen Leviathan*[451] – zu mutieren tendiere. Beide Aspekte dieser ambivalenten Übergröße werden explizit thematisiert: einmal in MSR 422 („weil aber bei gar zu großer Ausdehnung eines

[450] Wir erinnern uns der Formulierung in ZEF 357, die vom Staate spricht, „der zuletzt alle Völker der Erde befassen würde".

[451] Cf HÖFFE, Demokratie im Zeitalter der Globalisierung, 315.

solchen Völkerstaats über weite Landstriche die Regierung desselben, mithin auch die Beschützung eines jeden Gliedes endlich unmöglich werden muss") wie auch ausführlich in ZEF 367[452]. Als einziges Remedium gegen dieses Schreckensbild eines *„Kirchhofes der Freiheit"*[453] sieht er die *„Absonderung* vieler voneinander unabhängiger benachbarter Staaten" (ZEF 367, O), mithin eine prinzipielle und unaufgebbare Pluralität von unabhängigen, sprich: souveränen Völkerrechtssubjekten.

c) *Bescheidenheitsargument:* Sich in die Psychologie der Staaten und ihrer Entscheidungsträger einfühlend, stellt Kant fest, dass „sie dieses [sc den Völkerstaat] aber nach ihrer Idee vom Völkerrecht durchaus nicht wollen". Angesichts dieses empirischen Befundes würden krampfhafte Realisierungsversuche nicht nur von Scheitern bedroht sein, sondern auch das realisierbare Maximum des Völkerbundes aufs Spiel setzen. „Wenn nicht alles verloren werden soll" (ZEF 357)[454], so die Devise, müsse man sich mit dem Völkerbund als größtem gemeinsamen Nenner, als *„second-best-solution"* bescheiden lernen.

### 3.3.2.2 Völkerbund als *second-best-solution*

Angesichts der entfalteten Argumente sieht sich Kant gezwungen, für eine „zweitbeste" Lösung zu optieren und als *„negatives Surrogat"* (ZEF 357) einen Völkerbund des Zuschnitts zu favorisieren, wie wir ihn im Vorigen skizziert haben.[455] In realistischer Bescheidenheit und Zurückhaltung soll seine Stärke liegen: Die entsprechenden Passagen zeichnen das Bild „eines den Krieg abwehrenden, bestehenden und sich immer ausbreitenden Bundes" (ZEF 357), „welcher *bloß* die Entfernung des Krieges zur Absicht hat" und der sich – und hier klingt abermals das Pluralitätsargument durch – als *„der einzige* mit der *Freiheit* derselben [sc der Staaten] vereinbare *rechtliche Zustand*" (ZEF 385, V) darstellt. Für Kant ist der Völkerbund eine stringente Folgerung aus der Summe der Prämissen, die er in seine Überlegun-

---

452 Der Erste Zusatz der Friedensschrift verwirft nachdrücklich eine „Zusammenschmelzung derselben [sc der Staaten] durch eine die anderen überwachsende und in eine Universalmonarchie übergehende Macht, weil die Gesetze mit dem vergrößerten Umfange der Regierung immer mehr an ihrem Nachdruck einbüßen, und ein seelenloser Despotism, nachdem er die Keime des Guten ausgerottet hat, zuletzt doch in Anarchie verfällt".

453 KELSEN, Das Problem der Souveränität, 274 bemüht in diesem Zusammenhang ADOLF LASSON: „Statt der vielen Staaten hätten wir somit einen Universalstaat, und der kann und soll doch nicht sein. Mit ihm verschwände alle Freiheit von der Erde und für das Menschengeschlecht bliebe nichts anderes übrig als die gemeinsame Fäulnis und Verwesung in dem für alle gleichen Verderben." Und GUSTAV RADBRUCH beschwört in diesem Zusammenhang die Negativfolie des *„nationalitätslosen Menschheitsstaates"* (cf IDEM, Rechtsphilosophie, § 28); zu diesem Aspekt cf auch noch unten FN 733.

454 Cf in diesem Zusammenhang auch die äquivalente Formulierung „wenn überall etwas dabei zu denken übrigbleiben soll" (ZEF 356).

455 Cf dazu oben p 143.

gen einbezogen sehen möchte; das Gerüst seines Gedankengangs und damit seine „Philosophie des Völkerrechts" präsentiert er selbst in synoptischer Weise in § 54 der *Rechtslehre*:

> „Die Elemente des Völkerrechts sind:
> 1) daß Staaten, im äußeren Verhältniß gegen einander betrachtet, (wie gesetzlose Wilde) von Natur in einem nicht-rechtlichen Zustande sind;
> 2) daß dieser Zustand ein *Zustand* des Krieges (des Rechts des Stärkeren), wenn gleich nicht wirklicher Krieg und immerwährende wirkliche Befehdung (Hostilität) ist, ... aus welchem die Staaten, welche einander benachbart sind, auszugehen verbunden sind;
> 3) daß ein Völkerbund nach der Idee eines ursprünglichen gesellschaftlichen Vertrages nothwendig ist ...;
> 4) daß die Verbindung doch keine souveräne Gewalt (wie in einer bürgerlichen Verfassung), sondern nur eine *Genossenschaft* (Föderalität) enthalten müsse; eine Verbündung, die zu aller Zeit aufgekündigt werden kann." (MSR 344, O)

Die verwendeten Begrifflichkeiten wie „Föderalität" (zB ZEF 356, 357, 385; MSR 444) oder „Staatenverein" (MSR 350), die allesamt auf Stufe 3) ins Spiel kommen, sind als solche noch indifferent, noch offen gegenüber der in Stufe 4) erfolgenden Festlegung.[456] Diese ergibt sich erst aus dem Hinzutreten der Argumente, die wir im Vorigen zusammenzustellen versucht haben und die die „Optimallösung" einmal als utopisch, ein andermal als zu riskant, jedenfalls aber als nicht anzustrebende ausweisen. Von der Argumentationsstruktur her wird dieser Schritt auch durch die Unterscheidung einer Betrachtung *in thesi* und *in hypothesi* (ZEF 357, ebenso GS 276) signalisiert: Der Völkerstaat ist an sich die „richtige" Lösung; auf dem Hintergrund gewisser weiterer Phänomene muss die Entscheidung letztlich doch in die andere Richtung ausschlagen.

Der Eindruck dürfte wahrhaft nicht täuschen[457], dass Kant die von ihm präferierte Lösung nur sehr ungern verwirft, sich aber nichtsdestotrotz dazu genötigt sieht. Man mag ihm hier Inkonsequenz gegenüber seinen eigenen Prämissen, vielleicht sogar Feigheit vor ihm unangenehmen, weil zu radikalen Folgerungen vorhalten. Es ist hier weder Ort noch Möglichkeit, auf solche Fragen näher einzugehen. Doch soll in diesem Zusammenhang zumindest noch einmal darauf hingewiesen werden, dass der Verfasser der Friedensschrift von dem Anliegen beseelt war, nicht

---

[456] Vielmehr ist es teilweise sogar so, dass diesen Begriffen, etwa dem der „Föderalität", heute ein anderer Bedeutungsgehalt gegeben würde, der deutlich stärker in Richtung Bundesstaatlichkeit und Weltrepublik ausschlüge. Cf dazu schon oben FN 409.

[457] Hier mag allein noch einmal unterstrichen sein, dass es für Kant in der systematisch zentralen Passage in ZEF 357 „nach der Vernunft keine andere Art" des Vorgehens geben kann als den Völkerstaat. Und angesichts der erwähnten Zusatzannahmen – an dieser Stelle spricht er (nur) den Unwillen der Staaten an – distanziert nicht einmal unmittelbar er selbst sich von der Ideallösung, sondern überlässt das „Verwerfen" lieber den Staaten.

das Feld der utopischen Literatur um eine weitere Ephemere zu bereichern (wie er sich denn auch nicht dem von ihm vielgescholtenen Reigen der „leidigen Tröster" zugerechnet wissen wollte), sondern einen *realistischen* und *realisierbaren* Entwurf vorzulegen – und das heißt realistisch und realisierbar von seinem historischen Horizont aus.[458] Wir wollen nicht vergessen, dass die hier besprochene Literatur Zeitgenossin und Zeugin der in Folge der Französischen Revolution sich ereignenden Umwälzungen ist – im Positiven wie im Negativen: Insofern vermischen sich hoffnungsschwangere Ausblicke[459] auf bis dahin ungeahnte Entwicklungschancen mit resignierend-realistischer Zurkenntnisnahme von rücksichtsloser staatlicher Macht- und Gewaltpolitik: auf Seiten der etablierten Staaten wie auch der neuen Akteure auf der politischen Bühne der Zeit.

Auf diesem Hintergrund scheinen die als *Bescheidenheitsargumente* apostrophierten Formulierungen der Art „Sonst ist alles verloren!" – manch einer möchte sie wohl mit der Volksweisheit „Besser ein Spatz in der Hand als eine Taube auf dem Dach" karikieren – nicht als bloße konservative Veränderungsfurcht eines Königsberger Ordinarius, sondern als beachtungswürdige Fingerzeige, jeweils sorgfältig zu analysieren, was in der jeweiligen Situation und Zeit an Dynamik möglich und sinnvoll scheint – ohne jedoch die grundsätzliche Zielvorstellung aus den Augen zu verlieren, die für Kant stets „der ewige Friede (das letzte Ziel des ganzen Völkerrechts)" (MSR 350) bleibt.

Insofern verbinden sich mit derartigen Bescheidenheitsargumenten, und dieser Zusammenhang sollte nicht übersehen werden, durchwegs *Annäherungsargumente*, die jeweils den Horizont für eine Dynamik in Richtung des formulierten Zieles eröffnen: So spricht ZEF 360 (sowie ebenso MSR 350) von einer „kontinuierlichen Annäherung" an den ewigen Frieden, ZEF 386 ganz im selben Sinne von „einer ins Unendliche fortschreitenden Annäherung" hin auf den Zustand eines Öffentlichen Rechts.[460] Von ihrer Platzierung her finden sie sich auffälligerweise jeweils

---

458 Cf dazu schon oben 3.2.5.1.

459 Dazu nur exemplarisch der Satz in ZEF 356: „Denn wenn das Glück es so fügt: dass ein mächtiges und aufgeklärtes Volk sich zu einer Republik ... bilden kann, so gibt dies einen Mittelpunkt der förderativen Vereinigung für andere Staaten ab."

460 BRANDT, Vom Weltbürgerrecht, 134 bereichert diesen Zusammenhang um die Anmerkung, dass im *kantischen* Denken „zum ersten Mal – nach Andeutungen bei JOHN LOCKE – eine positive Bewertung der Zeit und der politischen Bewegung" vorfindlich sei; demgegenüber stehe der *antike* Zugang, der keine *res novae* wolle, sondern dem Erhalt des Tradierten bzw der idealen, keiner weiteren Entwicklung oder Vervollkommnung fähigen Verfassung den Vorzug gebe. Diesen bemerkenswerten, sicherlich zu verfolgenden Hinweis gilt es aber wenigstens um den Aspekt zu ergänzen, dass antikes politisches Denken keinesfalls als grundsätzlich *statisch* zu bezeichnen ist, sondern Bewegungsphänomene, wenn vielleicht auch weniger *linearen* als vielmehr *zyklischen* Charakters, prominent in sich integriert; man entsinne sich nur der Bücher umfassenden Abhandlungen über die Ideal- und Verfallsformen der Verfassung und ihre wechselseitige Dynamik (cf nur etwa PLATON, Politeia, Buch VIII sowie speziell zum Mo-

ganz am Ende eines Argumentationsgangs[461], sohin an nicht unprominenter Stelle. Unter dieser Rücksicht mutet es etwas voreilig an, solche Annäherungsargumente als „etwas unvermittelte" Sanierungsversuche von zum Schluss erkannten Inkonsistenzen der Friedensschrift zu interpretieren.[462] Es ist zwar durchaus zuzugestehen und Kant als kritische Anfrage vorzulegen, dass die auffällige Platzierung der „Annäherungsargumente" diese nicht von ihrer Spannung zum als sehr rigide herausgearbeiteten Begriffsrahmen[463] entbindet: So ist in der Tat nicht ohne wieteres einsichtig, wie die konstatierte Nicht-Realisierbarkeit des Völkerrechts als Öffentliches Recht mit einer „ins Unendliche fortschreitenden Annäherung" in diese Richtung zusammenzudenken ist. Von Widersprüchlichkeit sollte man aber nicht zu schnell reden: Abgesehen von ihren (sicherlich nicht unumstrittenen) anthropologischen und geschichtsphilosophischen Implikationen[464], auf welch wichtige Aspekte und Brückenschläge zu anderen kantischen Werken hier nicht näher eingegangen werden kann, scheint ihnen innerhalb des Opus eine eigene systematische Bedeutung zuzukommen.

Die Friedensschrift reflektiert Erfahrungshintergrund, aber auch Begriffsbildung der damaligen Zeit. In ihrem Rigor wirkt besonders Letztere sehr statisch und Adaptionen nur schwer zugänglich. Auf diesem Hintergrund erweist sich in der Tat die Kritik als berechtigt, dass vor der allenthalben festzustellenden Verabsolutierung des Rechts- und Souveränitätsbegriffes das Völkerrecht als Öffentliches Recht damals wie wohl auch heute nicht bestehen könnte.[465] Nur scheinen die Annäherungsargumente weniger den besonderen Schwachpunkt als vielmehr ein wichtiges

---

ment der Dynamik ARISTOTELES, Politika, Buch V). Auf dem Hintergrund dieser Ergänzung kann man mit Brandt wiederum sagen: „Erst bei Kant erfährt die geschichtliche Zeit und die politische Bewegung eine positive Konnotation in der Vorstellung einer *geschichtlich-prozessualen Annäherung an die Idee des Rechts*. Das Recht befindet sich *in einer Bewegung hin auf eine globale Friedensordnung*; es kann nur aus dem Ganzen dieser Ordnung gedacht und zugleich nur vom einzelnen, noch provisorischen Recht her entwickelt werden." (ibd, 134, Hervorhebungen vom Verfasser). Einmal mehr führt uns der Gedankengang zur Möglichkeit kontinuierlichen Fortschreitens und der damit verknüpften Notwendigkeit des *Stiftens* (cf oben 3.2.5.3).

461 Das Zitat in ZEF 360 bildet den Abschluss der das Zentrum der Friedensschrift ausmachenden Diskussion der drei Definitivartikel, und der Verweis in ZEF 386 rekurriert überhaupt auf den Schlussabsatz des ganzen Traktates.

462 Cf zu dieser These MERKEL, Lauter leidige Tröster, 319.

463 Cf oben 3.3.1.1 und 3.3.1.2.

464 So offenbar im Annäherungsargument aus ZEF 367, das zur Stützung der Pluralitätsthese vorgebracht wird: „Aber die *Natur* will es anders. – Sie bedient sich zweier Mittel, um Völker von der Vermischung abzuhalten und sie abzusondern, der Verschiedenheit der *Sprachen* und der *Religionen*, die ... bei anwachsender Kultur und der allmählichen Annäherung der Menschen zu größerer Einstimmung in Prinzipien, zum Einverständnisse in einem Frieden leitet." Höchst bemerkenswert in diesem Zusammenhang der Abschnitt *Vom Verhältnis der Theorie zur Praxis im Völkerrecht* (GS 307-313); siehe dazu auch unten 3.3.3.1.

465 Cf MERKEL, Lauter leidige Tröster, 325f.

Korrektiv vorzustellen: Kant hat nie den Anspruch erhoben, in der Friedensschrift abschließende Wahrheiten zu verkünden. Ganz im Gegenteil: Wie der Untertitel das gesamte Unternehmen von vornherein als *Entwurf* qualifiziert, so lässt sich ein Schlussstein in Form eines Annäherungsargumentes uU fruchtbar als innerer Vorbehalt dauernder Dynamik des Prozesses deuten. Man kann die gegenständlichen Schlusspassagen, die ja nicht irgendwelche geschichtliche Determinismen proklamieren, sondern auf verantwortetes menschliches Handeln abzielen – es ist die Rede von einer „Aufgabe, die nach und nach aufgelöst" werden solle (ZEF 386) –, durchaus auch so lesen, dass sie fern aller begrifflicher Fixierung einen Ansporn darstellen, auf dem Hintergrund des jeweiligen Erfahrungshorizonts und des Stands der Begriffsbildung den „ewigen Frieden" (eben nicht als *leere Idee*, sondern als *Aufgabe*) neu zu denken.

Dieses (auch durchaus nicht friktionslose) Ringen führt uns Kant selbst vor: Oben[466] war ja schon die Rede von Überlegungen, die innert weniger Jahre, ja teilweise im selben Werk zu Ergebnissen führen, die als solche nicht miteinander vereinbar scheinen. Entscheidend ist auf diesem Hintergrund nicht resignierendes Kopfschütteln, sondern vielmehr, über begriffliche Spannungen hinaus sensibel zu werden für das in ihnen sich artikulierende Bemühen und Ringen um *Interessenausgleich*: Es geht letztlich darum, die sich als unmittelbare Notwendigkeit aufdrängende internationale Kooperation zusammenzubringen mit einer ebenso wichtig scheinenden Freiheit und Unabhängigkeit der einzelnen Gemeinwesen sowie auch mit all den realistischerweise einzukalkulierenden Unzulänglichkeiten politischer Praxis und menschlichen Machtstrebens – und dies alles unter dem dauernden und unabdingbaren Anspruch prinzipieller Ächtung der Gewalt und dauerhafter Verhinderung und Vermeidung des Krieges als Ausgangspunkt für einen „ewigen Frieden". Die Vermittlung all dieser legitimer Anliegen und relevanter Einflussfaktoren legt Kant schlussendlich den Mittelweg des Völkerbundes nahe – eine Lösung, die für das Gros seiner Zeitgenossen an der Wende des 18. zum 19. Jahrhundert schon starker Tobak gewesen sein musste.

Wir Heutigen haben eine ähnliche Interessenabwägung vorzunehmen: Die wesentlichen Faktoren für dieselbe – und nicht zuletzt darin liegt die Größe der Friedensschrift – sind uns bereits vor Augen geführt. Ihre Bewertung und Gewichtung hat sich allerdings auf dem Hintergrund unseres gegenwärtigen, um 200 ereignisreiche Jahre erweiterten Erfahrungsschatzes und der Entwicklung der Begrifflichkeiten zu vollziehen. Dies wird naheliegenderweise manche Dinge in anderem Lichte erscheinen lassen.

---

466 Cf oben p 154.

## 3.3.3 Die föderal-subsidiäre Weltrepublik

### 3.3.3.1 Doch eine Option für die Weltrepublik?

Im Blick auf die vorigen Überlegungen sich nun unmittelbar des „negativen Surrogates“ des Völkerbundes, der „zweiten Wahl“ zu entledigen und der „positiven Idee der Weltrepublik“ zu huldigen, mag verlockend scheinen – nicht zuletzt wegen der unbestreitbaren Sympathien Kants in diese Richtung –, nichtdestotrotz wäre dies überstürzt. Es darf nämlich nicht vergessen werden, dass es für ihn Gründe gab, Gründe, die für ihn letztlich doch so schwer wogen, dass er die „Optimallösung“ hintanstellen zu müssen glaubte. Insofern ist der erste Schritt in den weiteren Überlegungen, sich diese Argumente[467] noch einmal vor Augen zu führen und sie aus heutiger Sicht zu wägen; dabei wird sich zeigen, dass schon der Königsberger Philosoph selbst zu diesen ein durchaus differenziertes Verhältnis aufweist.

a) *Vollkommenheitsargument:* Wir erinnern uns, dass die Meinung vertreten wurde, dass für Staaten der Exeundum-Anspruch nicht gelte, weil „sie als Staaten innerlich schon eine rechtliche Verfassung haben und also dem Zwange anderer, sie nach ihren Rechtsbegriffen unter eine erweiterte gesetzliche Verfassung zu bringen, entwachsen sind“ (ZEF 355f). In diesem Zusammenhang ist der Einschätzung zuzustimmen, dass diese Behauptung in ihrer Apodiktizität „jenseits der eher oberflächlichen Suggestivität ... schwer ... einzusehen“[468] sei. Im Hintergrund scheint die These zu stehen, dass das Bringen eines Staates unter eine „erweiterte gesetzliche Verfassung“ zur Aufhebung von dessen schon bestehender „rechtlicher Verfassung“ führen müsste; das kann man aber nur annehmen, wenn man die Möglichkeit von „Recht“ und „Souveränität“ in aller Rigidität derart buchstabiert, dass „der Garant für den Rechtszwang innerhalb eines ‚status iuridicus‘ ... seinerseits a priori außerhalb (oberhalb) jeder Form von rechtlichem Zwang stehen“[469] *müsse*. Oder in Anlehnung an die vorgeschlagene Terminologie[470] noch einmal anders formuliert: Dies bedeutete, dass innere Souveränität nur dann möglich wäre, wenn mit ihr eine unbeschränkte, *(völker)rechtsfreie* äußere Souveränität korrelierte, was sowohl auf dem Hintergrund der historischen Wirklichkeit unzutreffend ist, va aber letztlich sogar das schwächere Konzept des Völkerbundes negieren würde. Dem Gedanken der Asymmetrie von Staaten und Individuen aus rein begrifflichen Gründen stattzugeben, dürfte wohl zu wenig des Grundes sein.[471]

---

467 Cf dazu oben p 155.

468 MERKEL, Lauter leidige Tröster, 323.

469 Ibd, 324.

470 Cf dazu oben 3.3.1.2.

471 Zu den mit dieser „Asymmetrie-Argumentation“ verbundenen Aspekten cf noch unten 4.1.2 sowie 4.1.3.

b) *Anti-Leviathan- oder Pluralitätsargument:* i) Gegen die These von der faktischen Unregierbarkeit lassen sich aus unserer heutigen Sicht vorrangig empirische Argumente vorbringen: Nur beispielhaft sei genannt, dass es heute „unter öffentlichen Gesetzen" stehende (sogar im Wesentlichen demokratisch, kantisch: „republikanisch" verfasste) Gemeinwesen gibt (etwa Indien oder die USA), die trotz der Existenz historischer wie weiland zeitgenössischer Beispiele von Großreichen in der Dichte und Intensität ihrer Organisation und Interaktion das Vorstellungsvermögen der damaligen Zeit sicherlich weit übersteigen. Ähnliches gilt für das in seiner Bedeutung kaum zu überschätzende Phänomen der Ausbildung revolutionärer Transport- und Kommunikationsmöglichkeiten.[472] ii) Gewichtiger ist der Einwand der substanziellen Bedeutung von *Pluralität* in der globalen Ordnung in Gegensatz zum monolithischen Machtblock eines Welt-Leviathan. Insofern argumentiert Kant nicht begrifflich, sondern material: An zahlreichen Stellen fordert er die *Freiheit der Staaten* ein (zB ZEF 356, 385) und hebt so diesen Wert überhaupt auf eine dem „ewigen Frieden" vergleichbare Stufe.[473] Im *Gemeinspruch* verwirft Kant noch die Lösung eines gleichgewichtigen Zusammenspiels unabhängiger Mächte und optiert, den Gedanken des Pluralismus zurückstellend, klar für die Weltrepublik[474]; in der *Friedensschrift* ist die Akzentsetzung dann, wie schon mehrfach aufgezeigt, eine spürbar andere. Uns interessiert in Anschluss an das vorige Kapitel hier va das sichtbare Ringen um einen angemessenen Interessenausgleich sowie die Herausarbeitung der relevanten Faktoren für denselben. Aus dieser Sicht manifestiert sich im vorliegenden Argument das legitime Anliegen von Freiheit und Unabhängigkeit gegenüber überbordenden und repressiven Makrostrukturen; als solches ist es jedenfalls ernst zu nehmen und in die folgenden Überlegungen einzubinden.

---

472 Cf dazu schon oben 3.1.2.1

473 Dieses „Keinen (ewigen) Frieden um jeden Preis" artikuliert er einmal klar in ZEF 367, wo er dem „seelenlosen Despotism" einer „Universalmonarchie" bei allem Frieden, vielleicht besser: bei aller *Befriedung*, die sie mit sich bringen mag, in Hinblick auf ihren Charakter als „Kirchhof der Freiheit" eine klare Absage erteilt. Derselbe Gedanke steht auch im Hintergrund der Rede vom „freien Föderalism" (ZEF 356): Das echte „Surrogat des bürgerlichen Gesellschaftsbundes" muss die Grundausrichtung auf den ewigen Frieden mit einer gewissen Unabhängigkeit und Freiheit der beteiligten Subjekte verbinden können. Und unmissverständlich dann in ZEF 385, O: „Die Bedingung der Möglichkeit eines Völkerrechts überhaupt ist: dass zuvörderst ein *rechtlicher Zustand* existiere ... Nun haben wir oben gesehen: dass ein föderativer Zustand der Staaten, welcher bloß die Entfernung des Krieges zur Absicht hat, der einzige, mit der *Freiheit* derselben vereinbare *rechtliche* Zustand sei."

474 Cf dazu GS 312, wo er „kein anderes Mittel" sieht „als ein auf öffentliche mit Macht begleitete Gesetze, denen sich jeder Staat unterwerfen müsste, gegründetes Völkerrecht (nach der Analogie eines bürgerlichen oder Staatsrechts einzelner Menschen)". Und das unerwünschte Gegenmodell im Bilde zeichnend, fährt er fort: „Denn ein dauernder allgemeiner Friede durch die sogenannte *Balance der Mächte in Europa* ist, wie *Swifts Haus*, welches von einem Baumeister so vollkommen nach allen Gesetzen des Gleichgewichts erbaut war, dass, als sich ein Sperling drauf setzte, es sofort einfiel, ein bloßes Hirngespinst."

c) *Bescheidenheitsargument:* Kant attestiert den Staaten – jedenfalls denen seiner Zeit; dies aber auch durchaus, ohne eine künftige Veränderung dieser Attitüde anzudeuten – eine dauernde strikte Ablehnung der Idee eines Völkerstaates. So überzeugend es auf den ersten Blick klingen mag, dass kein Souveränitätsträger bereit wäre, sich derselben freiwillig zu entäußern, erweist sich dennoch, dass der Königsberger selbst dieser Position nicht wirklich strikt anhängt. In GS 312f formuliert er zwar dasselbe Argument noch einmal und in überaus sarkastischem Ton, legt es aber explizit einem Dritten (arg „wird man sagen") in den Mund[475], um selbst unmittelbar danach zu prognostizieren, dass sich mit der Zeit diese Haltung durchaus verändern werde. Ohne hier den (sicherlich hinterfragbaren) geschichtsphilosophischen Prämissen nachspüren zu wollen, lehrt uns doch die Geschichte der letzten beiden Jahrhunderte, dass neben, trotz und wegen aller Katastrophen die Staaten „nach ihrer Idee vom Völkerrecht" durchaus zu (mehr oder minder bedeutsamen) Einschränkungen ihrer Souveränität bereit waren und sind. An dieser Stelle wird nicht in den komplexen Diskurs eingetreten, wie ernst es ihnen damit (va im Ernstfalle) wirklich ist; es seien lediglich als einige wenige Beispiele für das als solches unbestreitbare Faktum einer relevanten Haltungsänderung in dieser Frage aufgezählt: die UNO und die wachsende Zahl an internationalen Organisationen verschiedenster Art (darunter auch der ICC selbst) sowie als Exemplum einer regionsspezifischen Entwicklung die höchst bemerkenswerten Integrationsbemühungen des europäischen Kontinents.

Das *Bescheidenheitsargument* – so ist betont worden und daran wird festgehalten – erfüllt eine wichtige Funktion. Doch muss klar sein, dass es sich dabei nicht um eine statische, sondern um eine *dynamische* Größe handelt; als solche ist sie stets relativ zu dem, was in der gegebenen Situation – und hier spielen Verhandlungs- und Kooperationsbereitschaft der relevanten Akteure in der Tat die zentrale Rolle – jeweils realisierbar ist. Die Situation stellt sich dabei heute zweifellos signifikant anders dar als am Ende des 18. Jahrhunderts; umso verständlicher ist es, dass auf diesem Hintergrund manche Neubewertung nötig wie möglich wird.

Vor allem aber zeichnet sich ab, dass insbesondere der starre von Kant vorgegebene Begriffsrahmen hinsichtlich der zentralen Termini des Rechts und der Souveränität eine solche Neubewertung wenn nicht verunmöglicht, so doch signifikant erschwert. Und darauf geht ganz zu Recht die Stoßrichtung der Kritik: „Der Ein-

---

[475] „Aber solchen Zwangsgesetzen, wird man sagen, werden sich Staaten doch nie unterwerfen; und der Vorschlag zu einem allgemeinen Völkerstaat, unter dessen Gewalt sich alle einzelne Staaten freiwillig bequemen sollen, um seinen Gesetzen zu gehorchen, mag in der Theorie eines Abtes von St. Pierre, oder eines *Rousseau* noch so artig klingen, so gilt er doch nicht für die Praxis; wie er denn auch von großen Staatsmännern, mehr aber noch von Staatsoberhäuptern als eine pedantisch-kindische, aus der Schule hervorgetretene Idee jederzeit ist verlacht worden." – so die Worte des zweifelnden Dritten.

wand ... richtet sich aber ... nicht gegen das Ziel eines echten ‚öffentlichen' Völkerrechts, sondern gegen die abstrakte, gewissermaßen logifizierende Absolutheit der beiden begrifflichen Prämissen. Löst man diese unangemessene Klammer, dann kommt auch die Möglichkeit zahlreicher *Zwischenstufen* zwischen einem vollständigen status iuridicus (im Modell des Rechtsstaats) und einem von jeder peremtorischen Rechtssicherheit gänzlich freien Naturzustand in den Blick."[476]

Ob man unter dieser Rücksicht das Schlagwort des „Mit Kant und gegen ihn"[477] bemühen möchte oder nicht, der Sache nach geht es hinsichtlich der Begrifflichkeit in der Tat um eine *Allegorese* oder *Relecture* der kantischen Texte. In ihrer vorgestellten Fassung lassen sie im Letzten nur entweder das Eine oder das Andere zu, sind nach dem Paradigma eines *Tertium non datur* konstruiert. Es wird richtigerweise moniert, dass gerade das Völkerrecht solcherart zwischen die Fronten gerät und eine eigentümliche „Zwischenexistenz" – nämlich die eines *tertium* als Un- oder Notbegriff – erhält, die sich einer kohärenten systematischen Einordnung entzieht: So wird auf *rechtstheoretischer* Ebene das Völkerrecht als (schon existierende oder in unendlicher Annäherung dorthin befindliche) Sparte des Öffentlichen Rechts konstruiert, welche dann aber doch in wesentlichen Zügen dem Regime des Privatrechts gehorcht (und gehorchen muss)[478]. Parallel dazu fordert in *organisatorischer* Hinsicht ein Völkerbund seine Existenz, der über den einzelnen Friedensvertrag hinaus die Staaten zu einer permanenten Konfliktbereinigung (natürlich auch gegen deren im Einzelfall oft verschieden, ja konträr gelagerte Individualinteressen) anhalten und bestimmen soll, der aber gleichzeitig gegenüber der unangetasteten Souveränitätsmacht der Einzelstaaten aller Selbstständigkeit und Eigenrechtlichkeit entbehrt und so (insbesondere angesichts des mehrfach betonten jederzeitigen Kündigungsrechtes[479]) in jedem Moment Gefahr läuft, dem Verdikt anheimzufallen, „bloß in Büchern übrig geblieben, aus Cabinetten aber verschwunden, oder nach schon verübter Gewalt in Form der Deductionen der Dunkelheit der Archive anvertraut worden" (MSR 350) zu sein.

Es gilt zu überlegen, ob man über die erwähnte *Un-* oder *Notbegrifflichkeit* hinaus nicht für ein *positives tertium* optieren und argumentieren könne. Dieses müsste auf einer Konzeption basieren, die die entsprechenden Begriffe von vornherein als *Kontinuum*, als der Grade und Zwischenstufen fähige Größen anlegt. Gewiss: Man

---

476 MERKEL, Lauter leidige Tröster, 325 (Hervorhebung im Original).

477 Ibd, 343.

478 In diesem Sinne das *Mission Statement* des anzustrebenden Friedensbundes: „Dieser Bund geht auf keinen Erwerb irgendeiner Macht des Staats, sondern lediglich auf Erhaltung und Sicherung der *Freiheit* eines Staats für sich selbst und zugleich anderer verbündeter Staaten, ohne dass diese doch sich deshalb (wie Menschen im Naturzustande) öffentlichen Gesetzen und einem Zwange unter denselben unterwerfen dürfen." (ZEF 356, O).

479 So besonders deutlich in MSR 350f.

tut dies um den Preis eines Verlustes an Schärfe, gewinnt dafür aber größere Nähe zur historischen Wirklichkeit und Entwicklung. Derartige Relecture und Allegorese auf *terminologischer Ebene* – nämlich bezüglich des *Rechts-* und des *Souveräntitäts*begriffes – öffnen, wie die folgenden Überlegungen zeigen wollen, auch den Raum für neue Optionen auf *organisatorischem* Niveau.

### 3.3.3.2 Das Konzept einer föderal-subsidiären Weltrepublik

Die letzte, vielleicht etwas kryptisch anmutende Formulierung soll uns nicht in die abundante Debatte zum *new global order* reißen, die nach den Ereignissen des „11. September" noch weiteren Auftrieb erhalten hat. Ganz abgekapselt von derselben wollen und können wir uns aber ebenso nicht bewegen: Im gegenständlichen Zusammenhang geht es jedenfalls nicht darum, unter den konkurrierenden Weltordnungsentwürfen für den aussichtsreichsten, vorteilhaftesten, sympathischsten etc zu optieren. Vielmehr sind die folgenden Überlegungen von der Überzeugung getragen, dass die Realität stets ein vielfältiges Ineinandergreifen und komplexes Wechselwirken der verschiedenen Konzepte bietet oder eher umgekehrt: dass diese auf dem Hintergrund ihrer Grundoptionen immer nur bestimmte Aspekte von Wirklichkeit adäquat zu fassen vermögen; dies ist nicht so sehr zu bedauernder Mangel als unmittelbare Konsequenz der Partikularität und Fragmentarität menschlichen Wahrnehmens und Denkens. Solche Konzepte (im simultanen Bewusstsein ihrer Grenzen) helfen uns mithin bei der Selektion und Strukturierung der uns konfrontierenden Mannigfaltigkeit und erfüllen von daher die Funktion einer *Schablone* oder (in leiser Anlehnung an KANT) eines *regulativen Prinzips*.

In der Gemengelage von Entwürfen scheint es einen zu geben, der sich für den hier verfolgten Zweck eines vertieften Verständnisses des ICC als besonders geeignet erweist. Dies *Konzept*, das unter diversen Benennungen, in vielfältigen Schattierungen und Abwandlungen kursiert, wo aber doch jeweils gewisse „Familienähnlichkeiten" – um nunmehr WITTGENSTEIN zu bemühen – vorfindlich sind, wollen wir als *föderal-subsidiäre Weltrepublik* ansprechen.[480] Auch dieser Bereich, für sich genommen, eröffnet den Blick auf einen mittlerweile kaum mehr übersehbaren Diskurs, der bewusst ausgeblendet bleibt. Hier ist es uns ausschließlich um eine rudimentäre Annäherung an die zentralen Begrifflichkeiten zu tun, die ihren Ausgang, so erweist es sich, wiederum fruchtbar vom kantischen Denken selbst her nehmen kann: Es wurde mehrfach das „Programm" ausgelobt, den vom Königsberger Philosophen vorgegebenen und teils als sehr rigide empfundenen Rahmen auf der Grundlage der Entwicklungen und Erfordernisse der heutigen Zeit neu zu

---

[480] Dies in unmittelbarer Anlehnung an HÖFFE, Demokratie im Zeitalter der Globalisierung, 229ff.

bewerten[481]; solche Dynamisierung und Transformierung scheinen nicht nur von der Sache geboten, sondern auch, wie zu zeigen versucht worden ist, durchaus vom kantischen Werk selbst indiziert zu sein.[482] Dies Unterfangen wurde in den unmittelbar vorhergehenden Überlegungen schon in Angriff genommen, auf deren Hintergrund sich als Ergebnis folgendes Bild zeichnen lässt:

Die Anfragen und Einwände, die Kant bezüglich der „positiven Idee der Weltrepublik" artikuliert und die ihn schließlich zum „negativen Surrogat" des Völkerbundes neigen lassen, verdienen eine differenzierte Behandlung. Das *Vollkommenheitsargument* kann uE im Letzten kaum überzeugen.[483] Auch wurde deutlich zu machen versucht, dass die im *Pluralitäts-* und *Bescheidenheitsargument* zum Ausdruck kommenden Bedenken, soweit sie *empirischen* Charakter haben[484], aus heutiger Sicht deutlich zu relativieren, wenn nicht überhaupt zu zerstreuen sind. Was aber, damals wie zwei Jahrhunderte später, von den beiden Argumenten bleibt und viel an Überzeugungskraft atmet, sind deren über das Empirische hinausgehenden, ihre *normativen* Aspekte: Dies beinhaltet zum einen die prinzipielle Absage an das Schreckensbild des „Weltleviathan" bzw des „seelenlosen Despotism" der „Universalmonarchie" oder, positiv gewendet, die Option für eine unaufgebbare Pluralität in den globalen Beziehungen. Zum anderen verkörpern sich darin (und noch einmal sei auf die hier mit hereinspielenden *Annäherungsargumente* verwiesen) massive Vorbehalte gegen revolutionäre Kunstschöpfungen, die sich in latenter Gewaltbereitschaft der puristischen Realisierung von welchen Idealen auch immer verschreiben; in Abhebung davon werden ein verstärktes Bewusstsein für die Gradualität von Strukturen, für die Kontinuierlichkeit von Prozessen, für das Organische der Entwicklung sowie eine Präferenz für ein diesbezüglich sensibilisiertes, vor- und umsichtiges Abwägen und Zusammenbringen von Elementen spürbar.

Auf diesem Hintergrund scheint es möglich und sinnvoll, Kants Verdikt umzukehren und zu guter Letzt doch der Grundoption der Weltrepublik das Wort zu reden – dies unter gebührlicher Berücksichtigung und in ernsthafter Auseinandersetzung mit den genannten Elementen.[485] Solcherart wird der Raum für eine

---

481 Cf dazu nur etwa 3.2.1 aE und zuletzt 3.3.3.1 aE.

482 Cf in diesem Zusammenhang bes 3.3.2.2 aE.

483 Die Behauptung muss hier einmal in dieser apodiktischen Form für sich stehen: Vorher wurde schon signalisiert, dass die Gründe für die gegenständliche *Asymmetrie* von Individuen und Staaten (cf oben p 155) nicht zuletzt *begrifflicher* Natur sind. Es wird im Laufe dieser Arbeit noch aufzuzeigen sein (cf unten 4.1.2 sowie 4.1.3), dass die *Hinter*gründe hiefür zu einem guten Teil im neuzeitlichen Staatsverständnis selbst zu suchen sind. Je mehr wir Transformation und Ablösung dieses Staatskonzeptes erfahren, desto fremder muss uns das Kategorische des kantischen Gedankengangs werden.

484 Cf dazu die jeweiligen Passagen in 3.3.3.1 b) und c).

485 Ein vergleichbares Anliegen steht hinter der in HÖFFE, Demokratie im Zeitalter der Globalisierung, 303 entfalteten Unterscheidung: Während sich *Globalität* als „die in regionaler, über-

Annäherung an die *Weltrepublik* als Konzept *eines* Gemeinwesens in *Föderalität* und *Subsidiarität* eröffnet, welch Elementen im Folgenden jeweils einige wenige Gedanken zu widmen sein werden.

### *a) Weltrepublik*

Der gegenständliche Begriff begegnet dem Leser der *Friedensschrift* nur ein einziges Mal, nämlich in der schon mehrfach erwähnten Passage von ZEF 357, wo im Blick auf den Völkerstaat von der „positiven Idee einer Weltrepublik" die Rede ist, die aus den erörterten Gründen dem „negativen Surrogat eines ... Bundes" weichen müsse. Es war nicht nur oberflächlich gemeint, wenn oben[486] festgehalten worden ist, dass des Königsbergers Herz eigentlich für diese *Weltrepublik* schlage. Darauf deutet nicht einmal so sehr die Qualifizierung als „positive Idee" hin, sondern noch mehr jene als „Republik". Man darf erahnen, was sich Kant von einer Transformierung der Republiksidee auf globales Niveau zu erhoffen wagt, wenn man ihn hinsichtlich der nationalstaatlichen Ebene sagen hört: „Nun ist die *republikanische* Verfassung die einzige, welche dem Recht der Menschen vollkommen angemessen, aber auch die schwerste zu stiften, vielmehr noch zu erhalten ist." (ZEF 366, O)

Dementsprechend wenig überraschen wird die Tatsache, dass der ganze Erste – dem *Staatsrecht* gewidmete – Definitivartikel zum ewigen Frieden unter dem Leitsatz steht: „Die bürgerliche Verfassung in jedem Staate soll republikanisch sein." (ZEF 349)[487] Eine solche zeichnet sich durch drei charakteristische Merkmale aus, die in unmittelbarer Folge entfaltet werden: Die Menschen als „Glieder einer Gesellschaft" sind untereinander i) *frei* und ii) *gleich*; und indem sie sich im „ursprünglichen Vertrag" miteinander verbinden, werden sie zu Untertanen iii) in dem und nur dem Sinn einer „*Abhängigkeit* aller von einer einzigen gemeinsamen Gesetzgebung".

Zum Wesenszug der republikanischen Verfassung wird mithin, dass die Menschen zwar *Untertanen* auf Grund eines Lebens „unter Gesetzen", zugleich aber *Staatsbürger* vorstellen; die *despotische* Herrschaft als ihr Konterpart ist dagegen jene „Verfassung, wo der Untertan nicht Staatsbürger ... ist" (ZEF 351). An späterer Stelle versucht Kant, diesen Gegensatz in anderer Akzentuierung zu verdeutlichen: „*Der Republikanism* ist das Staatsprinzip der Absonderung der ausführenden Gewalt

---

dies temporaler Hinsicht universale Gültigkeit" versteht, die für Differenz und Pluralität aber offen bleibt, fordert der *Globalismus* „zusätzlich, das universale Rechtsgebot unmittelbar, ‚in einem Zuge', zu verwirklichen", und damit in konsequenter Fortführung des Gedankens den „staatlich homogenen Weltstaat".

486 Cf oben FN 457.

487 Cf oben FN 393. Mit dem Leitsatz zum Zweiten Definitivartikel haben wir uns bereits ausführlich beschäftigt (cf FN 411), jener zum Dritten Definitivartikel wird noch in 4.2 genauere Untersuchung erfahren.

(der Regierung) von der gesetzgebenden" (ZEF 352, O); als despotisch offenbart sich in Abhebung davon die Regierung, in der die beiden Gewalten zusammenfallen. Unschwer wird man in der ersten Forderung jene nach einer grundsätzlichen demokratischen Verfasstheit und Legitimation staatlicher Gewalt erkennen; im zweiten Schritt wird dann für ein Modell mittelbarer oder repräsentativer Demokratie optiert, und damit in Zusammenhang: für eine Ausübung derselben in einer Struktur der Gewaltenteilung. Mit dieser – für uns terminologisch vielleicht etwas befremdlichen – Charakterisierung der Republik reicht Kant der Sache nach aber nahe an den uns heute durchaus geläufigen und vertrauten Typus der *repräsentativen, gewaltenteilenden Demokratie* heran.

Just dies konstitutive Element der Gewaltenteilung sieht Kant für den Fall eines Hinausgehens über den Rahmen des Einzelstaates hin auf die globale Ebene akut gefährdet: Die „Absonderung vieler voneinander unabhängiger benachbarter Staaten" (ZEF 367) hat nämlich den Vorzug, dass sie dem ständig präsenten oder zumindest imminenten Fall, dass ein Gemeinwesen dem Despotismus verfällt und damit der *internen Gewaltenteilung* verlustig geht, das Korrektiv einer *externen Gewaltenteilung* in Form der unaufhebbaren Staatenpluralität und der daraus entspringenden Kooperationsnotwendigkeit entgegensetzen kann. Verzichtet man auf dieses Remedium der Auffächerung der Staatenwelt, sieht der Königsberger Philosoph das Drohbild einer völlig entfesselten, weder im Inneren noch im Äußeren begrenzten totalitären Staatsmacht am Himmel aufziehen, die – und man beachte die auf dem Hintergrund des oben Gesagten keineswegs zufällige Wortwahl – im Ende nur zu einem „seelenlosen *Despotism*" bzw zu einem „*Despotism* (auf dem Kirchhofe der Freiheit)" (beide ZEF 367, V) führen kann. Im Weltleviathan als höchster Perversion der Weltrepublik würde für Kant der althergebrachte Aphorismus *corruptio optimi pessima* in der Tat traurige Bestätigung finden – Grund genug für ihn, dem „negativen Surrogat" den Vorzug zu geben.

### *b) Föderalität*

In seiner Analyse übersieht Kant aber, dass es zwei Arten oder Dimensionen *interner* Gewaltenteilung gibt. Präziser müsste man eigentlich davon sprechen, dass er dieses Faktum „ausblendet", rächt sich hier doch einmal mehr der schon des öfteren kritisch beäugte rigide Souveränitätsbegriff.[488] Der *Friedensschrift* steht nämlich nur die *horizontale Gewaltenteilung* vor Augen, dh das Verhältnis der „ausführenden Gewalt (Regierung)" zur „gesetzgebenden" (ZEF 352). Neben der Abgrenzung verschiedenen Funktionen gewidmeter, aber dennoch auf selber Stufe angesiedelter Gewalten kommt genauso eine Ansiedelung der Verantwortungen auf verschiede-

[488] Cf oben 3.3.1.2 sowie 3.3.3.1 aE.

nen Ebenen in Frage: Damit ist der Raum für eine *vertikale Gewaltenteilung* in Gestalt des *Föderalismus* eröffnet.

Wiederum ist ein schillernder, bedeutungsschwangerer Begriff[489] aufgeworfen, den es hier nur in seinen Umrissen festzumachen gilt: Ganz allgemein meint der auf das lateinische *foedus* (dh Bündnis) rekurrierende „Föderalismus" den „Zusammenschluss kleinerer politischer Einheiten zu einem größeren selbständigen politischen Gebilde unter Erhaltung der Selbständigkeit der Kleinordnungen"[490]. Damit sind mehrere zentrale Aspekte angesprochen: Der Föderalismus formt i) *ein* Gemeinwesen, in dem allerdings (und in *irreduzibler* Weise) ii) eine Mehrheit von *selbstständigen Polen* vorfindlich ist, welche zugleich iii) nicht allesamt auf einer Ebene, dh horizontal angesiedelt sind, sondern auf (mindestens) zweien, sodass es zu der für den Föderalismus typischen *Vertikalisierung*[491] kommt. Darin manifestiert sich iv) ein sowohl *statisch-resultatsbezogenes* – wie im vorigen Zitat artikuliert – wie auch ein *dynamisch-prozessbezogenes* Element; bei der Festlegung der Richtung dieser Prozessualität scheiden sich denn aber schon die Geister.[492]

Die traditionelle Staats- und Völkerrechtslehre fordert dem betreffenden Gemeinwesen dabei den „Offenbarungseid" ab, auf welcher der Ebenen die als unteilbar[493] verstandene *Souveränität* zu lokalisieren sei[494], und scheidet dementsprechend *Föderation/Bundesstaat* von *Konföderation/Staatenbund.*[495] In der Adaption und Transformation solcher Begriffsbildung liegt die Chance, den „garstigen Graben" der exklusiven Alternative zu überwinden[496] und Konzepten *geteilter*, *differenzierter*, *abgestuf-*

---

489 Zur historischen Vielgestaltigkeit des Föderalismusbegriffes und zu seiner (wenn auch teilweise etwas versteckten und versprengten) Omnipräsenz in der Geistesgeschichte cf HÖFFE, Demokratie im Zeitalter der Globalisierung, 141ff.

490 PERNTHALER, Allgemeine Staatslehre, 288.

491 Man spricht dann, um nicht nur die *Vielfalt*, sondern auch deren gleichzeitige *Unrückführbarkeit* und *Unaufhebbarkeit* zu signalisieren, gern vom vertikalen *Dualismus*, *Trialismus* etc.

492 Während im deutschsprachigen Raum Föderalismus auf die nicht aufzugebende Vielfalt der Glieder abstellt (*föderalistisch* als Gegensatz zu *zentralistisch*), meint *federal* im Englischen gerade die Dynamik zum Zentralen hin. Dies mag bei den bundesstaatlich organisierten Staaten in diesem Bereich (zB USA, Kanada, Australien) noch positive Assoziationen auslösen, hat aber in Großbritannien durchwegs einen dezidiert pejorativen Beigeschmack (cf dazu PERNTHALER, Allgemeine Staatslehre, 288).

493 Cf dazu schon oben 3.3.1.2 aE.

494 Auch dies wiederum eine Folge des rigiden Souveränitätsbegriffes sowie, noch grundlegender, der im Letzten irreführenden Analogie von Individuen und Staaten (cf oben 3.3.2.1): Je mehr sich die Vorstellung der Souveränität als Synonym völkerrechtlicher Rechtsfähigkeit in den Köpfen festsetzt, desto eher muss das Konzept einer geteilten oder differenzierten Souveränität als (als pathologisch zu verwerfende) Schizophrenie und Persönlichkeitsspaltung erscheinen. Zu alledem noch näher unten 4.1.2.

495 Zu dieser klassischen Unterscheidung cf nur PERNTHALER, Allgemeine Staatslehre, 291ff.

496 Als prägnantes Beispiel für Möglichkeit und Notwendigkeit solchen Weiterschreitens steht das deutsche Bundesverfassungsgericht, das in seinem berühmten *Maastricht-Urteil* (BVerfGE 89, 155 vom 12. Oktober 1993) die *Europäische Union* als *„Staatenverbund"* zu apostrophieren

*ter* Souveränität[497] Raum zu geben. Zentral bleibt aber die Existenz einer Mehrheit und Mehr*stufig*keit der öffentlichen Gewalten, die in ihrem Gesamt das Gemeinwesen ausmachen. Dabei werden die alten Konzepte nicht einfach über Bord geworfen, sondern sie erfahren vielmehr eine Dynamisierung und Differenzierung, die es ermöglichen, uns begegnende Phänomene von Pluralität, Flexibilität und Komplexität nicht als Mangel, sondern ganz im Gegenteil als Herausforderung zu verstehen und sie auf diesem Hintergrund angemessener deuten und fruchtbarer integrieren zu können.

Dies gilt innerhalb der Nationalstaaten, aber auch darüber hinaus: Auch hier darf man nicht meinen, dass im Zuge von Globalisierungsbewegungen einfach das uns vertraute einzelstaatliche Modell auf die höhere Ebene transponierbar wäre. „Nicht der klassische *‚Bundesstaat'* scheint die Zukunft der europäischen und der Welt-Entwicklung, sondern konföderalistische Strukturen und Mischformen von Regionalismus und Bundesstaat dringen vor. Auch hier ist die Staats- und Verfassungslehre aufgerufen, institutionelle Grundgedanken in neuartigen Rechts- und Organisationsformen – die häufig auch zwischen Völkerrecht und Staatsrecht oszillieren – zu bewahren und weiterzuentwickeln."[498] Mit einem derartigen *differenzierten Föderalismus* (im Sinne einer Koexistenz bzw Vernetzung verschiedenartiger föderalistischer Teilordnungen) tun sich insbesondere für die überstaatlichen Räume bemerkenswerte Handlungs- und Steuerungsmöglichkeiten auf: „Erkennt man ... die *antagonistische Grundstruktur* der Globalisierung und ihrer regionalistischen bzw lokalistischen Gegenkräfte, wird Föderalismus zur einzigen Organisationsform, welche diese widersprüchlichen Strebungen der ‚Moderne' und der ‚Postmoderne' zu integrieren vermag: Föderalistische Strukturen verhindern einerseits technokrati-

---

entschied, weil ihm eine Einordnung in das überkommene Begriffspaar weder angemessen noch opportun schien.

497 In einer FN zu einem Zitat von CARL VON KALTENBORN notiert KELSEN, Das Problem der Souveränität, 242: „Diese Vorstellung von ‚Gradationen' des Rechts ist sehr wichtig für Erfassung der Einheit von staatlichem Recht und Völkerrecht." Kaltenborn gesteht er denn auch zu, „dass er ... die grundsätzliche Gleichartigkeit des Verhältnisses erkannte, das zwischen der einzelstaatlichen Rechtsordnung und ihrer Subjekten einerseits, der Völkerrechtsordnung und ihren Subjekten – den Staaten – andererseits besteht" (ibd, 248). In just diesem Sinne einer gestuften, differenzierten, in mehrere Ebenen gegliederten, aber nichtsdestotrotz einheitlichen Rechtsordnung von Staats- und Völkerrecht will Kelsen das von CHRISTIAN WOLFF aufgebrachte und von ihm selbst (entgegen der ablehnenden Haltung der meisten Zeitgenossen) wieder aufgegriffene Konzept der *civitas maxima* verstanden wissen. Dieses Modell einer „über den einzelstaatlichen Rechtsordnungen als Teilrechtsordnungen stehende[n], sie alle umfassende[n], universale[n] Rechtsordnung", welche „als Universal- oder Weltstaat, als civitas maxima bezeichnet werden kann" (ibd, 249) stellt einen wichtigen Vorgriff auf das hier entfaltete Konzept einer *föderal-subsidiären Weltrepublik* dar. Cf dazu unten noch FN 732.

498 PERNTHALER, Die Globalisierung als Herausforderung an eine moderne Staatslehre, 82 (Hervorhebung im Original).

sche, bürokratische und imperialistische *Zentralisierung* in den neuen Machtbasen der Globalisierung; andererseits sind sie – gemeinsam mit den Institutionen der Autonomie und inneren Selbstbestimmung – ein Schutz vor den um sich greifenden *‚neuen Nationalismen'*, die an Inhumanität den ‚alten Nationalismen' um nichts nachstehen."[499]

Mit einer solchen Option ist man allerdings nicht der klassischen bundesstaatstheoretischen Frage enthoben, welchen *Typus* der Beziehungen die Ebenen zueinander pflegen sollen. Ohne näher auf die sich diesbezüglich ergebenden Problemstellungen einzugehen, sei nur darauf verwiesen, dass hier idR zwischen den Modellen des *dualen* und des *kooperativen* Föderalismus unterschieden wird: Während der eine dem sog *Unabhängigkeits-* oder *Trennprinzip* frönt, dh mehr das Element der Gliederung und wechselseitigen Kontrolle der Gewalten im Sinne des US-amerikanischen Prinzips der *checks and balances* in den Vordergrund stellt, optiert das *Verbundprinzip* stärker für ein konstruktives Zusammenwirken und gegenseitiges Ergänzen der Glieder des Gemeinwesens.[500]

### c) Subsidiarität

An die eben aufgeworfene Frage schließt sich jene an, wem im Rahmen der Ebenenpluralität welche Aufgabe zukommen solle. Die klassische föderalistische Antwort darauf ist das Prinzip der *Subsidiarität*. „Dieser Grundsatz bedeutet, dass die menschliche Gesellschaft und die politische Ordnung stufenförmig aus kleineren Gemeinschaften und Gruppen zu größeren Einheiten aufgebaut werden sollen ... Die kleinere Gemeinschaft soll dabei alle ihre *eigenen Angelegenheiten selbständig besorgen können* und nur jene Aufgaben dem größeren Verband überlassen, die über ihre Wirkungsmöglichkeit hinausgehen und allgemeine Interessen aller Gruppen betreffen."[501] In diesem letzten Aspekt gründet auch die Etymologie des Begriffs: Dort (und nur dort), wo die kleinere Gemeinschaft überfordert ist, soll ihr die größere „zu Hilfe" (lateinisch *subsidium*) kommen.

Auch das Subsidiaritätsprinzip stellt ein vielschichtiges Phänomen vor und soll hier, auf weitere Vertiefung verzichtend, nur ansatzweise eine Entfaltung in drei Richtungen erfahren:[502]

---

499 Ibd, 82 (Hervorhebungen im Original). Zu den hier angesprochenen *antagonistischen* Kräften cf schon oben 3.1.1.1 1).

500 Cf in diesem Zusammenhang exemplarisch HÖFFE, Demokratie im Zeitalter der Globalisierung, 146 und 305 sowie PERNTHALER, Allgemeine Staatslehre, 303f. Cf dazu noch unten 3.4.4.2.

501 Diese sehr prägnante Beschreibung bietet PERNTHALER, Allgemeine Staatslehre, 290 (Hervorhebung im Original).

502 Cf zu dieser dreifachen Begriffsentfaltung IDEM, Das Subsidiaritätsprinzip und die Ausgliederung öffentlicher Aufgaben, 180-185.

i) Zum einen ist das Prinzip der Subsidiarität als *(wertendes) Gerechtigkeitsprinzip* zu verstehen, demzufolge es ungerecht ist, kleineren Gemeinschaften den Wirkungsbereich wegzunehmen, den sie mit eigenen Kräften bewältigen können, genauso ungerecht aber, ihnen nicht zu Hilfe zu eilen, wenn sie mit der Aufgabenerfüllung überfordert sind.[503] Das eine bedeutet (als Unterlassungspflicht) ein Wegnahme- oder Destruktionsverbot im Sinne *negativer Subsidiarität*; das andere begründet, positiv gewendet, ein Hilfsgebot (*positive Subsidiarität*).[504]

ii) Des Weiteren wird im gegenständlichen Grundsatz ein *funktionalistisches Verteilungsprinzip*[505] gesehen, wonach eine Aufgabe jeweils der Ebene zu überantworten ist, die die bestmögliche Aufgabenerfüllung verspricht. Mit diesem *Optimierungsgebot* ist allerdings noch keine Entscheidung darüber getroffen, an Hand welcher Kriterien der Verteilungsprozess vorgenommen werden soll. Zu berücksichtigen ist dabei, dass auch scheinbar rein „objektive" oder „sachrationale" Effizienzmaßstäbe ohne gewisse normative Optionen, ohne wertende Elemente nicht das Auslangen finden können.

iii) Schließlich ist dem Subsidiaritätsgrundsatz auch das Moment einer *Verfahrensgarantie* immanent. Hat – wie im klassischen Bundesstaat üblich – in letzter Konsequenz (allein) der Oberstaat die *Kompetenzkompetenz* über die Aufgabendistribution inne, so ist die optimale Verteilung dahingehend gefährdet, dass dieser nicht adäquat über Leistungsfähigkeit und -bereitschaft der unteren Ebenen informiert ist, auch wenn er sich redlich um die Verwirklichung des Gerechtigkeits- und Optimierungsgebotes bemüht (sog *Zirkelschluss des Föderalismus* oder *Föderalismusdilemma*).

---

503 Zur wohl bekanntesten Artikulierung des Subsidiaritätsgrundsatzes dieses Zuschnitts hat die Sozialenzyklika *Quadragesimo anno* PIUS' XI., datierend vom 15. Mai 1931, gefunden, wenn sie in Nr 79 fordert: „So muss doch allzeit unverrückbar jener höchst gewichtige sozialphilosophische Grundsatz festgehalten werden, an dem nicht zu rütteln noch zu deuteln ist ... [sc Es verstößt] *gegen die Gerechtigkeit*, das, was die kleineren und untergeordneten Gemeinwesen leisten und zum guten Ende führen können, für die weitere und übergeordnete Gemeinschaft in Anspruch zu nehmen ... *Jedwede Gesellschaftstätigkeit* ist ja ihrem Wesen und Begriff nach *subsidiär*; sie soll die Glieder des Sozialkörpers unterstützen, darf sie aber niemals zerschlagen oder aufsaugen." (Hervorhebungen vom Verfasser).

504 Cf HÖFFE, Demokratie im Zeitalter der Globalisierung, 131.

505 In diesen Zusammenhang gehört Art 5 Abs 2 EGV (auf den auch Art 2 lS EUV verweist): „In den Bereichen, die nicht in ihre ausschließliche Zuständigkeit fallen, wird die Gemeinschaft nach dem Subsidiaritätsprinzip nur tätig, sofern und soweit die Ziele der in Betracht gezogenen Maßnahmen auf Ebene der Mitgliedstaaten nicht ausreichend erreicht werden können und daher wegen ihres Umfangs oder ihrer Wirkungen besser auf Gemeinschaftsebene erreicht werden können." Ausdrückliche Erwähnung findet der Subsidiaritätsgrundsatz auch in Abs 5 der Präambel zur *Charta der Grundrechte der Europäischen Union* vom 7. Dezember 2000. Es gilt aber zu beachten, dass dies Prinzip im Schoß der EU nicht so sehr als Kompetenz*zuweisungs*- bzw -*aufteilungs*regel, sondern vielmehr als Kompetenz*ausübungs*regel zu verstehen ist. Auf GUY ISAAC geht die Formulierung zurück, dass es hier weniger um ein Prinzip „*de distribution des compétences*" als um eines „*visant à en réguler solennellement l'exercice*" gehe.

Mit einer höheren Richtigkeitsgewähr der Entscheidung und einer Beförderung der Anliegen von i) und ii) darf gerechnet werden, wenn nicht nur die obere (oder untere) Ebene einseitig über die Abgrenzung der Wirkungsbereiche abspricht, sondern die Aufteilung in einem durch wechselseitige Information, Kooperation und Partizipation geprägten Procedere zu Stande kommt.

Der Gedanke der Subsidiarität ist, wie schon angeklungen, aufs engste mit dem der Föderalität verbunden.[506] Dieser mehr auf den Aufbau des Gemeinwesens (also auf *organisatorische* Aspekte) abstellend, jener mehr auf die Aufgabenverteilung in demselben (mithin auf *funktionelle* Belange) zielend, kommen sie darin überein, dass sie in Frontstellung gegen Zentralisierungs- und Unifizierungsbestrebungen grundsätzliche *Pluralität* und *Differenz* auf Ebene eines nichtsdestotrotz als *eines* verstandenen Gemeinwesens voraussetzen wie fördern. Dies gilt für den nationalstaatlichen Bereich ebenso wie für den zwischen- und überstaatlichen, ja im Falle der Transposition auf globale Ebene umso mehr: Denn während der Einzelstaat noch immer von seinesgleichen begrenzend und beschränkend umfangen ist, entbehrt das *Weltgemeinwesen* solcher äußerer Korrektive. Insofern erweist sich das Modell der *föderal-subsidiären Weltrepublik* als besonders bemerkenswert, sucht es doch – stabile und wirksame – innere Limitierung und Kontrolle der Machtakkumulation des *einen* Gemeinwesens in verschränkten Mechanismen *horizontaler* (republikanische Organisation) und *vertikaler* (Föderalität/Subsidiarität) *Gewaltenteilung.*

## 3.4 Der ICC als Faktor der föderal-subsidiären Weltrepublik

Der Gang unserer Überlegungen führt uns gleichsam in einer *Trichterbewegung* auf den Kern der vorliegenden Arbeit hin. Die vorstehenden Ausführungen haben vornehmlich die Aufgabe gehabt, in verschiedener Hinsicht den Boden für eine fundierte und differenzierte Auseinandersetzung mit dem Internationalen Strafgerichtshof zu bereiten, ihn (von mehreren Seiten her kommend) im komplexen Beziehungsnetz, in das er in seiner multiplen Provenienz gestellt ist, angemessen zu positionieren zu suchen. Das Terrain scheint nunmehr in die wichtigen Richtungen abgesteckt zu sein: Wir haben uns des historischen Hintergrundes internationaler Strafgerichtsbarkeit vergewissert, das Statut in positivrechtlicher Hinsicht ausgelotet, eine Annäherung an die diesbezüglich prominentesten *termini technici* des Völker-, Staats- und Strafrechtes gesucht und – im vorliegenden Kapitel selbst – in

[506] Zu diesem Aspekt cf HÖFFE, Demokratie im Zeitalter der Globalisierung, 143f. Vertiefende Ausführungen zur Entstehungs- und Wirkungsgeschichte von Begriff und Konzept der Subsidiarität finden sich ibd, 126ff.

einem kurzen Gang durch die Geistesgeschichte der *Philosophie der internationalen Beziehungen* nachgespürt, um dabei va dem in unserem Zusammenhang besonders relevant scheinenden kantischen Denken unser Augenmerk zu schenken.

Nachdem die angestrebte Positionierung und Lokalisierung geleistet scheint, wollen wir das gegenständliche Phänomen noch einmal in den Blick nehmen und, von den vorigen Klärungen ausgehend und profitierend, eine vertiefte Annäherung an den ICC (nicht mehr so sehr in positivrechtlicher als vielmehr) in *rechtsphilosophischer* und *staatsrechtlicher* Hinsicht versuchen. Das im letzten Reflexionsschritt skizzierte Modell der *föderal-subsidiären Weltrepublik* soll dabei als unmittelbare Bezugsgröße fungieren. Es mag seltsam anmuten, dass dieses Konzept in der obigen Darstellung in der Tat auf sein „nacktes Gerüst" reduziert worden ist und naheliegende Beispiele, sinnvolle Präzisierungen, va aber die sich aufdrängende Behandlung kritischer Anfragen konsequent ausgeblendet worden sind. Angesichts der gebotenen Kürze schien dies nichtsdestotrotz erforderlich, zugleich auch von der Sache her vertretbar: Just am konkreten Beispiel des ICC soll sich die Schablone nämlich bewähren können und „mit Leben erfüllt" werden.

Am Anfang des vorliegenden Abschnitts[507] haben wir uns zu erörtern aufgegeben, inwieweit der ICC begründeterweise als *Faktor* – dh als *Konsequenz*, als *Element*, gleichzeitig aber auch als *Movens* – von Globalisierungsprozessen verstanden werden könne. Auf dem Hintergrund der in der Folge angestellten Überlegungen wollen wir diese Fragestellung dahingehend präzisieren, dass es zu untersuchen gilt, wie sich das Phänomen der Errichtung und Existenz des Internationalen Strafgerichtshofes in seinen Geprägtheiten durch und in seinen Implikationen für die Idee globaler Rechtlichkeit und Staatlichkeit deuten lässt, kurz also: inwieweit vom ICC (im Sinne der drei genannten Aspekte) als *Faktor der föderal-subsidiären Weltrepublik* die Rede sein kann. Dabei wird zu zeigen versucht werden, dass der ICC in mancherlei Hinsicht als markantes Exempel sowie als im Partikulären antizipierte Realisierung für im Weltrepublikskonzept zum Ausdruck kommende (in ihrer Bedeutung über den begrenzten Zusammenhang des ICC weit hinausweisende) Neuorientierungen, Akzentverschiebungen, Paradigmenwechsel fungiert. Gleichzeitig ist aber auch zu beleuchten, inwieweit der Internationale Strafgerichtshof (in seiner realen Verfasstheit, in der er ja Gegenstand dieser Untersuchung bildet) dem Anspruch dieses Konzeptes nicht oder nur unvollkommen zu genügen vermag bzw inwieweit sich in ihm auch Grenzen der Idee einer föderal-subsidiären Weltrepublik selbst manifestieren.

Mit diesen Anliegen verbindet sich auch die Überlegung, dir wir im Innehalten nach den ersten beiden Abschnitten angestellt haben[508]: Dabei wurde die Intui-

---

507 Cf oben p 106.

508 Cf oben 2.3.3 aE.

tion aufgeworfen, dass sich im Internationalen Strafgerichtshof gegenüber seinen Vorläufereinrichtungen, die in ihren wesentlichen Zügen in den Zusammenhang klassischer Internationalität gehören, schon deutlicher und markanter – und um mehr als graduelle Verschiebungen geht es nicht – das Paradigma des *Universalen* abzeichnet. Genau unter dieser Rücksicht wollen wir im Folgenden dem ICC nachspüren: Ein hoher Anspruch ist ausgelobt, er kann hier nur bescheidene Umsetzung erfahren. Wir werden nur einigen ausgewählten Aspekten der Universalität nachgehen können, an denen allein sich aber schon mächtige Züge einer sich erhebenden *Weltgerichtsbarkeit* ausmachen lassen.

### 3.4.1 Universalität des Verbrechens

Bereits bei den Eingangsüberlegungen zu diesem Abschnitt[509] war davon die Rede, dass sich unter die prägenden Globalisierungsstränge auch das Bewusstsein reiht, dass Menschen sich (als Individuen wie Kollektive) zunehmend durch Gewalt und Verbrechen *gemeinsam berührt* und *betroffen* erfahren. Dies schließt zum einen das Bewusstsein *gemeinsamer simultaner Bedrohtheit* ein, zB die Gefahr des globalen, des *Welt*krieges, die vielschichtigen Bedrohungen durch Produktion und Haltung von ABC-Waffen, aber auch etwa den globalen Terrorismus, ein seit jüngster Zeit unabdingbares Element jeder derartigen Aufzählung. Hierher gehört aber auch ein gesteigertes *Mitfühlen* bzw *Anteilnehmen*, eine (mehr oder minder ernsthaft ausgeprägte) Solidarität oder besser: Sympathie mit Bedrohtheit und Leiden anderer Menschen in regionalen Konflikten, Bürgerkriegen, Diktaturen, die das Angesicht der Welt auch nach dem verheerenden Höhepunkt des Zweiten Weltkrieges in allen Jahrzehnten und Kontinenten, auch in Europa, geprägt und beleidigt haben. Die historische Erfahrung des 20. Jahrhunderts lehrt in verschiedensten Dimensionen die *Gefährdung* von Menschen wie Menschheit durch Unrecht ungekannten Umfangs und Maßstabs.

Nahtlos fügt sich in diesen Zusammenhang das schon in mehrfach zitierter Stelle enthaltene Kantwort, wonach „es nun mit der unter den Völkern der Erde einmal durchgängig überhand genommenen (engeren oder weiteren) Gemeinschaft so weit gekommen ist, dass die Rechtsverletzung an *einem* Platz der Erde an *allen* gefühlt wird" (ZEF 360, O). Just an diesen Punkt schließt sich die Frage an, die uns im Folgenden interessieren mag: Wenn wir von einer Universalität der Rechtsverletzung, von einer *Universalität des Verbrechens* sprechen wollen, dann muss man sich auch Rechenschaft darüber ablegen, worin diese näherhin bestehen soll. Dabei geht es nicht so sehr um das *distributive* Bewusstsein von in menschlichem Zusammenleben allerorts und allezeit gegenwärtigen Delikten wie Mord, Körperverletzung,

---

[509] Cf dazu oben 3.1.1.2 2), va aber 3.1.2.1.

Diebstahl, etc – dies nämlich ist eben keine privilegierte Erfahrung unserer Zeit –, sondern um eine *kollektive* Erfahrung von Bedrohtheit und Betroffenheit durch gewisse Formen von Menschen an Menschen begangenen Unrechts.

Letzteres ist keine exklusive Einsicht unserer Tage: In rudimentärer, aber durchaus markanter Weise kommt der Gedanke schon im Verfahren gegen PETER VON HAGENBACH[510] zum Ausdruck, wenn von Verbrechen, deren Qualifikation als solche und deren Bestrafung allen Völkern gemeinsam ist, jene abgehoben werden, die gegen die „Gesetze Gottes und der Menschheit" verstoßen.[511] Im Verhältnis dazu ungleich verschwommener artikuliert diesen zweiten Gedanken Art 277 des Versailler Vertrages, wenn er WILHELM II.[512] wegen „supreme offence against international morality" zur Rechenschaft ziehen will. Die entscheidenden Dimensionen zeichen sich aber in den Rechtsquellen ab, die auf dem Hintergrund von Naziherrschaft und Zweitem Weltkrieg entstanden sind: Wir erinnern uns, dass Art 1 des IMT-Statuts den Kompetenzbereich des Tribunals *ratione personae* auf „war criminals whose offenses have no particular geographical location" beschränkt. Einen ähnlichen Adressatenkreis und die Untiefen von deren strafrechtlicher Verfolgung im Blick, normiert Art 7 Abs 2 der Europäischen Menschenrechtskonvention: „This article shall not prejudice the trial and punishment of any person for any act or omission which, at the time when it was committed, was criminal according to the *general principles of law recognized by civilized nations.*"[513]

Die in den aufgeführten Passagen zum Ausdruck kommenden Aspekte *räumlicher Transzendenz* und *materieller Betroffenheit der Staatengemeinschaft*[514], die, jede

---

510 Cf oben 1.1.2.

511 Während das ICC-Statut, wie zu zeigen sein wird, in seiner Grundkonzeption dem letzten Modell folgt und in autonomer Weise Verstöße „gegen die Gesetze der Menschheit" sanktioniert, gibt Art 21 Abs 1 lit c eine kleine Reminiszenz vom ersten Aspekt, wenn er – allerdings nur *subsidiär* zum Normbestand des Statuts sowie unter gebührlicher Berücksichtigung der Taxativität des Kompetenzkataloges und des damit in Zusammenhang stehenden strafrechtlichen Analogieverbots [cf oben 2.2.4.1 c)e)] – die „general principles of law derived by the Court from national laws of legal systems of the world" zum anwendbaren Recht rechnet.

512 Dazu schon oben 1.1.3.

513 European Convention on Human Rights vom 4. November 1950 (Hervorhebung vom Verfasser). Diese Bestimmung limitiert oder besser: korrigiert das in Art 7 Abs 1 verankerte *Nullum crimen sive nulla poena sine lege* (cf dazu näher oben 2.2.4.1): „No one shall be held guilty of any criminal offence on account of any act or omission which did not constitute a criminal offence under national or international law at the time when it was committed. Nor shall a heavier penalty be imposed than the one that was applicable at the time the criminal offence was committed." Der Zusatz des Abs 2 hat sich gerade auf dem Hintergrund der Erfahrungen mit den Nürnberger Prozessen und dem dort erhobenen Vorwurf der Verletzung des sich im Legalitätsgrundsatz manifestierenden Verbots der Rückwirkung von Strafgesetzen als geboten erwiesen (cf dazu auch 1.2.4).

514 In diesem Zusammenhang wenigstens anzusprechen ist das im Übrigen nicht weiter zu erörternde völkerrechtliche Konzept des *ius cogens*, welches als eine seiner Voraussetzungen die

auf ihre Art, eine Sprengung des nationalstaatlichen Rahmens bedeuten, führen zugleich zu einem tieferen Verständnis der kompetenzmäßigen Grundlage des Internationalen Strafgerichtshofes hin. Den einschlägigen positivrechtlichen Bestand haben wir bei der Abgrenzung der Zuständigkeit *ratione materiae*[515] schon vorgestellt: Art 1 beruft den ICC allgemein zur Verfolgung der „most serious crimes of international concern"; Art 5 Abs 1 S 1 spricht in Anlehnung daran von den „most serious crimes of concern to the international community as a whole"[516]. Der Elemente dieser Zuständigkeitsbestimmung werden wir uns noch genauer zu vergewissern haben; Voraussetzung dafür ist aber, dass wir zuvor noch eine Annäherung an den Begriff des „internationalen Verbrechens"[517] überhaupt suchen.

### 3.4.1.1 Das internationale Verbrechen

Die gerade angesprochene terminologisch korrekte Charakterisierung als *crimes under international law* macht deutlich, dass „internationale Verbrechen" jene sind, wo internationales Recht Unzulässigkeit und Strafwürdigkeit bestimmter Formen menschlichen Handelns festschreibt; die Abgrenzung erfolgt mithin schlussendlich über die *rechtliche Qualität* des sanktionierenden materiellen Rechts. Das Völkerrecht kann sich dabei verschiedenster Fallkonstellationen annehmen, im Prinzip auch reiner *Binnenfälle*, dh solcher, wo Täter, Opfer, Tatort und -dimension ein und demselben Staat zugeordnet werden können; solange die Bestrafung auf Grund dies anordnenden internationalen Rechts erfolgt, liegt ein internationales Verbrechen vor.[518]

---

Annahme und Anerkennung durch die „international community of states as a whole" kennt. Zu dem in Art 53 des *Wiener Übereinkommens über das Recht der Verträge* vom 23. Mai 1969 positivierten und in seiner Formulierung eine enge Beziehung zu Art 1 und 5 des Statuts (siehe sogleich) aufweisenden Institut des „zwingenden Rechts" cf etwa NEUHOLD/HUMMER/SCHREUER, Handbuch des Völkerrechts, Bd 1, Rz 364ff.

515 Cf dazu oben 2.1.2.3 4).

516 So auch die Formulierung, derer sich Pr IV und IX bedienen.

517 Für eine erste wichtige Abgrenzung der hier zu behandelnden *crimes under international law* in Abhebung von den sog *international crimes* cf oben FN 170. Auf deren Hintergrund erweist sich die folgende Rede von „internationalen Verbrechen" als untechnisch und vielleicht auch als zur Verwirrung geeignet, für die hier verfolgten Argumentationszwecke aber im Ergebnis doch als die treffendste Bezeichnung.

518 Und dies ist nicht bloßes Gedankenspiel: Die in ihrer Bedeutung in den letzten Jahrzehnten stark gestiegenen *internen* Konflikte, die durchwegs die aufgeführten Kriterien des *Binnenfalls* erfüllen, machen zunehmend ein Handeln auf internationaler Ebene notwendig (zum Unterschied von internationalen und internen Konflikten schon FN 110, 111 und va 243). Ein gewisses, aber nicht weit genug reichendes Remedium bietet die Erweiterung des vorrangig auf internationale Konflikte abstellenden Konzepts des *Kriegsverbrechens*; eine grundlegende konzeptuelle Umkehr veranlasst der Typus des *Verbrechens gegen die Menschlichkeit*; cf dazu sogleich unten p 183.

In der Regel aber – und hierin meldet sich schon ein leiser Anklang an das Subsidiaritätsprinzip – fordert das Völkerrecht die Realisierung einer *Grenzüberschreitung* im weitesten Sinne.[519] Das mag ganz zu Recht den gerade erwähnten Aspekt *räumlicher Transzendenz* in Erinnerung rufen, und zwar in dem Doppelsinne eines Ausgreifens nicht nur über *geographische*, sondern auch – damit in Zusammenhang stehend – über *Souveränitäts*räume.[520] Bei den hier ins Auge zu fassenden Delikten geht es ja nicht einfach um die Betroffenheit mehrerer Territorien – durch grenzüberschreitende Taten, durch die Verstreutheit der Tatorte, durch unterschiedliche Nationalitäten von Tätern und Opfern etc. Mindestens so entscheidend ist, dass auf diesem Hintergrund eine Mehrzahl von Souveränitätsträgern berufen ist (oder sich wenigstens berufen kann), in *Konkurrenz*, in der Folge dann uU auch in *Kollision* sich der *einen* Tat und des *einen* Täters anzunehmen. Das ganze Variationsspektrum von positiven und negativen Kompetenzkonflikten[521] ist damit auf den Plan gerufen.

### 3.4.1.2 Transnationale und universale Verbrechen

Dem Begriff des internationalen Verbrechens wohnen aber auch noch andere Elemente inne, die mit dem der *Grenzüberschreitung* zwar oft parallel laufen und einhergehen, aber doch einen eigenständigen Bedeutungsgehalt aufweisen. Damit rückt man in die Nähe einer Unterscheidung, die sich der Sache nach in weiten Teilen der Literatur nachweisen lässt, aber sowohl in der Abgrenzung nicht wirklich deckungsgleich durchgeführt ist wie auch terminologisch uneinheitliche Ausgestaltung erfährt.

Besonders charakteristisch hiefür ist die Debatte um die Festlegung der materiellen Kognitionsbefugnis des ICC. Manche Staaten favorisierten Vorschläge, die

---

519 Cf zu diesem Gedanken schon oben 2.3 aB.

520 Die enge Verbundenheit der Konzepte von *Territorialität* und *Souveränität* wurde schon in 3.1.1.1 a) und b) herauszustellen versucht. Es ist von daher weder Zufall, dass beide Elemente für das neuzeitliche Staatsverständnis so prägend geworden sind, noch auch, dass beide in den Globalisierungsprozessen gleichermaßen in Frage stehen.

521 Einmal mehr rückt hier, als ein Exemplum, Art 1 des IMT-Statuts in den Blick, der die Zuständigkeit – gleichsam im Sinne eines *Anti-Territorialitätsprinzips* – auf „crimes which have no particular geographical localization" gründet. Dieser will zum einen drohenden *positiven* Kompetenzkonflikten steuern, wo schlussendlich ein privilegierter Staat (von den vielen gleichzeitig und gleichrangig nach dem Territorialitätsprinzip berufenen) unter Zurückstellung oder sogar Ausschluss der anderen seine Strafhoheit zur Ausübung bringt. Im umgekehrten Falle können die in der „Entortung" begründete Dimension und Komplexität der abzuurteilenden Verbrechen bewirken, dass kein Staat Chance und Willen hat, in wirksamer und angemessener Weise ein Strafverfahren zu führen: Der Mangel an eindeutiger oder auch nur schwergewichtiger Zuordenbarkeit nach dem Territorialitätsprinzip eröffnet die Möglichkeit des *negativen* Zuständigkeitskonflikts.

über die in Art 5 Abs 1 aufgeführten vier Delikte hinaus noch weitere Delikte wie zB den internationalen Drogenhandel[522] oder den internationalen Terrorismus[523] aufgenommen sehen wollten. Unbenommen der zunehmenden Internationalisierung verschiedener krimineller Aktivitäten sprach sich die überragende Mehrheit der Staaten klar gegen eine Erweiterung des Kompetenzkataloges in diese Richtung aus. „Il était cependant indispensable que la majorité des États rappelle que le caractère *international* des crimes, fruit de la globalisation de l'économie et d'une circulation de plus en plus rapide des biens et des hommes, n'était évidemment pas synonyme du caractère *universel* de ces crimes."[524] Die hier anklingende Unterscheidung zweier Arten von internationalen Verbrechen kommt ebenso zum Ausdruck, wenn die „Errichtung eines ständigen internationalen Strafgerichtshofs für *echte völkerrechtliche* (nicht dagegen für ‚*transnationale*') Verbrechen"[525] gefordert wird. Dieser Differenzierung von „unechten internationalen" oder besser: *transnationalen* und „echten internationalen" bzw *universellen Verbrechen* gilt es im Folgenden noch etwas näher nachzugehen. Dabei, soviel sei schon gesagt, kann es aber in keiner Weise um eine saubere Trennlinie gehen, die die verschiedenen Delikte eindeutig der einen oder anderen Seite zuweist und somit verlässlich voneinander scheidet. Vielmehr sollen Elemente aufgezeigt werden, die eine Einordnung einzelner Deliktstatbestände im Kontinuum zwischen transnationalen und universalen Verbrechen erleichtern mag.

Zum einen – dies vielleicht am offensichtlichsten, bei näherem Besehen aber gleichzeitig auch am wenigsten tragfähig – beinhaltet die Unterscheidung einen *quantitativen* Aspekt. Universale Verbrechen betreffen, zumindest der Tendenz nach, eine größere Zahl an Personen als die anderen: In Kriegsverbrechen, Verbrechen gegen die Menschlichkeit, Völkermord und Aggression sind nicht nur einzelne Menschen, sondern ganze Regionen, Völker, Staaten – und dies bedeutet Hekatomben und Myriaden von Individuen – von Gewalt und Leid betroffen. Wenn die

---

522 Wir erinnern uns in diesem Zusammenhang, dass die Initiative von Trinidad und Tobago, die letztlich den entscheidenden Anstoß für die Errichtung des ICC geben sollte, die universale Jurisdiktion va über den internationalen Drogenhandel zu Gericht sitzen lassen wollte (cf dazu oben FN 121).

523 Auch hier ist eine kleine historische Reprise am Platz: Die ersten konkreten Pläne für die Errichtung eines Internationalen Strafgerichtshofes, die sogar in die Ausarbeitung und Auflegung einer (wenn auch nie in Kraft getretenen) Konvention mündeten, rankten sich just um die Terrorismuskonvention von 1937 (cf schon FN 76). Nach den Kriegsverbrechen – die historischen Sonderfälle von Piraterie und Sklaverei einmal außen vor gelassen – war der Terrorismus das zweite völkerrechtliche Verbrechen gewesen, das als solches Anerkennung gefunden hatte (cf BOURDON, CPI, 16). Im Gefolge der Ereignisse des 11. September 2001 ist das Interesse für das internationale Verbrechen des Terrorismus wieder heftig erwacht (cf oben FN 237).

524 BOURDON, CPI, 38 (Hervorhebungen vom Verfasser).

525 MERKEL, Lauter leidige Tröster, 347 (Hervorhebungen vom Verfasser).

gerade erst angeführten Art 1 und 5 jeweils von den „*most serious* crimes" sprechen, dann wird darin deutlich, dass die gegenständlichen Verbrechen in verheerender Weise sei es das nackte Leben, sei es fundamentalste Rechte von großer Menschenzahl bedrohen, verletzen und negieren. Unmittelbar in die Logik dieses Gedankengangs gehört die *Erheblichkeits-* bzw *Gravitätsschwelle* des Art 17 Abs 1 lit d des Statuts, die eine an sich zu bejahende Zuständigkeit und Zulässigkeit doch ausschließt, sofern der Fall „not of sufficient gravity to justify further action by the Court" sei.[526]

So eingänglich ein Abstellen auf die *Gravität* der Tathandlung anfangs scheinen mag, so kann man ihm doch (und nicht zu Unrecht) entgegenhalten, dass einerseits eine bestimmte quantitative Dimension für die genannten vier Delikte nicht unbedingt konstitutiv ist[527] und auch nicht sein soll. Andererseits muss man sich das Argument gefallen lassen, dass auch transnationale Delikte zu übergroßem Umfang avancieren können: Das gilt für den internationalen Drogenhandel, va aber für den internationalen Terrorismus, der (zumindest in der allgemeinen Wahrnehmung) in unserer Zeit durchwegs als globale Bedrohung, als zahllose Individuen in seinen Bann und Fluch ziehendes Verbrechen verstanden wird.

Ein weiteres Charakteristikum der im ICC-Statut verankerten universalen Verbrechen mag auf *qualitativer* Ebene in der von diesen geforderten subjektiven Tatseite gesehen werden. Wird das Diktum von den „*most serious* crimes" nämlich auf die *mens rea* bezogen, so tritt zu Tage, dass ihnen stark das Element des *Systematischen*, der *Planung* innewohnt: Das fängt in besonders eindrücklicher Weise an beim Völkermord, wo der Täter „with intent to destroy, in whole or in part, a national, ethnical, racial or religious group, as such" handeln muss (Art 6). Bei den Verbrechen gegen die Menschlichkeit wird verlangt, dass sich der Delinquent bewusst ist, dass die verpönten Handlungen „as a part of a widespread or systematic attack directed against any civilian population" (Art 7) gesetzt werden. Und von Kriegsverbrechen wird va dann gesprochen, wenn sie „as part of a plan or policy or as part of large-scale commission of such crimes" (Art 8) begangen werden.

Das Leitbild des universalen Verbrechens ist daher nicht so sehr der planlose, wenn auch katastrophale Gewaltexzess, das – wenn auch in seinem Umfang verheerende – unkontrollierte Massaker, sondern vielmehr die Verletzung existenzieller Rechtsgüter in beträchtlichem Ausmaß aus Planung und Überlegung heraus. Dazu kommt, dass das verwerfliche Zusammenwirken der Mehreren nicht selten

---

526 Zu dieser *negativen Zulässigkeitsvoraussetzung*, die im Fachjargon gerne als *de-minimis*-Klausel adressiert wird, cf schon oben FN 176 und 235.

527 Cf in diesem Zusammenhang nur die Diskussion um den „Mindestschwellenwert" an Gewalthandlungen, um Handlungen als Kriegsverbrechen qualifizieren zu können. Die Frage ist schlussendlich, wir erinnern uns, dahingehend entschieden worden, dass ein solcher berechtigterweise nicht angenommen werden könne (cf oben FN 241).

*politisch* motiviert und imprägniert ist, dh dass die Delikte in mehr oder minderer Form der Beförderung bestimmter politischer Haltungen/Ideologien im weitesten Sinne (zB Primat eines Volkes, rassistische Motive, ethnische Säuberung, religiöse Zwangsmissionierung) dienlich sein sollen. Diese Überlegungen können hier nicht vertieft werden; es sollte aber zumindest anzudeuten gelungen sein, dass man es bei den gegenständlichen Verbrechen nicht mit Devianzen zu tun hat, mit denen ein Gemeinwesen rechnet, auf die es vorbereitet ist und die es dementsprechend zu integrieren versteht, sondern vielmehr mit solchen, die es in seinen grundlegenden Optionen und Möglichkeiten in Frage stellen. Die Gründe dafür können sehr verschiedene sein: Jedenfalls gehören hierher sowohl Delikte, die weitgehend oder schwerpunktmäßig einem Staat zuordenbar sind, diesen aber in seiner Strafhoheit durch ihre Größe bzw ihre Deckung durch entsprechende Machtgruppen bzw die Machthaber überhaupt neutralisieren, wie auch solche, die Ursprung, Motivation und/oder Schutz durch ein anderes Gemeinwesen erfahren, was die Strafhoheit des Einzelstaates in ihrer territorial-souveränen Begrenztheit ebenso überfordert.

Damit ist einmal mehr eine *Transzendenz*erfahrung angesprochen: Universale Delikte erweisen sich als solche, die der Einzelstaat in dem ihm vertrauten und zur Verfügung stehenden Aktionsradius nicht mehr bewältigen kann, sondern die an, ja über seine Grenzen gehen. Dabei ist zu unterscheiden: In Fällen, die die einzelnen Gemeinwesen zwar überfordern, die aber von ihrem jeweiligen „Verständnishorizont" noch integrierbar sind, finden die betroffenen Staaten oft zu Maßnahmen der *Kooperation* im Rahmen von klassischem bi- oder multilateralem Zusammenwirken; in diese Richtung lassen sich die angesprochenen „einfach" internationalen Delikte bzw transnationalen Verbrechen auch durchaus verstehen. Demgegenüber gilt für universale Verbrechen als „qualifiziert" internationale Delikte, dass sie die einzelnen Staaten (auch in Formen von deren einfachem Zusammenwirken) überfordern und somit eine neue Handlungsebene, eben eine universale, fordern.[528]

Hier zeichnet sich in seinen Konturen schon ein *Subsidiaritätsargument* ab, welches der universalen Aufgabe ein universales Handlungsschema zuordnen will; dies

---

528 Es darf daher nicht überraschen, dass im Bereich transnationaler Verbrechen (Terrorismus, Waffen- und Drogenhandel) schon verhältnismäßig früh internationale Kooperation gelungen ist und ihren Niederschlag in diversen Konventionen gefunden hat. Diesen *treaty crimes* stehen die universalen Verbrechen gegenüber, die angesichts des hier erforderlichen qualifizierten internationalen Zusammenwirkens über lange Zeit überhaupt straffrei geblieben sind. Ein er's-tes Einfallstor für den Erwerb internationaler Handlungsfähigkeit auf solchem Gebiet bietet auf Grund seiner Niederschwelligkeit oft das *Gewohnheitsrecht.* Zwar ist für den hier relevanten Bereich im Statut des ICC eine derartige qualifiziert-internationale Handlungsebene gewonnen worden. Pr V des Statuts versäumt jedoch nicht, die wenn auch skandalöse, aber bisher selbstverständliche Erfahrung zu artikulieren: „determined to put an end to impunity for the perpetrators of these crimes". Cf zum Unterschied von Vertrags- und Gewohnheitsvölkerrecht in diesem Zusammenhang CAFLISCH, Der neue Internationale Strafgerichtshof, 6.

wird im Folgenden noch zu vertiefen sein.[529] Davor aber scheint es sinnvoll, sich das Spezifische der Aufgabe, der Charakteristik des universalen Verbrechens noch deutlicher bewusst zu machen. Bei diesem Unterfangen mögen uns einige Überlegungen hilfreich sein, die HANNAH ARENDT in ihrem Prozessbericht *Eichmann in Jerusalem. Ein Bericht von der Banalität des Bösen* entwickelt, beseelt von dem Anliegen, den kategorialen Unterschied zwischen Verbrechen auf universaler bzw Weltebene und auf einzelstaatlicher Ebene manifest werden zu lassen: „Nichts ist verderblicher für ein Verständnis dieser neuen Verbrechen und steht der Herausbildung eines internationalen Strafrechts, das sich mit ihnen befassen müsste, mehr im Wege als die weitverbreitete Meinung, dass Mord und Völkermord im Grunde die gleichen Verbrechen seien und dass darum der staatlich organisierte Völkermord ‚kein neues Verbrechen' darstellte. Das Merkmal des letzteren ist, dass eine *gänzlich andere Ordnung zerstört* und eine *gänzlich andere Gemeinschaft verletzt* wird."[530] Und noch pointierter artikuliert sie, dass „diese neuen administrativen Massenmörder vor Gericht gestellt werden [sc müssen], weil sie die *Ordnung der Menschheit verletzt* haben und nicht weil sie *Millionen von Menschen getötet* haben"[531].

### 3.4.1.3 Laesio humanitatis

Den Gedanken, den ARENDT hier (in sehr prägnanter, in seiner Apodiktizität dann letztlich wohl auch überzogener Weise) formuliert, ist jener, dass in den *universalen Verbrechen*, deren näherer Beschaffenheit wir auf der Spur sind, das auf dem Spiel stehende Rechtsgut die *Menschheit* sei. Im vorigen Zitat erteilt sie den auch in unseren Überlegungen erörterten quantitativen Aspekten – gingen sie auch in die Millionen – in ihrer Relevanz für den Begriff des universalen Delikts eine klare Absage; es gehe dabei allein um die Verletzung der „Ordnung der Menschheit".

Die sich im gegebenen Zusammenhang unmittelbar aufdrängende Assoziation ist natürlich jene des *Verbrechens gegen die Menschlichkeit*, wie wir es oben schon kurz behandelt haben.[532] Auf Grund von dessen jugendlichen Alters und seiner dementsprechenden juristischen „Unterbelichtetheit" fristet dieser Deliktstypus in der völkerrechtlichen Praxis bisher ein verhältnismäßig bescheidenes Dasein. Nichtsdestotrotz weckt er, was den ihm immanenten Anspruch betrifft, die allerhöchsten Erwartungen, repräsentiert er doch in *terminologischer* wie *konzeptueller* Hinsicht geradezu das Paradigma des universalen Verbrechens.

---

529 Cf dazu unten 3.4.1.3 aE sowie 3.4.2.1.

530 ARENDT, Eichmann in Jerusalem, 395 (Hervorhebungen vom Verfasser).

531 Ibd, 395 (Hervorhebungen vom Verfasser).

532 Cf dazu oben 2.3.1.3. Besonders hingewiesen sei dabei noch einmal auf die ausdrückliche Erwähnung der *humanity* in der Petersburger Deklaration von 1868 sowie in den Präambeln der Haager Landkriegsordnungen (sog *Martenssche Klausel*).

Das Letzte zuerst: Wir haben gesehen, dass der ältere Deliktstypus des „Kriegsverbrechens“[533] im Prinzip auf einen *internationalen* Konflikt abstellt. Wohl ist es auf Grund der historischen Entwicklungen notwendig geworden, das Konzept in Richtung *interner* Konflikte zu durchbrechen, aufzuweichen und zu erweitern[534]; entsprechend hat man auch bei der Ausarbeitung des ICC-Statuts verfahren. Die Berücksichtigung interner Konflikte ist, wie aus den einschlägigen Ausführungen ebenfalls hervorleuchtet, aber immer nur eine eingeschränkte, begrenzte, abgeleitete; der reine *Binnenfall* bleibt als vielleicht zunehmend weniger relevante, aber nichtsdestotrotz reale Restgröße erhalten und wirksam. Diese Hürde nimmt das ganz anders inspirierte Konzept der „Verbrechen gegen die Menschlichkeit“: Den Binnenfall als Sonderform kann es hier schon aus prinzipiellen Gründen nicht geben, da der Verbrechenstatbestand völlig abstrakt von allen gegebenen oder nicht gegebenen Grenzüberschreitungen formuliert ist. Mit dieser „Blindheit“ Grenzen gegenüber ist von vornherein eine *universale* Perspektive eröffnet.[535]

Was die *Terminologie* betrifft, scheint zuallererst wiederum ein Rückgriff auf die authentischen Sprachen angebracht: Diesbezüglich spricht das Englische von *crimes against humanity*, das Französische von *crimes contre l'humanité*. Dabei ist zu beachten, dass „humanity“ und „humanité“ nicht nur – so die deutsche Übersetzung – *Menschlichkeit* meinen, sondern gleichzeitig und -wertig auch *Menschheit* heißen. Diese Bedeutungsvielfalt ist im Deutschen nicht unmittelbar wiedergebbar; es muss in Kauf genommen werden, dass die sich durchgesetzt habende Übersetzung „Verbrechen gegen die Menschlichkeit“ den Blick tendenziell in eine Richtung drängt.[536] Diese Verengung oder Ablenkung der Perspektive erntet bei ARENDT herbe Kritik: „Das den Nürnberger Prozessen zugrunde liegende Londoner Statut hat ... die ‚Verbrechen gegen die Menschheit‘ als ‚unmenschliche Handlungen‘ definiert, woraus dann in der deutschen Übersetzung die bekannten ‚Verbrechen gegen die

---

533 Cf oben 2.3.1.1.

534 Cf dazu gerade eben FN 518.

535 Diese Universalität trägt in diesem Zusammenhang stark räumliche Züge (in dem in 3.4.1.1 entfalteten Doppelsinne). Solcher *Entortung* wohnt die Dynamik der Eröffnung eines *universalen*, durch Grenzen *strukturierten, aber nicht separierten Raumes* inne. Dazu noch ausführlicher unten 3.4.3.1.

536 Früheren Zeiten scheint die entfaltete Doppelbedeutung noch geläufig gewesen zu sein: GEBRÜDER GRIMM, Deutsches Wörterbuch, Bd 12, (Erstausgabe 1885: Bd VI), Art „Menschlichkeit“, 5 rekurriert auf das uns geläufige Verständnis „Menschlichkeit, mit Betonung des Mitgefühls, Erbarmens, der Schonung“. Wenn aber ibd, 1 und 6 die Erklärungen „menschliches Wesen, menschlicher Zustand im Allgemeinen“ bzw „Gesamtheit der Menschen, wofür *gewöhnlich* Menschheit“ (Hervorhebung vom Verfasser) aufführen, so kommen darin Bedeutungsmomente zum Ausdruck, die wir Heutigen *ausschließlich* mit „Menschheit“ bezeichnen würden. Für den letzten Fall signalisiert dies schon das Diktionär selbst und setzt aus seiner eigenen historischen Perspektive noch hinzu: „aber gerade in dieser Bedeutung [sc Menschlichkeit als Gesamtheit der Menschen] ist das Wort alt“.

*Menschlichkeit*' geworden sind – als hätten es die Nazis lediglich an ‚Menschlichkeit' fehlen lassen, als sie Millionen in die Gaskammern schickten, wahrhaftig *das* Understatement des Jahrhunderts."[537]

Dem von ihr klar bevorzugten Terminus „Menschheit" kommt dabei wiederum ein Doppelsinn zu: Zum einen bedeutet er in einem *distributiven* Sinne das Gesamt der Menschen und Nationen, die nummerische Gesamtheit aller menschlicher Wesen. In diesem Sinne wird gesagt, dass „Vertreibung von Staatsangehörigen ... bereits ein Delikt gegen die Menschheit [sc ist], wenn wir unter ‚Menschheit' nicht mehr verstehen als die Gemeinschaft der Nationen."[538] Über diesen schwächeren Begriff hinaus wird aber eine deutliche Präferenz für einen starken *kollektiven* Begriff von „Menschheit" manifest: Für Arendt ist die von den Nazis geplante und ins Werk gesetzte völlige Vernichtung des jüdischen Volkes „das Verbrechen an der Menschheit im eigentlichen Sinne, nämlich an dem ‚Status des Menschseins' oder an dem Wesen des Menschengeschlechtes"; der Völkermord an den Juden bedeute „einen Angriff auf die menschliche Mannigfaltigkeit als solche ..., also auf ein Wesensmerkmal des Menschseins, ohne das wir uns Dinge wie Menschheit und Menschengeschlecht nicht einmal vorstellen können"[539].

Wenn so selbstbewusst und in solcher Frequenz von einem *kollektivistischen* Verständnis geprägte Ausdrücke wie *Ordnung der Menschheit*, *Status des Menschseins*, *Wesensmerkmal des Menschseins* und *Wesen des Menschengeschlechtes* bemüht werden, dann muss man mit dem Einwand, wenn nicht Vorwurf rechnen, dass man einer Substanzialisierung und Hypostasierung der „Menschheit als solcher" das Wort rede. Auf diesem Hintergrund steht zu befürchten, dass (klassisch ausgedrückt) im Sinne eines Universalienrealismus dem *universale* höhere Wertigkeit zugesprochen wird als dem *singulare*. In menschlichen Zusammenhängen ist solches in höchstem Maße problematisch: Natürlich würde es zu kurz greifen, Arendt vorzuhalten, dass ihre Betonung der Verletzung der „Ordnung der Menschheit" gegenüber der Tötung von Millionen von Menschen[540] eine zynische Überhöhung der Menschheit als solcher über das Leiden unzähliger Individuen darstellte. Dennoch kann man sich des Eindrucks nicht erwehren, dass die genuine, in sich selbst stehende Bedeutung jedes Individuums, seine Einzigartigkeit und Unvergleichlichkeit in der hier veranstalteten hymnischen Feier der „Menschheit" zu kurz kommen. Der Begriff der *Menschheit* kann nur Sinn haben, wenn er – fernab jedes Essenzialismus – konse-

537 ARENDT, Eichmann in Jerusalem, 398f (Hervorhebungen im Original).

538 Ibd, 391.

539 Ibd, 391. In diesem Zusammenhang soll nicht unerwähnt bleiben, dass auch die im Vorigen (FN 536) aufgeführten Verwendungsweisen des Begriffs „Menschlichkeit" im Sinne von „Menschheit" sowohl den *distributiven* („Gesamtheit der Menschen") wie auch den *kollektiven* Aspekt („menschliches Wesen, menschlicher Zustand im Allgemeinen") artikulieren.

540 Cf dazu ibd, 395.

quent im Dienste der *Individuen*, also unter Voraussetzung eines klaren Primates des Einzelmenschen[541] verstanden und verwendet wird. Von daher scheint uE für die Zwecke der folgenden Überlegungen – im Sinne eines Mittelwegs – der lateinische Begriff der *humanitas* in besonderer Weise geeignet zu sein: Indem dieser wiederum ganz selbstverständlich die Doppelbedeutung von Menschheit und Menschlichkeit in sich integriert, vermeidet er die sicherlich zu konstatierende „Ethisierung", vielleicht sogar „Verniedlichung", die dem Begriff der Menschlichkeit der Tendenz nach innewohnt; gleichzeitig überwindet er mühelos die auch den arendtschen Ausführungen innewohnende Verengung des Begriffsinhalts. Sohin lässt uns die „Flucht ins Lateinische" den Versuch unternehmen, uns dem Konzept des *universalen Verbrechens* als einer *laesio humanitatis* im entfalteten Doppelsinne anzunähern.

Die Verflochtenheit der Aspekte wird schön in ROBERT BADINTERS Charakterisierung der Delikte *contra humanitatem* deutlich: „S'ils sont qualifiés tels, c'est parce que, en la *personne des victimes*, ces crimes atteignent l'*humanité entière* ... Leur appartenance à l'humanité est, au regard de cette qualité, niée par leurs bourreaux."[542] Indem Individuen derart malträtriert werden, wird in ihnen ihre Menschheit verneint, wird ihnen ihr Menschsein abgesprochen, werden sie in ihrer Zugehörigkeit zu den anderen Individuen und zur Gemeinschaft als ganzer abgeschnitten und in diesem Sinne *entmenschlicht*. Wie Menschrechtsverletzungen aber immer nur als solche begriffen werden können, wenn man das Individuum gerade im Moment der Verletzung als Träger der Menschenrechte sieht, so wird auch die *Entmenschlichung* nur von daher verständlich, dass just im die „Menschheit" des Individuums negierenden Verbrechen der Anspruch von deren Anerkennung am stärksten Geltung verlangt. Die Zugehörigkeit zur *humanitas* ist kein Band, das zerschnitten werden, keine Legitimationsgrundlage, der man verlustig gehen könnte; ganz im Gegenteil führt das Individuum die – *seine* – Menschheit stets und unverwirkbar *im eigenen Namen*.

Auf diesem Hintergrund ist auch der in Zusammenhang mit den „Verbrechen gegen die Menschlichkeit" gerne bemühte Terminus des *hostis humani generis* zu lesen[543]: Als „Feind des Menschengeschlechts" erweist sich der, der sich anschickt, Individuen aus dem Verband mit anderen Menschen herauszureißen, der sich bemüht, sie daran zu hindern, sich ihres *Menschseins aus unverbrüchlicher Eigenrechtlichkeit* bewusst zu werden und es zu leben. Und ein verwandtes Verständnis von „Menschheit" scheint auch KANT vor Augen zu haben, wenn er in einer der Formulierungen des *kategorischen Imperativs* zur Forderung gelangt: „Handle so, dass du

---

541 Die grundsätzliche Option für einen *Primat des Individuums* wird uns unter anderen Vorzeichen, aber in ähnlicher Absicht noch ausführlicher begegnen (cf dazu unten 4.1.3).

542 Das Zitat des vormaligen französischen Justizministers findet sich in BOURDON, CPI, 9 (Hervorhebungen vom Verfasser).

543 Cf dazu BOURDON, CPI, 312 sowie ARENDT, Eichmann in Jerusalem, 382.

die *Menschheit*, sowohl in deiner Person, als in der Person eines jeden andern, jederzeit zugleich als Zweck, niemals bloß als Mittel brauchest."[544] Die an dieser Stelle bemühte „Idee der Menschheit" ist keine selbstständige, überindividuelle Größe, sondern stets „Menschheit in unserer (oder anderer, jedenfalls eines vernünftigen Wesens) Person". In unmittelbarer Korrelation mit dem Konzept der *Menschheit in Person* steht das Prinzip der *Selbstzwecklichkeit*: Jeder Mensch ist „Zweck an sich selbst". Wir können ihn – und das lehrt uns nicht zuletzt die historische Erfahrung – „als bloßes Mittel brauchen", dh zB ihn zum bloßen Instrument für die Realisierung irgendwelcher Ideen und Ideologien degradieren. So Menschen solches tun, negieren sie die Menschheit in des Opfers Person, was nichts anderes heißen will, als dass man gerade in diesem Akt in höchstem Maße den Anspruch der Selbstzwecklichkeit und Autonomie des Individuums verrät und pervertiert. Dieser Anspruch bleibt aber unverbrüchlich bestehen – bis an die Grenze menschlicher Existenz: Die Tötung erweist sich auch von daher als das kapitalste Verbrechen, beraubt sie die Chance autonomer Entfaltung doch permanent ihrer physischen Grundlage und stößt ein unverwechselbares und unersetzbares Glied aus dem „Reich der Zwecke".

Damit ist eine Perspektive gewonnen, die den Begriff der *humanitas* noch um eine weitere Facette zu bereichern vermag: Negierung von Unverwechselbarkeit und Unersetzbarkeit bedeutet ja nicht nur, dass dem Individuum die Chance selbstverantworteter Verwirklichung entrissen wird, sondern stellt auch ein Skandalon für und gegen die „Gemeinschaft der Selbstzwecke" dar. Die Verbindung der Menschen in der Menschheit erweist sich von daher nicht als reines Konstrukt, bloße Metapher oder rein additive Operation, die Menschheit als nummerisches Gesamt aller Vertreter dieser Spezies auffasst, sondern als *delicate mosaic* (Pr I), dessen Erhalt und Förderung als unmittelbarer Ausdruck der Anerkennung der Selbstzwecklichkeit der anderen jedem Menschen Anliegen wie Pflicht sein muss. Wenn ARENDT auf diesem Hintergrund den Völkermord treffend als einen „Angriff auf die menschliche Mannigfaltigkeit als solche"[545] charakterisiert, so bringt sie die doppelte Verwerflichkeit des Superlativs des *crimen contra humanitatem* zum Ausdruck: Neben der quantitativen Reduktion der Spezies Mensch ist er nämlich auch und vor allem von dem speziellen Willen getragen, Sparten und Varianten menschlicher Verwirklichung (sei es in Form der Zugehörigkeit zu bestimmten ethnischen

---

544 KANT, Grundlegung zur Metaphysik der Sitten, AA IV, 429 (Hervorhebung vom Verfasser). In ganz ähnlicher Absicht formuliert IDEM, Kritik der praktischen Vernunft, AA V, 131, „daß, in der Ordnung der Zwecke der Mensch (mit ihm jedes vernünftige Wesen) *Zweck an sich selbst* sei, d.i. niemals bloß als Mittel von jemanden (selbst nicht von Gott), ohne zugleich hierbei selbst Zweck zu sein, könne gebraucht werden, daß also die *Menschheit* in unserer Person uns selbst *heilig* sein müsse" (Hervorhebungen im Original).

545 ARENDT, Eichmann in Jerusalem, 391.

Gruppen, zu bestimmten Rassen oder Nationalitäten, sei es auf Grund des Bekenntnisses zu einer Religion, Weltanschauung oder Ideologie) um ihrer selbst willen auszulöschen.[546]

Hier nun ist der Platz für einen ersten Schritt in der im Vorigen[547] angekündigten *Subsidiaritätsüberlegung*: Das Exemplum des Genozids führt uns vor Augen, dass in dem Maße, in welchem sich die Menschen untereinander derartige Verbrechen antun, dh in dem Maße, in welchem es im dargestellten Sinne zu Läsionen der *humanitas* kommt, auch der Grad der Betroffenheit und Verantwortung des Gesamt der Menschen steigt. Wir haben im Rahmen unserer allgemeinen Überlegungen Strafrecht charakterisiert als „Rechtsgüterschutz durch Einwirkung auf menschliches Verhalten"[548]: Von daher wird deutlich, dass dieser Gedanke auch in der Wiese ausgedrückt werden kann, dass in der Rede vom *universalen* Charakter eines Verbrechens artikuliert werden soll, dass im Speziellen das *Rechtsgut der humanitas* (mit) auf dem Spiel steht. Diese Überlegung liegt sicherlich auch HANNAH ARENDT nicht fern, wenn sie vom Verbrechen „an dem *‚Status des Menschseins'* oder an dem Wesen des Menschen"[549] spricht; die Formel „Verbrechen *an* ..." signalisiert ja im Sprachgebrauch gerade die Angabe des geschützten bzw verletzten Rechtsgutes.

Solches darf aber nicht dahingehend irreführen, dass dies eine gegenüber den Individuen und ihrem Geschick verselbstständigte Größe wäre; in dieser Hinsicht sollen die im Rahmen dieses Kapitels entfalteten Überlegungen noch einmal unterstrichen werden. Nichtsdestotrotz – und mehr soll hier einmal nicht gesagt sein – rückt in der Auseinandersetzung mit Menschenrechtsverletzungen großen Maßstabs[550] zunehmend eine *universale* Ebene in den Blick, auf der es die Interessen der in der Menschheit vereinigten Individuen wahrzunehmen gilt; das Rechtsgut der

---

[546] Die substanzielle Bedeutung der *Mannigfaltigkeit* in Folge von und für *menschliche Selbstzwecklichkeit* ist ein tragender Gedanke für die Gestaltung jeden Gemeinwesens. Auch abseits von den gerade besprochenen kapitalen Perversionen des Gedankens ist er in umfassendem Sinne zu berücksichtigen. Dies reflektiert ia das Konzept des *Verfassungskerns*, auf das im Rahmen dieser Arbeit nicht weiter eingegangen werden kann: Nicht mit demokratisch-plebiszitären Mitteln, ja nicht einmal mit entsprechender Verfassungsermächtigung erscheint es zulässig, durch Mehrheitsverfügung einzelnen Gruppen oder Personen in qualifizierter Weise ihrer wesentlichen Grundrechtsverbürgungen zu berauben. Auch in solchen Akten wird – zu deren, aber auch zu der Gemeinschaft Schaden – die Menschheit in ihrer Person nicht ernst genommen. Zur Problematik derartiger *Verfassungsdurchbrechung* im nationalen Verfassungsstaat cf grundlegend PERNTHALER, Der Verfassungskern, passim, insb VI und 82ff. Im Blick auf die Globalisierung und daher das Konzept des Verfassungskerns schon auf höhere Ebene transponierend cf IDEM, Die Globalisierung als Herausforderung an eine moderne Staatslehre, 80f. Dazu noch unten FN 738.

[547] Cf oben 3.4.1.2 aE.

[548] FUCHS, Strafrecht, 2. Cf dazu schon oben 2.2.2, bes FN 203.

[549] ARENDT, Eichmann in Jerusalem, 391.

[550] Hierin fließen auch die im vorigen Kapitel herausgearbeiteten „Größenelemente" des universalen Verbrechens.

*humanitas* erweist sich von daher als ein gemeinsames und geteiltes. Damit, und dies ist zugleich zu betonen, ist noch keine Entscheidung getroffen, welche Organisationsebene in welcher Form berufen ist, sich dieses Rechtsgutes anzunehmen. Dazu sind noch weitere Überlegungen notwendig. Hier ist es einmal nur darum gegangen, den besonderen Charakter des Rechtsguts herauszustellen und die *humanitas* als einen Wert zu profilieren, dessen Verletzung/Schutz für Wohl und Wehe der Individuen wenn nicht bestimmend, so doch in besonderer Weise relevant ist.

### 3.4.1.4 Unverjährbarkeit

Nachdem im Zuge der vorhergehenden Überlegungen[551] der Aspekt räumlicher Universalität schon angeklungen ist, begegnet uns in den Verbrechen gegen die *humanitas* auch das Element *zeitlicher Universalität*[552], die uns va in Gestalt der von Art 29 des Statuts vorgesehenen Unverjährbarkeit[553] aller der Zuständigkeit des ICC unterfallenden Delikte begegnet. Hier ist noch einmal ROBERT BADINTER zu bemühen: „L'imprescriptibilité ... caractérise ces crimes. S'ils [sc les crimes contre l'humanité] ont été déclarés tels, si le temps écoulé n'interdit pas les poursuites, c'est parce que ces crimes atteignent l'*humanité* et que celle-ci est, par définition *permanente* et *intemporelle*."[554] Der Begriff der *humanitas* wird hiedurch noch um das Moment der Überzeitlichkeit, der Atemporalität bereichert. Dem durch das universale Verbrechen geschaffenen unverjährbaren Leid entspringt ein nicht „aussitzbares" Bedürfnis nach Aufarbeitung, nach Bewältigung, nach Gerechtigkeit, auf das man nur mit einer Unverjährbarkeit der Strafbarkeit selbst antworten kann: „L'essence même des crimes de nature internationale – qui sont dans bien des cas des crimes imprescriptibles –, c'est précisement de générer une souffrance imprescriptible et par conséquent un besoin de justice qui ne se tarit jamais et qui, à un moment ou à un autre, resurgit nécessairement."[555]

Die hier zur Debatte stehenden *laesiones humanitatis* scheinen eine derartige *Zäsur* in menschlicher Geschichte zu bewirken, dass ihrer Bewältigung gegenüber dem Bedürfnis, Dinge zum Abschluss zu bringen, zu vergessen, im Schatten der Vergangenheit versinken zu sehen, der Vorrang gegeben werden muss. Ein derartiges Verjährungsverbot hat aber stets etwas „Unnatürliches" an sich, sperrt und stemmt es sich doch dauerhaft gegen die „natürlichen" Glättungs- und Beruhigungsprozesse der Zeit: Das Verbrechen geht mithin nicht in zu untersuchende Geschichte über, sondern bleibt zu verantwortende Gegenwart.

---

551 Cf dazu oben 3.4.1.3 aB.

552 Dazu noch unten 3.4.3.2.

553 Cf dazu schon oben 2.1.2.3 1) aE.

554 Das Zitat findet sich in BOURDON, CPI, 9 (Hervorhebungen vom Verfasser).

555 Ibd, 307f.

## 3.4.2 Homogenitätsprinzip

### 3.4.2.1 Grundsatz des Gleichlaufs von materiellem und formellem Recht

In unseren vorigen Überlegungen wurde schon des öfteren[556], mehr oder minder explizit, als zentrales Charakteristikum einer *internationalen Strafgerichtsbarkeit* artikuliert, dass Völkerstrafrecht auch vor einer im Völkerrecht wurzelnden Gerichtsbarkeit verhandelt werden solle. Damit rückt neben die *materielle* Seite, neben das anzuwendende Strafrecht, dem die Ausführungen des vorhergehenden Kapitels gewidmet sind, die *formell-organisatorische*, die uns mindestens ebenso sehr interessieren muss. Von daher lässt sich das wieder aufgegriffene Wort so lesen, dass ein Anspruch auf *Gleichlauf von international materiellem und formellem Recht* erhoben wird. Dies *Homogenitätsprinzip*, wie wir den Grundsatz im Folgenden apostrophieren wollen, gibt sowohl für die vier Vorläufereinrichtungen von IMT, IMTFE, ICTY und ICTR wie auch für den ICC selbst Legitimationsgrundlage und Existenzberechtigung ab.

Dass *materiell universales* Recht nur in *formell universaler* Organisation und Verfahrensordnung angemessen aufgehoben ist, hat (jedenfalls beim ersten Hinsehen) viel an Plausibilität für sich. Und just solche „Gleichlaufsintuitionen" wurden, um nur ein einziges historisches Beispiel zu bemühen, etwa bei der Argumentation für die Einrichtung eines internationalen Straftribunals für die Aburteilung ADOLF EICHMANNS fruchtbar zu machen gesucht. HANNAH ARENDT deponiert zuerst selbst: „Insofern die Opfer Juden waren, war es nur recht und billig, dass das Verfahren vor einem jüdischen Gerichtshof stattfand; aber insoweit das Verbrechen ein *Verbrechen an der Menschheit* war, hätte es eines *internationalen Tribunals* bedurft, um in der Sache Recht zu sprechen."[557] Zur Untermauerung dieser Ansicht beruft sie sich in unmittelbarer Folge auf KARL JASPERS, der in einem Rundfunkinterview vor Beginn des Prozesses erklärt hat, „dass das Verbrechen gegen die Juden zugleich ein *Verbrechen gegen die Menschheit* war und dass das Urteil darüber daher *nur eine Instanz* vertreten kann, *die die Menschheit vertritt*"[558].

Über solche Evidenzen und prima-facie-Betrachtungen hinaus muss man aber darum bemüht sein, sich des Homogenitätsprinzips argumentativ zu vergewissern. Dabei geht es nicht so sehr um die Sorge, dass dieser einer Prüfung eventuell nicht standhielte, sondern vielmehr darum, dass es – jenseits einer Alles-oder-nichts-Option – unter grundsätzlicher Bejahung des Grundsatzes nichtsdestotrotz einen *differenzierten Zugang* zu finden gelingt, der auch *Kriterien* an die Hand gibt,

---

556 Cf dazu nur etwa 2.3.2.3, bes FN 274.

557 ARENDT, Eichmann in Jerusalem, 392 (Hervorhebungen vom Verfasser).

558 Ibd, 392 (Hervorhebungen vom Verfasser).

wann und wie viel Homogenität angemessen scheint. Auf dieser Grundlage gilt es an das vorige Subsidiaritätsargument anzuschließen[559] und dieses – es wurde noch auf *rein materieller* Ebene geführt – um die *formelle* Perspektive zu erweitern, also gerade jene, die uns zum Internationalen Strafgerichtshof als solchem führt.

Als handlungsleitend werden sich dabei gleichlaufs*alternative* Verarbeitungsformen erweisen. Zum einen – ein *heuristisches* Moment – ist zu hoffen, dass sich im Kontrast Chancen und Grenzen einer internationalen Strafgerichtsbarkeit als Verwirklichung des Homogenitätsprinzip klarer abzeichnen. Und zum anderen – von der *Sache* her geboten – verlangt die Subsidiaritätsmaxime selbst, den Ausgang der Überlegung bei der unteren Ebene zu nehmen: Entgegen einer vielleicht bestehenden „Gleichlaufsintention" liegt die *Beweislast* bei der höheren, zuletzt bei der universalen Ebene: Sie muss darlegen, dass sich im Ergebnis untere Ebenen als überfordert zeigen und sie selbst sich von daher als besser geeignet erweist. Die Behauptung einer Art *universalen Rechtsgutes*, das entsprechenden Schutz durch *universales materielles Recht* erfährt, impliziert keinerlei Automatismus in Hinblick auf die Frage, welche Ebene und welche Organisationsform in privilegierter Weise berufen sind, auftretende Rechtsgutverletzungen wahrzunehmen.

### 3.4.2.2 Weltrechtsprinzip

Die erste Gegenfolie soll das *Universalitäts-* oder *Weltrechtsprinzip* bilden, mit dem wir uns andernorts schon beschäftigt haben.[560] Während es dort vornehmlich um die Erläuterung von dessen Funktionsweise gegangen ist, wird es uns hier darum zu tun sein, das auch so genannte *Prinzip der Weltstrafrechtspflege* einer wertenden Betrachtung zu unterziehen und auf diesem Hintergrund dessen Stärken und Schwächen herauszukristallisieren, stellt es doch den wichtigsten Konkurrenzentwurf zum Modell *internationaler Strafgerichtsbarkeit* dar: Dieses optiert für eine *zentrale* Strafverfolgung, während das Universalitätsprinzip – anders als seine Bezeichnung vielleicht nahe legen würde – einer *dezentralen* Rechtsdurchsetzung den Vorzug gibt. Auf diese Weise bewirkt das Weltrechtsprinzip eine *permanente Asymmetrie* von *internationalem materiellen* und *nationalem Organisations- und Verfahrens*recht. Dies sei ausdrücklich ohne pejorativen Beigeschmack gesagt, denn wir wollen noch einmal daran erinnern, dass das Subsidiaritätsprinzip den Einzelstaaten den Vorrang vor der universalen Ebene zugesteht, es sei denn, die Gründe für eine Verlagerung der Zuständigkeit auf globales Niveau würden in signifikanter Weise überwiegen.

In klassischer subsidiaritätstheoretischer Manier wird die Argumentation bei der Frage zu beginnen haben, ob die untere Ebene, dh jene der Nationalstaaten,

---

559 Cf oben 3.4.1.3 aE.

560 Cf dazu schon oben 2.3.2.2.

mit der Bewältigung von universalen Verbrechen *überfordert* sei, und hierbei genauer, ob sich eine *prinzipielle* Überforderung derselben erweisen lasse: Ohne hier in die Erörterung von konkreten Einzelbeispielen[561] eintreten zu wollen, hängt die Beantwortung dieser Frage doch stark von der Lage des Falls ab.[562] Jedenfalls, und mehr benötigen wir für die hier verfolgten Zwecke nicht, scheint sich daraus uE kein generelles Argument für die Transponierung der Verantwortung auf die höhere, dh die globale Ebene entwickeln zu lassen.

Sodann sieht sich das Universalitätsprinzip regelmäßig mit dem Einwand konfrontiert, dass die Verfolgung universaler Verbrechen kein exklusives Recht einzelner Gemeinwesen wäre, sondern dass angesichts der Gravität derselben nach dem Grundsatz der *Betroffenheit* nur die Menschheit als solche bzw deren Organe zu einer angemessenen Reaktion befähigt und berufen wären. Dem kann man nun aber ebenso gut entgegenhalten, dass es zwar eine solche *universale* Betroffenheit geben mag, dass aber allein deshalb *lokale*, *regionale*, *nationale* Betroffenheiten nicht einfach verschwinden: Welcher davon bei differenzierenden Beurteilung das Schwergewicht (und damit die Federführung) zukommt, kann von Fall zu Fall wiederum sehr unterschiedlich sein. Jedenfalls sind durchaus Konstellationen vorstellbar, wo das (zwar vorhandene) universale Element hinter überragende andere Interessen zurücktreten muss.[563]

---

561 Bloß um eine Idee zu gewinnen, sei angemerkt, dass sicherlich zwischen einer Fallkonstellation wie jener in Ruanda (cf oben schon 1.3.2) sowie der in Südafrika gegebenen (cf dazu noch kurz unten 5.1 gegen Ende) zu unterscheiden sein wird.

562 Besondere Hervorhebung verdient hier aber zumindest ein Aspekt: Wir haben als typische Eigenschaft von universalen Verbrechen konstatiert, dass sie durchwegs *politisch motiviert* sind bzw in einem *politischen Kontext* stehen (cf oben p 181). Für eine effiziente und gerechte Strafverfolgung müssen gewisse Mindestvoraussetzungen eines politischen Systems zwingend erfüllt sein. Sind die entsprechenden Institutionen und Organe dauerhaft in Mitleidenschaft gezogen oder überhaupt nicht funktionsfähig, so hat dies Rückwirkungen auf die Leistungsfähigkeit des einzelnen Gemeinwesens (und damit unmittelbar auch für die Frage der Überfordertheit).

563 Ein Paradeproblemfall in diesem Zusammenhang – und dieser allein soll hier Erwähnung finden – ist die *Causa Eichmann*, die im Zuge des 1961 in Jerusalem abgehaltenen Prozesses heftige Wellen schlug: Der Staat Israel begründete die Entführung EICHMANNS aus Argentinien und seine Strafhoheit in diesem Falle mit dem Argument, dass die dem Angeklagten zur Last gelegte Tat – die Mitwirkung an der systematischen physischen Ausrottung von Millionen von Menschen – in überragender Weise Juden betroffen habe. Dementsprechend stützte sich die Anklage weitgehend auf „Verbrechen gegen das jüdische Volk". Vielen reichte dies, um ein überwiegendes Interesse Israels –va im Sinne des *passiven Personalitätsprinzips* (cf FN 160) – am Fall, mithin die Legitimität der Ausübung israelischer Jurisdiktion zu konstatieren. HANNAH ARENDT sieht ihre Zweifel (im schon erwähnten Zitat) nicht ausgeräumt: „Insofern die Opfer Juden waren, war es nur recht und billig, dass das Verfahren vor einem jüdischen Gerichtshof stattfand; aber insoweit das Verbrechen ein Verbrechen an der Menschheit war, hätte es eines internationalen Tribunals bedurft, um in der Sache Recht zu sprechen." (ARENDT, Eichmann in Jerusalem, 392).

An dieser Stelle nun ist eine wichtige Unterscheidung zu treffen, die bis zum jetzigen Zeitpunkt keine Berücksichtigung gefunden hat: In unserem Nachdenken haben wir als Vergleichsobjekt stets ganz selbstverständlich den Einzelstaat gewählt, der „in erster Linie berufen" schien, der also in irgendeiner Form einen *qualifizierten Konnex* zum in Frage stehenden Delikt aufweist. Hier stellt sich, wie zu zeigen versucht worden ist, die Frage der Subsidiarität in sehr ernster und akuter Weise; die die *vertikale Kompetenzkonkurrenz* auflösende Zuschreibung zur nationalen oder globalen Ebene kann nur nach einer entsprechend differenzierten Prüfung des Einzelfalls erfolgen.[564]

Die wahre Bühne des Universalitätsprinzips ist aber eine ganz andere, denn es wurde „in ein Netz völkerrechtlicher Verträge integriert, meistens im Modus einer vereinbarten sekundären ‚Auffang'-Zuständigkeit *aller* Signatarstaaten für solche Fälle, in denen die primär zuständige nationale Justiz die Strafverfolgung nicht betreiben kann oder will"[565]. Das Weltrechtsprinzip ist kaum je *genuine* oder *Primär*zuständigkeit, sondern durchwegs *subsidiär* konstruiert. Indem ein (oder mehrere) Staat(en) an Stelle des bzw parallel zum vorrangig (zumeist auf Grund des Territorialprinzips) berufenen Staates, der im gegebenen Fall nicht zu handeln fähig oder willig ist[566], seine eigene Strafhoheit etablier(t/en), ist es von vornherein im Kontext *horizontaler Kompetenzkonkurrenzen* zu sehen.[567] Mithin sehen wir uns mit einem Phänomen *stellvertretender Strafrechtspflege* in Gestalt einer *negotiorum gestio*, dh einer Geschäftsführung ohne Auftrag konfrontiert.

Dies birgt zuallererst einmal den durchaus positiven Aspekt in sich, dass der in Pr V des Statuts artikulierte Wunsch „to put an end to impunity for the perpetrators of these crimes" eine höhere Umsetzungschance erhält. In Fällen, wo der Delinquent sich gegenüber den nach den klassischen Zuständigkeiten berufenen Staaten in Sicherheit fühlen könnte, scheint es wünschenswerter zu sein, dass sich ein anderer Staat der Causa annimmt, bevor eine Verfolgung der entsprechenden Straftat insofern in einem *negativen Kompetenzkonflikt* endet, als kein Staat *realiter* seine Strafhoheit über den entsprechenden Sachverhalt zur Geltung bringt.[568] Jeder

---

564 Cf zu alledem noch unten 5.2 aE sowie 5.3.

565 MERKEL, Lauter leidige Tröster, 339 (Hervorhebung vom Verfasser).

566 Diese Elemente des Nicht-Könnens bzw Nicht-Wollens dürfen unmittelbar die Assoziation des *Komplementaritätsprinzips* (cf dazu schon oben 2.1.2.4 sowie sogleich 3.4.2.3) hervorrufen.

567 So sich daraus ein *(positiver) horizontaler Kompetenzkonflikt* entwickelt, dh so im Ergebnis eine Mehrzahl von Staaten ihre Zuständigkeit bejaht, zieht die Gefahr der Mehrfachverurteilung am Horizont auf. Dies ist die Stunde für die Anwendung des Grundsatzes des *ne bis in idem* (cf oben 2.1.2.4 aE), dessen friktionslose Anwendung zwischen horizontal konkurrierenden Strafhoheiten aber alles andere als selbstverständlich ist.

568 Wiederum nur exemplarisch sollen hier zwei der prominentesten Fälle dieser Art Erwähnung finden: zum einen das auf spanische Initiative in Großbritannien eingeleitete, mittlerweile schon abgeschlossene Verfahren gegen den chilenischen Ex-Staatschef AUGUSTO PINOCHET

Einzelfall ist ein in sich stehendes singuläres historisches Ereignis, das seine unverwechselbare Identität der Individualität von Opfern wie Tätern verdankt; jede Straftat ist im Skandalon der Verletzung geschützter Rechtsgüter eine Anfrage an die betroffenen und verantwortlichen Menschen, die angemessene Antwort erheischt. Da man sich dieser angesichts der der Unverjährbarkeit erwachsenden dauernden Gegenwärtigkeit[569] auch nicht durch Zeitablauf entheben kann, scheint eine (wenn auch fragmentarische) Replik besser als das völlige Schweigen der *impunity*.

Doch hier melden sich gleichzeitig mächtige Zweifel an, deren erster grundlegender befürchten lassen muss, „que, le mieux étant l'ennemi du bien, une extension excessive du mécanisme de compétence universelle n'aboutisse à ce que n'importe quel juge puisse se déclarer compétent dès lors que sont dénoncés des crimes internationaux"[570]. Vermöge des Wegfalls der klassischen Anknüpfungskriterien wird jeder Fall jedem Staat gleich nah: Ob er ihn dann *in concreto* aufgreift und seiner Strafhoheit unterwirft oder nicht, hängt – so steht zu befürchten – oft nicht so sehr von fallbezogenen sachgerechten Kriterien, noch weniger wohl von hehrem Gerechtigkeitssinn ab, sondern durchaus von Überlegungen politischer Opportunität oder sonstiger Utilität. „Alle diese Bereiche sind ... politikanfällig und stehen im Zweifel stets zur Disposition vorrangiger außenpolitischer Interessen."[571]

Zu solcher potenzieller Willkür und dem Einfließen singulärer Interessen bei Auswahl und Behandlung der Fälle gesellt sich noch eine besondere Komponente, die nicht zuletzt bei den schon erwähnten Causae *Pinochet* und (vor allem) *Sharon* eine nennenswerte Rolle spielt: Die Hauptproponenten im Bereich der „stellvertretenden Strafrechtspflege" sind nämlich durchwegs (west)europäische Staaten. Was aus eben dieser Perspektive nach einer wichtigen und begrüßenswerten Vorreiterrolle aussieht, kann andernorts durchaus so wahrgenommen werden, dass Staaten mit einer selbst höchst problematischen und gewaltschwangeren Geschichte sich nunmehr – und einmal mehr aus dem Gefühl moralischer Überlegenheit und daraus entspringender Missionsberufung – den „Menschenrechtsimperialismus" auf die Fahnen geschrieben haben. Mit diesem Glaubwürdigkeitsproblem des „arroganten Westens" muss man rechnen und dieses als solches ernst nehmen.

---

(cf dazu schon FN 257, bes den Hinweis auf THÜRER, Modernes Völkerrecht, 568-574), zum anderen die Anklage des amtierenden israelischen Ministerpräsidenten ARIEL SHARON vor einem belgischen Strafgericht (cf dazu oben FN 270).

569 Cf dazu schon oben 3.4.1.4 aE.

570 BOURDON, CPI, 317.

571 MERKEL, Lauter leidige Tröster, 340. Neben solchen von der *Staatsraison* geleiteten Überlegungen kann, es sei hier zumindest erwähnt, hiefür aber durchaus auch der Wunsch in welcher Form auch immer beteiligter *Individuen* ausschlaggebend sein, sich anlässlich eines solchen (meist medienwirksamen) Verfahrens zu profilieren und zu produzieren und sich zu diesem Zwecke die von einem Staat zur Verfügung gestellten strafrechtlichen Verfolgungsmöglichkeiten dienstbar zu machen.

Als weiteren kritischen Bereich in Hinblick auf das Universalitätsprinzip gilt es die *Qualität des zu führenden Verfahrens* zu erwähnen: Sogar wenn der im Rahmen des Weltrechtsprinzips handelnde Staat von den besten Absichten beseelt ist und von eigenen Interessen frei agiert, sieht er sich doch auf Ebene der *Abwicklung eines geregelten Strafverfahrens* idR mit gravierenden Problemen konfrontiert. Es ist dem betreffenden Gericht zB durchwegs unmöglich, einen Lokalaugenschein durchzuführen, viele Zeugen werden nur schwerlich oder gar nicht herbeizuschaffen sein. Neben den Unzulänglichkeiten bei der Beweiserhebung ist damit zu rechen, dass das Gericht den Angeklagten des öfteren gar nicht in seiner Gewalt hat, womit sich die ganze Problempalette der Verfahren in Abwesenheit[572] auftut. Des weiteren sind die mit derartigen Verfahren betrauten Instanzen der jeweiligen ordentlichen Strafgerichtsbarkeit von ihrer Einrichtung wie auch vom zur Anwendung zu bringenden Prozessrecht her regelmäßig weder für die Eigenheiten des völkerrechtlichen Strafrechts, noch für die mit Sprachbarrieren verbundenen Schwierigkeiten noch auch insgesamt für Komplexität und Gravität der Sachverhalte ausreichend präpariert.

In Hinblick auf die Summe der Sonderprobleme, die für eine nationale Gerichtsbarkeit mit der Führung eines Strafverfahrens wegen eines universalen Verbrechens verbunden sind, erhebt sich oft eine bedrohliche Alternative: Entweder das Gericht folgt ganz den Verpflichtungen eines fairen und korrekten Verfahrens, muss dann aber damit rechnen, dass die Chancen des Angeklagten auf einen Freispruch – da jeder Zweifel nach dem altüberkommenen Grundsatz *in dubio pro reo* zu seinen Gunsten ausschlagen muss[573] – durch die erwähnten Unzulänglichkeiten in vielleicht mehr als vertretbarer Weise ansteigen; diesfalls muss die *kathartische* Wirkung gegenüber der Welt (und der damit vielleicht verbundene Zynismus den Opfern gegenüber) in Kauf genommen werden, die von einem gegebenenfalls unrichtigen, aber nach der Beweislage dennoch gebotenen Freispruch ausgehen. Oder aber das Gericht ringt sich dazu durch, um des „Pragmatismus" oder aber einer „höheren Gerechtigkeit" willen strafrechtliche Verfahrensverbürgungen zu lockern und Prozessgarantien aufzuweichen, um dem „richtigen" Ergebnis näher zu kommen. Dies wäre mindestens so problematisch, ja noch verwerflicher, höhlt es doch Glaubwürdigkeit und Legitimation derartiger Verfahren aus und korrumpiert Bemühungen um die Geltendmachung strafrechtlicher Verantwortlichkeit für universale Verbrechen, können sich doch auf solchem Hintergrund all jene bestätigt fühlen, die in solchen Strafverfahren schon von vornherein und prinzipiell *Schauprozesse* sehen wollen, die als solche irgendwelchen politischen Zwecken und Interessen zu Diensten sind.

---

572 Zum zentralen Grundsatz des *Verfahrens in Gegenwart des Angeklagten*, das in seiner in Art 63 erfolgten Umsetzung nur sehr wenige Ausnahmen zulässt, schon oben 2.2.4.2.

573 Zum damit angesprochenen *Günstigkeitsprinzip* cf oben 2.2.4.1 e).

Schließlich hat sich das Weltrechtsprinzip den Vorhalt gefallen zu lassen, dass – sogar wenn die im Vorigen aufgezählten Hürden alle erfolgreich umschifft sind – „noch immer eine weltweite Zersplitterung der Beurteilungs- und Strafzumessungskriterien für gleiche Typen von internationalen Verbrechen nach den jeweils unterschiedlichen Maßstäben der einzelnen Rechtsordnungen die Folge sein"[574] müsste. Damit ist ein Aspekt *verteilender Gerechtigkeit* adressiert[575]: Es ist ein Gerechtigkeitsproblem, wenn zwei Angeklagte in vergleichbaren Fallkonstellationen allein wegen der Differenz der erkennenden Gerichte und ihrer spezifischen Eigenheiten unterschiedliche Strafen erhalten; der Grundsatz der *iustitia distributiva* „Gleiches gleich, Ungleiches ungleich" behandeln, würde hier das gleiche Strafmaß fordern.[576] Eine solche distributiv ausgewogene Verteilungsleistung liegt aber prinzipiell außerhalb der Macht des einzelnen Gerichtes bzw des Staates, für den es tätig wird; die hier erforderliche Koordinierungsleistung stellt eine beachtliche Heraus-, vielleicht auch der Tendenz nach eine Überforderung dar.

Die Applikation des Prinzips *stellvertretender Strafrechtspflege* birgt, so sollte gezeigt werden, beträchtliche Risken und beachtliche Untiefen, die das in der völkerrechtlichen Strafbewehrung der Verletzung universaler Rechtsgüter sich manifestierende Anliegen pervertieren können, ja im Letzten uU sogar noch die *impunity* präferabel erscheinen lassen. „Die gravierendste Konsequenz dieser Mängel ist nicht so sehr die damit verbundene *Unzulänglichkeit der Verbrechensverfolgung.* Es ist vielmehr die symbolische Schwächung der Geltung des *materiellen Völkerstrafrechts* selbst."[577] Das will heißen, dass die Evaluation des Universalitätsprinzips nicht bloß in der Richtung zu unternehmen ist, dass unter dem (vielleicht populären) Motto „Hauptsache, man tut etwas!" einfach nur zwischen mehr oder minder erfolgreicher und sachgerechter Inswerksetzung nationalen formellen Rechts unterschieden wird. Noch davor muss jede eine Kompetenz für sich in Anspruch nehmende Instanz das *Ob* prüfen und sich – im Sinne des das Institut der Geschäftsführung ohne Auftrag prägenden *Ingerenzprinzips* – die Verantwortung bewusst machen, die

---

574 MERKEL, Lauter leidige Tröster, 340.

575 Cf noch unten 3.4.3.3 aE.

576 In diesen Zusammenhang gehört ein pikantes Detail, dessen sich das ICTR (cf oben 1.3.2) zunehmend gewärtig werden musste: Von den Tausenden potenziellen Angeklagten des Tribunals hat man sich wegen des „Vorbildeffekts" durchwegs eher führende Figuren beider Seiten herausgegriffen. In nicht wenigen Fällen haben sich diese sogar freiwillig der Gerichtsbarkeit des Ad-hoc-Tribunals unterworfen, da sie von diesem im schlimmsten Falle eine lebenslängliche Freiheitsstrafe zu befürchten haben (wie auch Art 77 für den ICC normiert: cf oben 2.2.3), während den vor ruandesischen Gerichten zur Verantwortung Gezogenen die Todesstrafe droht (cf BOURDON, CPI, 222). In eklatanter Verkehrung distributiver Gerechtigkeit ist somit potenziell größeres Unrecht mit Freiheitsstrafe sanktioniert, während mittlere Chargen der Kapitalstrafe verfallen (cf dazu noch unten FN 757).

577 MERKEL, Lauter leidige Tröster, 340 (Hervorhebungen vom Verfasser).

sie durch ihre Einmischung auf sich lädt. Solche Ingerenz, so gut sie auch gemeint sei, ist kein Wert an sich: Ergibt die zu unternehmende *ex-ante-Beurteilung*, dass mehr an legitimen Erwartungshaltungen zu frustrieren, mehr an grundsätzlichen Verbürgungen in Frage zu stellen sein wird, als das in Hinblick auf das Skandalon der *impunity* in Aussicht genommene Verfahren zu leisten im Stande ist, dann hat die *nationale* Applikation *völkerrechtlichen* Strafrechts zu unterbleiben.[578]

Der oben aufgezeigte kategoriale Unterschied darf nicht übergangen werden: Der Staat, der seine Strafhoheit auf Grundlage der klassischen Anknüpfungskriterien des internationalen Strafrechts errichtet[579] – die Bezugnahme mag weit hergeholt scheinen oder auch sein –, reklamiert für sich, *im eigenen Namen* zu handeln, dh ihn selbst betreffende Interessen wahrzunehmen (zB die mit seinem Territorium oder auch mit seinen Staatsbürgern, sei es als Täter oder Opfer, verbundenen). *Konzeptuell* strikt davon zu unterscheiden ist das Weltrechtsprinzip, wo der verfolgende Staat sich selbst in einen völlig anderen Kontext stellt, indem er nämlich dezidiert *in fremdem Namen* handelt, mithin als *Prokurator* auftritt.[580] Im letzteren Falle müssen, wie bei jedem Vertretungshandeln, die Interessen des „Geschäftsherrn" angemessene Berücksichtigung finden.

An dieser Stelle nun kommt die *Zeitkomponente* gewichtig mit ins Spiel: Mag man die Güterabwägung noch eher zu Gunsten des vertretungswilligen Einzelstaates ausschlagen lassen, solange die *humanitas* (gleichsam als *domina negotii*) nicht selbst dazu im Stande war, so muss sie angesichts der Erfahrung sich wandelnder historischer Rahmenbedingungen nunmehr in einem anderen Licht erscheinen. Es war schon mehrfach von der *Ungleichzeitigkeit* und *Asymmetrie* in den *Dynamiken materieller und formeller Internationalisierung* die Rede[581]; auf diesem Hintergrund bot (und bietet) das Völkerrecht in vielerlei Hinsicht das Bild eines *hinkenden Rechtssystems*[582][583]. In Abhebung davon mehren sich aber zugleich Anzeichen, Bemühungen

---

578 Ibd, 340 wird in diesem Zusammenhang völlig zu Recht die Gefahr beschworen, „im Bewusstsein der Weltöffentlichkeit das Empfinden einer prinzipiellen und politisch akzeptierten Ungerechtigkeit in diesem sensiblen Bereich des Völkerrechts festzuschreiben".

579 Cf dazu schon oben FN 160 sowie 2.3.2.2 aB.

580 Man mag dem entgegenhalten, dass bei realistischer Betrachtung hier eher ein Kontinuum zu konstatieren sei, dass sehr nahe bei der Berufung auf das Weltrechtsprinzip zB jene auf das *passive Personalitätsprinip* liege; dieser enge Zusammenhang lässt sich etwa am Argumentationsgang im Falle *Eichmann* schön dokumentieren (cf ARENDT, Eichmann in Jerusalem, 381f und 384). Bei der vorgeschlagenen Unterscheidung geht es aber nicht um eine *objektivierende* Zuordnung, sondern um einen *dezisionistischen* Aspekt: Es geht darum, ob der erkennende Staat in der Ausübung seiner Strafgewalt auf die Verletzung von Rechtsgütern rekurriert, die zu schützen er sich *aus eigenem Recht* berufen sieht oder aber die er *treuhänderisch* in fremdem Namen (nämlich jenem der *humanitas*) wahrzunehmen gedenkt.

581 Cf dazu schon oben 2.3.1 aB, va aber 2.3.2.

582 Diesen Begriff verwendet THÜRER, Modernes Völkerrecht, 602 im Blick auf das „moderne Völkerrecht, in dem normative Ansprüche und institutionelles Verwirklichungspotential noch

und Erfolge der Staatengemeinschaft, universalen Aufgaben auch universale Handlungsschemata zuzuordnen. Angesichts der Gewinnung globaler Handlungsfähigkeit – und das heißt in unserem Kontext angesichts der Chance zur Errichtung einer *universalen Strafgerichtsbarkeit* für *universale Verbrechen* – muss das *subsiduum*, sprich: die Notlösung des Universalitätsprinzips mehr und mehr zurücktreten. Somit zeichnet sich als Fazit ab, dass in Hinblick auf Möglichkeit und Verwirklichung der Schaffung des Internationalen Strafgerichtshofs das *Universalitätsprinzip* im potenziellen Wirkungsbereich dieser Gerichtsbarkeit aus den oben entfalteten Gründen weitgehend seiner (für die Zeit der Alternativlosigkeit temporär bestehenden) Legitimation verlustig gegangen ist. Wenn und sofern die *humanitas* und der ICC als deren *Organ* im Stande sind, ihre Belange unmittelbar wahrzunehmen, muss eine stellvertretende Pflege universaler Interessen durch ein partikuläres Gemeinwesen als problematisches Remedium erscheinen.

Anders fällt das Ergebnis bezüglich Staaten aus, die sich gegenüber dem Weltgericht in ihrer partikulären Strafverfolgung auf die Wahrnehmung *eigener Interessen*, dh auf die eigene *unmittelbare Betroffenheit* berufen. Angesichts solcher *vertikaler Kompetenzkonkurrenz* ist im Sinne des eingangs dieses Kapitels Gesagten im Einzelfall eine umsichtige Abwägung vorzunehmen, ohne dass hier *sub specie aeternitatis* entschieden werde könnte, wer zur „besseren" oder „effizienteren" Strafverfolgung berufen sei. Mehr brauchen wir für den Moment aber auch nicht: Auf dieser Stufe der Reflexion ist es uns – und dies ist wichtig zu sehen – nur einmal darum zu tun, die *grundsätzliche Möglichkeit und Berechtigung eines Gleichlaufs* aufzuweisen, dh (entgegen prinzipiellen Vorbehalten gegen eine universale Gerichtsbarkeit) dafür zu argumentieren, dass die nationale Verfolgung internationaler Verbrechen nicht jedenfalls und exklusiv den Vorrang gegenüber der internationalen Ebene haben könne.

Dieses bescheidene argumentative Anliegen hat uns aber doch wichtigen Boden gewinnen lassen: Von hier aus wird im Folgenden zu untersuchen sein, wie auf Basis der solcherart im Grundsatz zu bejahenden *Kompetenz* der universalen Strafgerichtsbarkeit für universale Verbrechen (eine Zuständigkeit steckt ja gerade das Terrain *potenziellen Aktivwerdens* ab) die Entscheidung zu treffen ist, wer von den *generell zur Verantwortung Berufenen* – die juristische Terminologie adressiert dieses Phänomen als „Zuständigkeitskonkurrenz" – im konkreten Einzelfall *actualiter verantwortlich* zeichnet.

---

immer so schlecht ausbalanciert sind". Und für unseren speziellen Kontext formuliert er ibd, 574: „Normative ‚institution building' klaffen hier, wie in so vielen Bereichen des Völkerrechts, trotz vielversprechender ... Ansätze, noch weit auseinander. Zur Zeit sind es im wesentlichen noch die einzelnen Staaten, die quasi treuhänderisch für die internationale Gemeinschaft dem Völkerstrafrecht zur Nachachtung verhelfen müssen."

583 In diesem Zusammenhang soll auch noch einmal die Parallelvorstellung des *primitiven Rechtssystems* Erwähnung finden (cf dazu schon oben FN 426).

Auf dem Hintergrund der schon mehrfach bemühten Subsidiaritätsüberlegungen werden auch die grundsätzlichen Konturen des *Umfangs der Kompetenz* deutlich: Der Gedanke des *Gleichlaufs* ordnet gewissen, (auch) als universal zu charakterisierenden Verbrechen als *eine* der potenziell angemessenen Reaktionsmöglichkeiten deren Verhandlung vor einer internationalen Strafgerichtsbarkeit zu. Wird eine gewisse *Gravitätsschwelle*[584] nicht genommen, ist also in dieser Hinsicht nicht von einem wirklich universalen Charakter des entsprechenden Deliktes zu reden (womit nicht in zynischer Weise suggeriert werden soll, dass sich solches aus Sicht der Opfer weniger tragisch oder verheerend darstellt), dann kommt, mangels des auslösenden Momentes materieller Universalität, die Frage nach der internationalen Instanz überhaupt nicht aufs Tapet. Das *universale Strafrecht iwS* erweist sich von daher sowohl auf der ersten Stufe *materieller Universalität* wie umso mehr auf der zweiten Stufe *formeller Universalität* von vornherein als ein *fragmentarisches.*

### 3.4.2.3 Komplementaritätsprinzip

Das in Pr X und Art 1 verankerte und in Art 17 bis 20 ausgestaltete Komplementaritätsprinzip hat bereits ausführlichere Behandlung gefunden[585]; uns interessiert hier va dessen Charakter als *Zulässigkeitsvoraussetzung*. In Anschluss an die vorigen Überlegungen ist zu betonen, dass die Frage der *admissibility* überhaupt erst auf der Grundlage einer zu bejahenden *Zuständigkeit* gestellt werden kann. Auf dieser Prüfungsstufe ist zu entscheiden, ob der Internationale Strafgerichtshof eine Causa, für die er grundsätzlich kompetent ist, im konkreten Falle auch behandeln und rechtsverbindlich entscheiden darf.

Diese auf den ersten Blick vielleicht etwas merkwürdig anmutende Konstruktion erweist sich bei näherer Betrachtung aber als unmittelbarer Reflex des *Subsidiaritätsprinzips* sowie als entscheidendes Element des *Föderalen.* Art 17 erfüllt das Abstractum der „Komplementarität" dahingehend mit Leben, dass der ICC die Behandlung einer an sich in seine Zuständigkeit fallenden Sache für unzulässig zu erklären *hat*, wenn ein ebenfalls kompetenter Staat – Zuständigkeitskonkurrenz – in dieser Sache Ermittlungen oder Strafverfolgungen durchführt; eine Aktivität des Gerichtshofes in solchen Angelegenheiten kommt dann und nur dann in Frage – dies ist sein *ergänzender* Charakter –, wenn dieser Staat nicht willens oder nicht fähig ist, Ermittlung und Strafverfolgung in angemessener Weise ins Werk zu setzen.

Man muss sich bewusst vor Augen führen, dass diese unscheinbare Bestimmung im Grunde die in den ersten Artikeln begründete Kompetenz des Gerichtshofes gänzlich „aushebelt". Dem ICC kommt in keinem einzigen Falle eine *genuine*

---

584 Die hier anklingende *De-mininis*-Klausel ist uns bereits zuvor in FN 526 begegnet.

585 Cf dazu schon oben 2.1.2.4.

*Primärzuständigkeit* zu; all sein Wirken ist bloß *komplementärer* Natur, gründet in *reiner Subsidiarität.*[586] Der kleineren Gemeinschaft ist damit ganz im Sinne des angesprochenen Grundsatzes das Heft in die Hand gegeben. Es liegt in ihrer Macht, ihre Interessen und ihre persönliche Betroffenheit im betreffenden Fall zur Geltung zu bringen. Art 17 normiert auf diese Weise eine subsidiaritätsmotivierte *widerlegbare Vermutung zu Gunsten der kleineren Gemeinschaft* und räumt den Gliedern der Weltrepublik damit auch im Rahmen der Verfolgung universaler Verbrechen einen ganz gewichtigen, ja den ersten Platz ein, was der im Statut des ICC erfolgenden Organisation universaler Strafgerichtsbarkeit einen ganz dezidiert *föderalistischen Zug* gibt.

Zu beachten ist aber, dass es sich beim Vortritt für die untere Ebene – wenn und soweit sie sich auf eine eigene Zuständigkeit berufen kann – nicht um das Absolutum einer *praesumptio iuris ac de iure*, dh eine unwiderlegbare Vermutung handelt, sondern um eine schlichte *praesumptio iuris* als einfache, des Aufweises des Gegenteils zugängliche Annahme. Anders gesagt: Das Komplementaritätsprinzip normiert eine *vorrangige Option für Dezentralität*, gerade aber nicht eine zwingende Dezentralisierung der Strafverfolgung. Die überlagerte und passivierte, aber existente Zuständigkeit der oberen Ebene lebt auf, wenn die berufenen Einzelstaaten „unwilling or unable genuinely to carry out the investigation or prosecution" (Art 17 Abs 1 lit b) sind. Zur Geltendmachung dieses „Erwachens" ist der Ankläger berufen, der dafür aber auch die Beweislast trägt.[587] Der Grund hiefür ist darin zu sehen, dass die beiden Momente der Unwilligkeit und Unfähigkeit als Ausnahme der Regel der vorrangigen Staatenzuständigkeit entgegentreten; dieselbe Überlegung bedingt, dass die beiden Exzeptionen, die nicht einfach in dieser Form als „unbestimmte Gesetzesbegriffe" stehen gelassen worden sind, sondern gleichzeitig eine Legaldefinition (Art 17 Abs 2 und 3) erfahren haben, einer restriktiven Auslegung unterworfen werden müssen.

Wir haben in unseren vorigen Überlegungen auch das Alternativkonzept einer *vorrangigen Option für Zentralität* in Form des *Vorrangprinzips* kennen gelernt, das im Rahmen der beiden Ad-hoc-Tribunale für Ex-Jugoslawien und Ruanda verwirklicht worden ist.[588] Der im ICTY (und im ICTR in sprachlich noch deutlich verstärkter

---

586 Damit ist allerdings nur eine *negative* Subsidiarität gemeint, dh das Verbot für die höhere Ebene, der unteren ihr zustehende Kompetenzen zu mindern oder ganz wegzunehmen. Aspekte *positiver* Subsidiarität im Sinne eines Hilfsgebotes bleiben hier außen vor. Cf zu dieser Unterscheidung HÖFFE, Demokratie im Zeitalter der Globalisierung, 131 sowie oben 3.3.3.2 c).

587 Zu diesem Aspekt cf oben 2.1.2.4 aE.

588 In diesem Sinne verfügen Art 9 ICTY [und Art 8 ICTR] unter der entsprechenden Überschrift *concurrent jurisdiction*: „The International Tribunal [ICTR: sc *for Rwanda*] and national courts shall have concurrent jurisdiction to prosecute persons for serious violations of international humanitarian law … The International Tribunal [ICTR: sc *for Rwanda*] shall have primacy over national courts [ICTR: sc *over the national courts of all States*]. At any stage of the procedure, the International Tribunal [ICTR: sc *for Rwanda*] may formally request national

Form) artikulierte Grundsatz der *primacy* löst eine gegebene Zuständigkeitskonkurrenz zwischen nationaler und internationaler Ebene im Prinzip zu Gunsten der Oberebene auf; die Vermutung geht damit in die andere Richtung und steht in entsprechender Spannung zum Subsidiaritätsprinzip. Ohne hier zu einem gewogenen Urteil über diesen Aspekt der Ad-hoc-Tribunale kommen zu wollen, sei doch angemerkt, dass die Begründung für die *Vermutungsumkehr* zumindest zum Teil darin zu suchen sein wird, dass der UN-Sicherheitsrat die im Vorigen[589] geforderte Güterabwägung innerhalb der vertikalen Kompetenzkonkurrenz im Rahmen seiner Einrichtungsentscheidung schon vorgenommen und in diesen beiden Einzelfällen einen Ausschlag zu Gunsten der Weltebene gesehen hat.

Etwas qualitativ anderes ist es jedenfalls, eine *generelle* Präferenz für die universale Strafgerichtsbarkeit zu propagieren. Angesichts der momentanen Verfasstheit der Staatengemeinschaft, die das Konzept der Weltrepublik auch bei optimistischer Betrachtung als gelinde gesagt ambitioniert erscheinen lässt, bedeutete die Forderung der grundsätzlichen Ausrichtung des ICC nach dem Vorrangprinzip eine völlige *Utopisierung* des Projektes einer internationalen Strafgerichtsbarkeit. Neben solch realen politischen Grenzen, die sich in den Verhandlungen in unmissverständlichster Form manifestiert und in die Textierung voll durchgeschlagen haben[590], lassen aber auch *normative*, sprich: *subsidiaritätstheoretische* Überlegungen solches Begehren problematisch erscheinen. Dem Freund der Weltrepubliksidee mag der nicht erreichte Primat des ICC (insbesondere in Hinblick auf die lange Reihe der im Rahmen der Diskussion des Universalitätsprinzips vorgebrachten Schwächen und Gefahren nationalstaatlicher Rechtsverfolgung) umfassend als vertane Chance der Römer Konferenz und als innert möglichst kurzer Frist nachzuholendes Reformprojekt des Statuts gelten. Dennoch sollte man im Schwange der Begeisterung nicht der Versuchung erliegen, den hinsichtlich des Erstehens eines globalen Leviathan artikulierten Bedenken keinerlei Beachtung mehr zu schenken. Nur allzu schnell mutiert der legitime Wunsch nach *Universalität* zum Befördern eines *schlechten Universalismus*.[591] Diesbezüglich kommt dem Moment *vertikaler* Gliederung[592] besondere Bedeutung zu, muss sie doch einen großen Teil der „Gewaltenteilungslast“ tragen.

In gewisser Spannung – und als Korrektiv – zu solchen föderalen und subsidiären Zügen steht die Bestimmung, dass (trotz der in Art 17 verankerten Komple-

---

courts to defer to the competence of the International Tribunal [ICTR: sc *to its competence*]." Cf dazu auch schon oben 1.3.4.

589 Cf 3.4.2.2 gegen Ende.

590 Cf BOURDON, CPI, 94ff sowie 2.1.2.4 aB.

591 In Anlehnung an die in HÖFFE, Demokratie im Zeitalter der Globalisierung, 303 vorgeschlagene Unterscheidung von *Globalität* und *Globalismus* (cf dazu FN 485).

592 Cf zu diesem Aspekt oben 3.3.3.2 b).

mentarität) im Rahmen der in Art 18 und 19 etablierten Verfahren die finale Entscheidung, ob die Voraussetzungen für die Zulässigkeit der Behandlung einer Causa gegeben sind, dh die sog *Kompetenzkompetenz* beim ICC selbst liegt; das letzte Wort kommt der Oberebene zu.[593] Welchen Gebrauch der Gerichtshof von der ihm hiemit verliehenen Vollmacht machen wird, ob er eher behutsam damit umgehen oder diese bis an die Grenzen ausreizen wird, lässt sich jetzt noch nicht abschätzen. Wie sich die *vertikale Gliederung* von universaler und nationalstaatlicher Ebene auf dem Hintergrund des hier skizzierten Spannungsnetzes von umfassender Zuständigkeit der universalen Gerichtsbarkeit auf der einen und deren Begrenzung durch das Komplementaritätsprinzip auf der anderen Seite, das wiederum eine Limitierung durch die Kompetenzkompetenz des Gerichtshofes über die Auslegung desselben erfährt, genau einspielt, wird sich in der Praxis des ICC erst etablieren müssen. Klar ist jedoch, dass bei zu exzessiver Inanspruchnahme der durch den letzten Punkt vermittelten Vollmacht im *Pendel* zwischen Nationalstaatlichkeit und Universalität noch einmal mit einem Korrektiv zu rechnen ist: Die *Letztkompetenzkompetenz* nämlich steht wiederum den Nationalstaaten *qua Mitgliedstaaten* zu; als „Herren des Statuts" behalten sie das letzte Wort.[594]

### 3.4.3 Der ICC als universale Gerichtsbarkeit

Am Eingang dieses Kapitels war von der Intuition die Rede, dass sich im Internationalen Strafgerichtshof – in Abhebung von anderen Formen gerichtsförmiger Aufarbeitung (Stichwort: Universalitätsprinzip), aber auch von seinen unmittelbaren Vorläufereinrichtungen – mehr denn je das *Paradigma des Universalen* manifestiert. Die beiden dem folgenden Unterkapitel haben sich auf diesem Hintergrund dem Anliegen verschrieben, den ICC als Element der *universalen Ebene* im Rahmen des Konzepts einer föderal-subsidiären Weltrepublik (insbesondere gegenüber der Ebene der Einzelstaaten) zu positionieren. Nachdem dieser Versuch einer Lokalisierung in der Schichtigkeit der Gemeinwesen unternommen worden ist – *formelle*

---

[593] Wir erinnern uns in diesem Zusammenhang daran, dass dem Subsidiaritätsprinzip nicht zuletzt auch die Funktion einer *Verfahrensgarantie* zukommt (cf dazu PERNTHALER, Das Subsidiaritätsprinzip und die Ausgliederung öffentlicher Aufgaben, 183ff sowie ebenso oben 3.3.3.2 c). Danach ist mit einer höheren Richtigkeitsgewähr der Festlegung der jeweiligen Wirkungsbereiche zu rechnen, wenn nicht nur die obere (oder untere) Ebene einseitig entscheidet, sondern die Aufteilung in einem durch wechselseitige Information, Kooperation und Partizipation geprägten Procedere zu Stande kommt. In diesem Kontext soll zumindest erwähnt werden, dass die Art 18f ein komplexes und differenziertes Verfahren vorsehen, das dem tätig werden wollenden Nationalstaat ia die Möglichkeit gibt, das zu führende Verfahren für sich zu beanspruchen und gegenteilige Entscheidungen von Gerichtsorganen mit Rechtsmitteln zu bekämpfen. Die letzte Entscheidung liegt aber stets beim Gerichtshof selbst.

[594] Cf dazu noch unten FN 639 (Gründungsakt) sowie 3.4.4.2 aB (Organisation).

*Universalität* nicht als *die*, wohl aber als *eine* Antwort auf *materielle Universalität*[595] –, soll noch eine zweite, grundsätzlichere Ortsbestimmung erfolgen, die hinsichtlich des Internationalen Strafgerichtshofes (und darin im Blick auf universale Strafgerichtsbarkeit überhaupt) in drei Skizzen – als Wendepunkt und Übergang zu den nachfolgenden Überlegungen – *Dimensionen der Universalität* andeuten möchte; dabei wird sich als Zentrum der Idee des *Weltgerichtshofes* erweisen, dass ihm *alle Welt unterworfen* ist.

### 3.4.3.1 Universalität des Raumes

Die erste Dimension, die es in den Blick zu nehmen gilt, ist die *räumliche*: „Alle Welt" meint in diesem Kontext, dass der universalen Jurisdiktion dem Anspruch nach kein Territorium entzogen ist, oder positiv formuliert: dass ihr alles Land unterworfen ist. Genau diesen Gedanken nimmt das Statut auf, wenn es – in unübersehbarer Abhebung von den Ad-hoc-Tribunalen – seinen Anwendungsbereich grundsätzlich auf den ganzen Globus erstreckt.[596] Präziser müsste man eigentlich sagen: Die *räumliche Universalität* – und insofern ist die Rede von einer Zuständigkeitsregelung *ratione loci* irreführend – äußert sich gerade darin, dass der Raum als solcher gar nicht Thema des Statuts wird. Das Schweigen bezüglich der in internationalen Instrumenten sonst üblichen Festlegung und Abgrenzung des räumlichen Anwendungsbereichs – solche *Raumblindheit* – impliziert im Umkehrschluss wahrhafte Universalisierung des Raumelementes.

Dessen eigentümliche Doppelnatur haben wir bereits herausgestrichen: Räumliche Transzendenz bedeutet zugleich die Überschreitung *geographischer* Begrenztheit (als *natürliche* räumliche Strukturiertheit) wie auch die Transformation von *Souveränitäts*barrieren (als *normative* räumliche Strukturiertheit).[597] Denkt man diese Prozesse an ihr Ende, verbindet sich damit die durchaus ambivalente Vorstellung räumlicher *Grenz-* oder *Letzterfahrung*: Einerseits birgt das Erreichen nicht mehr zu überschreitender räumlicher Extension die Vorstellung von Vollkommenheit und Vollendung, von *Fülle*. Andererseits wohnt dem Gedanken größtmöglicher Ausdehnung auch jener des *Verlustes*, der *Beschränkung* inne: Im Zusammen-

---

595 In diesem Zusammenhang sei noch einmal der Gedanke der *Universalisierung des juristischen Syllogismus* aufgeworfen (cf dazu schon oben p 120).

596 Cf dazu oben 2.1.2.3 c) „Zuständigkeit *ratione loci*", wobei zu ergänzen ist, dass durch das Hineinwirken der „Preconditions to the exercise of jurisdiction" in Art 12f (cf 2.1.2.2) *de facto* doch eine Begrenzung der Kognitionsbefugnis in räumlicher Hinsicht bewirkt wird.

597 Cf dazu PERNTHALER, Globalisierung als Herausforderung an eine moderne Staatslehre, 76-78, der hinsichtlich der „heute herrschenden Kategorie der Staatlichkeit" konstatiert, dass sie „ohne territoriale Grundlage der Staatsgewalt in einem relativ geschlossenen Staatsgebiet nicht denkbar" (ibd, 76) wäre; cf dazu ebenso 3.1.1.1 a) und b) sowie 3.4.1.1, dort bes FN 520.

rücken in den *einen* Raum wird ein Ausweichen zunehmend weniger möglich, gehen Zwischen- und Freiräume verloren.[598] In beiderlei Hinsicht lässt sich der Begriff der *Totalität des Raumes* fruchtbar machen, welche der Weltinstanz zu eigen ist.[599]

Bisher ist nur über den Raum *als solchen* gesprochen worden. Dieser erweist sich aber auch und vor allem als Raum *der Menschen.* In Anschluss an das Gesagte ist das Charakteristische der Entwicklung sicherlich nicht zuletzt darin zu sehen, dass der *souveränitätsgeformte Raum* immer mehr im Rückzug begriffen ist. Das bedeutet nicht, dass die Räumlichkeit ihrer *Strukturiertheit* verlustig geht, sondern allein, dass die *Separation* in und durch Souveränitätsräume schwindet. Statt dessen formieren sich eine Pluralität und Diversität mediatisierender wie auch weit durchlässigerer Stufen, die zwischen der Totalität des Raums und den sich in ihr bewegenden Individuen zu vermitteln berufen sind[600]; sie vermögen aber nicht mehr, das Individuum vom Zugriff der globalen Ebene unüberbrückbar *abzuschirmen.*[601]

### 3.4.3.2 Universalität der Zeit

Wie schon im Blick auf den Raum gilt es auch hier festzuhalten, dass im Internationalen Strafgerichtshof – und dies wiederum in Abhebung von der Konzeption der Ad-hoc-Tribunale – ein im Prinzip unbeschränkter, universaler zeitlicher

598 Zu diesem Aspekt der Letzterfahrung cf schon oben 3.1.1.2 aE.

599 Ein eigenartiges Komplement und Spannungsmoment zu solcher Totalität bildet die Festlegung eines festen Sitzes für den Internationalen Strafgerichtshof in Den Haag (Art 3). Haftet der Wahl eines bestimmen Ortes, der Festlegung eines (an sich nicht privilegierten) Raumpunktes für die universale Jurisdiktion einerseits der Ruch der Willkürlichkeit an, so wohnt ihm in der Abstraktion von und der *Blindheit* gegenüber konkreten Einzelfällen auch und vor allem ein Gerechtigkeitsmoment inne. Die in Art 3 Abs 3 verankerte *Öffnungsklausel* „The Court may sit elsewhere, whenever it considers it desirable" bedeutet eine sehr großzügig formulierte Ermächtigung für das Gericht, im Einzelfall gegenüber den „Segnungen der Abstraktion" anderen Erfordernissen des Falls den Vorzug zu geben. Es können technisch-pragmatische wie auch substanzielle Gründe sein, die eine gewisse geographische Nähe zum Tatort anempfehlen (cf die Lokalisierung des ICTR im Nachbarland Tansania); auch hier spielen Subsidiaritätsüberlegungen eine entscheidende Rolle. Die Gefahr der „zu großen Nähe" ist aber ebenso nicht von der Hand zu weisen: Man denke nur an die Installierung von IMT und IMTFE auf dem Territorium des Unterlegenen, ja die bewusste Wahl eines jeweils symbolträchtigen (in diesem Sinne *negativ privilegierten*) Raumpunktes; für Deutschland war dies (natürlich auch anderweitig motiviert) Nürnberg als „Stadt der Reichsparteitage", für Japan die Kapitale des Kaiserreichs.

600 Ganz in diesem Sinne unterstreicht PERNTHALER, Globalisierung als Herausforderung an eine moderne Staatslehre, 77 (mit zahlreichen illustrierenden Beispielen), dass „nichtstaatliche Räume zunehmend an Bedeutung gewinnen" sowie dass in Durchbrechung des klassischen Zusammenhangs von Staatsgebiet und Staatsgewalt „die Wirksamkeit fremder Hoheitsgewalt auf eigenem Territorium von der streng begrenzten Ausnahme zur weitverbreiteten Regelmäßigkeit" wird.

601 Zu alledem noch ausführlicher unten 4.1.2 aE sowie 4.1.3.

Horizont eröffnet ist.[602] Zur Raumblindheit gesellt sich sohin eine *Zeitblindheit* der universalen Strafgerichtsbarkeit.

In Gegensatz zu jenem Fall aber, wo sich das Statut gänzlich verschwiegen hat, kennt dieser Zusammenhang eine ausdrückliche, sogar mit „Jurisdiction ratione temporis" überschriebene Disposition.[603] Der hier relevante Art 11 Abs 1 verfügt dabei lapidar: „The Court has jurisdiction only with respect to crimes committed after the entry into force of this Statute." Auf diesem Hintergrund ist das eben Gesagte dahingehend einzuschränken, dass sich der universale zeitliche Horizont nicht als gänzlich unbegrenzt erweist, sondern dass er sich nur der Zukunft öffnet, der Vergangenheit aber verschließt. Im Sinne solcher *pro futuro* unbeschränkter Zeitlichkeit, wie sie etwa auch Pr IX mit der Formel „for the sake of present and future generations" auslobt, entspringt dem „Nullpunkt" des Inkrafttretens – gleichsam ein juridischer „Urknall" – ein *Zeitstrahl*, der ohne greifbare Begrenzung in die Zukunft eilt und dem von diesem Gründungsmoment an ebenso „alle Welt unterworfen" ist.

Solche *partielle* bzw *selektive Zeitblindheit* und die ihr inhärente Limitierung zeitlicher Universalität muss sich aber rechtfertigen: In unmittelbarem Konnex und als direktes Komplement der aufgeführten Bestimmung ist Art 24 zu sehen, demzufolge gelten solle: „No person shall be criminally responsible under this Statute for conduct prior to the entry into force of the Statute." Von daher erweist sich das im Statut verwirklichte Regelungsdispositiv *ratione temporis* als Vermittlung und Zusammenspiel zwischen den Ansprüchen von Universalität einerseits sowie den Forderungen des *Rückwirkungsverbotes*[604] andererseits, welch Letzteres gebührlich zu berücksichtigen sucht, dass die Zeit unserer Erfahrung nach im Unterschied zu den drei Raumdimensionen eine bestimmte Flussrichtung hat, welche menschlichem Existieren (und damit auch Kategorien wie Handeln und Verantwortung) eine nicht zu hintergehende Linearität gibt. Vom Schutzzweck des Rückwirkungsverbotes her, und darauf gründet ja die Einschränkung, ist aber nur eine Durchbrechung der zeitlichen Zäsur *zu Lasten* des Angeklagten als problematisch anzusehen. Bedeutet sie dagegen eine Besserstellung desselben, so ist im Sinne des ebenfalls schon erörterten *Günstigkeitsgebots*[605] eine weitere Differenzierung der Güterabwägung, sprich: eine Relativierung der Vergangenheit-Zukunft-Schwelle in diesem Punkt angezeigt und in Art 24 Abs 2 des Statuts exemplarisch verwirklicht.

---

602 Cf zu diesem tieferen Sinne der Errichtung des ICC als *permanent institution*, wie sie in den Grundlagenbestimmungen von Pr IX und Art 1 des Statuts erfolgt, schon 2.1.1 aE und 2.3.3.

603 Cf dazu oben 2.1.2.3 1).

604 Das Rückwirkungsverbot stellt das zentrale Element des *strafrechtlichen Legalitätsgrundsatzes* dar, der als ein, wenn nicht als *das* Basisprinzip eines fairen Strafverfahrens Anerkennung erheischt [cf dazu oben 2.2.4.1 a)].

605 Cf dazu oben 2.2.4.1 e).

Zum Zug ist die Idee der Universalität aber gegenüber einem anderen klassischen strafrechtlichen Element gekommen, dem der Verjährung. Die *pro futuro* eröffnete und als solche rückwärts limitierte Universalität unterfällt in der anderen Richtung keiner weiteren Begrenzung mehr: Die Handlungsmöglichkeiten gegenüber den im Statut vorgesehenen universalen Verbrechen werden durch bloßen Zeitablauf weder aufgehoben noch anderweitig beschränkt.[606] In der generellen *Unverjährbarkeit*[607] aller der Jurisdiktion des ICC unterworfenen Delikte wird so nicht dem Modell des *Zeitfensters* gefolgt, sondern jenem des *Zeitstrahles* treu geblieben.

Insofern dem Verjährungsverbot im obigen Zusammenhang auch die Eigenschaft zugeschrieben wurde, sich „natürlichen" Glättungsprozessen entgegenzustellen, Ereignissen das Zurücksinken in die Geschichte zu verwehren und sie auf diese Weise in permanenter (zu verantwortender) Gegenwart zu halten, findet auch der schon für die Raumdimension formulierte Aspekt der *Totalität* seinen Niederschlag: Das von den Verbürgungen des Statuts hinsichtlich schützenswert erachteter und deshalb zwangsbewehrter Güter der *humanitas* etablierte Strafregime „strahlt" vom Schöpfungszeitpunkt des ICC im Sinne potenzieller Unendlichkeit in alle Zukunft aus. Nichts anderes hat Pr IX vor Augen, wenn dort in intergenerationeller Simultaneität die Errichtung des Gerichtshofes „for the sake of present and future generations" gefordert wird. In dem somit in bleibende Gegenwart geholten Futurum manifestiert sich zugleich der der universalen Gerichtsbarkeit eigene Aspekt des Ahistorischen, der Zeitlosigkeit.[608]

### 3.4.3.3 Universalität der Strafgewalt

Bisher ist an der universalen Gerichtsbarkeit, der wir als Charakteristikum zugesprochen haben, sich *alle Welt unterworfen* zu sehen, in der Betrachtung der raumzeitlichen Dimension vornehmlich der Aspekt „alle Welt" beleuchtet worden; jener

---

606 Die durch das Fortschreiten der Zeit der Tendenz nach wachsenden Beweisprobleme und die so *de facto* geringer werdende Wahrscheinlichkeit, unter gleichbleibendem Anspruch eines fairen Verfahrens mit umfassender Beweislast auf Seiten des Anklägers eine Verurteilung zu erwirken, bleiben hier unberücksichtigt. Dem kontinuierlichen „Wegdämmern" und schlussendlichen Verschwinden der faktischen Chance einer Verurteilung zollt der Normgeber ja idR mit Verjährungsfristen Rechnung, die die potenziellen faktischen Probleme nach Ablauf eines bestimmten Zeitraumes in Form einer *unwiderlegbaren Vermutung* ihrer Aktualisierung zur zwingenden Verfolgungsgrenze avancieren lassen.

607 Cf dazu schon oben 3.4.1.4.

608 Wie dem Gedanken der Menschenrechte in ihrem spezifischen Zeitverständnis genuin das Moment der A-Geschichtlichkeit innewohnt (cf BRIESKORN, Menschenrechte, 135f sowie oben FN 314), so trägt auch die Menschenrechtsverletzungen großen Maßstabs nachgehende universale Gerichtsbarkeit ahistorische Züge an sich. In der sich in ihrer Totalität manifestierenden *Unüberholbarkeit* kann ein *Angebot der Endzeit* gesehen werden, auf das keine qualitativ neue Stufe mehr zu folgen vermag.

der „Unterworfenheit“ verdient im Rahmen der gegenständlichen Ausführungen desgleichen einige Bemerkungen. Dabei darf man sich va an den Beginn des vorigen Abschnitts erinnert fühlen[609], wo bei der ersten Annäherung an das Phänomen des „Gerichts“ deutlich geworden ist, dass es dabei in einem weiten Sinne um ein *Prüfen* und *Bewerten* geht; dies aber ist jeweils nur von einem privilegierten Standpunkt möglich.

Dem Gerichtshandeln, dem „Über-jemanden-zu-Gericht-Sitzen“ wohnt konstitutiv das Moment der *Hierarchie* inne. Noch deutlicher manifestiert sich dies Element der Über- und Unterordnung in dem uns hier interessierenden Bereich von Strafrecht und Strafgerichtsbarkeit. „Das *Strafrecht* ist das Recht des Befehlshabers gegen den Unterwürfigen, ihn wegen eines Verbrechens mit einem Schmerz zu belegen.“ (MSR 331, O)[610] Und noch pointierter ausgedrückt: „Nun ist aber Strafe nicht ein Act einer Privatautorität des Beleidigten, sondern eines von ihm unterschiedenen Gerichtshofs, der den Gesetzen eines Oberen über Alle, die demselben unterworfen sind, Effect giebt.“[611] Die in beiden Fällen explizit adressierte „Unterworfenheit“ reflektiert die Subordination des – sinnigerweise so benannten – Rechts*subjektes* bzw Rechts*unterworfenen* unter die Rechtsordnung und die diese zur Geltung bringende Gerichtsbarkeit.

Dieses Subordinationselementes entbehrend, sind auf überstaatlicher Ebene Möglichkeit von *Strafrecht* und *Gerichtsbarkeit* grundsätzlich in Frage gestellt. „Strafe findet nur im Verhältnisse eines Oberen (imperantis) gegen den Unterworfenen (subditum) statt, welches Verhältniß nicht das von Staaten gegen einander ist.“ (MSR 347) In der daraus gezogenen Konsequenz, dass daher „die Art, wie Staaten ihr Recht verfolgen, nie wie bei einem äußeren Gerichtshofe der Prozess, sondern nur der Krieg sein kann“ (ZEF 355), kommt KANT zu einem hohen Grad an Kongruenz mit den tragenden Prinzipien des damals (und in vielfacher Hinsicht auch heute noch) geltenden Völkerrechts. Besonders markanten Niederschlag haben sie in den Grundsätzen der *égalité souveraine des États* und des *par in parem non habet iurisdictionem* gefunden.

Solcher Limitierung *universaler Strafgerichtsbarkeit* wohnen aber zumindest zwei in diesem Zusammenhang wohl zu unterscheidende Aspekte inne: a) Als unmittelbarer Ausfluss der genannten beiden Prinzipien ergibt sich, dass die souveränen Staaten selbst – in Hinblick auf ihre unüberholbare Gleichberechtigung mit den anderen Staaten und in Ermangelung einer übergeordneten Größe – nicht als taugliches Objekt für ein Strafverfahren scheinen.[612] b) Zum anderen hat das Strafrecht

---

609 Cf oben 2.1.1.

610 Cf dazu schon oben 1.1.

611 KANT, Metaphysik der Sitten, Tugendlehre, AA VI, 460.

612 Zu dem in mächtiger Erhebung begriffenen Konzept der *Staatenverantwortlichkeit* (als einer besonderen Sparte „universalen Strafrechts“), seiner ambitionierten Inangriffnahme durch die

immer als klassischer *domaine réservé*, dh als Prärogative des Nationalstaates gegolten. „Traditionnellement, le droit de punir, que symbolise l'épée de justice, est la prérogative du seul souverain."[613] Als überkommenes *Kernelement der Souveränität*[614] haben die Einzelstaaten auf Einflussnahmen und Einschränkungen im Bereich ihrer Strafhoheit stets sehr sensibel reagiert und tun das auch heute noch. So sehr man das Konzept der Souveränität auch in Bewegung sehen mag: Die Staaten erweisen sich doch in diesem harten Kern Kooperations- und Vereinheitlichungsbemühungen gegenüber durchwegs reserviert bis ablehnend.[615] Im Ergebnis ist festzuhalten – mindestens als einen Strang der Dynamik –, dass sich die Nationalstaaten als Souveränitätsträger in doppelter Hinsicht einer Internationalisierung bzw Universalisierung des Strafrechts zu entziehen anheischig machen: Wie sie sich selbst (teils schon bestehender, teils zu kreierender) höherrangiger Ebene zu entheben suchen, so zielen sie gleichzeitig darauf ab, die Individuen im Bereich des Strafrechts *exklusive* Subjekte ihres nationalen Rechts[616] sein und bleiben zu lassen.

Bewusst war nur von einem Strang der Dynamik die Rede, verkörpert doch die Errichtung des Internationalen Strafgerichtshofes selbst (zumindest für den zweiten, hier relevanten Aspekt) ein mächtiges Gegenbeispiel: Wie Verschiebung und Verwandlung von Raum- und Zeitdimension nachzuvollziehen versucht worden sind, manifestieren sich im ICC gewichtige Transformationsbewegungen hin auf eine Universalisierung der Strafgewalt. Wohl ist dabei zuzugestehen, dass die Schöpfung universaler Strafgerichtsbareit in Hinblick auf das vorher Gesagte auch die Etablierung eines *Superlativs an Subordination* bedeutet. Darüber darf aber nicht vergessen werden, dass in der gemeinsamen Unterworfenheit aller Individuen (in prinzipieller räumlicher und zeitlicher Unbeschränktheit) unter die im Weltgerichtshof entfaltete Autorität auch ein *fundamentales Gleichheitsmoment* seine Realisierung erfährt.[617] Indem alle Individuen der universalen Strafgerichtsbarkeit als gleiche

---

ILC und seinen durchaus zukunftsträchtigen Umsetzungsbestrebungen cf oben FN 170 und 208; zum (in Art 25 Abs 4 des Statuts normierten) generellen Ausschluss von Souveränitätsträgern aus dem Kognitionsbereich des Internationalen Strafgerichtshofes cf oben 2.2.2.1.

613 So BADINTER in BOURDON, CPI, 8.

614 Cf dazu auch DUVE, Mit Kant und mit ihm, 148.

615 Als Exempel dafür sei nur ins Treffen geführt, dass die im Rahmen der EU in vielerlei Hinsicht überaus weit gediehenen Integrationsbemühungen gerade im Bereich des Strafrechts nur sehr viel magerere Ergebnisse aufweisen können (wobei zuzugestehen ist, dass dieser Sektor nicht von der Hauptstoßrichtung der europäischen Integration erfasst ist). Von einer echten Rechtsannäherung und -vereinheitlichung in diesem Bereich kann – von marginalen Ausnahmen abgesehen – jedenfalls nicht gesprochen werden; vielmehr produziert sich hier ein Musterbeispiel einer (zumindest vorläufig) weitgehend *integrationsfesten* Rechtssparte.

616 Zu diesem Aspekt cf noch ausführlicher unten 4.1.2.

617 Wir erinnern uns in diesem Zusammenhang daran, dass die „erstlich nach Prinzipien der *Freiheit* der Glieder ... zweitens nach Grundsätzen der *Abhängigkeit* aller von einer einzigen gemeinsamen Gesetzgebung (als Untertanen) und drittens die nach dem Gesetz der *Gleichheit*

unterworfen sind[618] und in Bezug auf die von ihr verantworteten Delikte kein Nationalstaat seine Bürger derselben völlig zu entziehen vermag[619], eröffnet sich der Horizont einer *Universalität und Totalität der Strafgewalt.* Die darin erfolgende Überlagerung und Ausblendung staatlicher Souveränität, welche ihrer die Individuen gegen die außer- und überstaatliche Ebene abschirmenden Wirkung in zunehmendem Maße verlustig geht, lassen die ganze Entwicklung auch unter der Perspektive der *Souveränitätsblindheit* der Weltgerichtsbarkeit erscheinen.

Diese gesellt sich als dritte in den Reigen der schon erwähnten *Raum-* und *Zeitblindheit.*[620] Die Bezeichnungen sind nicht zufällig gewählt: Blindheit und Ignoranz kommt (abseits ihrer durchwegs negativen Konnotationen) hinsichtlich der Realisierung von *Gerechtigkeit* – und dies über eine bloße Anspielung auf die verbundenen Augen der *Iustitia* hinaus – ganz entscheidende Bedeutung zu. Das alte Motto aller Jurisprudenz *Suum cuique*[621], das gerne auch in der Form „Gleiches gleich, Ungleiches ungleich behandeln" adressiert wird, besagt ja in seinem Kern, dass es einen Blick dafür zu erwerben und zu praktizieren gilt, welche Unterscheidungen in einem konkreten Fall angemessen sind, zugleich aber auch jene Differenzen im Auge zu haben, die keine „Andersbehandlung" zeitigen sollen. Blindheit potenziell diskriminierenden Unterschieden gegenüber ist von daher keine Mangelerscheinung, sondern Gerechtigkeitsgebot.

Auf unseren Zusammenhang angewendet: Gleiche Verfehlungen gegen die *humanitas* fordern gleiche Sanktion. Es mag zahlreiche Gründe geben, die zwei ähnlich gelagerte Fälle dennoch legitimerweise in verschiedene Richtungen gehen lassen (zB das Vorhandensein individueller Strafausschließungs- oder -milderungsgründe bei einem von ihnen). Nicht zum Zug kommen sollen aber Unterscheidungen, die dem einen Täter ein unverdientes Privileg vor dem anderen geben bzw ihn überhaupt der Strafverfolgung entreißen sollen. Ansprüche auf derartige „Sonder-

derselben (als Staatsbürger) gestiftete Verfassung ... die *republikanische*" (ZEF 349f, O) ist. Auch bei KANT tritt der Gedanke deutlich zu Tage – der hier wenigstens zu erwähnende ROUSSEAU muss aber im Übrigen unbehandelt bleiben –, dass die gemeinsame, gleiche und gleichberechtigte Abhängigkeit von und Unterworfenheit unter gemeinsame(r) Gesetzgebung und (wie wir in Anschluss an die in FN 445 entfalteten Überlegungen ergänzen dürfen) Gerichtsbarkeit den Mittelpunkt der von ihm propagierten Republiksidee ausmachen.

618 Cf dazu noch unten 4.3.2.

619 Dies ist allerdings mehr im Blick auf das „Ideal" universaler Strafgerichtsbarkeit formuliert als auf den ICC in seiner konkreten Verfasstheit. Auf den gesamten Komplex der Anerkennung der Autorität der Kompetenz sowie der Voraussetzungen zur Ausübung derselben (cf dazu oben 2.1.2.1 und 2.1.2.2) sei nur als einen der vielen hier Aufmerksamkeit verdienenden Aspekte verwiesen.

620 Der Aspekt der Blindheit Grenzen gegenüber ist schon in 3.4.1.3 aB angeklungen.

621 Seine wohl bekannteste und geläufigste Formulierung dürfte es bei ULPIAN erhalten haben: „Iustitia est constans et perpetua voluntas ius suum cuique tribuendi." (*Ulpianus libro primo regularum*, Dig 1.1.10.pr sowie fast wortgleich Inst 1.1.pr).

regime" erheben sich insbesondere im Kontext nationaler Souveränitäten und Immunitäten, die die universale Gerichtsbarkeit, vorbehaltlich einer sorgfältigen Prüfung von deren Legitimität, mit Ignoranz zu strafen hat.[622] Hintanstellung von illegitimen Sonderansprüchen wie Sensibilität für und angemessene Berücksichtigung von berechtigter Differenz sind eine Leistung der *iustitia distributiva*, der Verteilungsgerechtigkeit.

Die damit verbundene und gebotene Koordinierungsleistung übersteigt aber der Tendenz nach die Kapazität einzelner Gemeinwesen.[623] Auch vom Erfordernis distributiver Gerechtigkeit her lässt sich also ein weiteres Argument zu Gunsten eines *Gleichlaufs von Materie und Form* gewinnen. Im Rahmen der Idee einer föderal-subsidiären Weltrepublik spricht – trotz der erwähnten intensiven Vorbehalte der Staaten gerade in diesem Punkt – vieles dafür, dass es im oben entfalteten Sinne am universalen Verbrechen ein legitimes universales Interesse gibt, welches wiederum (s)eine privilegierte formelle Wahrnehmung im Modell einer Weltgerichtsbarkeit, *in concreto*: des ICC erfährt. Gerade was das Letztere betrifft, muss man sich vor Augen führen, dass auch und gerade Zuständigkeits-, Organisations- und Verfahrensregeln, die oft unbemerkt im Schatten des materiellen Rechts ihr Dasein fristen, bei der Verwirklichung des Anspruchs eines Weltgerichtshofes entscheidende Bedeutung zukommt. Ohne in diesbezügliches Pathos verfallen zu wollen, kann unter gewissen Rücksichten doch zu Recht gesagt werden, dass diese Elemente durchwegs gerade den „Witz"[624] einer Universalgerichtsbarkeit ausmachen.[625]

---

622 Hier muss auch die lapidare Bestimmung des Art 120 Erwähnung finden: „No reservations may be made to this Statute." Zu dem seiner Souveränität entspringenden Recht des Völkerrechtssubjektes, Vertragswerke ganz oder nur teilweise (dh unter Vorbehalt) zu ratifizieren cf NEUHOLD/HUMMER/SCHREUER, Handbuch des Völkerrechts, Bd 1, Rz 294ff. Das Anbringen eines Vorbehalts bewirkt, dass die entsprechenden Normen auf den sich derart erklärenden Staat keine Anwendung finden, und damit eben zur Etablierung eines „Sonderregimes". Entgegen diesem voluntaristischen Konzept ist im unbedingten und ausnahmslosen Ausschluss jeden Vorbehalts, dh in dessen *Vorbehaltsfeindlichkeit* (oder, wenn man will, auch *Vorbehaltsblindheit*) einmal mehr ein Aufleuchten des universalen Charakters des Statuts zu sehen.

623 Zu diesem Aspekt cf schon p 195.

624 Cf in diesem Zusammenhang nur exemplarisch BRIESKORN, Menschenrechte, 103 (dort verwiesen auf IDEM, Rechtsphilosophie, 33), wo die „Durchsetzbarkeit durch Verfahren und Institutionen" just zum kardinalen Element von Rechtlichkeit avanciert, bei dessen Fehlen besser (bloß) von „Ansprüchen" die Rede sein solle.

625 Auf diesem Hintergrund müssen ob ihrer „Technizität" in grundsätzlichen Zusammenhängen gern übergangene Bestimmungen als hochbedeutsam erscheinen: Wir erinnern nur exemplarisch an das Dispositiv von Kapitel IV des Statuts, insb dessen Art 36, wo für die Richter eine ausgewogene und repräsentative Partizipation der verschiedenen Regionen der Erde, der Rechtssysteme und Geschlechter gefordert wird – eine entscheidende Abwendung von der vielfach kritisierten „Siegerjustiz" von IMT und IMTFE. HANS KELSEN, Will the Judgement, 153ff hat hiefür das Diktum des *privilegium odiosum* der Siegermächte des Zweiten Weltkrieges geprägt: Diese hätten sich zu „Richtern in eigener Sache" gemacht und dabei nicht nur Vertreter der besiegten, sondern auch solche neutraler Staaten von der Richterbank ausgeschlos-

### 3.4.4 Der ICC als föderale Gerichtsbarkeit

Die Dynamik des bisherigen Argumentationsganges hat uns immer weiter in Richtung universale Ebene emporgeführt. Trotz und gerade wegen der immer wieder angestellten Subsidiaritätsprüfung haben sich Handlungsräume für die Oberebene eröffnet, und dies zu Recht. Nachdem aber der Internationale Strafgerichtshof so sehr als Sinnbild des Universalen, Globalen, Zentralen (und damit als, wenn auch berechtigter, Gegenpol des Föderalen und Subsidiären) im Mittelpunkt gestanden ist, geht es den folgenden Überlegungen darum, jene Züge am ICC zu entfalten und deutlich werden zu lassen, die ihn im selben Moment zur *föderal-subsidiär verfassten Größe* machen. Ihnen kommt damit durchaus „erdende" Wirkung dergestalt zu, dass nicht einer unreflektierten und naiven Universalitätsbegeisterung verfallen werden soll, die im Letzten nur in die (für die hier verfolgten Zwecke nicht erstrebenswerte) Utopie führen könnte. Vielmehr soll unter dem Anspruch der Idee eines föderal-subsidiären Gemeinwesens das Realphänomen „Internationaler Strafgerichtshof" in seinen vielfältigen Facetten, in seiner Diversität und auch Widersprüchlichkeit zum Zuge kommen. Die folgenden Ausführungen stellen sohin eine wichtige Ergänzung der bisher gezeichneten Skizze vor.

#### 3.4.4.1 Multilateraler Gründungsakt

Gebilde wie der Internationale Strafgerichtshof, Institutionen überhaupt, entstehen nicht von selbst, sondern verdanken sich menschlichem Handeln. Ihr Status ist damit kein „natürlicher", sondern ein „künstlicher": Im juristischen Kontext wird dieser Unterschied in der Abhebung der *natürlichen* Personen (als den *geborenen* Rechtssubjekten) einerseits von den *juristischen* bzw *moralischen* Personen (als den *gekorenen* Rechtssubjekten) andererseits zum Ausdruck gebracht.[626] Dieser Vorstellung entspricht die Distinktion, derzufolge die Subjektsqualität der letzteren Gruppe der *Verleihung* oder *Zuerkennung* bedarf, während bei den natürlichen Personen ihr Subjektscharakter lediglich *Anerkennung* erfährt und erfahren kann.[627]

Über solch bloß *deklaratorisches* Anerkennen hinaus basieren Institutionen somit stets auf menschlichem Gründungshandeln, dh auf einem Akt der *Konstitution.*

---

sen (cf oben FN 59). Die universale, generelle Jurisdiktion erweist sich in der Zusammensetzung der Richterbank als von vornherein *blind* gegenüber Einzelfällen und – das zweite von Kelsen kritisierte Element – nimmt von ihrem Zuständigkeitsregime her unterschiedslos vermeintliche Täter aller Konfliktseiten in den Blick.

626 Zu dieser *summa divisio* der Rechtssubjekte cf schon oben p 141 sowie va 3.3.2.1 aB.

627 Diesem Aspekt kommt insb in der Menschenrechtsdebatte erhebliche Bedeutung zu. Cf zur Differenz von An- und Zuerkennung sowie den mit den verschiedenen Konzepten jeweils verbundenen Folgen exemplarisch BRIESKORN, Menschenrechte, 133ff.

Wunderbaren Ausdruck findet dieses „Schöpfungsgeschehen" in Art 1 S 1 des Statuts, der sich zwar nur der lapidaren Formel „An International Criminal Court ... is *hereby* established"[628] bedient, aber just mit und in diesem Sprechakt (auf Grundlage entsprechender Ermächtigungszusammenhänge) eine „Kunstperson"[629] in die Welt und ins Leben ruft. KANT hat für solches Handeln den treffenden und schönen Ausdruck des *Stiftens* gewählt.[630] Die Art und Weise, in der die Kreation erfolgt, ist dabei nicht beliebig: Der Schöpfer gibt dem Geschöpf sein Gesicht, die Legitimität des Projekts speist sich aus der Modalität des Gründungsakts; wiewohl selbstständig – die Nabelschnur ist gekappt –, erweist es sich doch als Kind seiner Eltern. Solche Überlegungen allgemeiner Natur bestätigen sich auch in Hinblick auf unseren Untersuchungsgegenstand: Wir haben verschiedene (im Wesentlichen zwei) Modelle der Einrichtung internationaler Strafgerichtsbarkeit kennen gelernt: In einem kurzen Moment der Vergegenwärtigung wird sich erweisen, dass die Pluralität der Gründungsakte auch ein jeweils unterschiedliches Gepräge der denselben erwachsenden Institutionen bedingt.

Wir erinnern uns, dass sowohl das Nürnberger wie Tokyoter Tribunal ihre Rechtsgrundlage letztlich einer völkerrechtlichen Vereinbarung zwischen souveränen Staaten, also dem *multilateralen* und *gleichberechtigten Vertragsschluss* von *primären* bzw *originären* Völkerrechtssubjekten verdanken. Die Errichtung der beiden Ad-hoc-Tribunale ist demgegenüber *unilateral* vom Sicherheitsrat der UNO ausgegangen, welch Letztere als von souveränen Staaten errichtete Internationale Organisation ein *sekundäres* oder *derivatives* Völkerrechtssubjekt vorstellt. Beim Konstitutionsakt von ICTY und ICTR handelt es sich nicht um eine *Vereinbarung* (unter Gleichrangigen), sondern eine *Verfügung* (der übergeordneten Gewalt), nicht um einen Akt der *Koordination*, sondern der *Subordination*. Die Ermächtigung zu solch einseitigem Handeln gründet in dem schon mehrfach erwähnten Art 24 der UN-Charta (sowie im Speziellen in den Ermächtigungen von Kapitel VII leg cit), wo dem SC die Hauptverantwortung für Weltfrieden und internationale Sicherheit „übertragen" worden ist, in deren Beförderung er „on their behalf", dh im Namen aller Mitgliedstaaten (und das sind mit minimen Ausnahmen alle Staaten der Welt) handelt.[631]

---

628 Man beachte das Wörtchen „hereby", welches signalisiert, dass nicht schon geschaffene Realität nachträglich bestätigt und bekundet wird, sondern dass in diesem konstitutiven Handeln selbst Realität geschaffen wird. Cf dazu schon oben 2.1.1.

629 HOBBES prägt im Vorwort zum Leviathan in just dieser Absicht das Bild vom „artificial man" (cf dazu noch unten FN 676).

630 Cf ZEF 349 und 366; zum Bild des Stiftens schon oben 3.2.5.3.

631 Eine *Hybridform* stellen diesbezüglich die Ad-hoc-Tribunale für Sierra Leone und Kambodscha vor (cf oben FN 119). Als juristische Grundlage für dieselben ist ein völkerrechtlicher Vertrag zwischen den Vereinten Nationen und dem jeweiligen Nationalstaat vorgesehen. Dies bedeutete ein *bilaterales* Handeln von Völkerrechtssubjekten *unterschiedlicher Stufigkeit* (nämlich eines originären und eines derivativen); die Vereinten Nationen (bzw der SC als deren Organ)

Eine Einrichtung des Internationalen Strafgerichtshofes auf diesem Wege ist aber aus verschiedenen Gründen niemals ernsthaft in Frage gekommen. Nur exemplarisch sei darauf verwiesen, dass von mancherlei Seite schon die Kompetenz des SC zur Einrichtung von Ad-hoc-Tribunalen (geschweige denn einer generellen und ständigen Gerichtsbarkeit) in Frage gestellt worden ist.[632] Dazu kommt, dass der ICC diesfalls nur ein „subsidiary organ" des SC mit allen entsprechenden Implikationen gewesen sowie den spezifischen Mechanismen und Begrenzungen des Kapitels VII der Charta unterfallen wäre. Insgesamt wollte die Staatengemeinschaft schon auf Grund der (um der Wahrung eigener Handlungsspielräume willen gegebenen) allgemeinen Vorsicht gegenüber der Einrichtung von effektiven internationalen Institutionen direkteren Zugriff auf den Entstehungsprozess, als den meisten Staaten bei einem bloßen Tätigwerden des Sicherheitsrates möglich gewesen wäre. Eine Errichtung durch die von allen Mitgliedstaaten beschickte und damit dem Repräsentativitätskriterium wohl eher genügende Generalversammlung war schon deshalb uninteressant, weil diese nur rechtlich unverbindliche Deklarationen bzw eine Art „soft law" hätte beschließen können. Auch der Plan, den ICC im Wege einer Änderung der UN-Charta in diese zu integrieren[633], war bald vom Tisch, da unter den strengen Änderungsvoraussetzungen von deren Art 108[634] die Umsetzung des Projekts realpolitisch unmöglich gewesen wäre.

Damit war die Wegrichtung einer *völkerrechtlichen Konvention* (im Sinne der Bi- bzw Multilateralität klassischen Vertragsvölkerrechts) vorgegeben, die den ICC als *eigenständige Internationale Organisation*, mithin als *derivatives* Völkerrechtssubjekt, errichten sollte: Der 1945 gewählte, aus der konkreten historischen Situation heraus zu verstehende Weg einer Internationalität im Sinne des multilateralen Handelns bloß einiger weniger Staaten verbot sich aber nun, auch wenn es sich dabei um die einflussreichsten Staaten der Erde gehandelt und deren Vorgehen in der Folge die Zustimmung der meisten anderen Staaten gefunden hatte.[635] Vielmehr verfügten nun im Prinzip alle Staaten über die Möglichkeit, an allen Phasen der Errichtung,

---

begegneten dem Einzelstaat dabei nicht unter dem Titel der Überordnung, sondern als gleichgeordneter Vertragspartner.

632 Cf dazu schon oben 1.3.3.

633 Cf SADAT, The Evolution, 37.

634 Der besagte Art fordert für das Inkrafttreten einer Änderung der UN-Charta eine Zweidrittelmehrheit in der Generalversammlung sowie die anschließende Ratifikation durch mindestens zwei Drittel aller Mitgliedstaaten und sämtliche Ständige Mitglieder des Sicherheitsrates.

635 Dies allerdings waren noch verhältnismäßig wenige. Heute muss dem empirischen Faktum Rechnung getragen werden, dass in der Zeit nach 1945 durch verschiedenste Prozesse der Dekolonisation und Fragmentierung die Zahl der Staaten drastisch angestiegen ist (cf dazu ia THÜRER, Modernes Völkerrecht, 592). In diesen Zusammenhang gehören auch die noch stärker gestiegene Zahl an Internationalen Organisationen sowie überhaupt das Auftauchen neuer Akteure auf dem internationalen Parkett. Cf dazu noch unten 4.3.3.

also am ganzen über Jahre hinweggehenden Verhandlungsprozess bis hin zur Römer Konferenz aktiv zu partizipieren. Die Teilnahme eines Großteils der Staaten der Welt an derselben sowie die überwältigende Zustimmung, die deren Ergebnis erfahren durfte – die wichtigen Ausnahmen allerdings nicht zu vergessen[636] –, lassen erahnen, dass das Statut auf solchem Hintergrund über den klassisch *internationalen* Rahmen hinaus (zumindest dem Anspruch nach) die Anerkennung seines *universalen* Charakters fordert.[637]

Neben dieser Universalität tritt im hiesigen Kontext zugleich ein mächtiges Element der *Föderalität* in der Einrichtung des ICC selbst an den Tag. Das Vertragsvölkerrecht mag Manchen im Blick auf (insbesondere in Europa) aufstrebende Formen supranationaler Rechtssetzung altmodisch, ja überholt erscheinen, es trägt dennoch dezidiert föderalistische Züge an sich. In der Errichtung durch eine multilaterale Konvention erhält der Internationale Strafgerichtshof eine *Legitimationsqualität* von unten (*bottom up*)[638], wie sie ihm – in diesen Tagen – ein Handeln von oben (*top down*) niemals geben könnte. Auch in der sich globalisierenden Welt bleiben die Nationalstaaten – wir haben sie gerade als *originäre* Völkerrechtssubjekte angesprochen – die primären Akteure auf der internationalen Ebene. Das multilaterale Gründungsgeschehen[639] des ICC trägt dem Rechnung und erweist sich sohin als Reflex der völkerrechtlichen Realität.

Und dem ist auch gut so: Wenn man *Subsidiarität* nicht nur als Lippenbekenntnis auffasst, sondern ernst zu nehmen sucht, dann bedarf es genau einer derartigen *Legitimation von unten.* Und hier stoßen wir unweigerlich wiederum auf jenen Aspekt des Subsidiaritätsprinzips, den wir als *Verfahrensgarantie*[640] angesprochen haben und der in der gebührlichen Beachtung des Grundsatzes auch und gerade auf Verfahrensebene einen entscheidenden Beitrag zur Realisierung desselben sieht. Natürlich darf dies nicht völlig auf Kosten der anderen Ebene gehen: Zuletzt ginge es darum, mit solchem Argument einzelstaatlichen Omnipotenzphantasien und voluntaristischen Völkerrechtskonzepten das Wort zu reden. Die verheißene *Richtig-*

---

636 Cf dazu oben 1.4.2.

637 In diese Richtung weist auch die verhältnismäßig hohe Zahl der 60 für das Inkrafttreten des Statuts erforderlichen Ratifikationen (Art 126 Abs 1). Der ICC hat diese Hürde (für viele überraschend) schnell und souverän genommen (cf dazu oben p 55).

638 Die Überlegung darf damit aber nicht zu Ende kommen, cf noch unten FN 670.

639 Die darin begründete Stellung der Staaten als „Herren des Statuts" führt dazu, dass sie über den unmittelbaren Akt der *creatio* hinaus im Sinne einer permanenten *conservatio in esse* für Wohl und Wehe des zwar verselbstständigten, aber dennoch von ihnen abgeleiteten, derivativen Völkerrechtssubjekts verantwortlich zeichnen. Just unter dieser Rücksicht ist auch von der *Letztkompetenzkompetenz* (cf oben 3.4.2.3 aE) gesprochen worden, die nichts anderes ist als eine Verlängerung des Status als Herren des Vertrags vom Gründungsakt in die weitere Entwicklung des ICC hinein.

640 Cf PERNTHALER, Das Subsidiaritätsprinzip und die Ausgliederung öffentlicher Aufgaben, 183ff. Dazu schon oben 3.3.3.2 c) sowie FN 593.

*keitsgewähr* kann ganz im Gegenteil nur befördert werden, wenn Einbindung und Partizipation der Oberebene ebenso gewährleistet sind. In diesem Zusammenhang ist insbesondere das Faktum bedenkenswert, dass die Römer Konferenz nicht einfach ein Zusammentreffen einer sich selbst koordinierenden Staatenmehrheit vorgestellt hat, sondern dass sie unmittelbare Konsequenz umfangreicher, im Schoße der Vereinten Nationen realisierter Vorarbeiten war und als solche *sub auspiciis* der UNO veranstaltet worden ist. In konsequenter Fortführung dessen fungiert der Generalsekretär der Vereinten Nationen auch als Depositär aller den ICC betreffenden Instrumente (Art 125).

Man mag über die mehr oder minder gewichtige bzw konstruktive Rolle der Vereinten Nationen als Zentralgröße der Universalebene eines sich formierenden Weltgemeinwesens unterschiedlicher Meinung sein: In solcher Ebenenverschränkung manifestiert sich nichtsdestotrotz ein Moment von *kooperativem Föderalismus*.[641] Das Engagement der Vereinten Nationen in diesem Projekt hat nicht nur eine notwendige Servicefunktion erfüllt, ohne die es niemals in dieser Form zum Erfolg hätte geführt werden können. Es hat das ganze Unternehmen auch der Substanz nach befördert, indem dieses eine unaufhebbar universale Dimension erhalten hat: Alle Mitgliedstaaten der Vereinten Nationen (und dies sind, wie schon gesagt, faktisch *alle* Nationen der Welt) waren berufen, sich in den Prozess der Statutwerdung einzuklinken, und sind angehalten, sich dem kollektiv erarbeiteten und beschlossenen Statut zu unterwerfen.

Was dieses Vorgehen aber prinzipiell nicht leisten kann, ist die Erwirkung universaler Anwendbarkeit für einen Normtext universalen Anspruchs: Es bleibt jedem Souveränitätsträger vorbehalten, sich der Jurisdiktion des ICC zu unterwerfen oder nicht.[642] Hier schien der Rückgriff auf die universalen Organe – insb auf den Sicherheitsrat – manch einem verlockend, versprechen doch deren Kompetenzen die Möglichkeit global umfassenden und verbindlichen Handelns. Abgesehen davon, dass dies *in concreto* angesichts des Stimmungsbildes der entscheidenden Ständigen Mitglieder des SC in keiner Weise durchführbar gewesen wäre, scheint auch im Blick auf den Entwicklungsstand der internationalen Beziehungen *insgesamt*

---

641 Cf zu diesem Aspekt oben 3.3.3.2 b) aE. Das darin ausgelobte *Verbundprinzip* tritt in ähnlicher Stoßrichtung in der in FN 631 angesprochenen Zusammenarbeit von Welt- und Staatenebene bei Installierung der Ad-hoc-Tribunale für Sierra Leone und Kambodscha in Erscheinung.

642 Zur Frage der Anerkennung der Kompetenz des ICC cf schon oben 2.1.2.1. Die Problematik des in der Konstruktion der *fakultativen Anerkennung obligatorischer Gerichtsbarkeit* sich manifestierenden (vielfach als verhängnisvoll apostrophierten) *föderalen Zuges*, der sich auch nach erfolgter Anerkennung durch die in Art 127 verankerte permanente Rücktrittsmöglichkeit prolongiert, wirft leidenschaftlich BOURDON, CPI, 77 auf, der im Sinne eines „postulat de bon sens“ festhält: „Il y avait, par définition, une contradiction absolue à vouloir envisager une Cour appelée à statuer sur les crimes les plus attentatoires à l'essence même de l'humanité, si en même temps était prévu un mécanisme qui exigeait l'accord du bourreau pour le juger.“

die Berufung des Sicherheitsrates zu so wichtiger und folgenschwangerer Entscheidung im Moment nicht wünschenswert.[643] Die Errichtung der Ad-hoc-Tribunale auf Basis von Kapitel VII hat in mancherlei Hinsicht schon einen (wenn auch mittlerweile weitgehend sanktionierten und damit sanierten) Grenzfall dargestellt. Die Errichtung einer generellen, permanenten, universalen Strafgerichtsbarkeit auf selber Grundlage hätte eine Grenzüberschreitung, einen Machtexzess bedeutet, der bei weiten Teilen der Staatengemeinschaft keine Anerkennung hätte finden können.[644] Eine dauerhafte Verweigerung der Legitimierung durch die (zumindest auch) dazu Berufenen wäre zum Todesstoß für das ganze Projekt geworden und hätte die Gefahr einer darauf folgenden (der Völkerrechtsgeschichte durchaus nicht fremden) Vertagung desselben „auf den Nimmertag (wie August zu versprechen pflegte, *ad calendas graecas*)“ (ZEF 347, O) heraufbeschworen.

Nicht von ungefähr darf sich bei dieser Erwähnung KANTS die Erinnerung an die von ihm mehrfach platzierten *Bescheidenheits*argumente, ja -beschwörungen erheben.[645] Ohne sein „wenn nicht alles verloren werden soll“ (ZEF 357) als Schreckensvision an die Wand malen zu wollen, scheint die Zeit für solch mächtiges Wirken der universalen Ebene (noch) nicht reif. Es ist auf verschiedenen Ebenen zu zeigen versucht worden, dass der Internationale Strafgerichtshof in vielen Aspekten *seiner Zeit voraus* ist, will in unserem Zusammenhang heißen: diese transzendierend als Faktor einer sich erhebenden föderal-subsidiären Weltrepublik fungiert. Man mag sich aber hüten, den Bogen zu überspannen, wenn der ICC dem Anspruch genügen soll, nicht seinen Part in utopischer Ferne zu spielen, sondern tatsächlich paradigmatisch für die in diesem Konzept ausgelobten universalen Elemente zu stehen.[646]

---

643 Dazu kommt (und mit der Andeutung dieses Problems muss hier auch schon genug sein), dass der SC zwar der UN-Charta zufolge zur umfassenden und von allen Mitgliedern legitimierten Repräsentanz der Staatengemeinschaft berufen ist, dass diesem aber *de facto* nur in sehr unzureichendem Maße wirklich repräsentative Funktion zukommt. Das betrifft einmal die (in interessanter Weise den Grundsatz der *égalité souveraine* überlagernde) *Schichtung* innerhalb desselben durch die Unterscheidung von (mit Vetomacht dotierten) *ständigen* und *nicht ständigen* SC-Mitgliedern. Zum anderen reflektiert die Normierung des Kreises der Ständigen Mitglieder, aus den Siegern des Zweiten Weltkrieges gebildet, weder die heutigen Machtgegebenheiten der Staatengemeinschaft noch legitime Ansprüche der ausgewogenen Repräsentanz von Kontinenten, Staatengruppen, Weltregionenen etc. An Bemühungen und Modellen zur Reform des Sicherheitsrates mangelte es wahrhaft nicht. Cf dazu etwa BOURDON, CPI, 83.

644 In – gesamthaft betrachtet – bescheidenerer Form hat dieses universalisierende Element dann in Gestalt des (für den betreffenden Bereich aber umfassenden) Initiativrechts des SC Eingang ins Statut gefunden (cf dazu unten 3.4.4.3).

645 Cf zu diesen – gerade im Überschwang von Globalisierungsdebatte und Universalisierungsdynamiken – wohl zu berücksichtigenden Bescheidenheitsüberlegungen schon oben 3.3.2.1 c) sowie 3.3.3.1 aE.

646 Für Kant lag schon das heute (und zwar durch die Staaten selbst) Erreichte jenseits des ihm von seiner (möglichen) *Erfahrung* mit Staaten und Staatenwelt her gegebenen Vorstellungs-

### 3.4.4.2 Föderale Organisationsmomente

Wie im multilateralen Gründungsakt sowie in der Letztkompetenzkompetenz[647] der Einfluss der föderierten Elemente auf die Oberebene im Rahmen von *Grundlagengeschäften* manifest wird, strahlt ihre Position als „Herren des Statuts" auch in das *Alltagsleben* des Gerichtshofes, in seine Arbeitsabläufe aus. Auf organisatorischer Ebene findet dies darin seinen Ausdruck, dass neben die Organe des Gerichtshofs[648] als separates *Quasiorgan* die in dem nur den einen Art 112 umfassenden Kapitel XI normierte „Assembly of States Parties" tritt. Diese sog *Versammlung der Vertragsstaaten*, die die Choreographie des Statuts nicht zufällig an deutlich anderer Stelle des Statuts platziert (die „Organe" sind in Kapitel IV geregelt), pflegt zwar vielleicht in Gegensatz zu den anderen, *kontinuierlich* agierenden Organen nur eine *periodische*, keinesfalls aber unbedeutende Existenz.

Just die Staatenversammlung verwirklicht und personifiziert im ICC den angesprochenen „Herrenstatus" und gibt den Staatenvertretern nach dem föderalen Modell der Partizipation der unteren Ebenen an der Entscheidungsfindung der oberen[649] Sitz und Stimme bei der Gestaltung des Gerichtslebens. Dabei wurde durch die Bank eher beim Konzept des *dualen Föderalismus* Anleihe genommen[650]: Im Sinne des von diesem propagierten *Trennprinzips* zeichnen die erwähnten Organe ieS für die Verwirklichung der Justiz selbst verantwortlich, während die Aufgaben der Staatenversammlung eher im Bereich der *Justizverwaltung* anzusiedeln sind: Hierher gehören Kompetenzen wie etwa jene der Regelung des Verhältnisses zu den Vereinten Nationen (Art 2), der temporären Sitzverlegung (Art 3), der Wahl von Richtern (Art 36) und Ankläger (Art 42), der Festlegung einer Verfahrens- und Beweisordnung (Art 51) sowie sämtliche Fragen der Finanzierung des Gerichtshofes (Art 113ff). Diese Fülle an Aufgaben mag zwar nicht unmittelbar verfahrensbezogen sein – hier herrscht ein Handlungsmonopol der Richter und des Anklägers

---

horizontes; ein Internationaler Strafgerichtshof war von daher schlicht un*vorstell*bar. Man darf hier durchaus sein schon zitiertes Wort im Ohr haben: „da sie [sc die Staaten] dieses[sc den Völkerstaat bzw die Unterwerfung unter öffentliche Zwangsgesetze] nach ihrer Idee vom Völkerrecht durchaus nicht wollen" (ZEF 357). Sich in dieser Richtung bescheiden müssend und wollend, hat er in seinem *Denk*entwurf aber Strukturen entwickelt, die es uns Heutigen ermöglichen, unsere veränderte Erfahrungswelt *mutatis mutandis* in das kantische Weltrepublikskonzept zu integrieren.

647 Zur Verbundenheit dieser beiden Aspekte cf oben FN 639, zur Letztkompetenzkompetenz selbst cf schon oben 3.4.2.3 aE.

648 Art 34 nennt unter dem Titel „Organs of the Court" in taxativer Aufzählung a) das Präsidium, b) die richterlichen Entscheidungsformationen, c) die Anklagebehörde und d) die Kanzlei. Cf dazu schon oben 2.1.3.1, insb FN 181.

649 Dies – eigentlich ohne dass es besonderer Erwähnung bedürfte – in Ausübung eines *imperativen* Mandates.

650 Cf dazu oben 3.3.3.2 b) aE.

als „universale" Organe –, in deren Ausübung ist die Staatenversammlung doch berufen und befähigt, den durch das Statut vorgegebenen *Rahmen* auszugestalten und zu präzisieren und diesen, sofern gewünscht, teilweise auch zum *Korsett* für die Rechtsprechung werden zu lassen.[651]

Auf solche Weise partizipieren die primären Völkerrechtssubjekte an der Entwicklung *im Binnenbereich* des Statuts. Aber auch sofern es um dessen *Adaption* und *Weiterentwicklung* selbst geht – dh in gewissem Sinne um einen „extrastatutarischen" Blickpunkt –, kommt der Staatenversammlung hohe Bedeutung zu. Es ist hier nicht der Ort, das in Art 121ff normierte Dispositiv hier im Einzelnen nachzuvollziehen. Vielmehr sollen nur zwei Aspekte herausgestellt werden, die zugleich deutlich machen: Je näher man der Sache nach an die Legitimationsbasis des ICC rückt, desto mehr tritt in der organisatorischen Verfasstheit desselben das Moment des Universalen graduell zurück, und die Charakteristika klassischer zwischenstaatlicher Entscheidungsmechanismen manifestieren sich in dazu umgekehrt proportionaler Stärke. Demzufolge hat die Initiative (dh Offerte) eines Konventionsstaats zur Statutsänderung grundsätzlich im Schoße der *Versammlung der Vertragsstaaten* zu erfolgen. In diesem Rahmen kommt es auch zur Beschlussfassung über den Modifikationsvorschlag, der – so kein Konsens zu erreichen ist – auch mit einem (für völkerrechtliche Verträge durchaus nicht selbstverständlichen) *Mehrheitsvotum* von zwei Dritteln der (Gesamtzahl der) Vertragsstaaten angenommen werden kann (Art 121 Abs 3).[652] Dieser Versuch, die Dynamik der Weiterentwicklung im universalen Kontext des Statuts selbst zu bündeln (und in diesen gehört auch die Staatenversammlung als föderal-universales Organ), findet seine Grenze bei entsprechender Kontroversität der Materie: Hier ist die Einberufung einer eigenen Revisionskonferenz (Art 123) vorgesehen, die mehr nach dem Muster einer *Diplomatic Conference of Plenipotentiaries* gebildet ist. Im Rahmen einer solchen ist zwar der ICC selbst entstanden[653]: Genau in diesem Sinne enthebt man sich des schon erworbenen und gewachsenen universalen Entscheidungszusammenhanges und tritt wie damals in die „Schöpferwerkstatt" der einzelstaatlichen Souveränitäten ein. Nunmehr agieren

---

651 So „verfahrensfern", wie die Kompetenzen anfangs vielleicht scheinen mögen, sind sie nämlich mitnichten – allein an Hand der beispielhaft angeführten Aufgaben der Staatenversammlung ist dies sinnfällig zu illustrieren: Die Entscheidung über den Verhandlungsort gehört überhaupt zum Verfahren selbst (cf dazu FN 599), und in der Festlegung der Verfahrens- und Beweisordnung ebenso wie in der Verhältnisbestimmung zur UNO (cf hier bes Art 16 des Statuts, schon angesprochen in 2.1.4.1, va FN 187 sowie noch unten 5.1, insb p 262) liegt eine *quasilegislative* Funktion, die entscheidende Bedeutung für den Verfahrensverlauf gewinnen kann. Zuständigkeiten im Bereich von Wahl und Finanzierung stellen zwar jeweils indirekte, aber oft nichtsdestotrotz effiziente Einflussmöglichkeiten dar.

652 Allerdings steht es jedem Souveränitätsträger im Rahmen seiner Letztkompetenz (nach wie vor) zu, sich unter den entsprechenden Bedingungen seiner Statutsmitgliedschaft zu begeben.

653 Dazu oben 1.4.2 aB.

die Staaten in der Tat wieder als *Herren* des Statuts, was dem universalen Projekt zwar nicht notwendigerweise Abstriche abverlangen muss, aber doch eine Büchse der Pandora, gefüllt mit den unterschiedlichsten einzelstaatlichen und oft sachfremden Interessen, öffnen mag.

### 3.4.4.3 Pluralität der Initiative

Ein weiteres Element föderaler Verfasstheit des Internationalen Strafgerichtshofes liegt in der *Pluralität der Initiative*, dh in der Mehrzahl der Möglichkeiten, ein Strafverfahren vor dem ICC in Gang zu bringen. Die schlussendlich in Art 12 und 13 integrierten und (in Widerspiegelung der in diesem Punkt sehr harten Verhandlungen) in komplizierter und differenzierter Weise geregelten *trigger mechanisms*[654] etablieren ein *Dreiebenenmodell*, welches grundsätzlich drei Initiativwege jeweils unterschiedlicher Gestalt und Stufigkeit eröffnet, um der universalen Strafgerechtigkeit ihren Lauf zu lassen.

a) Das allen Konventionsstaaten in Art 13 lit a eingeräumte Initiativrecht stellt als unmittelbare Einwirkungsmöglichkeit auf die Oberebene wiederum ein *föderales* Element in der Struktur des ICC dar. Jeder Staat ist befugt, dem Ankläger jeden Sachverhalt zur Prüfung vorzulegen: Er muss kein spezielles *Interesse* an dem betreffenden Fall geltend machen; seine Motivation und Beweggründe werden in keiner Weise überprüft.[655] Die somit geschaffene *actio popularis* der Staaten auf universaler Ebene hat teilweise Kritik hervorgerufen. Manche Staaten orteten die Gefahr *politisch motivierter* Anklagen; jedenfalls stehe zu befürchten, dass gewisse legitimierte Akteure dieses ihr Recht zu sachfremden Zwecken missbrauchten bzw (mangels Eigeninteresse) leichtfertig ihren Namen von Dritten, zB NGOs oder anderen Interessengruppen, gebrauchen oder sich gar abkaufen ließen. Durch eine maßlose und überschießende Inanspruchnahme dieses Typus des Initiativrechts durch nicht wirklich betroffene Staaten könnten ähnlich unerwünschte Folgen wie bei exzessiver Anwendung des Weltrechtsprinzips[656] eintreten.

Schlussendlich wurde auf eine *Rechtsmissbrauchs-* bzw *Schikane*schranke verzichtet, hauptsächlich mit der Begründung, dass der noch zwischengeschaltete Ankläger einen ausreichenden Filter darstellte, völlig abwegige oder ansonsten nicht zu verantwortende Strafverfolgungen auszusondern. Überhaupt wurde von den allermeisten Staaten der Vorwurf mangelnder Berührtheit sehr kritisch aufgenommen, stellt es doch gerade das Wesen der vom ICC zu verfolgenden Delikte dar, die *humanitas* zu betreffen. Die Analogie zum Universalitätsprinzip ist trügerisch: Es ist

---

654 Cf in diesem Zusammenhang schon oben 2.1.2.2.

655 Cf BOURDON, CPI, 84f.

656 Cf oben 3.4.2.2.

eines, in Stellvertretung ein nationales Verfahren für universale Ansprüche zu *führen*, es ist etwas anderes, stellvertretend die Verfolgung dieser universalen Ansprüche durch ein universales Verfahren *anzustoßen*; dazu kommt noch, dass solches Handeln (ob der Untätigkeit anderer potenzieller Initianten) der universalen Ebene oft überhaupt erst möglich macht, diese Verantwortung wirklich wahrzunehmen.[657]

b) Das Element der Föderalität ist im gegenständlichen Bereich aber von zwei Formen *universaler Initiative* überlagert. Art 13 lit c ermächtigt auch den Ankläger, *ex officio* einen Fall vor den Gerichtshof zu bringen. Es ist schon ausgeführt worden, dass diese *proprio-motu*-Kompetenz zu den am heftigsten umstrittenen Punkten gehört hat. Vielen Staaten war eine Initiative des Anklägers *aus eigenem Recht* lange Zeit ein Dorn im Auge, stand doch zu befürchten, dass dies demselben ein als ungebührlich empfundenes Eigenleben ermöglichen könnte.[658] Erst der französische Vorschlag, die Initiativbefugnis durch eine in Art 15 speziell geregelte Vorverfahrenskammer kontrollierend zu umfassen, brachte den Durchbruch bei den Verhandlungen. Für unseren Zusammenhang ist diesbezüglich anzumerken, dass auf diese Weise zwar keine *Autopoiesis* des Anklägers, wohl aber *des Gerichtshofes insgesamt* möglich ist: Kommt es zum Zusammenwirken von Anklage- und Richterbank, bedarf es keines wie immer gearteten Impetus von außen, um ein Verfahren vor dem ICC einzuleiten und eine verbindliche Entscheidung der universalen Jurisdiktion herbeizuführen.

c) Die zweite Art *universaler* Initiative ist die in Art 13 lit b vorgesehene Anklagebefugnis des Sicherheitsrates der Vereinten Nationen, sofern er im Rahmen von Kapitel VII der UN-Charta agiert. Dieser kommt in gewisser Hinsicht noch ein höherer Grad an Universalität zu als der vorigen: i) Zum einen – es war hier nicht bloß zufällig in Abhebung von der vorigen Initiativ- von *Anklage*befugnis die Rede – bedarf es bei einem Handeln des SC auf Basis von Kapitel VII keiner vorgängigen Befassung des Anklägers: Die Eingabe wird direkt dem Gerichtshof vorgelegt. ii) Zum anderen ist der SC bei seiner Anklage auch nicht an die Ausschlussklauseln gebunden, mit denen sich Staaten (lit a) und Ankläger *proprio motu* (lit c) hinsichtlich der nach der alternativen Anknüpfung nach Territorialitäts- und aktivem Personalitätsprinzip[659] nicht erfassten Fälle konfrontiert sehen. iii) Des Weiteren – und dieser Aspekt geht über den gegenständlichen Zusammenhang auch schon hinaus – ist es einzig dem SC möglich, vermöge seiner Vollmachten eine ein-

---

657 An diesem Punkt erweist sich auch der *kooperative* Charakter solcher Föderalität [cf dazu schon 3.3.3.2 b)]. Um diese Form des Verfahrensbeginns zu verwirklichen, braucht es ein serielles Zusammenwirken beider Ebenen: Ein Mitgliedstaat muss einen Sachverhalt zur Vorlage bringen, der vom Ankläger geprüft wird und im positiven Falle in eine Anklage mündet.

658 Cf oben FN 159.

659 Zu diesem in Art 12 Z 2 etablierten Regime der „Preconditions to the exercise of jurisdiction" cf schon oben 2.1.2.2 aE.

mal ins Werk gesetzte Initiative auch gegenüber Nichtkonventionsstaaten zu verfolgen. Die in Art 86 verankerte *general obligation to cooperate* trifft nach ihrem Wortlaut nämlich nur Mitgliedstaaten des Statuts: „States Parties shall … cooperate fully with the Court in its investigation and prosecution of crimes within the jurisdiction of the Court."[660]

Von daher kann der Sicherheitsrat in Wahrnehmung seiner Verantwortungen nach Kapitel VII der Charta, aller sonstigen Beschränkungen ungeachtet, jede Situation aufgreifen, die ihm eine Bedrohung des Weltfriedens oder der internationalen Sicherheit scheint. Unter dieser Rücksicht schwinden allein in der Investierung des SC mit dem Initiativ- bzw Anklagerecht die ansonsten noch verbliebenen und wirksamen Refugien der Souveränität (dies betrifft va die Fragen der *Anerkennung der Kompetenz* sowie der *Voraussetzungen zur Ausübung der Kompetenz*). Nur in dieser Variante vermag der Anspruch der Universalität zu seiner vollen Entfaltung zu gelangen.[661] Umso schwerer wiegen die vielerlei vorzubringenden Vorbehalte und Bedenken[662] gegenüber Einrichtung und Funktionsweise des SC, insbesondere was das Vetorecht der Ständigen Mitglieder und die mangelnde Repräsentativität dieses so wichtigen Gremiums angeht.

---

660 Der das Kapitel IX „International Cooperation and Judicial Assistance" eröffnende Art 86 verfügt damit eine nur *fragmentarische* Kooperationsverpflichtung – für die nach Art 87 Abs 7 als schärfste (!) unmittelbare Sanktion Berichtspflichten an die Staatenversammlung vorgesehen sind –, während gegenüber dem SC (sowie in Fortsetzung dessen gegenüber dem von ihm angerufenen ICC) in Hinblick auf Kapitel VII der Charta die Verankerung einer *universalen Kooperationspflicht* anzunehmen ist.

661 Genau in dieselbe Kerbe schlagend BOURDON, CPI, 82 : „La Cour n'acquiert un caractère universel que lorsqu'elle est saisie par le Conseil de sécurité."

662 Cf dazu schon oben FN 643.

# 4 Weltgerichtshof und Weltbürgerrecht

## 4.1 Das Individuum in der Globalität

### 4.1.1 Perspektivenwechsel

Im Kernteil der vorliegenden Arbeit ist es uns – wie im Vorigen ausgelobt worden ist[663] – darum zu tun gewesen, den Internationalen Strafgerichtshof im dort entfalteten Sinne als *Faktor der föderal-subsidiären Weltrepublik* herauszustellen und einzelnen Dimensionen dieses Zusammenhangs nachzuspüren. In Hinblick darauf, dass die diesbezüglich relevanten Dynamiken vor allem solche der Globalisierung[664] bisher kleinräumiger organisierter Welt darstellen, hieß das in erster Linie nachzuzeichnen, wie sich im ICC das *Paradigma des Universalen* manifestiert.[665] Wiewohl man sohin va dessen Gewicht für die universale Ebene unterstreichen wird, gilt es nichtsdestotrotz zu beachten, dass der ICC selbst in seiner Genese und Einrichtung markante Züge von *Föderalität* und *Subsidiarität* aufweist, die ebenfalls kurz skizziert werden sollten.[666]

Auf diesem Hintergrund erscheint der Internationale Strafgerichtshof – dies wurde in den vorstehenden Überlegungen nicht eigens erwähnt – nicht zuletzt als zentrales Moment der *Gewaltenteilung*, dies einmal im *vertikalen*[667], aber genauso auch im *horizontalen* Sinne: Als neuer Spieler auf der Weltbühne sucht und schafft sich der Gerichtshof den ihm zugewiesenen, den ihm zustehenden Raum. In diesem Bemühen muss er sich gegenüber bisherigen und anderen aufstrebenden Akteuren positionieren. Eine Aufgabenverteilung auf selber Ebene (hier der universalen) steht durchaus im Einklang mit der kantischen *Republiksidee*, die gerade dem „kompetenten Richter“ (MSR 312) als „wichtigste[r] unter allen rechtlichen Angelegenheiten“ (MSR 306) einen besonderen Stellenwert einräumt.[668] Auf in diesem Zu-

---

663 Cf oben 3.4.

664 Zum weiten Verständnis dieses Begriffes cf schon 3.1.1.

665 Cf oben 3.4.1 (materielle Universalität), 3.4.2 (formelle Universalität) sowie 3.4.3 (Universalität von Raum, Zeit und Strafgewalt).

666 Cf dazu va 3.4.4.

667 Diesbezüglich darf auf die bisherigen Ausführungen verwiesen werden, wo in mehreren Anläufen der Platz des ICC im subsidiär-föderal organisierten Gefüge und damit seine Rolle als Faktor vertikaler Gewaltenteilung zu lokalisieren versucht worden ist. Einen zentralen Part hat dabei die Verhältnisbestimmung von Internationalem Strafgerichtshof zu den Nationalstaaten (sowie im Binnenbereich jene der Gerichtshoforgane ieS zur Versammlung der Vertragsstaaten) gespielt.

668 Zu den Vorzügen des Republikanismus cf schon oben 3.3.3.2 a), zur starken Betonung des richterlichen Elementes innerhalb derselben cf va FN 445.

sammenhang sich erhebende Fragen des *institutionellen Gleichgewichts*[669] wird im Folgenden noch einzugehen sein.

Auffallen muss aber, dass wir – bei aller Berücksichtigung von Elementen der Föderalität und Subsidiarität – bisher immer nur die *Makroperspektive* im Blick gehabt haben, dh die Ebene mehr oder minder umfassender Gemeinwesen, von Nationen, Staaten, schließlich der Welt überhaupt. Es ist nun hoch an der Zeit – und ganz diesem Anliegen ist der gegenständliche Abschnitt gewidmet –, den Blickwinkel umzukehren und die ganze Szenerie aus der *Mikroperspektive* zu betrachten: Diese ist jene der *Individuen* als der die angesprochenen Gemeinwesen konstituierenden *Bürger.*[670] Der sohin vollzogene, zumindest aber ausgelobte *Perspektivenwechsel* ermöglicht uns, in den folgenden Überlegungen den im Vorigen unternommenen Gang noch einmal, aber auf anderer Ebene zu verfolgen. Er wird uns vom vertrauten Begriff des Staatsbürgers zum vielleicht fremden, aber gleichermaßen gehaltvollen wie zukunftsträchtigen Konzept des *Weltbürgers* führen – ein Konzept, das sich sowohl als sinnvolles wie auch notwendiges Komplement der Vorstellung einer Weltrepublik zu erweisen haben wird.

Der Generalsekretär der Vereinten Nationen KOFI ANNAN adressiert in einer Ansprache an die Generalversammlung die entscheidenden Dynamiken: „Les forces de la *mondialisation* et de la coopération internationale sont en train de redéfinir la notion même de *souveraineté des États* ... Une prise de conscience renouvelée du droit qu'a chacun de contrôler son propre destin a renforcé la *souveraineté de l'individu.*“[671] In den vielfältigen Globalisierungsbewegungen, deren Dimensionen und Entwicklungsstränge auszuloten wir uns im Vorigen angeschickt haben, erfährt das für das klassische Völkerrecht und die davon geprägte Weltordnung grundlegende Konzept der (Staaten)Souveränität einschneidende Überformungen und Durchbrechungen. Demgegenüber erhebt sich zunehmend klarer der Anspruch der Menschen, allerorts, dh auch auf Ebene des überstaatlichen Rechts als die eigentlichen Eckpunkte des Normsystems anerkannt zu werden. Die „Souveränität des Individuums“ – bis vor nicht allzu langer Zeit ein „Unbegriff“ allererster Klasse – klopft mächtig an die Tore des Völkerrechts traditionellen Zuschnitts und fordert seinen Tribut. Just diesen Tribut wollen die folgenden Überlegungen, in vielfältiger Weise auf in der Makroperspektive schon herausgearbeitete Zusammenhänge ver-

---

669 Cf in diesem Zusammenhang unten 5.1, va p 262, aber auch schon oben 3.4.4.3.

670 An dieser Stelle soll deutlich herausgestrichen werden, dass die auf p 213 (als Ergänzung einer *top-down*-Begründung durch die universale Ebene) geforderte *bottom-up*-Legitimation durch die Nationalstaaten zu kurz greift. Wahrhafte Legitimationsqualität „von unten“, soviel sei jetzt schon gesagt, kann nur vom Individuum als „Letztsubjekt“ ausgehen. Dies gilt, wie zu zeigen sein wird, auch und besonders von der vermeintlichen Letztlegitimation, die von *originären* Völkerrechtssubjekten auszugehen scheint (cf zu alledem unten 4.1.3).

671 ANNAN, Jahresbericht an die GA vom 20. September 1999 (Hervorhebungen vom Verfasser).

weisen könnend, dem *Individuum in der Globalität* sowie in Weiterführung dessen dem *Weltbürger* zollen.

### 4.1.2 Der „garstige Graben" der Souveränität

Der Begriff der *Souveränität* hat im Rahmen dieser Arbeit schon mehrfach Erwähnung gefunden.[672] Das ist Bedeutung und Wirkmächtigkeit, die dieses Konzept zu entfalten vermocht hat, auch durchaus angemessen. Ohne die Thematik in ihrer Breite und Komplexität auch nur annähernd erfassen zu können, wollen wir uns im gegebenen Zusammenhang allein der Frage zuwenden, welche Wirkungen das Souveränitätsdenken für die Wahrnehmung des *Individuums* (als des Gegenstandes unserer Überlegungen) gezeitigt hat. „Souveränität" und „Individuum" erweisen sich dabei als einander derart fern liegend, ja entgegengesetzt, dass die im Vorigen angeführte Wortkreation *Souveränität des Individuums* als schierer Missgriff erscheinen muss. Nichtsdestotrotz bildet sie den Nukleus für das noch zu entfaltende *Weltbürgerrecht.*

Nach klassischer Konzeption ist Souveränität *exklusive Qualität der Staatsperson.* Dies wirft sogleich zwei Fragenkomplexe auf: Einmal ist es, nüchtern betrachtet, alles andere als selbstverständlich, dass man dem schwer zu umreißenden Gebilde, das wir als „Staat" ansprechen, Personqualität, dh *Rechtssubjektivität* (als Fähigkeit, im eigenen Namen als Träger von Rechten und Pflichten zu fungieren) zuspricht. Zum anderen muss erwiesen werden, weshalb die besagte Eigenschaft gerade dieser Gruppe von Rechtssubjekten im Speziellen vorbehalten ist.

Was den ersten Punkt betrifft, ist festzuhalten, dass im neuzeitlichen Denken in einem längeren, hier nicht nachzuvollziehenden Prozess – auf Grundlage der noch im Mittelalter vonstatten gegangenen Entwicklung des Konzepts der *juristischen Person* überhaupt[673] – dem Staat mehr und mehr die Stellung eines Rechtssubjekts zugestanden wird.[674] Die Begründung der Dotation des Staates mit Personqualität speist sich neben sicherlich gegebenen Erwägungen der *Zweckmäßigkeit*

---

672 Dazu sei etwa auf 1.1.2 aE, dann auch auf 2.2.2.1 und 3.1.1.1, va aber auf 3.3.1.2 und 3.3.2.1 aB verwiesen.

673 Zur prominenten Rolle, die dem kanonischen Recht hiebei zugekommen ist, cf oben p 141. Dabei wurden schon dem römischen Recht nicht fremde Verselbstständigungstendenzen, wie sie sich im Recht der *societates* bzw des *fiscus* nachweisen lassen, in einem Maße angereichert, dass der „qualitative Umschlag" zum Verständnis eines nicht realen Gebildes als *juristische Kunstperson* erfolgen konnte.

674 Einige Meilensteine der angesprochenen Entwicklung wurden bereits an der besagten Stelle (oben p 141) angerissen. Eine genauere geschichtliche Betrachtung der Übertragung der Personqualität auf den sich (nicht zuletzt dadurch) erhebenden neuzeitlichen Staat würde sich für ein tieferes Verständnis der damit in der Tat verbundenen *Revolution* als fruchtbar erweisen (cf dazu etwa UHLENBROCK, Der Staat als juristische Person).

va auch aus (durch die ganze Geistesgeschichte nachweisbaren[675]) *organischen* Vorstellungen, die den Staat als dem Menschen nachempfundenen Organismus zu deuten suchen. Sinnfällig kommt dies etwa bei HOBBES zum Ausdruck, wenn er den sich im *Leviathan* verkörpernden Staat als „künstlichen Menschen“[676] apostrophiert. Auch KANT bemüht unübersehbar den Topos von der *Analogie von Individuen und Staaten*, wenn er meint: „Völker als Staaten können wie einzelne Menschen beurteilt werden.“ (ZEF 354) Solche Überlegungen münden darin, dass Staaten grundsätzlich gleiches Selbstbestimmungs- und Überlebensrecht wie den Menschen zugesprochen wird.[677] Organische Staatsvorstellungen rechtfertigen auch die Inbrunst, mit der mancherorts die These von der Unteilbarkeit der (va inneren) Souveränität[678] verteidigt wird: Dies würde nämlich einer Aufspaltung des Leibes, einer Zersetzung von innen – und damit selbstverschuldeter Vernichtung – gleichkommen.

Die Höhe des „Personenstandes“ einmal erreicht habend, erhebt sich eine Dynamik ganz eigener Art: Der Personbegriff erweist sich nämlich als *gradualitätsfeindlich* in dem Sinne, dass dieser als Ausdruck einer *Potenzialität* – nämlich als Fähigkeit, im eigenen Namen Träger von Rechten und Pflichten zu sein – diese zugleich umfassend bzw *vollkommen* gewährleistet sehen will. i) Das bedingt zum einen, dass einmal bejahte Rechtssubjektivität wohl Einschränkungen in der Aktualisierung von Rechten und Pflichten akzeptierten mag, aber (zumindest der Tendenz nach) grundsätzlichen Limitationen ihrer Fähigkeit skeptisch begegnet. Entsprechend diffizil ist es für dezidierte Konzepte von *Teilrechtsfähigkeit* bzw *partieller Personalität*, diesen Schwebezustand zu halten und nicht in die eine oder andere Richtung abzudriften. ii) Die Personalität einer Entität bedeutet für diese, normativ gesprochen, Autonomie und Eigenrechtlichkeit sowie, ontologisch gewendet, Substanzialität und Eigenstand. Dies bedingt aber, dass besagte Entität (im jeweiligen Kontext) sich selbst als Letztbezugspunkt fungiert und in diesem Sinne „in sich selbst steht“. Sie avanciert so zur *substanziellen* Größe, die zwar nicht in solipsistischer Manier losgelöst von der Welt existiert, zu der sich aber das Andere in *akzidenteller*, vornehmlich *relationaler* Weise verhält.

An dieser Stelle wird schon die Erinnerung an KANTS von uns so bezeichnetes *Vollkommenheitsargument*[679] heraufdämmern, demzufolge die Staaten in einer

---

675 Schon der Antike war die Analogie von Individuum und Polis durchaus vertraut. Angesichts der Uferlosigkeit der hier beizubringenden Belege cf nur exemplarisch oben 3.2.2 aE sowie HÖFFE, Demokratie im Zeitalter der Globalisierung, 304; für die spätere Entwicklung dann auch PERNTHALER, Allgemeine Staatslehre, 31f.

676 HOBBES, Leviathan, Introduction: „For by Art is created the great *Leviathan* called a *Common-Wealth*, or *State*, (in latine *Civitas*) which is but an *Artificiall Man*.“ (Hervorhebung im Original).

677 Zu diesen beiden Aspekten cf schon oben FN 405 sowie 406.

678 Cf dazu oben 3.3.1.2 aE sowie FN 494.

679 Zum Vollkommenheitsargument als einem der Argumente, die Kant letztlich von der Option der Weltrepublik zu jener des bloßen Staatenbundes schwenken lassen, cf oben 3.3.2.1 a).

Weise „in sich selbst stehen“, dass für sie der Befehl des *exeundum e statu naturali* nicht gelte. Dies aber ist noch einmal eine höhere Stufe der „Vollkommenheit“ als die gerade angesprochene: Denn die Individuen sind trotz ihres unbestrittenen „Selbststandes“ zum Eintritt ins Gemeinwesen verpflichtet. Anders gesagt: Der Begriff der Substanzialität ist durchaus mit dem Anspruch vereinbar, dass dieselbe Bindungen unterliegt, sich in gewisse Arten von Relationen einzufügen, ohne sich dabei aber ihrer Substanzialität zu begeben. Trotzdem meint Kant, es könne „gleichwohl aber von Staaten nach dem Völkerrecht nicht eben das gelten ... was von Menschen im gesetzlosen Zustande nach dem Naturrecht gilt, ‚aus diesem Zustande herausgehen zu sollen‘“ (ZEF 355). Die darin zum Ausdruck kommende *Asymmetrie* von Individuen und Staaten durchbricht die Analogie, und zwar zu Gunsten der Staaten.

Damit ist die eigentümliche Situation geschaffen, dass die Staaten, nachdem sie sich gleichsam mit Hilfe der Analogie zu den Individuen auf die Personebene hochgearbeitet haben, von dort, diese zurücklassend und überflügelnd, zu einer noch höheren Vollkommenheitsstufe aufsteigen, die ihre Substanzialität auch der beschriebenen „Relationszwänge“ enthebt. Aus der *Analogie* erwächst von daher die *Hierarchie*: Die Staaten weisen nicht nur *einfache* Rechtsfähigkeit auf wie die Menschen, sondern *qualifizierte* – und just diese ist es, die traditionell als „Souveränität“ angesprochen wird.[680] Damit ist der zweite (in den Eingangsbemerkungen zu diesem Abschnitt adressierte) Fragenkreis angeschnitten: Worin gründet und wie rechtfertigt sich solch exklusive Stellung? Kant führt diesbezüglich den vorigen Gedanken nahtlos folgendermaßen weiter: „weil sie als Staaten innerlich schon eine rechtliche Verfassung haben und also dem Zwange anderer, sie nach ihren Rechtsbegriffen unter eine erweiterte gesetzliche Verfassung zu bringen, entwachsen sind“ (ZEF 355f).

Darin – und hier können schon angerissene Überlegungen fortgeführt werden[681] – wird erkennbar, worin die *Qualifikation* der Staatsperson näherhin besteht: Die Staaten haben nämlich eine „rechtliche Verfassung“, insofern sie selbst das Produkt der Befolgung des *Exeundum*-Befehls durch die Individuen darstellen. Indem diese sagen: „Es soll unter uns kein Krieg sein; denn wir wollen uns in einen Staat formieren, d.i. uns selbst eine oberste gesetzgebende, regierende und richtende Gewalt setzen, die unsere Streitigkeiten friedlich ausgleicht“ (ZEF 356), indem sie sich also dem „von ihnen selbst zu konstituierenden Zwange ... unterwerfen“ (ZEF 354) und sich so „zu öffentlichen Zwangsgesetzen bequemen“ (ZEF 357), *verfassen* sie sich durch den und im Staat. Diesem ist in Erfüllung seiner Aufgaben

---

680 So auch RADBRUCH, Rechtsphilosophie, § 28: „Souveränität aber ist nichts anderes als völkerrechtliche Subjekteigenschaft.“

681 Cf dazu schon oben 3.3.3.1 a).

im umfassenden Sinne Gewalt verliehen, Gewalt, die ursprünglich jedem Einzelnen als „Richter in eigener Sache“ zugestanden ist und die er im Zusammengehen mit den anderen dem Gemeinwesen überantwortet hat. Die (von solchen *gesellschaftsvertragstheoretischen* Überlegungen motivierte) Forderung nach einem „Leben unter Gesetzen“ verbindet sich somit zunehmend mit der Dynamik der *Personifizierung des Staates*, welch beide in ihrer Fusion das Konzept der *inneren Souveränität* als einer (gegenüber allen Individuen verselbstständigten und allein der Staatsperson zustehenden) höchsten und letzten Verfügungsgewalt bezüglich des Gesamt der „inneren Angelegenheiten“ eines Gemeinwesens[682] gebären und mächtig werden lassen.

Von der Überhöhung dieses (in erster Linie nach innen gerichteten) Souveränitätsverständnisses wird auch zunehmend jenes der *äußeren Souveränität* mitgerissen: Kann man darunter anfangs noch weitgehend *Freiheit*, *Unabhängigkeit* und *Gleichheit* von mehreren sehen, wie man sie ohne Probleme auch den vergesellschafteten Individuen zuschreiben könnte, erfahren all diese Aspekte eine Verabsolutierung, die die Staaten der durch ein Gemeinwesen konstituierten Relationen prinzipiell (und im Letzten unüberbrückbar) zu entheben scheint.[683] Was einmal als Segen empfunden worden ist – nämlich Verselbstständigung der Staatsgewalt in und aus den Händen des Monarchen heraus –, erweist sich in der Verbindung von innerer und äußerer Souveränität je länger je mehr als problematischer historischer Ballast: Im 19. Jahrhundert wird der Aufstieg des Souveränitätsdenkens gleichsam seine *Apo-*

---

682 Zur „inneren Souveränität“ cf schon oben 3.3.1.2. So bedrohlich dies Wortgebäude uns heute scheinen mag, so viel Positives mag damals mitgeschwungen haben, ging es doch im konkreten historischen Kontext des 17. und 18. Jahrhunderts just darum, die Vorstellung der *Souveränität der Staatsperson* in Abhebung von der überkommenen *Fürstensouveränität* zu stärken. Die Verankerung der politischen Gewalt in der moralischen Person des Staates (und die damit verbundene Zurückdrängung der Position des Fürsten auf eine reine *Organsouveränität*) erschien vielen als Akt der Befreiung. Zu diesem Aspekt cf MÜLLER, Zum Primat der juristischen Person im internationalen Recht, 177.

683 ZEF 355, O spricht dementsprechend davon, dass „vielmehr jeder *Staat* seine Majestät (denn Volksmajestät ist ein ungereimter Ausdruck) gerade darin [sc setzt], gar keinem äußeren gesetzlichen Zwange unterworfen zu sein“. Kant setzt den Ausdruck *Majestät* für Souveränität und will ihn dem Begriff des Staates zugeordnet wissen. Gegenüber der Wortschöpfung „Volksmajestät“ scheint er mehr Vorbehalte zu haben: Dies ist wohl zu einem Gutteil darin begründet, dass für ihn der Begriff *Volk* in erster Linie die Summe der Untertanen (also der Bürger, insofern sie der Staatsgewalt unterworfen sind) bedeutet [arg ZEF 354, O: „weil ein jeder Staat das Verhältnis eines *Oberen* (Gesetzgebenden) zu einem *Unteren* (Gehorchenden, nämlich dem Volk) enthält“]. Dem Konzept der *Volkssouveränität* als solchem dürfte Kant durchaus nicht negativ gegenübergestanden haben: Davon sprechen die Ausführungen des *Ersten Definitivartikels* über die republikanische Verfassung, insb die Passage von ZEF 351, V: „Wenn (wie es in dieser Verfassung *nicht anders sein kann*) die *Beistimmung der Staatsbürger dazu erfordert wird*, um zu beschließen, ‚ob Krieg sein solle oder nicht‘, so ist nichts natürlicher als dass ... sie sich sehr bedenken werden, ein so schlimmes Spiel anzufangen.“ Auch die unübersehbar vorhandenen Sympathien gegenüber den Ideen der Französischen Revolution wurden schon angetippt (cf oben p 158).

*theose* erfahren, indem darunter nunmehr ein kaum noch limitiertes Selbstentfaltungsrecht jeder Entität verstanden wird, die mit der qualifizierten Rechtsfähigkeit der Souveränität investiert ist. In der Bejahung eines weitgehend unbeschränkten *ius ad bellum*[684] sollte die gänzlich *voluntaristisch gedeutete Relationalität der Staatsperson* ihren Kulminations- wie Wendepunkt erreichen.[685]

Das Völkerrecht wird auf diesem Hintergrund als sog *Koordinationsrecht* zu retten versucht, das sich dadurch auszeichnet, dass seine Rechtssubjekte untereinander in ihrer gleichen Rechtsfähigkeit *gleichberechtigt* sind, ohne dass es eine übergeordnete Instanz gäbe; dies bringt das Diktum von der *égalité souveraine des États* trefflich zum Ausdruck. Demgegenüber erweist sich das Staatsrecht nach dem Bilde des Gesellschaftsvertrags als *Subordinationsrecht*, als Leben „unter Gesetzen", wo die zu Bürgern mutierten Individuen der souveränen Staatsgewalt umfassend unterworfen sind. Zwischen diesen beiden nun eröffnet sich der titelgebende *„garstige Graben" der Souveränität*, die – und dies ist nicht in pathetischer Übertreibung frönender, sondern in gewichtige damalige Meinungen reflektierender Weise gesagt – *Inkommensurabilität von Staats- und Völkerrecht*, welche sich in einem unüberbrückbaren Strukturunterschied des jeweiligen *Beziehungs*- und *Personen*typus manifestiert.

Die das Völkerrecht charakterisierende Relation ist, wie schon angesprochen, die *Koordination*. Koordinationsfähig sind aber nur völkerrechtsfähige, dh ausschließlich *souveränitätsdotierte* Gebilde. Nicht umsonst insistiert KANT derart auf der von ihm vorgeschlagenen terminologischen Korrektur: „Das Recht der *Staaten* im Verhältniß zu einander [welches nicht ganz richtig im Deutschen das *Völkerrecht* genannt wird, sondern vielmehr das Staatenrecht (*ius publicum civitatum*) heißen sollte]

---

684 Als klassisches Beispiel in diesem Zusammenhang führt KELSEN, Das Problem der Souveränität, 265f ein in der Tat charakteristisches Zitat von JOHANN STEPHAN PÜTTER an: „Es kann nämlich, wenn souveräne Völker in solchen Zwist und Streit geraten, nie die Frage sein, ob eines oder welches von beiden Unrecht habe, sondern beide haben das Recht, ihren allezeit für gerecht zu achtenden, recht- und verfassungsmäßig gefassten Staatswillen mit aller Macht und Gewalt rechtlich auszuführen. Durch den Krieg aber, der sich dadurch, daß die Gewalttätigkeiten auf das geringste zur Ueberwältigung des feindlichen Staatswillens nötige Maß beschränkt werden, zum förmlichen Rechtsmittel gestaltet, kommt es dann zur Entscheidung und zur Erkenntnis – im Friedensschluß – nicht sowohl, welcher Staat in diesem einzelnen Falle Recht hat, als welcher recht ist, wessen und welches Recht das wahre und rechte – gottwohlgefällige. Denn Er selbst, der Allgerechte, Allmächtige, der den Völkern den Geist und mit und in ihm die Macht und Gewalt, das Reich und die Herrlichkeit auf Erden gibt: Er selbst spricht ihnen das Urteil: Die Weltgeschichte ist sein Weltgericht!" Dies nicht, ohne sich der anklagenden Frage enthalten zu können: „Ist das noch *Hegels* Geschichtsphilosophie? Oder wird hier nicht der aufrichtige Zynismus der Gewalt: ‚Gott ist bei den stärkeren Bataillonen', in dem Gewand einer ‚Rechts'theorie versteckt." (Hervorhebung im Original).

685 Cf diesbezüglich oben 2.3.1.2, aber auch schon p 24. Für MERKEL, Lauter leidige Tröster, 328f hat sich dem „blutig durchgesetzten Dogma der absoluten nationalstaatlichen Souveränität ... und einer gänzlich rechtsfreien kriegerischen Willkür der Staaten" zufolge „die faktische Freiheit der Staaten zum Krieg ... als normativ unhaltbar" erwiesen.

ist nun dasjenige, was wir unter dem Namen des Völkerrechts zu betrachten haben." (MSR 343, O)[686] In diesem Recht *inter nationes* erweisen sich die Staaten nicht nur als die „Normalpersonen", dh als die *primären* bzw *originären* Völkerrechtssubjekte, sondern zur Hochblüte des beschriebenen Souveränitätsverständnisses als *einzige* Völkerrechtssubjekte überhaupt: „Nur die Staaten sind Subjekte des Völkerrechts: Träger von völkerrechtlichen Rechten und Pflichten."[687] Aber auch unter Hintanstellung solchen Exzesses ist und bleibt (bis in unsere Zeit herauf) klar, dass als das primäre Völkerrechtssubjekt der souveräne Staat, und damit eine Kunstperson fungiert.[688]

Die Individuen als natürliche Personen – nach dem Prinzip der Subordination zwar untereinander gleichgeordnet, sehr wohl aber allesamt dem Souverän unterworfen – werden dagegen in umgekehrter Proportionalität zur Überhöhung der Staatsperson aus dem über- bzw außerstaatlichen Recht verdrängt und gänzlich in den staatlichen Binnenraum verbannt: Als bloßes Glied, schnödes Zubehör der souveränen Staatsperson verstanden, sind sie für das überstaatliche Recht als solche nicht greifbar, sondern werden durch den *écran absolu* der staatlichen Souveränität von diesem völlig abgeschirmt. Gedeih und Verderben der Untertanen bzw Bürger eines Staates stellen aus Sicht des Völkerrechts sohin ihm nicht zugängliche Vorkommnisse innerhalb einer *black box* dar. In dieser Extremform bleibt dem Individuum nur ein *internationalrechtlicher Nullstatus*.

### 4.1.3 Primat des Individuums

Die angesprochene Inkommensurabilität ist in dieser Reinheit nie vollständig zur Verwirklichung gekommen – und, wie stets, in der Praxis noch weniger als in der Theorie.[689] Auf beiden Ebenen gerät das Souveränitätsdenken mit seinem Höhepunkt im 19. und an der Wende zum 20. Jahrhundert zugleich auch in die Krise,

---

686 Cf dazu auch schon oben 3.3.2.1 aB, insb FN 441.

687 VON LISZT, Das Völkerrecht, 47. Unter diese Überschrift seine Überlegungen zur Rechtssubjektivität im Völkerrecht stellend, erweist sich der Autor des 1915 erschienenen Lehrbuches als durchaus repräsentativ für das Denken seiner Zeit.

688 Cf MÜLLER, Zum Primat der juristischen Person im internationalen Recht, 176. Man muss sich das Paradox in aller Deutlichkeit und Brisanz vor Augen führen, dass sich also damit eine Rechtsordnung erhebt, die unter Zurückdrängung, ja völliger Ausblendung der *geborenen* Rechtssubjekte *gekorenen*, dh artifiziellen Subjekten, Kunstpersonen Vorrang und Monopol der Subjektsqualität gibt (zu dieser Unterscheidung cf oben 3.4.4.1 aB).

689 Auch bei KANT findet sich in ZEF 354 schon die Meinung, dass „die Völker als Staaten ... sich in ihrem Naturzustande (d.i. in der Unabhängigkeit von äußern Gesetzen) schon durch ihr Nebeneinandersein lädieren, und deren jeder um seiner Sicherheit willen von dem andern fordern kann und soll, mit ihm in eine der bürgerlichen ähnliche Verfassung zu treten, wo jedem sein Recht gesichert werden kann".

und die Erfahrungen von ungezügeltem *ius ad bellum* bzw *ius in bello* machen die „Bösartigkeit der menschlichen Natur, die sich im freien Verhältnis der Völker unverhohlen blicken lässt" (ZEF 355) unübersehbar deutlich. Von daher wächst immer stärker ein Bewusstsein für die Notwendigkeit, die in der souveränen Gestaltung ihrer Umwelt jedes Maß verloren habenden Staaten von ihrem hohen Podest herunter zu holen und auf diese Weise auch die Substanzialität der Staatsperson zunehmend wirksamen rechtlichen Bindungen zu unterwerfen.[690]

Parallel dazu vermag sich das Individuum auch auf überstaatlicher Ebene – entgegen dem völkerrechtlichen Primat der Staaten – wieder mehr und mehr zu etablieren. Erste nennenswerte Durchbrechungen des *black-box*-Denkens erwachsen dem Schutzbestreben va der Kolonialmächte gegenüber ihren in anderen Staaten befindlichen Staatsbürgern[691] sowie der wachsenden Sensibilität für gravierende Menschenrechtsverletzungen[692]. Besondere Bedeutung im Rahmen dieser Entwicklung kommt der berühmten, von 1928 datierenden Entscheidung des Ständigen Internationalen Gerichtshofes[693] in Den Haag über die *Zuständigkeit der Tribunale von Danzig* zu. Hierin findet vor der internationalen Jurisdiktion erstmals ausdrücklich Anerkennung, dass Individuen *unmittelbar*, dh nicht durch ihnen Staat vermittelt

---

690 Einige der ersten noch unsicheren, ja teilweise unbeholfenen Schritte in dieser Richtung zeichnet oben 1.1.3 in rudimentärer Weise nach. Und in bewusster Übernahme der geläufigen völkerrechtlichen Typisierung versucht sich auch Kant in limitierenden Vorgaben für die Ausübung staatlicher Souveränität, worin eine Schärfung des Gespürs für jedenfalls intolerables Staatshandeln manifest wird: § 56 der Rechtslehre (MSR 346) ist dem *Recht zum Kriege* gewidmet, § 57 (MSR 347f) dem *Recht im Kriege* und § 58 schließlich (MSR 348f) dem *Recht nach dem Kriege*.

691 Der erste Aspekt findet seinen Niederschlag in der sog *intervention d'humanité*, von der die *intervention humanitaire* kategorisch zu unterscheiden ist (cf WACHSMANN, Les droits de l'homme, 5f). Während bei der einen, wie angeklungen, in fremde Souveränität im Interesse und zu Gunsten eigener Staatsbürger – dh im Sinne einer „Verlängerung" der Souveränität auf die eigenen, auch außerhalb des Territoriums befindlichen Staatsbürger – *in eigenem Namen* eingegriffen wird, dient die zweite, heute sehr prominent gewordene Interventionsart der Verwirklichung des humanitären Völkerrechts (va der Haager und Genfer Konventionen): Das geschützte Rechtsgut ist hier jenes der *Menschheit* im schon ausgefalteten Sinne (cf oben 3.4.1.3), das von einer Staatenmehrheit bzw der Staatengemeinschaft *treuhänderisch* geltend gemacht wird.

692 Prägend in diesem Zusammenhang war insb die Erfahrung des vom Osmanischen Reich in den Jahren 1915/16 an den Armeniern verübten Genozids. Symbolisch für den langen, von Rückschlägen gesäumten und oft mehr oder minder ergebnislos abbrechenden Weg von der Zurkenntnisnahme derartiger traumatisierender Verbrechen, über deren dauerhafte erinnernde Bewahrung hin zur Gewinnung von Handlungsfähigkeit ihnen gegenüber steht das Diktum von ADOLF HITLER vom 22. August 1939, unmittelbar vor dem Überfall auf Polen: „Wer spricht heute noch von der Vernichtung der Armenier?" Die *impunity* der Verantwortlichen bleibt bis auf den heutigen Tag die wiewohl skandalöse, aber doch regelmäßige Folge solchen Tuns.

693 Der im Schoße des Völkerbundes beheimatete PCIJ stellt die Vorläufereinrichtung des auf Grundlage der UN-Charta errichteten ICJ dar.

völkerrechtliche Ansprüche zukommen können: „It cannot be disputed that the very object of an international agreement ... may be the adoption ... of some definite rules creating individual rights and obligations."[694] Der Primat des Staats als Völkerrechtssubjekt wird dabei aber noch in keiner Weise in Frage gestellt.[695]

Die darin zum Ausdruck kommenden Dynamiken der Aufweichung und Durchbrechung der Inkommensurabilität von Staats- und Völkerrecht, in die sich mittlerweile unzählige Beispiele unterschiedlichster Provenienz einordnen lassen, bringen in zunehmendem Maße die *Atypizität* des klassischen Völkerrechts zur Besinnung, welche innerhalb dieser Rechtsordnung artifiziellen Personen den ersten Rang der Rechtssubjekte einräumen möchte. Nachdem ihm eine Zeit lang aus den vorgenannten Gründen die nackte Existenz im überstaatlichen Recht verwehrt worden ist, gewinnt der Rechtsstatus des Individuums zunehmend an Konturen und Umfang und erhebt – gestützt auf den antiken Grundsatz *hominum causa omne ius constitutum est*[696] – mächtig den Anspruch auf eine grundsätzliche Transformation traditioneller völkerrechtlicher Vorstellungen. Speziell auf den gegenständlichen Kontext angewendet, heißt dies die Forderung nach einer Abkehr vom Primat der Staatsperson hin zur *Rehabilitierung des Individuums im internationalen Recht.*[697] In diesem Zusammenhang wird auch in ganz demselben Sinne vom sukzessiven Übergang von einem „state-sovereignty-oriented approach" zu einem „human-being-oriented approach"[698] gesprochen.

Am Horizont der Entwicklung wird von daher die Wiederherstellung eines *umfassenden Primats des Individuums im Recht*[699] und damit die prinzipielle Überwindung des (bis fast zur Kontrareität getriebenen) Grabens von Staats- und Völkerrecht greifbar – bei gebührlicher Berücksichtigung ihrer gestern wie morgen unterschiedlicher Aufgabenstellungen. In ganz ähnliche Richtung zielt der von ANNAN ins Treffen geführte Begriff der *Souveränität des Individuums*[700]. Dem Einzelstaat – und um keinen Deut anders stehen die Dinge für eine aufziehende Weltrepublik – bleibt nur der Platz eines (zwar wichtigen, aber doch nur) Instruments im Dienste

---

694 PCIJ, *Jurisdiction of the Courts of Danzig*, Advisory Opinion vom 3. März 1928, Series B, Nr 15.

695 Genau in diese Richtung äußert sich auch DIONISIO ANZILOTTI, der als damaliger Präsident des Haager Gerichtshofs die Entscheidung wesentlich mitverantwortet hat (cf IDEM, Lehrbuch des Völkerrechts, 1929).

696 Die Maxime, wonach alles Recht um der Menschen willen bestehe, findet sich etwa bei HERMOGENIANUS, *Iuris epitomae*, Liber I, Dig 1.5.2.

697 Zu diesem Anliegen cf MÜLLER, Zum Primat der juristischen Person im internationalen Recht, 178.

698 So THÜRER, Modernes Völkerrecht, 577 unter Bezugnahme auf das Urteil der Appellationskammer, Z 97 im Falle *Tadic* (cf dazu schon oben FN 111).

699 Auf dem Hintergrund eines solchen Primates des Individuums lassen sich in einer Rückwendung des Blicks auch fruchtbare Aspekte für ein tieferes Verständnis des universalen Verbrechens als einer *laesio humanitatis* entwickeln (cf oben 3.4.1.3).

700 Cf oben FN 671.

an den Menschen als autonomen Wesen. „Keiner von beiden [sc Einzelstaat und Weltstaat] ... ist ‚Zweck an sich selbst', sie dienen vielmehr dem einzigen (empirisch bekannten) Wesen, das einen intrinsischen moralischen Wert hat, dem einzelnen, aber nicht vereinzelten Menschen."[701] Und ebenso folgende bekenntnishafte Grundlegung: „Der Staat hat keinen Wert an sich und ist kein Selbstzweck, sondern ist ein hochorganisiertes ‚Werkzeug' zur Erfüllung von bestimmten Aufgaben und Zielen ... Es gibt also keine *‚Würde des Staates'*, seiner Organe oder Funktionäre, sondern nur eine *Würde des Menschen* (in seiner Bezogenheit auf die Natur und die kommenden Generationen), von der sich alle staatlichen und rechtlichen Grundwerte und Ziele ableiten."[702]

Das Aufstreben der „Souveränität des Individuums" bedingt im Gegenzug eine „Dehypostasierung" und „Entschärfung" des klassischen Souveränitätsbegriffes. In diesem Sinne „wird der Bodin-Hobbessche Gedanke der einen ungeteilten Souveränität zugunsten einer *gestuften Staatlichkeit* und *geteilten Souveränität* aufgelöst. Nur einer zentralistischen Lesart von Souveränität erscheint der Gedanke einer geteilten Souveränität als hölzernes Eisen"[703]. In Hinblick darauf sprießen solcherart zunehmend *Bündeltheorien* der Staatsgewalt sowie Vorstellungen *differenzierter Souveränität*, die der kontinentalen absolutistischen Tradition ein schlichtes Gräuel sind, die aber – und diese historischen Bezüge sollen ob des Jubels über die neuen Dynamiken nicht untergehen – etwa dem amerikanischen Verfassungsdenken stets geläufig, vor allem aber dem *vormodernen* bzw *vorabsolutistischen* (wie es in unseren Ohren wohl besser klingt) Herrschaftsbegriff eine Selbstverständlichkeit gewesen sind.[704]

Damit aber der Konsequenzen nicht genug, ist es doch just das angesprochene absolutistische Souveränitätsmodell, das dem in diesem Sinne dotierten Staat seine privilegierte Position nicht nur gegenüber dem Individuum, sondern auch gegenüber den anderen Arten von Gemeinwesen eingeräumt hat. Im Zuge der aufgezeigten Entwicklung wird also auch der Blick auf andere, bisher verdrängte und überlagerte Gemeinwesenformen frei. Die neu aufziehende Pluralität findet ihre *Einheit* gerade darin, dass alle Ebenen und Stufigkeiten in ihrer Zielrichtung und Legitimationsbasis auf das Individuum rückbezogen bleiben. Somit reiht sich in die bisherigen Überlegungen die zentrale Einsicht, dass gerade die Rehabilitierung des Individuums als Bezugspunkt für alle Rechtlichkeit sowohl *Ermöglichungsgrund* wie *Maßstab* der sich erhebenden *Gemeinwesenpluralität* im Sinne des Konzeptes einer *föderal-subsidiären Weltrepublik* ausmacht.

Dies ergibt sich nicht von selbst: Es gibt durchaus so etwas wie eine *Ambivalenz der Subsidiarität* in dem Sinne, dass nicht ohne weiteres klar sein muss, ob der

---

701 HÖFFE, Demokratie im Zeitalter der Globalisierung, 304.

702 PERNTHALER, Allgemeine Staatslehre, 25 (Hervorhebungen im Original).

703 HÖFFE, Demokratie im Zeitalter der Globalisierung, 145 (Hervorhebungen vom Verfasser).

704 Cf dazu PERNTHALER, Allgemeine Staatslehre, 294f.

durch das Subsidiaritätsprinzip gebotene Vorrang in erster Linie gegenüber der kleineren Gemeinschaft – was zumeist im Vordergrund steht – oder gegenüber den Individuen besteht. Auch das Motto des „*In dubio pro individuo vel minore* (im Zweifel für den Einzelnen oder die untere Einheit)“[705] lässt diesen Punkt noch offen. Da dieses Verhältnis genauso konfliktiv werden kann, ist für eine derartige Konstellation ebenso eine Entscheidungsregel zu finden: Hier wie dort muss im Letzten der Primat des Individuums greifen[706] – dies einmal aus den oben entfalteten Gründen, wonach allein dem Menschen in seiner Autonomie normativer Selbststand zukommen kann, dann aber auch in getreulichem Vollzug des Subsidiaritätsprinzips selbst, das sich der jeweils kleinsten Einheit zuwenden will, die einer Aufgabe sinnvoll gewachsen ist. Entgegen jeder Substanzialisierung von Kunstpersonen oder -gemeinschaften gilt das Gebot der „individuengerechten Ebene“.[707]

Damit soll keineswegs einem „normativen Atomismus“ das Wort geredet werden[708]: Es geht nicht so sehr um eine Überhöhung des Individuums im Sinne der Beförderung solipsistischer Intuitionen, sondern um ein klares Bekenntnis zur Gesellschaftsbedürftigkeit des einzelnen (aber eben nicht vereinzelten) Menschen, welch Gesellschaft sich aber immer und unabdingbar ihm gegenüber ausweisen muss. Wie die Idee der „Souveränität des Individuums“ in ganz besonderer Weise Räume für eine föderal-subsidiär verfasste Gemeinwesenstruktur öffnet, so ruht deren Legitimation in umfassendem Sinne in der gebührlichen Berücksichtigung von Bedürfnissen und Ansprüchen der Einzelmenschen. Von daher erhebt sich – in Einbeziehung der Überlegungen des vorigen Abschnitts und unter steter Betonung der Maxime *hominum causa omne ius constitutum est* – das Bild eines *Weltgemeinwesens*, das, *republikanisch verfasst, in vielschichtiger und differenzierter föderal-subsidiärer Gliederung* als seine *primären Rechtssubjekte* einzig die *Individuen* kennt, deren Wohlergehen allezeit oberste Forderung und Legitimation bleibt, welchem die durchaus verselbstständigten, aber nicht substanziierten Gemeinwesen verschrieben sind.

## 4.2 Das Konzept des Weltbürgerrechts

Im Vorigen ist der ausgelobte *Primat des Individuums* dahin gehend präzisiert worden, dass es dabei jeweils den *Einzelnen* in Abhebung vom *Vereinzelten* im Blick zu haben gelte.[709] Damit ist gemeint, dass Menschen als Individuen nicht nur in

---

705 HÖFFE, Demokratie im Zeitalter der Globalisierung, 137.

706 In diesem Sinne dann ibd, 140.

707 Solchem *Anthropozentrismus* zustimmend, aber differenzierend PERNTHALER, Das Subsidiaritätsprinzip und die Ausgliederung öffentlicher Aufgaben, 181.

708 Mit derartigen Einwänden wäre allerdings von gewissen *kommunitaristischen* Ansätzen her zu rechnen, zu denen das hier vorgeschlagene Konzept zweifellos in Spannung steht.

709 Cf dazu oben FN 701.

und für sich stehen, sondern zugleich auf *Gemeinschaft* mit anderen angelegt und angewiesen sind, darunter auch auf das uns hier im Besonderen interessierende *Gemeinwesen* als Form *politischer* Gemeinschaft. In diesem Gemeinwesen begegnet uns das Individuum aber – sofern es von der Meinungsbildung und Entscheidungsfindung nicht völlig ausgeschlossen und mithin zum bloßen Untertan degradiert ist[710] – als *Bürger*. Und indem wir schon im letzten Abschnitt sowie in den vorigen, mit „Individuum in der Globalität" überschriebenen Überlegungen den Blick zum *Weltgemeinwesen* geweitet haben, muss sich zugleich auch die Perspektive des *Weltbürgertums* eröffnen. Schon allein hierin manifestiert sich ein ambivalenter Zug dieses Konzepts: Wie sich das Individuum qua Weltbürger einerseits als *Bürger des Weltgemeinwesens* mit demselben in enger Beziehung sieht, klafft im Subsidiaritätsspektrum zwischen Individuen- und Weltebene zugleich größtmögliche Distanz.

Die spannende, aber nicht entfaltbare Geschichte des Kosmopolitentums übergehend[711], ist es auch hier wieder IMMANUEL KANT, dessen Weltbürgerbegriff wir erweitertes Augenmerk schenken wollen, da – wie noch zu zeigen sein wird – seine Anlage des Weltbürgerrechts in Hinblick auf gewisse Aspekte des hier ja zur Behandlung stehenden Internationalen Strafgerichtshofes einen besonders fruchtbaren Zugang vorstellt. Dabei erweist sich das Weltbürgerrecht auch beim Königsberger Philosophen nicht als Element, das seiner politischen Philosophie stets immanent gewesen wäre. Ganz im Gegenteil lässt sich nachweisen, dass es erst 1795 mit der *Friedensschrift* erstmals im kantischen Werk erscheint, um in der *Metaphysik der Sitten* von 1797 nähere Explikation und Vertiefung zu erfahren.[712] Der von 1784 datierenden *Idee zu einer allgemeinen Geschichte in weltbürgerlicher Absicht* und auch noch der *Gemeinspruchschrift* von 1793 ist es dagegen noch fremd.

Dies scheint kein Zufall zu sein: In der Literatur wird ein Zusammenhang zu dem Aspekt hergestellt, dass Kant vor 1795 auch im Letzten für den Weltstaat optiert: „Nun ist hierwider kein anderes Mittel, als ein auf öffentliche mit Macht begleitete Gesetze, denen sich jeder Staat unterwerfen müsste, gegründetes Völkerrecht (nach der Analogie eines bürgerlichen oder Staatsrechts einzelner Menschen) möglich." (GS 312)[713] Demgegenüber bekennt die *Friedensschrift* zwar noch *in thesi*:

---

710 Cf in diesem Zusammenhang ZEF, 351.

711 Wertvolle Hinweise zu Entwicklung von Begriff und Konzept des philosophischen Kosmopolitismus bietet etwa HÖFFE, Demokratie im Zeitalter der Globalisierung, 234-237 sowie 240-242. Der vielleicht bis auf SOKRATES zurückgehende, dann jedenfalls bei dessen Schüler DIOGENES VON SINOPE, dem Kyniker, nachweisbare Begriff des κόσμου πολίτης bzw κόσμιος erfährt dann besonders im Rahmen der *Stoa*, allen voran bei CHRYSIPP und SENECA, prominente Behandlung und zentrale systematische Stellung. Zur Stoa und deren *pax cosmopolitica* cf schon ausführlicher oben 3.2.3.

712 Cf BRANDT, Vom Weltbürgerrecht, 139 und 143.

713 Cf in diesem Zusammenhang auch KANT, Idee zu einer allgemeinen Geschichte in weltbürgerlicher Absicht: Hier wird als schlussendlich zum „grossen Staatskörper" (AA VIII, 28) hin-

„Für Staaten im Verhältnisse untereinander kann es *nach der Vernunft keine andere Art* geben, aus dem gesetzlosen Zustande, der lauter Krieg enthält, herauszukommen, als dass sie, ebenso wie die einzelnen Menschen, ihre wilde (gesetzlose) Freiheit aufgeben, sich zu öffentlichen Zwangsgesetzen bequemen und so einen ... *Völkerstaat* (*civitas gentium*) ... bilden." (ZEF 357, V) *In hypothesi* bleibt dann aber nur das „*negative* Surrogat eines ... Bundes" (ZEF 357, O) bzw ein bloßer „*Friedensbund* (*foedus pacificum*) ... ohne dass diese [sc die Staaten] doch sich deshalb (wie Menschen im Naturzustande) öffentlichen Gesetzen und einem Zwange unter denselben unterwerfen dürfen". Und in der Tat bringt das Fazit der *Metaphysik der Sitten* eine noch deutlichere Stellungnahme zu Gunsten eines bloßen „allgemeinen Staatenverein[s]" bzw „permanenten Staatencongreß[es]" (beide MSR 350): „Unter einem *Congreß* wird hier aber nur eine willkürliche, zu aller Zeit *auflösliche* Zusammentretung verschiedener Staaten, nicht eine solche Verbindung, welche ... auf einer Staatsverfassung gegründet und daher unauflöslich ist, verstanden; durch welchen allein die Idee eines zu errichtenden öffentlichen Rechts der Völker ... realisirt werden kann." (MSR 351, O)

Scheint sich derart in der kantischen Meinungsentwicklung ein Kontinuum in Richtung einer Präferenz für eine eher staatenbündisch verfasste internationale Ordnung herauskristallisieren zu lassen, so tritt nach Meinung einiger gleichsam als *Kompensat* hiefür immer mächtiger das Konzept des Weltbürgerrechts auf den Plan: „Andererseits wird das Völkerrecht durch ein neues Weltbürgerrecht ergänzt: Mit der Ablösung der Vorstellung einer ‚civitas gentium' bedarf es einer neuen, die Einheit der Erdbewohner und der Völker reflektierenden Idee, die also nicht mehr im Völkerrecht beheimatet ist, sondern das Staats- und Völkerrecht durch ein drittes Moment allererst abschließt."[714] In Abhebung, Ergänzung und Überhöhung von *Staatsrecht* und *Völkerrecht* spricht man also vom *Weltbürgerrecht*[715], „sofern Menschen und Staaten, in äußerem aufeinander einfließenden Verhältnis stehend, als Bürger eines allgemeinen Menschenstaats anzusehen sind (*ius cosmopoliticum*)" (ZEF 349, O).

---

führende Zielvorstellung formuliert, „aus dem gesetzlosen Zustande der Wilden hinaus zu gehen und in einen Völkerbund zu treten; wo jeder, auch der kleinste Staat seine Sicherheit und Rechte nicht von eigener Macht, oder eigener rechtlicher Beurtheilung, sondern allein von diesem großen Völkerbunde (*Foedus Amphictyonum*), von einer vereinigten Macht und von der Entscheidung nach Gesetzen dieses vereinigten Willens erwarten könnte. So schwärmerisch diese Idee auch zu sein scheint ... so ist es doch der unvermeidliche Ausgang der Noth, worein sich Menschen einander versetzen, die die Staaten zu eben der Entschließung (so schwer es ihnen auch eingeht) zwingen muß, wozu der wilde Mensch eben so ungern gezwungen ward, nämlich: seine brutale Freiheit aufzugeben und in einer gesetzmäßigen Verfassung Ruhe und Sicherheit zu suchen." (AA VIII, 24, Hervorhebung im Original).

714 BRANDT, Vom Weltbürgerrecht, 141f.

715 Zu dieser Trias cf ausführlicher schon oben 3.2.5.4 aB.

In eigentümlicher Spannung zu solcher Grundsatzdefinition steht die konkrete Ausgestaltung des Weltbürgerrechts, welche – sowohl in ihrem Umfang wie im Gewicht der präsentierten Gedanken – im Verhältnis zu den beiden vorangehenden Definitivartikeln (in der *Friedensschrift*) bzw zu den Abschnitten über Staats- und Völkerrecht (in der *Metaphysik der Sitten*) recht bescheiden ausfällt, ja deutlich zurückbleibt[716]: Wenn der *Dritte Definitivartikel* schlicht normiert: „Das *Weltbürgerrecht* soll auf Bedingungen der allgemeinen *Hospitalität* eingeschränkt sein." (ZEF 357, O), dann wird dort neben der Entfaltung geschichtsphilosophischer Überlegungen lediglich unterstrichen, dass es einerseits „das Recht des Fremdlings" darstelle, „seiner Ankunft auf dem Boden eines andern wegen von diesem nicht feindselig behandelt zu werden" (ZEF 357f); andererseits eröffne es dem Fremden „kein *Gastrecht*, worauf dieser Anspruch machen kann ... sondern ein *Besuchsrecht*, welches allen Menschen zusteht" (ZEF 358, O). Und in Zusammenhang mit diesem (va Kritik am Imperialismus der europäischen Kolonialmächte übenden) Gesichtspunkt ergänzt MSR, 352, O den folgenden: Die Menschen stehen demnach in „der physischen möglichen *Wechselwirkung* (*commercium*)[717], d.i. in einem durchgängigen Verhältnisse eines zu allen Anderen, sich zum *Verkehr* untereinander *anzubieten*, und haben ein Recht, den Versuch mit demselben zu machen, ohne dass der Auswärtige ihm darum als einem Feind zu begegnen berechtigt wäre ... [sc Der] mögliche Missbrauch kann aber das Recht des Erdbürgers nicht aufheben, die Gemeinschaft mit allen zu *versuchen* und zu diesem Zweck alle Gegenden der Erde zu *besuchen*, wenn es gleich nicht ein Recht der *Ansiedelung* ... ist".[718]

Mit der Entfaltung der beiden Aspekte hat es in der Regel sein Bewenden; es bleibt in der Bewertung des Weltbürgerrechts nicht selten bei sehr allgemeinen, weitgehend profillos gehaltenen Stellungnahmen. „Gemessen an den vorhergehenden beiden Definitivartikeln erscheint der dritte eher marginal. Aber er ist systematisch völlig neu, und unter den Bedingungen der Weltgesellschaft, die zu Kants Zeit im Entstehen begriffen war, ist er von höchster Aktualität."[719] Und die Weiterführung des Gedankens „Das Weltbürgerrecht bringt eine rechtspolitische Innovation: es gesteht dem Menschen positive Rechte auch unabhängig von einer bestimmten Staatsangehörigkeit zu"[720] scheint den Kern des Problems nicht wirklich zu treffen. Zwar wird einerseits ausgelobt: „Das Weltbürgerrecht vereinigt die Momente der

---

716 Diese Beobachtung macht auch GERHARDT, Zum ewigen Frieden, 105. Zu diesem Ungleichgewicht cf auch schon FN 391.

717 Die Rede von der „physisch möglichen Wechselwirkung" sowie die dies begleitenden Ausführungen in MSR, 352 zeichnen ein Bild, das schon an Überlegungen zur entstehenden globalen Schicksalsgemeinschaft (cf dazu oben 3.1.1.2) erinnern darf.

718 Zur näheren Ausgestaltung des Besuchsrechts sowie des Rechts zum weltumspannenden, friedlichen Handel cf etwa BRANDT, Vom Weltbürgerrecht, 143-147.

719 GERHARDT, Zum ewigen Frieden, 105.

720 Ibd, 106.

vorhergehenden Positionen und bringt sie zur systematischen Totalität"[721], aber Erwartungen einer Weiterführung dieses Gedankens werden schlussendlich frustriert.

Dazu kommt, dass sich die erwähnte, mit 1795 angesetzte Zäsur bei näherem Besehen bei weitem nicht so unterscheidungskräftig erweist, wie dies ein erster Blick vielleicht nahe legen mag. So spricht die von 1794 datierende *Gemeinspruchschrift* schon gleich eingangs bei der Gliederung des Opusculum vom „*Weltmann* (oder Weltbürger überhaupt)" (GS 277, O), um dann im Aufgriff dessen in GS 310, O vollmundig von „*weltbürgerlicher* Verfassung" zu sprechen.[722] Und schließlich begründet allein der Titel der *Idee zu einer allgemeinen Geschichte in weltbürgerlicher Absicht* von 1784 Erklärungsbedarf dahingehend – dieser naheliegende Aspekt findet interessanterweise keine Beachtung –, weshalb sich just in „vorweltbürgerlicher Phase" dieser Begriff in eine Werksbezeichnung verirren muss.[723]

Der kantische Text, soviel ist klar, bietet ein *eklatantes Spannungsverhältnis* zwischen *Anspruch* und *Ausgestaltung*. Die wenigen konkreten Beispiele der Ausfaltung, die im Vorigen skizziert worden sind, werden umschlossen, ja beinahe „deklassiert" durch eine Klammer von zwei sehr grundsätzlichen Annäherungen an das Konzept des Weltbürgerrechts, in denen in der Tat die *Totalität* desselben manifest wird: Einmal ist dies die eben erwähnte Passage in ZEF 349, wo vom *ius cosmopoliticum* als der Gattung „bürgerlicher Verfassung" die Rede ist, die Menschen und Staaten als „Bürger eines allgemeinen Menschenstaats" zusammenordnet und insofern Staats(bürger)recht (*ius civitatis*) und Völkerrecht (*ius gentium*) mit ihrer divergierenden Rechtssubjektestruktur[724] zu einer höheren Einheit führt. Und auf der anderen Seite der Klammer – als Abschluss und Zusammenschau der drei Definitivartikel (als des Herzstücks der *Friedensschrift*) an kompositorisch durchaus gewichtiger Stelle – fasst das Weltbürgerrecht der oben[725] ebenso schon angeführte Gedanke ein:

---

721 BRANDT, Vom Weltbürgerrecht, 142.

722 Und in markantem Kontrast zur These, dass vor 1795 eine deutliche Option für einen Völkerstaat zu konstatieren sei, liest sich GS 311, O folgendermaßen: „So muss sie [sc die Staaten] diese Not doch zu einem Zustande zwingen, der zwar kein weltbürgerliches gemeines Wesen unter einem Oberhaupt, aber doch ein rechtlicher Zustand der *Föderation* nach einem gemeinschaftlichen verabredeten *Völkerrecht* ist."

723 Überhaupt ist angesichts der im besagten Werke erfolgenden Definition des *weltbürgerlichen Zustandes* (Idee ..., VIII, 28) nicht einzusehen, wie ohne weiteren Zusatz vom „1795 erstmals eingeführte[n] Weltbürgerrecht" (BRANDT, Vom Weltbürgerrecht, 139) die Rede sein kann. Natürlich ist diese Begrifflichkeit von jener des Weltbürger*rechtes* deutlich zu nuancieren, das Konzept des *Weltbürgertums* bzw des *Kosmopolitismus* erweist sich allerdings als durchgängiger kantischer Topos.

724 Zu diesem Gedanken cf oben p 227.

725 Cf schon oben 3.2.5.3 aE.

„Da es nun mit der unter den Völkern der Erde einmal durchgängig überhand genommenen (engeren oder weiteren) Gemeinschaft so weit gekommen ist, dass die Rechtsverletzung an *einem* Platz der Erde an *allen* gefühlt wird: so ist die Idee eines Weltbürgerrechts keine phantastische oder überspannte Vorstellungsart des Rechts, sondern eine notwendige Ergänzung des ungeschriebenen Kodex sowohl des Staats- als Völkerrechts zum öffentlichen Menschenrechte überhaupt, und so zum ewigen Frieden, zu dem man sich in der kontinuierlichen Annäherung zu befinden nur unter dieser Bedingung schmeicheln darf." (ZEF 360, O)

Es ist uE kaum vorstellbar, dass Kant einerseits der von ihm bemühten „Idee eines Weltbürgerrechts" eine so gewichtige systematische Stellung einräumt und es andererseits (wenn es um dessen konkreten Umfang geht) bei einem schlichten Besuchs- und Handelsrecht bewenden lässt.[726] Von der ganzen Konzeption der Definitivartikel der *Friedensschrift* wie des Öffentlichen Rechts der *Metaphysik der Sitten* her erweist es sich vielmehr als gebotener Schlussstein, der das ganze Gebäude zusammenzufügen und beieinander zu halten hat.[727] Gleichzeitig tragen die entsprechenden Passagen deutliche Züge einer Platzhalterfunktion: Die Situation scheint einmal mehr so zu sein – und in diesem Fall gar noch ausgeprägter als im schon erörterten[728] –, dass Kant zwar Entwicklungsfähigkeit und -notwendigkeit in einem Bereich lokalisiert, sich aber angesichts mangelnder Erfahrungsbasis gerade nicht in utopisierende Zukunftsgebäude versteigt, sondern sich lieber mit einer systematischen Grundlegung – angereichert um greifbare Erfahrungsmomente der Gegenwart und der dieser entspringenden, nicht aber der kommenden Zukunft[729] – bescheidet. Dies macht es aber möglich, kommende Erfahrung fruchtbar in den so geschaffenen Rahmen einzubauen. „Es gibt in der Kantischen Philosophie keine philosophische Utopie; es widerspricht den Spielregeln erwachter Menschen, sich irgendein Zusammenleben ... auszumalen und zurechtzudichten und die Gegenwart an diesen Produkten zu messen und abzuwerten oder gar ändern zu wollen."[730]

---

726 Wenn es in ZEF 357 heißt, dass das Weltbürgerrecht auf die Bedingungen der allgemeinen Hospitalität „eingeschränkt" sein solle, ist damit nicht so sehr gemeint, dass das Weltbürgerrecht seinem Gehalt nach auf ein Besuchsrecht beschränkt sein müsse, sondern vielmehr, dass dieser konkret entfaltete Aspekt des Weltbürgerrechts eine Limitierung in Hinblick auf ein echtes Besuchs- (in Abhebung von einem Gast)recht zu erfahren habe.

727 Schon fast – und die Assoziation sei einfach ins Treffen geführt – fühlt man sich angesichts des Strebens, die (dem rigiden Souveränitätsbegriff und den daraus sich ergebenden Asymmetrien von Individuen und Staaten entspringende) Dichotomie von Staats- und Völkerrecht durch das Weltbürgerrecht aufzuheben und zu höherer Einheit zu führen, an ein analoges Anliegen erinnert, das Kant mit der *Kritik der Urteilskraft* in Hinblick auf die Spannungsgeladenheit, ja teilweise Gegensätzlichkeit von *theoretischer* und *praktischer Vernunft* verfolgt hat.

728 Cf dazu schon oben 3.3.2.2.

729 Dies in Anlehnung an die für JACQUES DERRIDA charakteristische Unterscheidung von *futur* als „jene[r] Zukunft, welche die Gegenwart stets zu reproduzieren vermag" und *avenir* im Sinne von Zu-kunft, *à venir*, to-come. Cf dazu DERRIDA, Gesetzeskraft, 56.

730 BRANDT, Vom Weltbürgerrecht, 147f. Cf zur Utopiefeindlichkeit Kants schon oben 3.2.5.1.

Wir haben gesehen, dass sich derartige *Bescheidenheitsargumente* durch die Bank mit *Annäherungsargumenten* verbinden. So darf es nicht überraschen, dass mit und in der grundsätzlichen Auslobung des Weltbürgerrechts noch in ZEF, 360 selbst von der „kontinuierlichen Annäherung" zum ewigen Frieden die Rede ist. Damit ist aber nicht so sehr eine naturgesetzlich gesteuerte, willenlose Bewegung gemeint, sondern unmittelbar der Gedanke der *Stiftung*[731] im Sinne von Ansporn und Anspruch zu verantwortetem menschlichen Handeln mitzudenken. In gemeinsamem Wirken entspringendem Ausbau des Weltbürgerrechts – und der darin zugleich praktizierten Zusammenführung von Staats- und Völkerrecht[732] – „zum öffentlichen Menschenrechte überhaupt" erhebt sich nach und nach das Bild jener differenzierten und geschichteten Einheit des Öffentlichen Rechts[733], wie sie uns im Paradigma der föderal-subsidiären Weltrepublik schon begegnet ist.

---

731 Cf oben 3.2.5.3 sowie unten 5.4 aB.

732 Hier darf der Hinweis auf FN 497 nicht fehlen: Wir haben dort gesehen, dass KELSEN im Modell der *civitas maxima*, dh der gestuften, differenzierten, in mehrere Ebenen gegliederten, aber dennoch einheitlichen Rechtsordnung von Staats- und Völkerrecht verbreitete Vorstellungen einer grundsätzlichen Asymmetrie von Individuen und Staaten überwinden, damit dualistischen Tendenzen steuern, va aber dem *Souveränitätsdogma* klassischen Zuschnitts den Garaus machen will. „Erst mit dem Durchbruch des Souveränitätsdogmas wird der Weltstaat und mit ihm das Völkerrecht zum Problem. Und nun beginnt eine Völkerrechtswissenschaft die durch das Souveränitätsdogma zerstörte Idee einer die Einzelstaaten umfassenden universellen Rechts- und Staatsordnung allmählich wieder aufzubauen." (IDEM, Das Problem der Souveränität, 274) Wichtig ist dabei zu sehen, dass die Zusammenführung von Staats- und Völkerrecht zur gewünschten Einheit der Rechtsordnung im Wesentlichen eine Leistung des Rückbezugs allen Rechts auf die allein legitimationsfähigen Individuen darstellt: *hominum causa omne ius constitutum est.* Das Konzept der *civitas maxima* gründet damit in tieferem Sinne in Realisierung und Ausbau des *Weltbürgerrechts*; einmal mehr erweist sich hier die fundamentale *Klammerfunktion*, die ihm in der kantischen Konzeption zugesprochen worden ist.

733 Auf diesem Hintergrund gilt es auch die Kritik zu relativieren, die in RADBRUCH, Rechtsphilosophie, § 28 formuliert wird: „Das individualitätslose, also auch nationalitätslose Individuum, der atomistische Urbestandteil des individualistischen Staates, ist der geborene Weltbürger. Der Gedankengang, der mit dem individualitätslosen Individuum anhebt, führt unaufhaltsam zum nationalitätslosen Menschheitsstaat." Und weiter: „So ist in der Tat für Kant der Völkerbund als die losere Verbindung der Staaten nur das Surrogat für den praktisch nicht ausführbaren Weltstaat. Der Weltstaat aber trägt dieselbe Individualitätslosigkeit an sich wie das individualitätslose Individuum, auf das er letzten Endes gegründet ist. Wie er ausgeht von der abstrakten Menschheit im Menschen, so mündet er aus in die Menschheit als abstrakte Allgemeinheit." Der Vorwurf des *individualitäts- und nationalitätslosen Weltbürgers* sowie des daraus entspringenden *nationalitätslosen Menschheitsstaates* (cf schon oben FN 453) trifft insofern nicht wirklich, als die Nationsebene nicht, wie befürchtet, zu bloßen „verwaltungstechnischen Unterabteilungen" sowie „gleichsprachigen Menschheitsprovinzen" reduziert und degradiert werden soll, sondern im Sinn des Konzepts der föderal-subsidiären Weltrepublik als durchaus selbstständige, mit den ihr zukommenden Aufgaben bleibend ausgestattete Stufe des Gemeinwesens (allerdings eingebettet in das umfassende Gesamt des Weltbürgerrechts) zu erhalten getrachtet wird. Cf zu diesem Aspekt noch näher unten 4.3.3.

## 4.3 Der ICC als Faktor des Weltbürgerrechts

Nachdem das vorher konstatierte eklatante Spannungsverhältnis von Anspruch und Ausgestaltung des Weltbürgerrechts sich somit gleichsam ins Positive gewendet sieht und als für künftige Entwicklung und Erweiterung offenes Konzept erweist, gilt es nun zu versuchen, die Relevanz der Kreation des Internationalen Strafgerichtshofes für das *Weltbürgerrecht* näherhin herauszustellen. An diesem unserem Untersuchungsgegenstand soll es unternommen werden, das bisher allgemein Formulierte in einen konkreten Zusammenhang zu betten und dergestalt mit Leben zu erfüllen. In ähnlicher Weise haben wir uns um eine Annäherung an die mögliche Stellung des ICC im Rahmen des Konzepts der *Weltrepublik* bemüht.[734] Insofern kann hier an dort angestellte Überlegungen angeschlossen und von daher der Anspruch formuliert werden, im Folgenden nach einem tieferen Verständnis des ICC als *Faktor*[735] *eines sich erhebenden Weltbürgerrechts* zu streben. Auch hiebei wird die paradigmatische Rolle deutlich werden, die der universalen Strafgerichtsbarkeit zufällt. Allerdings vermag uns nicht mehr so sehr die Makroperspektive, wie wir sie zuvor eingenommen haben, zu interessieren, sondern vielmehr der Blick „von unten". Dabei tritt markant und unabweislich der schon konstatierte[736] maximale Spannungsbogen zu Tage, der der internationalen Strafgerichtsbarkeit innewohnt, ja das Wesen des ICC selbst ausmacht: die unvermittelte Entfaltung *universaler*, mithin umfassendster Gerichtsgewalt über *Individuen* als kleinstmöglicher Größe.

### 4.3.1 Der ICC als Nukleus eines Weltbürgerpflichtenrechts

Bisher ist in bloß abstrakter Weise vom Weltbürgerrecht die Rede gewesen: Die einzigen konkreten Exempel, nämlich das bei Kant vorfindliche *Besuchs-* und *Handelsrecht*, mögen (auch für eine mögliche Anreicherung des Konzepts) suggerieren, dass es dabei in erster Linie um Rechte geht, die das Individuum als Weltbürger gegenüber den anderen „Bürgern" des „allgemeinen Menschenstaates" (ZEF 349) hat, und dies sind die anderen Individuen, va aber die Staaten. So erscheint es in erster Linie „als ein Recht, das ein Bürger eines Landes gegen die Regierung eines anderen Landes hat"[737]. Den entsprechenden Staat treffen dabei vorrangig Unterlassungspflichten, zB dem Besucher „nicht feindlich [sc zu] begegnen" (ZEF 358) bzw dem sich zum Handel Anbietenden nicht „als einem Feind zu begegnen" (MSR 352).

---

734 Cf dazu oben 3.4.

735 In dem an angegebener Stelle entwickelten, weiten Sinne.

736 Cf schon oben 4.2 aB.

737 GERHARDT, Zum ewigen Frieden, 106. Cf dazu schon oben FN 720.

Als *Verpflichtete* erweisen sich von daher die „Staatenbürger", der (individuelle) Weltbürger dagegen in erster Linie als *Berechtigter*, dem allen anderen gegenüber ein Anspruch darauf zukommt, nicht in unbilliger Weise in seinem kosmopolitisch verbürgten Entfaltungsrecht behindert zu werden. Dem sohin geschaffenen *status activus* entspricht das *aktive Weltbürgerrecht*, in dessen Wirkungsbereich nach heutigem Verständnis wohl auch die Garantien fundamentaler Menschenrechte zu rechnen sind.[738] Zugleich, und dies wird gerne übersehen, fügt sich dem aber das Komplement des *passiven Weltbürgerrechts* hinzu, das den Kosmopoliten gegenüber den anderen seines Schlages seinerseits zum *Verpflichteten* macht.[739] Dabei tritt zu Tage, dass gerade die im ICC-Statut verankerten Deliktstatbestände (die wir als *universale* qualifiziert haben[740]), indem sie gewisse Akte unter Sanktion stellen, dem Menschen, *jedem* Menschen auferlegen, von gewissen Handlungsformen gegenüber *jedem anderen* (bei sonstiger Bestrafung) Abstand zu nehmen. Es geht hiebei also vornehmlich um die Normierung von *Unterlassungspflichten von Weltbürgern gegen ihre Mitweltbürger*, als *zwangsbewehrte* erweisen sie sich als echte *Rechts*normen.[741] Das Organ, welches zur Entscheidung über Verbrechen und Sanktion (als Inswerksetzen des vom Statut etablierten Unterlassungspflichtenregimes) berufen wird, ist der Internationale Strafgerichtshof selbst: Vor ihm als *Weltgerichtshof* tritt der Angeklagte als *Weltbürger* auf, und zwar als (vermeintlicher) *Verletzer* nicht irgendeiner, sondern *seiner Weltbürgerpflicht*.

In der Begrifflichkeit ist man damit in den unmittelbaren Nahebereich des von verschiedenerlei Seite propagierten Konzeptes der *Menschenpflichten* gelangt. Zu den prominentesten Aktivitäten in diesem Bereich gehört die sog *Allgemeine Erklärung der Menschenpflichten*[742], die – nach dem Vorbild der am 10. Dezember 1948 von

---

[738] Hier sei noch einmal die schon angesprochene (cf oben FN 546) Denkfigur des *Verfassungskerns* adressiert, die just „Menschenwürde und darin begründete[r] elementare[r] Menschenrechte" (PERNTHALER, Der Verfassungskern, VI) umgreifen will und die – beim nationalstaatlichen Bereich nicht Halt machend – sich durchaus auch und vor allem um eine „Transformation dieser Grundsätze" (darunter insb „unantastbare Werte der Menschenwürde") „in ein System überstaatlichen Verfassungsrechts" verdient zu machen sucht (cf dazu IDEM, Die Globalisierung als Herausforderung an eine moderne Staatslehre, 80f).

[739] Die hier entfaltete Differenzierung lehnt sich an die geläufige Unterscheidung von Individuum als *aktivem* und *passivem Völkerrechtssubjekt* an (cf etwa CAFLISCH, Der neue Internationale Strafgerichtshof, 1f). Ungeachtet seines „jugendlichen" Alters als Rechtsperson des internationalen Rechts (cf dazu oben 4.1.2) erweist sich der Weltbürger sowohl als Inhaber von Rechten wie auch als Träger von Verpflichtungen.

[740] Cf dazu oben 3.4.1.2 sowie 3.4.1.3.

[741] Zum rechtskonstituierenden Charakter des Zwangsmomentes cf 3.3.1.1 aE.

[742] Der Volltext der „Allgemeinen Erklärung der Menschenpflichten" ist, allein in deutscher Sprache, auf der Website http://www.weltethos.org abrufbar. Dies weist darauf hin, dass das Dokument unter der Ägide der *Stiftung Weltethos* von einem sog *InterAction Council* erarbeitet worden ist: Als dessen Mitglieder fungieren mehr als zwei Dutzend ehemaliger Staats- und Regierungschefs (unter Ehrenvorsitz des früheren deutschen Bundeskanzlers HELMUT

der Generalversammlung der Vereinten Nationen verabschiedeten *Allgemeinen Erklärung der Menschenrechte*[743] gestaltet – in 19 Artikeln die fundamentalen Pflichten eines jeden Menschenwesens feierlich verlautbart und verkündet. Derartigen Proklamationen mag ein wichtiges Moment der Selbstvergewisserung innewohnen; die besagte Menschenpflichtenerklärung darbt diesbezüglich allerdings daran, dass es ihr an der in diesem Falle dezisiven Stützung durch die „weltmoralische Autorität" der Generalversammlung mangelt. Wie dem auch sei – in unserem Kontext ist der Erklärung nicht weiter nachzugehen, ist sie doch (wenn vielleicht nicht von der Benennung, so jedenfalls vom verfolgten Anliegen her) deutlich von dem unterschieden, was hier mit dem Begriff der *Weltbürgerpflicht* angesprochen werden soll. In Abhebung von der sehr umfassend angelegten und weit ausgreifenden Menschenpflichtenkonzeption beschränken sich Weltbürgerpflichten – durchaus in Anschluss an schon mehrfach angesprochene Bescheidenheitsargumentationen[744] – in Anbetracht und unter Berücksichtigung des heutigen Standes der Entwicklung bewusst auf einen sehr viel kleineren Anwendungsbereich, auf dass dafür im Gegenzug der darin sich manifestierende Anspruch umso deutlicher, tragfähiger, wirksamer etabliert werde. Dies findet seinen Niederschlag in drei kurz anzusprechenden Aspekten:

a) Die Menschenpflichtenerklärung erlegt den Individuen sowohl Verbote wie auch Gebote auf[745]: Neben *negative* treten mithin *positive Handlungspflichten*. Das Statut des ICC dagegen kennt mit seinen vier Deliktstatbeständen – wie mittelbar aus der Strafdrohung gegen die entsprechenden Tathandlungen erhellt – ausschließlich Unterlassungsbefehle (im Sinne negativer Handlungspflichten): das Verbot des Völkermordes, der Verbrechen gegen die Menschlichkeit, der Kriegsverbrechen,

---

SCHMIDT), die von einem Expertenbeirat (unter wissenschaftlicher Federführung von HANS KÜNG) begleitet sind. Die so zu Stande gekommene Erklärung ist 1997 „den Vereinten Nationen und der Weltöffentlichkeit zur Diskussion vorgelegt" worden; dies in der Absicht, sie nach dem Vorbild der Erklärung von 1948 durch die UN-Generalversammlung proklamieren zu lassen, wessen sie aber nach wie vor harrt. Cf zu alledem ausführlich SCHMIDT, Allgemeine Erklärung der Menschenpflichten.

743 Die *Universal Declaration of Human Rights* (GA Res 217 A (III) vom 10. Dezember 1948) als ohne jeden Zweifel berühmtestes Menschenrechtsdokument unserer Tage ist, in englischer Sprache, unter http://www.un.org/Overview/rights.html abrufbar.

744 Cf zuletzt oben 4.2 aE.

745 So wird etwa in Art 5 der Erklärung gefordert: „Niemand hat das Recht, eine andere menschliche Person zu verletzen, zu foltern oder zu töten." Zu solchen Verbotsnormen gesellen sich Gebote wie zB „Jeder Bürger und öffentliche Verantwortungsträger hat die Pflicht, auf friedliche, gewaltfreie Weise zu handeln." (Art 6), „Alle Menschen haben die Pflicht, Luft, Wasser, Boden um der gegenwärtigen Bewohner und der zukünftigen Generationen willen zu schützen." (Art 7), „Jede Person hat die Pflicht, sich integer, ehrlich und fair zu verhalten." (Art 8) oder „Jeder Mensch hat die Pflicht, wahrhaftig zu reden und zu handeln." (Art 12).

der Aggression.[746] Da die Unterlassungspflicht, die bloß bestimmte Arten des Einwirkens auf den Lebensraum der Anderen untersagt (und damit idR trotz des Ausschlusses dieser einen eine Fülle alternativer Handlungsoptionen offen lässt), durchwegs eine gelindere Einschränkung bedeutet als ein Gebot, das das Individuum in einer bestimmten Situation auf *eine* bestimmte Handlungsoption festlegt, stellt die Verletzung derselben ein umso verurteilungswürdigeres Vergehen dar: Die persönliche Vorwerfbarkeit der Normverletzung muss umso ausgeprägter sein, je leichter dem Individuum das normkonforme Verhalten gefallen wäre. Die Weltbürgerpflichten wollen demgemäß (in diesem ihrem frühen Entwicklungsstadium) fürs Erste allein die Unterwerfung unter bloße Unterlassungspflichten sanktioniert sehen.

b) Während die Menschenpflichten einen umfassenden Rechtsgüterschutz pflegen (wie an den gegebenen Beispielen sichtbar wird), wollen Weltbürgerpflichten nur jene Rechtsgüter erfassen, die die Weltbürgerebene auch wirklich betreffen, dh jene, die nach dem Prinzip der *Subsidiarität* am besten auf dieser Stufe aufgehoben sind. Dies sind jene Rechtsgüter, die wir im Vorigen[747] als solche der „Menschheit" herauszuarbeiten gesucht haben; ihre Verletzung heißt *universales Verbrechen.* Derartige *laesio humanitatis* ist (wenn auch gewiss nicht ausschließlich) den im Katalog des Art 5 des Statuts aufgeführten Delikten zu Eigen.

c) Während sich das *Bescheidenheitsanliegen* in den ersten beiden Fällen jeweils in einer *Limitation* artikuliert hat, so bedeutet es im wichtigen letzten Punkt eine *Extension*: Eine Erklärung, eine Deklaration stellt weitgehend nur sog *soft law* dar, das jeder wirklichen Bindungswirkung entbehren muss. Die durch das Statut normierten Pflichten dagegen sind um ein Regelungsdispositiv ergänzt und erweitert, welches wirksame und effektive Verfolgung und Bestrafung von Pflichtverletzungen gewährleisten soll. Wir haben gesehen, dass die *zwangsweise Durchsetzbarkeit* durch Verfahren und Institutionen nicht einfach bloß hinzutretendes Akzidens, mehr oder minder beliebiger Zusatz ist, sondern im Wesentlichen den „Witz" des Rechts (in Abhebung von anderen Sollensordnungen) überhaupt ausmacht.[748] Wie durch deren Existenz oder Fehlen die Grenze zwischen *Rechten* und *Ansprüchen* gezogen werden kann[749], so scheiden sich an der Frage der Durchsetzbarkeit auch echte *Rechtspflichten* und bloße *Naturalobligationen.*

---

746 Nur der terminologischen Klarheit halber und um der Abwehr drohender Verwirrung willen sei angeführt, dass (in Umkehr der Perspektive) der Verletzung eines Verbotes (also einer Unterlassungspflicht) ein sog *Begehungsdelikt* entspricht, während der Missachtung eines Gebotes der Vorwurf des *Unterlassungsdeliktes* innewohnt. Cf dazu statt aller FUCHS, Strafrecht, 66.

747 Cf dazu oben 3.4.1.3.

748 Cf zB BRIESKORN, Rechtsphilosophie, 33: „Als Recht wird eine Sollensordnung des sozialen Lebens bezeichnet ... deren Durchsetzung letztlich von einem organisierten Verfahren und von bestimmten Institutionen besorgt wird." Cf dazu schon oben 3.3.1.1 aE sowie FN 624.

749 Cf hiezu IDEM, Menschenrechte, 103.

Welcher Richtung man den Vorzug geben soll, lässt sich nicht ohne weiteres entscheiden, verweist doch jede zu Recht auf ihre zweifellos bestehenden Vorzüge. Die beiden Stoßrichtungen sind ja auch nicht in der Weise ausschließlich, dass man für eine der beiden in ihrer Reinform (unter völliger Hintanstellung der anderen) optieren müsste. Nichtsdestotrotz scheint es bedenkenswert, auf *materieller* Ebene nicht allzu weit vorzupreschen, da ansonsten die Gefahr dräut, dass die derart artikulierten Ansprüche angesichts des gänzlichen Mangels an *formeller* Um- und Durchsetzbarkeit und der damit verbundenen permanenten ungestraften und unstrafbaren Pflichtverletzung (dh dem Skandal der *impunity*) zu ebenso völliger Unverbindlichkeit degradiert bzw pervertiert werden. Den *Bogen der Ungleichzeitigkeit* mag man nicht überspannen, wenn er nicht brechen soll. Einen gewissen Grad des Gleichlaufs gilt es zu wahren: In der Dotierung von Ansprüchen mit zu deren effektiver Umsetzung bestimmten Verfahren und Institutionen, dh mit der Gewinnung von Handlungs- und Reaktionsfähigkeit gegenüber Missachtung derselben, ist man zwar – und dies ist weitaus beschwerlicher und risikoschwangerer als die bloße Proklamation von „an sich" bestehenden Verpflichtungen welchen Umfangs auch immer – mit all den mit realem Zuwiderhandeln gegen etablierte Normen einhergehenden Schwierigkeiten und Hürden, mit den Widrigkeiten von Natur und Menschennatur konfrontiert, kann aber in der Ausübung der gewonnenen Handlungsfähigkeit gewissen ausgewählten Ansprüchen mit höherer Wahrscheinlichkeit zu Durchbruch und Wirksamkeit verhelfen und auf diese Weise zugleich auch tragfähigen Boden für ein weiteres Fortschreiten gewinnen.

Solchem Vorgehen sich verschrieben habend, ordnet das Statut des Internationalen Strafgerichtshofes der Selektion vier kapitaler Menschheitsverbrechen ein sicherlich an der Härte der Realität bewährungsbedürftiges, aber nichtsdestoweniger in *ex-ante*-Betrachtung durchaus ernstgemeintes wie ernstzunehmendes Instrumentarium an Organisation und Verfahren bei. Da solches, wie im historischen Teil zu zeigen versucht worden ist, bisher nur im ephemeren Aufblinken von Ad-hoc-Einrichtungen verfügt und ins Werk zu setzen versucht worden ist, stellt der ICC – von einer allgemeinen Perspektive her betrachtet – in der Tat eine Art *Erstkodifikation* eines Weltbürgerpflichtenrechts in einem *starken* Sinne vor, von dem, wie es zu hoffen gilt, eine fruchtbare Dynamik, gerichtet auf Erweiterung des Gleichlaufs um weitere Universaldelikte als der Weltbürgerebene zuzurechnende Ansprüche, ihren Ausgang nehmen wird können. Vor diesem Hintergrund erweist sich der ICC zugleich auch als *Nukleus eines aufstrebenden und sich erhebenden Weltbürgerpflichtenrechts*.

Damit ist aber noch nicht das Ende erreicht: In Wiederaufnahme der Anfangsunterscheidung von *aktivem* und *passivem Weltbürgerrecht* – um das Letztere war es uns ja in den eben entfalteten Überlegungen zu tun – muss auffallen, dass jeder in Verübung eines Universalverbrechens sich niederschlagenden Verletzung des passiven Weltbürgerrechts eine Läsion des aktiven Weltbürgerrechts des Opfers bzw der Opfer der Missetat entsprechen muss: Denn der *status activus* umfasst jedenfalls (wenn die Formulierung auch seltsam anmutet) einen Anspruch darauf, nicht einem Menschheitsverbrechen „zum Opfer zu fallen". In just diesem Zusammenhang mag sich nun aber die Klage erheben, dass in der Analyse der Stellung des Täters und der ihm vorgeworfenen Pflichtverletzung der wenigstens ebenso gewichtige Anspruch des Opfers völlig untergehe. Damit behalte jener in gewisser Weise auch noch im Letzten als Zentrum des allseitigen Interesses die Oberhand. Und in der Tat verhält es sich bei Betrachtung des ICC-Statuts so, dass die *Präeminenz* des (mutmaßlichen) Täters gegenüber dem Opfer unübersehbar ist. Wenige Bestimmungen sind es nur, die das *verdrängte* Opfer in den Blick rücken[750], darunter va der generalklauselhafte Art 68 Abs 1: „The Court shall take appropriate measures to protect the safety, physical and psychological well-being, dignity and privacy of victims and witnesses."

Diese sicherlich zu konzedierende Opferblindheit bzw -ignoranz des ICC erklärt sich aber weitgehend aus dessen Natur selbst: Es ist der eigentümliche Zweck von Strafgericht und Strafverfahren, das Hauptaugenmerk auf die Missetat des Täters zu richten. Bei der Beschäftigung mit dem Statut ist hervorgehoben worden[751], dass der Angeklagte gar das *Subjekt des Verfahrens* ausmacht. Das ganze Procedere dreht sich um ihn, um im Sinne rechtsstaatlicher Prozessführung eine möglichste faire und chancenreiche Verteidigung zu gewährleisten; Opferinteressen müssen demgegenüber regelmäßig zurücktreten.[752] Das Weltstrafgericht ist der privilegierte Ort passiven Weltbürgerrechts. Will man diesbezüglich die aktive Seite stärken, so muss man über den im Statut etablierten (bzw noch erweiterten) Opferstatus hinaus – der allerdings vom Zweck des Strafverfahrens her nie ein gleichberechtigter sein kann, sondern immer nachgeordnet sein muss – nach anderen Remedien Ausschau halten.[753]

---

750 Cf dazu schon oben 2.1.3.4. Allerdings war der Status der Opfer bei den Vorläufereinrichtungen im Verhältnis durchwegs noch unterbelichteter (cf BOURDON, CPI, 150ff).

751 Cf oben 2.1.3.1 sowie FN 202.

752 Allerdings ermöglicht etwa Art 68 Abs 3 ausdrücklich eine *Interessenabwägung im Einzelfall*: „Where the personal interests of the victims are affected, the Court shall permit their views and concerns to be presented and considered ... in a manner which is not prejudicial to or inconsistent with the rights of the accused and a fair and impartial trial." In ähnlicher Weise sieht Art 68 Abs 2 vor, dass zum Schutze von Opfern (insb von Minderjährigen oder Opfern sexueller Gewalt) in Adaption und Spannung zu dem in Art 64 Abs 7 und Art 67 verankerten Grundsatz der Öffentlichkeit des Verfahrens (cf oben 2.2.4.3) uU der Ausschluss der Öffentlichkeit angeordnet werden könne.

753 Zur *Täterzentriertheit* und zu dem auf diesem Hintergrund mancherseits geforderten Perspektivenwechsel zur *Opferzentriertheit* sowie zu den daraus entspringenden alternativen Remedien cf noch unten 5.3.

### 4.3.2 Der weltbürgerliche Gleichbehandlungsgrundsatz

Wir haben oben[754] die universale Gerichtsbarkeit dahingehend charakterisiert, dass ihr *alle Welt unterworfen* ist. Neben das offensichtliche Element der Hierarchisierung und Subordination (im Verhältnis von Gerichtshof zum dessen Gerichtsgewalt unterworfenen Individuum) tritt aber zugleich und ebenso bedeutsam ein Moment der *Gleichheit der Individuen in ihrer Unterworfenheit*: Für ein und dasselbe Handeln, dieser Anspruch ist durch das Statut ausgelobt, soll für alle Menschen ein einheitlicher Bewertungsmaßstab gelten. Im universalen Verbrechen vergeht sich ein Mensch gegen seine Weltbürgerpflichten, will heißen: er verletzt *als Weltbürger* die *diesem Status entspringenden Verpflichtungen*, um dafür dann (dem Gedanken des Gleichlaufs folgend) vor der Weltinstanz zur Rechenschaft gezogen zu werden. Vor dem Weltstrafgericht steht man nicht als Staatsbürger[755] welcher Nation auch immer wie ebenso nicht als Mitglied einer sonstigen Gruppe oder Gemeinschaft, sondern *qua Kosmopolit*. Darin verwirklicht sich exemplarisch der *kosmopolitische bzw weltbürgerliche Gleichbehandlungsgrundsatz*.

Im Streben nach *Gleichbehandlung* selbst – verstanden im Sinne der *suum-cuique*-Maxime[756] distributiver Gerechtigkeit – manifestiert sich ein zentraler Aspekt von Gerechtigkeit, dessen Außerachtlassung eine *Gerichtsbarkeit*, die (bei aller gebotenen Differenzierung von *ius* und *iustitia*) stets dem Anspruch der *Gerechtigkeit* verpflichtet bleibt, im Letzten pervertieren müsste.[757] In vollem Bewusstsein dessen widmet

---

754 Cf dazu schon 3.4.3.3. In diesem Zusammenhang ist auch bes auf die elementare Bedeutung der *Gleichheit* in der kantischen Republikskonzeption hingewiesen worden (cf ZEF 350).

755 Hier ist bewusst vom „Weltstrafgericht“ als einer Idealvorstellung internationaler Strafgerichtsbarkeit die Rede. Was den ICC in seiner konkreten Verfasstheit betrifft, haben wir ja gesehen, dass dieser – wiewohl er im Grundsatz und über weite Strecken genau den hier ausgefalteten Prinzipien folgt – in einem entscheidenden Punkt nach wie vor auf die Täternationalität abstellt, nämlich als eine der alternativen Voraussetzungen zur Zuständigkeitsbegründung (zu diesem sog aktiven Personalitätsprinzip schon oben 2.1.2.2 sowie 3.4.4.3). Von Idee und Anspruch der Weltgerichtsbarkeit her birgt solche Klausel den Born der *Diskriminierung* in sich, kommt es dadurch doch zu einer potenziellen Ungleichbehandlung zweier Menschen unterschiedlicher Nationalität hinsichtlich ihres gleichen Weltbürgerrechts.

756 Cf oben FN 621.

757 Umso problematischer muss von daher die in FN 576 angesprochene Ungleichbehandlung scheinen, die die (vom ICTR abgeurteilten) Spitzen höchstens lebenslanger Freiheitsstrafe unterwirft, während deren Helfershelfern vor den nationalen ruandesischen Gerichten die Todesstrafe droht. Dies ist Folge der simultanen Applikation unterschiedlicher *formaler* Ebenen, wie sie durchaus im Sinne des Subsidiaritätsgrundsatzes gelegen sein kann. Die Legitimität unterschiedlicher Strafen wird ausdrücklich auch vom ICC-Statut selbst durch Art 80 „Nothing in this Part affects the application by States of penalties prescribed by their national law“ (im Sinne der mit dem Gedanken der Subsidiarität verknüpften Entscheidungsautonomie der unteren Ebene über den angemessenen Mitteleinsatz) abgesichert. Hierin zeigt sich (als hier nicht weiter verfolgbarer Aspekt), dass das Subsidiaritätsprinzip mit den Ansprüchen

das Statut eine ganze Bestimmung einer *Nichtdiskriminierungsklausel* folgenden Wortlautes: „The application and interpretation of law pursuant to this article must be consistent with internationally recognized human rights, and be without any adverse distinction founded on grounds such as gender ..., age, race, colour, language, religion or belief, political or other opinion, national, ethnic or social origin, wealth, birth or other status." (Art 21 Abs 3) Dem Weltbürgerrecht kann man in Anwendung und Auslegung nur „Gerechtigkeit angedeihen" lassen, wenn man es in seinem universalen Anspruch ernst nimmt und nicht nach einer dieses überlagernden Zuordnung wie Geschlecht, Hautfarbe, Religion, etc sucht.

In genau dieser Linie liegt die Proklamation von Art 27 Abs 1: „This Statute shall apply equally to all persons", worin das vorher noch negativ formulierte *Diskriminierungsverbot* zum positiv gewendeten *Gleichbehandlungsgebot* avanciert. Dies stellt allerdings nicht die Hauptmotivation für die Verankerung der Norm dar, welche klar zu Tage tritt, wenn man den (nur bruchstückhaft wiedergegebenen) Satz weiterliest: „„...without any distinction based on official capacity. In particular, official capacity as a Head of State or Government, a member of a Government or parliament, an elected representative or a government official shall in no case exempt a person from criminal responsibility under this Statute".

Letzteres reflektiert jenes Unterscheidungsmoment, das in der gerichtsförmigen Aufarbeitung von groß angelegten, meist in einem politischen Kontext stehenden[758] Menschenrechtsverletzungen in überragender Häufigkeit ins Treffen geführt wird, ja omnipräsent ist. Das belangte Individuum macht hier geltend, wegen seiner besonderen *amtlichen Stellung* (als Staats- oder Regierungschef, als Regierungs- oder Parlamentsmitglied etc) nicht zur Rechenschaft gezogen werden zu können; und zwar, weil entweder ihre Stellung als solche einen Strafenthebungsgrund, eine „Immunität" darstelle, die ihren Wesensgrund gleichsam in einer Teilhabe des Individuums an der Souveränität des durch sie repräsentierten Staates findet[759], oder

der Gleichbehandlung – beide auf ihre Art Aspekte verteilender Gerechtigkeit – tendenziell in ein spannungsreiches Verhältnis treten kann. Diese Problematik weist in ihrem Anwendungsbereich weit über dieses konkrete Exempel hinaus – das sich *in thesi*, und nur dort, dadurch „entschärft", dass sich nach dem Verständnis einer wachsenden, aber bei weitem nicht klaren Staatenmehrheit die Todesstrafe als mögliche Strafsanktion überhaupt verbietet, dh als legitimes Mittel, vorgängig zur Entscheidungsautonomie welcher Ebene auch immer, gänzlich ausfällt.

758 Cf dazu schon oben 3.4.1.2.

759 Die *immunité des chefs d'État* (cf oben 1.2.2) erweist sich auf diesem Hintergrund als Aspekt der *Organsouveränität*, die wiederum das Surrogat für die in der Transformation zur *Staatssouveränität* verloren gegangene unmittelbare Souveränität der Person des Monarchen (*Fürstensouveränität*) vorstellt (cf dazu schon oben FN 440 sowie 682). Dem heute überragenden Regelfall der Souveränität als *Qualität einer juristischen Person* widerstrebt nach wie vor das historischen Unikum der *Sancta Sedes*, deren unbestrittene Völkerrechtspersönlichkeit sich nicht in einer abstrahierten Verbandseinheit, sondern im römischen Papst personalisiert.

aber, weil ihr Handeln als Wirken *per procuratorem* gar nicht ihnen als Individuen zugerechnet werden dürfe, sondern – im Namen und auf Rechnung des Souveränitätsträgers verwirklicht – als Handeln des Staats selbst (*act of state*) anzusehen sei.

Solche Argumentation mag im Sinne des Grundsatzes *par in parem non habet iurisdictionem* das Individuum vor der Strafverfolgung durch andere Staaten abhalten können, erweist sich doch das individuelle Handeln jeweils als „souveränitätsüberlagert" und damit unter Beachtung der *égalité souveraine des États* deren Beurteilungsfähigkeit weitgehend entzogen. Diese „Abschirmungswirkung" entfalten solche Argumente höchstens gegen Gleichrangige (und in vielerlei Hinsicht nicht einmal das), nicht aber gegenüber der übergeordneten, als „souveränitätsblind"[760] charakterisierten Weltgerichtsbarkeit: Vor ihr steht immer nur der Weltbürger, die, wie oben[761] gesagt worden ist, *natürliche Person als natürliche*. Indem das Statut – unter kategorischer Zurückweisung jeder *act-of-state*-Doktrin und unter prinzipiellem Ausschluss jeglicher Form von *Immunität*[762] – angesichts universaler Verbrechen das Vorhalten welcher Maske auch immer untersagt, manifestiert es eine *Rollenblindheit*, die sich nahtlos in den Reigen schon erwähnter „Blindheitsmomente"[763] der Gerechtigkeit einfügt. Wenn dabei gesagt worden ist, dass Blindheit diskriminierenden Unterschieden gegenüber keine Mangelerscheinung darstelle, sondern Gerechtigkeitsgebot, so führt der gegebene Zusammenhang einen Paradefall für diese Behauptung vor Augen.

Solche Rollenblindheit gilt auch, und hier ist Art 34 mitzulesen, für die umgekehrte Konstellation, indem die Berufung auf „superior orders" bzw „prescription of law" durchgängig abgeschnitten wird. Wie ein Verstecken hinter der Übergröße der staatlichen Souveränität nicht mehr in Frage kommt, so gewährt auch ein Kauern im Graben der eigenen Bedeutungslosigkeit und Verantwortungsenthobenheit grundsätzlich weder Schutz noch Deckung. Während das Statut jedoch der Berufung auf „official capacity" unerbittlich sowohl den Charakter eines Strafausschließungs- wie auch – „in and of itself" (Art 27 Abs 1) – eines Strafmilderungsgrundes abstreitet, entfaltet Art 34 ein differenzierendes Regime, das die individuelle Verantwortlichkeit zwar nicht im Grundsatz untergehen lassen will (und sogar dies ist unter strengen Bedingungen möglich), aber doch die Tür zu einer entsprechenden Sanktionsminderung öffnet.[764]

---

760 Cf dazu oben p 208.

761 Cf in diesem Zusammenhang auch schon 2.2.2.3.

762 Art 27 Abs 2 normiert hier unmissverständlich: „Immunities or special procedural rules which may attach to the official capacity of a person, whether under national or international law, shall not bar the Court from exercising its jurisdiction over such a person."

763 Cf dazu oben 3.4.3.3 gegen Ende.

764 So schon oben 2.2.2.3 3).

Die „besondere Härte" – sie ist im Grunde ja doch nur Bekenntnis zur Gleichheit –, mit der die „Oberen" hier angefasst werden, korrigiert den uralten Topos, dass es die Privilegierten doch immer wieder verstünden, sich der Verantwortung zu entheben und der Rechenschaftslegung zu entziehen. Dies kommt schön in der ursprünglichen, auf LEIBNIZ zurückgehenden Fassung der von KANT an den Anfang der *Friedensschrift* gestellten Ironie des Wirtshausschildes „Zum ewigen Frieden" mit dem darauf dargestellten Friedhof[765] zum Ausdruck: „Ich erinnere mich einer Aufschrift über irgendeiner Kirchhofspforte, die lautete: *Ewiger Friede.* Denn die Toten schlagen sich nicht mehr, die Lebenden aber sind anderer Stimmung, und die Mächtigsten kümmern sich nicht das mindeste um die Gerichtshöfe."[766]

Dies Phänomen ist uns durch die Geschichte bis auf den heutigen Tag – bedauerlicherweise – bestens vertraut. JOSÉ AYALA LASSO, vormaliger UN-Hochkommissar für Menschenrechte, hat, sich sarkastisch dieser Realität stellend, das Diktum geprägt: „A person stands a better chance of being tried and judged for killing one human being than for killing 100.000." Diesen Skandal ebenfalls vor Augen, schreibt der spätere Chefankläger der Nürnberger Prozesse, ROBERT H. JACKSON, dem US-Präsidenten in seinem Bericht vom 7. Juni 1945 voller Inbrunst: „We do not accept the paradox that legal responsibility should be the least where power is the greatest. We stand on the principle of responsible government declared some three centuries ago to King James by Lord Chief Justice Coke, who proclaimed that even a King is still 'under God and the law'."[767] Nachdem mit der Anklage WILHELMS II. zumindest dem Anspruch nach ein erster entscheidender Schritt in diese Richtung gesetzt worden war und im Nürnberger Verfahren erstmals wirkliche politische Granden sich vor einem internationalen Strafgericht zu verantworten hatten[768], haben die Verfolgungsbemühungen gegen AUGUSTO PINOCHET sowie die gegenwärtige Verhandlungsführung gegen SLOBODAN MILOSEVIC vor dem ICTY das vormals als unantastbar geltende Prinzip der *immunité des chefs d'État* wenn vielleicht nicht obsolet gemacht, so doch schwer in Mitleidenschaft gezogen.

---

765 Dazu cf oben 3.2.5.1 aB.

766 LEIBNIZ, Brief an Grimarest vom 4. Juni 1712, zitiert nach GERHARDT, Zum ewigen Frieden, 36. Im französischen Original liest sich das Ganze noch klarer: „Je me souviens de la devise d'un cimetiere, avec ce mot: *pax perpetua*; car les morts ne se battent point: mais les vivants sont d'une autre humeur; & les plus puissans ne respectent gueres les tribunaux.", so vorfindlich bei KLEMME (Hrsg.), Zum ewigen Frieden, 111.

767 *Report to the President on Atrocities and War Crimes*, III, 2 (cf schon oben FN 31).

768 Das Faktum, dass hiebei zugleich mit KARL DÖNITZ auch – eine Premiere – ein (vormaliger) Staatschef vor Gericht gestanden hat, fällt angesichts der Kürze seiner Amtszeit von nur wenigen Tagen nicht besonders ins Gewicht, verdient aber nichtsdestotrotz Erwähnung (cf oben FN 39).

Dem Wahlspruch FERDINANDS I. *fiat iustitia (et) pereat mundus*, der in diesem Zusammenhang gerne mit „Es geschehe Recht, auch wenn die Welt darüber zu Grunde geht" übersetzt wird, hat KANT eine für unseren Zusammenhang sehr interessante Richtung gegeben. „Der zwar etwas renommistisch klingende, sprichwörtlich in Umlauf gekommene, aber wahre Satz: *fiat iustitia, pereat mundus*, das heißt zu deutsch: ‚Es herrsche Gerechtigkeit, die Schelme in der Welt mögen auch insgesamt darüber zugrunde gehen', ist ein wackerer, alle durch Arglist oder Gewalt vorgezeichneten krummen Wege abschneidender Rechtsgrundsatz." (ZEF 378f, O) Darin klingt schon an, dass es dem Königsberger weniger darum zu tun ist, in einem überhöhten Gerechtigkeitspathos die Welt zuschanden zu machen, sondern vielmehr darum, sich in der Verfolgung der Gerechtigkeit weder durch Arglist noch Gewalt ablenken zu lassen. Auch wenn ein Delinquent (über)mächtig scheint, ist er nicht allein deswegen seiner Verantwortlichkeit zu entheben. Man dürfe sich nicht bloß auf die „zu erwartende[n] Wohlfahrt und Glückseligkeit" – im Letzten Bequemlichkeit – berufen, wolle man den Wert der Gerechtigkeit nicht diskreditieren. Auf diesem Hintergrund erhebt sich die hoffnungsreiche Einschätzung: „Die Welt wird keineswegs dadurch untergehen, dass der bösen Menschen weniger wird." (ZEF 379)

Behufs des fordert Kant – wir sind nicht überrascht – „eine nach reinen Rechtsprinzipien eingerichtete Verfassung des Staats, dann aber auch die Vereinigung desselben mit andern benachbarten oder auch entfernten Staaten zu einer (einem allgemeinen Staat analogischen) gesetzlichen Ausgleichung ihrer Streitigkeiten" (ZEF 379). In dem einmal mehr angerissenen Gedanken der Weltrepublik kommt gerade dem Internationalen Strafgerichtshof die gewichtige Rolle zu – und am Grad der Bewältigung dieser kapitalen Aufgabe wird er sich insbesondere messen lassen müssen –, auch und gerade den Großen der Welt von Heute und Morgen unmissverständlich klar zu machen, dass es eine Ebene der Verantwortung gibt, der man sich auch im Bewusstsein höchster Macht nicht ohne weiteres entziehen kann: Der Anspruch gewaltig, Schritte dorthin erkennbar, aber eine gewaltige Kluft bleibt.

### 4.3.3 Antizipation der Weltbürgergesellschaft

Das Weltbürgerrecht, im gegebenen Zusammenhang mehr in seinem *status passivus* als in dessen aktiver Seite wahrgenommen, gilt es aber noch um eine entscheidende Komponente zu bereichern: In der Herausarbeitung von Weltbürgerrechten und -pflichten und der prinzipiellen Gleichheit aller in Dotation und Applikation derselben tritt uns nur der *einzelne* Kosmopolit entgegen, insofern er sich gegenüber der auf höchster Ebene angesiedelten Weltgerichtsbarkeit verhält; in der dieser Relation innewohnenden maximalen Distanz haben wir ein charakteristisches Spannungsmoment erkannt.[769] Nunmehr sind die dabei ausgeblendeten vielfältig geschichteten und differenzierten Ebenen verstärkt in den Blick zu nehmen, die das Paradigma der Weltrepublik ja charakterisieren. Sie füllen, vermitteln, bereichern diesen Spannungsbogen, ohne aber – und dies ist das Problem der klassischen Souveränitätskonzeption – das Individuum auf irgendeiner Stufe wirklich gegenüber höherer Ebene abschirmen zu können.

Dies lässt einen weiteren Aspekt manifest werden – und die „Souveränitätsmanie" hat auch hier nicht verabsäumt, ihre Folgen (insbesondere in der Bewusstseinsbildung) zu zeitigen: Die Überhöhung des Nationalstaates durch die ihm (gegenüber allen anderen Formen der Vergesellschaftung monopolartig) zustehende Souveränität hat ihn im Zuge der geschichtlichen Entwicklung im Bewusstsein nicht so sehr als graduell entwickeltstes oder am meisten bewährtes, sondern als *kategorial verschiedenes* aus dem Kreise der Gemeinwesen herausgehoben, um ihn im Höhepunkt als Modellbild des Gemeinwesens überhaupt weitgehend allein auf weiter Flur stehen zu lassen. In dieser überragenden Rolle hat er das Phänomen des Politischen umfassend für sich geltend gemacht, zu guten Teilen auch in sich „aufgesaugt". Schon allein der uns geläufige „Bürgerbegriff" spricht Bände, wenn man sich einmal näher überlegt, zu welch großen Teilen dieser vom Ideal des von Aufklärung und Französischer Revolution beschworenen, auf den Nationalstaat gerichteten *citoyen* (verstanden als *Staatsbürger*) inspiriert ist.

Wenn nun aber die Rede davon ist, dass in der anzustrebenden „republikanischen" Verfasstheit, wo es in einem nicht nur metaphorischen Sinne um eine *öffentlich-gemeinsame Angelegenheit*, also um ein *Gemeinwesen* geht, die Menschen nicht Untertanen, sondern vielmehr *Bürger* und als solche zu Gemeinwesenaufbau und -verantwortung berufen sind, so ist dies bei der Transposition des Konzepts auf globale Ebene in einem deutlich weiteren Sinne aufzufassen. Man soll nicht meinen, dass das Weltgemeinwesen nach Bild und Gleichnis des souveränen Nationalstaates errichtet wird, will man nicht zugleich berechtigten Vorbehalten gegenüber einem Weltleviathan das Wort reden. Weltrepublikanischer Föderalismus kann nicht – höchstens um den Preis seiner Perversion – als bloße Übereinanderstapelung von „Gebietskörperschaften" unterschiedlicher Dimensioniertheit, aber klassischen Zuschnitts (etwa im Sinne von Babuschka-Puppen) verstanden werden.[770] In

[769] Cf oben 4.2 aB.

[770] Ein sinnfälliges Beispiel dafür bietet das Phänomen der europäischen Integration: Die Grenzen der Vorstellung, man habe die Wahl zwischen einer reinen, deren „Natur" nicht beeinträchtigenden Koordination der Nationalstaaten in Form eines *Staatenbundes* oder aber einem Sprung in eine neue, höhere, den überkommenen Nationalstaat im Letzten zum bloßen abhängigen Glied degradierende Staatlichkeit im europäischen *Bundesstaat* sind längst klar geworden (cf dazu schon FN 496). Die Konzeption der Europäischen Gemeinschaften lag schon vom ersten Tage ihrer Existenz an außerhalb dieser Dichotomie. Und auch die Europäische Union, wie wir sie heute kennen und wie sie sich gerade umgestaltet, mag fruchtbar in födera-

der anstehenden Herausforderung des Aufbaus von Zügen eines Weltgemeinwesens treten neben die Staaten und die von ihnen kreierten Einrichtungen und Organe in zunehmendem Maße *neue Akteure* auf die internationale Bühne.[771] Darunter ist besonders die Rolle der Nichtregierungsorganisationen, der sog (I)NGOs, hervorzuheben, die in den letzten Jahren rasant an Gewicht zugenommen hat. Wiewohl die Nationalstaaten nach wie vor die wichtigsten *global players* und in diesem Sinne immer noch die „Primärpersonen" auf dem internationalen Parkett vorstellen sowie für absehbare Zeit auch bleiben werden, ist die Relevanz der NGOs doch zunehmend weniger zu unterschätzen.

Dies mussten die Staaten (und für einige von ihnen gleichermaßen zu deren Überraschung wie Missfallen) insbesondere bei der Errichtung des Internationalen Strafgerichtshofes erfahren.[772] Den NGOs kam bei dessen Elaboration, va im Rahmen der Römer Konferenz eine vergleichsweise übergroße Relevanz zu. Das Gelingen der Aufgabe, die 250 bis 300[773] sehr inhomogenen und unterschiedlichsten Zwecken verschriebenen Gruppen zu koordinieren, um dann im Gegenzug die Verästeltheit ihrer Struktur für ein allseitiges Einwirken auf die verhandelnden Staaten fruchtbar zu machen, sowie das Bewusstein, dass man derart auch im „überholten" Verfahren einer Staatenkonferenz, in welcher den NGOs als solchen so gut wie kein „offizieller" Raum gegeben ist, Erfolg haben und in bestimmten Momenten sich formierende Staatenkompromisse entscheidend (mit)beeinflussen könne[774], haben der NGO-Bewegung entscheidenden Auftrieb gegeben. Es ist den NGOs sogar gelungen, sich ins Statut hineinzutragen und damit in gewisser Weise selbst zu einem „Rechtssubjekt" auf internationaler Ebene (wenn auch nicht im technischen Sinne) zu avancieren.

Davon zeugt einmal Art 44 Abs 4: „The Court may, in exceptional circumstances, employ the expertise of gratis personnel offered by States Parties, intergovernmental organizations or non-governmental organizations to assist with the work of any of the organs of the Court." Zu dieser vielleicht unspektakulär wirkenden, aber in der *bloßen Wahrnehmung und Anerkennung* der Nichtregierungsorganisationen als potenzieller Akteure in den vormaligen *domaines réservés* der Staaten höchst bedeutsame Norm gesellt sich Art 15 Abs 2: „The Prosecutor shall analyse the seriousness of the information received. For this purpose, he or she may seek

---

listischen Kategorien buchstabiert werden können, ohne aber dem klassischen Modell der Föderation gehorchen zu wollen.

771 Zu Pluralität und Diversität dieser neuen Akteure schon oben 3.1.1.1 c).

772 Cf dazu schon oben 1.4.2, bes FN 126.

773 Cf SADAT, The Evolution, 31. Eine Zusammenstellung der wichtigsten Mitglieder der so gebildeten *NGO Coalition for an ICC* bietet BASSIOUNI, The Statue, 25, FN 131; cf zu diesem Aspekt auch BOURDON, CPI, 22f. Im gegebenen Zusammenhang sei auch auf die Website der NGO Coalition verwiesen: http://www.igc.org/icc/.

774 Cf BASSIOUNI, The Statute, 26, FN 135.

additional information from States, organs of the United Nations, intergovernmental or non-governmental organizations, or other reliable sources that he or she deems appropriate." Indem der Ankläger ermächtigt wird, sich auch NGOs, gleichberechtigt mit Regierungen und Regierungsorganisationen, als regulärer Informationsquellen bei der Untersuchung vermeintlicher universaler Verbrechen zu bedienen, erfahren diese zum ersten Male eine derartige Institutionalisierung im Völkerrecht.[775]

Unter Berufung auf das Ockhamsche Rasiermesser *entia non sunt multiplicanda*, demzufolge die Entitäten nicht über das Notwendige hinaus zu erweitern sind[776], könnte man sich einer derartigen Entwicklung der Pluralisierung und Diversifizierung der Akteurslandschaft kritisch bis skeptisch gegenüberstellen. Neben allen Problemen, neben Verwirrungen und Unzulänglichkeiten, die in diesem Zusammenhang sicherlich zu konstatieren sind, gilt es aber stets den Blick für eines zu bewahren: Das wahre *Primärsubjekt* ist stets und unaufgebbar das Individuum, der Einzelmensch.[777] Von ihm her gedacht, erweisen sich alle anderen Entitäten als bloße *Hilfssubjekte*, für die das Individuum – mit dem immer nötigen Zusatz: als einzelnes, nicht aber vereinzeltes Wesen –, dh also der Bürger im umfassenden Sinne Richtlinie und Maßstab abgibt. „Notwendig" im Sinne des Ökonomieprinzips sind dann jene Ebenen und Ausfaltungen des Gemeinwesens, die den Bürgern desselben zum Wohle gereichen.

Der damit eingeführte umfassende *civis*-Begriff öffnet, zur Weltbürgerperspektive geweitet, also zugleich den Blick für die zunehmende Bedeutung der *global civil society*, der internationalen Zivilgesellschaft oder vielleicht treffender: der *Weltbürgergesellschaft*.[778] Darin ist zum Ausdruck gebracht, dass neben und in Ergänzung, teils auch gegenläufig zu den klassischen Mechanismen überstaatlicher Zusammenarbeit und Organisation neue Kräfte und Quellen der Dynamik aufbrechen, die, ebenso Staatengrenzen transzendierend, auf ihre Art und Weise am Gemeinwesenaufbau partizipieren. Die im Blick auf den Anspruch des Weltgemeinwesens immer mehr in Frage stehende *externe* Gewaltenteilung soll damit über traditionelle Formen *interner* Gewaltenteilung hinaus – sei es im Sinne der *horizontalen* Separation der klassischen drei Staatsgewalten, sei es *vertikal* durch die Stufung etablierter und gesatzter politischer Körperschaften – durch neue, differenzierte und abgestufte Mechanismen der Gewaltenteilung ergänzt und bereichert werden.

---

775 Cf zu diesem Aspekt BOURDON, CPI, 87.

776 Eine beim *Venerabilis Inceptor* selbst nachweisbare Formulierung dieses sog *Ökonomieprinzips* lautet: *Pluralitas non est ponenda sine necessitate.* Cf dazu OCKHAM, Scriptum in librum primum Sententiarum, d 1, q 1 (ed St Bonaventure OTh IV, 317).

777 Cf oben 4.1.3.

778 Zu Begrifflichkeit und Konzept der hier nicht weiter verfolgbaren Idee der Weltbürgergesellschaft cf etwa SADAT, The Evolution, 32 und 43, FN 10 (samt weiterführenden Hinweisen).

Einen zentralen Part dabei übernimmt die sog *Weltöffentlichkeit*. Wenn KANT sarkastisch sagt, dass „sich große Mächte nie vor dem Urteil des gemeinen Haufens, sondern nur eine vor der anderen schämen, was aber jene Grundsätze [sc die „sophistischen Maximen" des *Fac et excusa*, *Si fecisti nega* sowie *Divide et impera*] betrifft, nicht das Offenbarwerden, sondern nur das *Misslingen* derselben sie beschämt machen kann" (ZEF 375, O), dann wird doch deutlich, dass in diesem Punkt in den letzten 200 Jahren entscheidende Verschiebungen stattgefunden haben. Weit davon weg zu behaupten, dass sich große Mächte dem Urteil des „gemeinen Haufens" heute stets oder auch nur regelmäßig fügen, empfinden die Staaten als Hauptakteure auf der internationalen Bühne doch die öffentliche Meinung bei sich selbst wie auch jene der so apostrophierten „Weltöffentlichkeit" zunehmend als Faktor, den sie zumindest in ihre Planungen einbeziehen müssen.[779] „Eine zu Kants Zeiten im Grad ihrer heutigen Wirksamkeit nicht annähernd vorstellbare Rolle (die aber durchaus im Sinne des Publizitäts-Prinzips der Friedensschrift liegt) spielt in diesem Mechanismus heute die internationale ‚öffentliche Meinung'. Selbst das Wirkungsspiel einer Psychologie der weltpolitischen Scham lässt sich längst zwischen den Staaten feststellen und beschreiben."[780] Die Weltbürgergesellschaft erweist sich von daher auch als (der Möglichkeit nach) *solidarische*, die den schwächsten und vergessensten Opfern, die im komplexen Zusammen- und Widerspiel der Mächte oft untergehen, eine Stimme zu leihen versucht: „La société civile internationale, mandataire des victimes et relais toujours plus efficace d'une opinion publique davantage sensibilisée aux grandes tragédies, joue un rôle de plus en plus grand dans le concert des nations."[781]

Das Zusammenwirken von „Menschen guten Willens", die sich im Bewusstsein und Bemühen um das in Pr I ausgelobte gemeinsame Menschheitserbe für ein Ende der *impunity* von kapitalen Menschenrechtsverletzungen eingesetzt und in Hinblick darauf organisiert haben, ist zu einem prägenden Zug der Römer Konferenz geworden. Damit ist auch deutlich geworden, dass die Weltbürger nicht nur zur (ihnen vorbehaltenen) Legitimation einer solchen Einrichtung berufen sind, sondern dass sie auch zunehmend in ihrem Gründungshandeln an Gestalt und

---

[779] Auf die herausragende Bedeutung, welche den Medien in diesem Zusammenhang zukommt, wurde schon oben 3.1.2.1 gegen Ende hingewiesen.

[780] MERKEL, Lauter leidige Tröster, 321f. Angesichts solcher Entwicklung „echter" weltpolitischer Scham führt er auch den amerikanischen Völkerrechtler STEPHEN M. SCHWEBEL an, für den die weltöffentliche *mobilization of shame* in Hinblick auf die Erzwingung der Völkerrechtskonformität der Staaten eine wichtige Rolle spiele. Besondere Hervorhebung verdient die Parallelisierung des Kant in dieser Form fremden und fremd sein müssenden Gedankens der Weltöffentlichkeit mit dem Diktum, dass „die Rechtsverletzung an *einem* Platz der Erde an *allen* gefühlt" (ZEF 360, O) werde, sowie mit dem für die *Friedensschrift* grundlegenden, hier aber nicht vertiefbaren Gedanken der *Publizität* (cf ZEF 381ff).

[781] BOURDON, CPI, 21; cf in diesem Zusammenhang auch ibd, 331 und 332.

Format zu gewinnen haben. In dem in gemeinsamer Anstrengung von alten und neuen Akteuren der Weltbühne realisierten Statut ist zu Recht ein *Verfassungsmoment* gesehen worden: „The Rome conference may not have been just a Grotian moment for the international legal system, but a Constitutional moment as well – an effort by the peoples of the world, as well as, or in spite of, their governments, to construct a new constitutional conception of the international legal order. The strong presence of the NGOs and their transnational lobbying efforts suggested a quiet constitutional revolution of sorts – the idea that the ultimate sovereignty over the world's human beings might lie not in their governments but in their peoples."[782]

### 4.3.4 Kosmopolitisierung des Raumes

Schon im Vorigen[783] war der Raum Gegenstand unserer Untersuchungen, und zwar va in der Hinsicht, dass in der und durch die Einrichtung eines Weltgerichtshofes eine *Universalität des Raumes* in dem dort entfalteten Sinne zur Verwirklichung kommt. Wie es diesem Abschnitt ansteht, soll auch diesbezüglich – zumindest in einer knappen und unbedarften *Skizze* – die Perspektive gewechselt und einmal mehr der spezifische Standpunkt des Individuums eingenommen werden.

Wir haben im angesprochenen Zusammenhang zu zeigen versucht, dass der Souveränität in ihrem strengen Sinne nicht eine bloß raum*strukturierende*, sondern raum*separierende* Kraft innewohnt: Sie schafft, anders gesprochen, nicht Raumsektoren, sondern Universen. Damit ist gemeint, dass durch den *écran* der staatlichen Souveränität zwei distinkte, nach unterschiedlichen Achsen sich ausrichtende Welten ins Leben gerufen sind: im zwischen- und überstaatlichen Bereich das *horizontal* verfasste und dementsprechend durch *Koordination* geprägte Völkerrecht, zu dem aber nur die Staaten zugelassen sind; zum anderen das durch die *vertikale* Achse dominierte, dem *Subordinations*prinzip gehorchende Staatsrecht, in das (und in das allein) die Individuen gehören.

Diese *dualistische*, aber in sich jeweils *eindimensional* verfasste Struktur gerät mit der Krise des klassischen Souveränitätskonzepts immer mehr ins Wanken, die Universengrenze schwindet. Im Zuge dessen beginnen sich auch die Achsen zu überlagern: In der Idee der Weltrepublik manifestiert sich ein markant *vertikalisierender* Zug, wobei um die jeweils angemessene Platzierung auf der Vertikalskala Universalitätsbestrebungen auf der einen, das Subsidiaritätsprinzip auf der anderen Seite ringen: Eine einheitliche, aber nicht uniforme, sondern föderale verfasste Struktur erhebt sich. Der damit verbundenen Beförderung der Idee der Gleichheit der

---

782 SADAT, The Evolution, 44, FN 18.

783 Cf oben 3.4.3.1.

Weltbürger wohnt zugleich ein *horizontalisierendes* Moment inne. Im Auftreten neuer Akteure und neuer Formen des Zusammenschlusses, der Vergemeinschaftung und der kollektiven Aktion differenziert sich dieses Bild aus in eine Unzahl konstruktiv und destruktiv interferierender Entitäten.

Auf diesem Hintergrund wird auch sichtbar, dass die Ablösung der früheren (zwar nicht in Reinform, aber doch relativ weitgehend verwirklichten) Zwei-Achsen-Struktur weniger durch eine Dynamik der *Beseitigung* als vielmehr der *Überlagerung* erfolgt. Dies bedeutet, dass nicht einfach ein altes Paradigma durch ein neues ersetzt wird, sondern dass sich neue Entwicklungen über das Altüberkommene schieben, es umschließen und transformieren, aber als solches nicht aufheben. Der klassische nationalstaatliche *Souveränitätsschirm*, der, wenn auch seiner Absolutheit und Exklusivität beraubt, nach wie vor existent ist, stellt von daher in vielen Belangen gleichsam eine Art „Schutzschild" vor: Den meisten „Frequenzen" erweist er sich weiterhin gewachsen; es gibt aber auch solche, die aufzuhalten er nicht im Stande ist und die er sohin passieren lassen muss. Eine derartige limitierte Schirmwirkung haben wir etwa im Sektor staatlicher Immunitäten gegenüber der Weltgerichtsbarkeit kennen gelernt.[784] In just diesen Zusammenhang gehört auch die wichtige Unterscheidung von *Auslieferung* und *Überstellung*, an der sich das hier Gemeinte illustrieren lässt.

Gemäß Art 89 des Statuts kann der ICC die „Überstellung" (*surrender*) verdächtiger Personen verlangen. Es mag auffallen, dass hier nicht das Wort verwendet wird, welches man sich im gegebenen Zusammenhang vielleicht erwartete: „Auslieferung" (*extradition*). Dies ist offensichtlich kein Zufall, wie der eigens eingefügte Art 102 belegt, dem keine andere Aufgabe überantwortet ist, als die beiden Begriffe zu distinguieren.[785] Hiebei wird deutlich, dass Auslieferung in den klassischen Kontext (koordinationsrechtlich organisierter) zwischenstaatlicher Relationen gehört und dementsprechend durchaus an der Immunität des Auszuliefernden scheitern kann. Solchen Vorbehalt kann ein Staat bei einer durch den ICC geforderten Überstellung nicht geltend machen: Ihm gegenüber zählt keine Immunität, ja nicht einmal das in vielen Staaten[786] (oft verfassungsgesetzlich) verankerte *Verbot der Auslieferung eigener Staatsangehöriger*. Einmal mehr kommt das Weltbürgerpflichtenkonzept zum Tragen: Gewisse Verbrechen eines Individuums wiegen so

---

784 Cf dazu schon oben 4.3.2 aE.

785 Der „Use of terms" übertitelte Art legt fest: „For the purposes of this Statute: a) 'surrender' means the delivering up of a person by a State to the Court, pursuant to this Statute; b) 'extradition' means the delivering up of a person by one State to another as provided by treaty, convention or national legislation."

786 BOURDON, CPI, 303 nennt exemplarisch die Bundesrepublik Deutschland, Polen und Brasilien. In ähnlicher Weise verfügt die Verfassungsbestimmung des § 12 Abs 1 des österreichischen *Auslieferungs- und Rechtshilfegesetzes* vom 4. Dezember 1979, BGBl Nr 529/1979 lapidar: „Eine Auslieferung österreichischer Staatsbürger ist unzulässig."

schwer, dass er sich deshalb vor der Weltgemeinschaft für sie zu verantworten hat. Seine in der Staatsbürgerschaft zum Ausdruck kommende Nahebeziehung zu einem bestimmten Partikulargemeinwesen ist dabei irrelevant.[787] Es mag sich in beiden Fällen um *acts of delivery* handeln, sie sind doch in qualitativer Hinsicht grundverschieden: In Abhebung von der Auslieferung scheitert gegen ein Überstellungsbegehren, aus anderer Legitimationsquelle gespeist, jede nationalstaatlich begründete Schirmwirkung. Eben dies versucht die Verschiedenheit der Begriffe zum Ausdruck zu bringen.[788]

Durch dies Beispiel wird sohin anschaulich gemacht, was mit dem vorher angesprochenen Unterschied von *Beseitigung* und *Überlagerung* gemeint war: Das Auslieferungsverbot eigener Staatsbürger wird nicht einfach aufgehoben oder ausgemerzt, sondern für den spezifischen Kontext und die besonderen Bedürfnisse der sich erhebenden Weltgerichtsbarkeit modifiziert und transformiert. In diesem Bereich allerdings muss es weichen, oder genauer gesagt: Das Auslieferungsverbot als solches bleibt voll erhalten. Es wird nur klargestellt, dass sein Anwendungsbereich immer nur den Verkehr mit den in der *égalité souveraine* verbundenen Staaten umgreifen kann. Für den nicht davon erfassten, neu in den Blick kommenden Bereich wird (fast in einer Umgehungsbewegung) das neue Institut der „Überstellung" geschaffen: Die Emergenz der Weltrepublik erweist sich mithin oft weniger als eine Dynamik *contra maiestatem* als vielmehr *praeter maiestatem*.[789]

Für die Zwei-Achsen-Struktur war charakteristisch, dass in ihr aller Raum klar souveränitätsmäßig gegliedert ist: Jeder Raumpunkt muss einer und nur einer Souveränität unterworfen sein.[790] Über dieser flächendeckenden Subordinationsstruk-

---

787 Es sei denn, der betroffene Staat begründet auf der Grundlage des aktiven Personalitätsprinzips die internationale Zuständigkeit seiner nationalen Gerichte, die nach dem Komplementaritätsprinzip der Jurisdiktion des ICC vorgängig ist. Dabei geht es allerdings nicht so sehr um ein Zurücktreten des Weltgerichts vor national begründeter Immunität, sondern um den in diesem Grundsatz sich manifestierenden grundsätzlichen Respekt vor nationalem Verfolgungsbemühen.

788 Gleichsam „zur Sicherheit" hat der vorher schon bemühte österreichische Gesetzgeber den Punkt unmissverständlich geregelt. *Sedes materiae* ist ein eigenes *Bundesgesetz über die Zusammenarbeit mit den internationalen Gerichten*, BGBl Nr 263/1996, wo sich ein § 5 (naheliegenderweise ebenso eine Verfassungsbestimmung) folgenden Wortlauts findet: „Die österreichische Staatsbürgerschaft steht einer Überstellung an das Internationale Gericht ... nicht entgegen." Durchaus bewusst wird der in diesem Zusammenhang korrekte Terminus der „Überstellung" verwendet. Damit würde man schon von einer reinen Wortinterpretation her aus dem Anwendungsbereich von § 12 Abs 1 des Auslieferungs- und Rechtshilfegesetzes fallen, doch dem Legislator war es darum zu tun, jeden möglichen Zweifel in dieser wichtigen Frage schon im Keim zu ersticken.

789 Wir greifen hier die BODINsche Terminologie auf, die für *souveraineté* im Lateinischen *maiestas* setzt. Cf dazu oben FN 429.

790 Ausgenommen davon sind allein völkerrechtliche Sonderraumregime, zB solche einer *res nullius* bzw *res communis* oder aber das mit dem Status des „gemeinsamen Erbes der Mensch-

tur erhebt sich im Ideal, dichotomisch davon abgespalten, eine koordinationsrechtlich verfasste Ebene des zwischen- und überstaatlichen Verkehrs. Die Ablösung dieser Struktur bringt die Gewinnung eines *einheitlichen Raumes*, der sich in Überwindung der spezifischen (eindimensionalen) Souveränitätsformung des Raums öffnet für ein sich zusehends formierendes, *multipolares und -dimensionales Kräftefeld*, in das gestellt sich die Individuen erfahren und das ihnen zugleich zur Gestaltung aufgegeben ist.

Im vielschichtigen, föderal strukturierten Gemeinwesen überlagern mehrere Ebenen denselben Raum und entfalten in ihrem jeweiligen „Frequenzspektrum“, welches diesen *idealiter* gemäß dem Anspruch des Subsidiaritätsprinzips zuordenbar ist, ihre Wirkungen auf eben diesen. Dies mag eine Abkehr von einer zuvor vielleicht klareren und übersichtlicheren Struktur sowie in den jeweiligen Grenzbereichen zahlreiche Interferenzen konstruktiven wie destruktiven Charakters bedeuten. Jedenfalls ist darin aber, und das ist entscheidend, den Individuen als Weltbürgern der gesamte Gemeinwesenraum in seiner Vieldimensionalität zu deren verantwortungsvollem Konstitutionshandeln aufgetan.

---

heit“ verbundene Okkupationsverbot (und dies bedeutet: Souveränitätsfeindlichkeit), worunter etwa der Tiefseeboden oder der Mond fallen. Cf zu alledem genauer NEUHOLD/HUMMER/SCHREUER, Handbuch des Völkerrechts, Bd 1, Rz 2092ff.

# 5 Gerechtigkeit und Friede

Das letzte Wegstück der vorliegenden Arbeit in Angriff nehmend, wollen wir noch einmal einen, in vielerlei Hinsicht schon den Charakter einer Schlussbetrachtung annehmenden *Perspektivenwechsel* vollziehen: Den Beginn des zentralen Abschnitts hat nicht zufällig eine Annäherung an das Phänomen der Globalisierung gebildet, in deren Mittelpunkt der Aspekt der wachsenden *globalen Schicksalsgemeinschaft* gestellt worden ist: Diese erweist sich als wesentlich gezeichnet durch die Erfahrungen sowohl einer Gemeinschaft von Not, Tod und Leid wie auch einer möglichen, auf gemeinsamem überkommenen Erbe und menschlichem Freiheitshandeln basierenden Kooperationsgemeinschaft.[791] In diesen Bogen stellt sich auch der Internationale Strafgerichtshof selbst:

> „The State Parties to this Statute,
> Conscious that all peoples are united by common bonds, their cultures pieced together in a shared heritage, and concerned that this delicate mosaic may be shattered at any time,
> Mindful that during this century millions of children, women and men have been victims of unimaginable atrocities that deeply shock the conscience of humanity,
> Recognizing that such grave crimes threaten the peace, security and well-being of the world,
> Affirming that the most serious crimes of concern to the international community as a whole must not go unpunished and that their effective prosecution must be ensured by taking measures at the national level and by enhancing international cooperation,
> Determined to put an end to impunity for the perpetrators of these crimes and thus to contribute to the prevention of such crimes, [...]
> Determined to these ends and for the sake of present and future generations, to establish an independent International Criminal Court in relationship with the United Nations system, with jurisdiction over the most serious crimes of concern to the international community as a whole."[792]

Die Präambel des Statuts gibt uns hier Einblick in den legitimierenden Grundgedankengang des ICC: Dieser basiert auf den Erfahrungen der „unimaginable atrocities“, um sich von diesem erschütternden Bewusstsein aus – das nicht zufällig als *Menschheits*bewusstsein bzw -gewissen[793] adressiert wird – wechselseitig der Handlungs*notwendigkeit* zu versichern („must not go unpunished“). Der in Pr IV noch ausdrücklich verankerte weitere Horizont der Handlungs*möglichkeiten* wird in Pr IX verengt auf *eine* von diesen, welche im Konstitutionshandeln von Art 1 S 1 („An International Criminal Court is hereby established“) zur Verwirklichung ge-

---

[791] Cf dazu oben 3.1.1.2, va aber 3.1.2.

[792] Pr I bis V sowie IX.

[793] Arg „deeply shock the conscience of *humanity*". Cf oben 3.4.1.3.

langt. Von ganz demselben Anliegen beseelt, ist es eigentlich den gesamten vorangehenden Überlegungen im Grunde darum zu tun gewesen, den Internationalen Strafgerichtshof als *eine* Form menschlicher Kooperation in Hinblick auf den Skandal groß angelegter Menschenrechtsverletzungen herauszustellen und dessen Gründung somit als echte Bereicherung des nach wie vor bescheidenen, ja kärglichen Handlungsspektrums gegenüber den von Pr II angeklagten unvorstellbaren Grausamkeiten auszuweisen.

Trotz der nicht weiter auszuführenden Unbeholfenheit und Ohnmacht, mit der sich die Menschen von Gestern wie Heute angesichts solcher Superlative an von Menschen verantworteter Unmenschlichkeit konfrontiert und beladen sehen, stellt die Errichtung einer internationalen Strafgerichtsbarkeit weder den einzigen noch wohl auch zwingend den besten Weg des Reagierens vor. Weit davon weg, eine auch nur annähernd fundierte Untersuchung in diese Richtung anstellen zu können, sollen im Folgenden, gleichsam als Abgesang und Abgang, einige wenige Schritte in der dadurch eröffneten weiteren Landschaft unternommen werden. Bei der einen oder anderen alternativen Handlungsmöglichkeit ankommend, wird man im Rückblick vielleicht auch manchen (positiven wie negativen) Zug des ICC umso besser ausmachen können.

Zugleich wird sich zeigen, dass die verschiedenen Reaktionsformen, und dies soll uns als Richtschnur für die zu setzenden Schritte dienen, in unterschiedlicher Weise und Intensität *Gerechtigkeit* und *Frieden* als Grundwerten menschlichen Zusammenlebens verpflichtet und um deren Realisierung bemüht sind. Dabei wird die innige Verbundenheit der beiden genauso zum Ausdruck kommen – für sie hat der Psalm das schöne Bild gefunden: „Gerechtigkeit und Friede küssen sich“[794] – wie deren auch bisweilen spannungsreiches Verhältnis.

## 5.1 GLEICH- UND GEGENLÄUFIGKEITEN

Die enge Zusammengehörigkeit und Konvergenz von Gerechtigkeit und Frieden stellen einen uralten Topos vor, wie nicht zuletzt aus dem vorigen Zitat erhellt. Besonders prominent sind dabei die Stellen, die in der Gerechtigkeit die Begründerin oder Beförderin des Friedens sehen. Und wiederum stößt man auf ein klassisches Schriftwort: *Opus iustitiae pax.*[795] Eine ganz ähnliche Motivation kommt in ZEF 360 zum Ausdruck, wo (symptomatisch für die *Friedensschrift* als solche) die Verwirklichung des „öffentlichen Menschenrechtes“ zur unabdingbaren Voraussetzung für die Realisierung des „ewigen Friedens“ erklärt wird.

---

[794] Ps 85, 11.

[795] Jes 32, 17. Unter den Wahlspruch, dass der Friede Frucht der Gerechtigkeit sei, hat Papst PIUS XII. seinen Pontifikat gestellt.

Die Formel des „Durch Gerechtigkeit bzw Recht zum Frieden" ist uns aber auch in dem hier im Speziellen behandelten Kontext alles andere als fremd. Zum einen haben wir gesehen[796], dass der UN-Sicherheitsrat in Wahrnehmung seiner Aufgabe der Aufrechterhaltung des Weltfriedens die beiden Ad-hoc-Tribunale für Ex-Jugoslawien und Ruanda installiert hat.[797] Gerichtsförmige Gerechtigkeit wird so in den Dienst des Weltfriedens gestellt, wovon die beiden grundlegenden Res 827 und 955 des SC unübersehbar zeugen, wenn dort davon die Rede ist, „that in the particular circumstances of the Former Yugoslavia [of Rwanda] the establishment as an ad hoc measure by the Council of an international tribunal ... would contribute ... to the restoration and maintenance of peace"[798]. Von dieser Finalität her erklärt sich etwa auch die prinzipielle zeitliche Begrenzung der Gerichtsbarkeit mit der Wiederherstellung des Friedens.[799]

Zum anderen bekennt das ICC-Statut selbst (in Verallgemeinerung des basalen Gedankengangs der Ad-hoc-Tribunale), dass universale Verbrechen ia auch den Weltfrieden gefährdeten (Pr IV) und dass also auch „to this end" (Pr IX) der Internationale Strafgerichtshof zu gründen sei.[800] Just in diesem Punkt liegt ein zentraler materieller Aspekt der Verbindung mit dem zuallererst der Friedenssicherung verpflichteten System der Vereinten Nationen, wofür Pr IX und Art 2 ausdrücklich optieren. Seine klarste Formulierung findet der Zusammenhang von (und zwar gerichtsförmiger) Gerechtigkeit mit dem Anspruch des Friedens[801] in einem Diktum von BENJAMIN B. FERENCZ, vormaliger Ankläger bei den Nürnberger Prozessen: „There can be no peace without justice, no justice without law and no meaningful

---

796 Cf dazu oben 1.3.4.

797 In symbolischer Wiedergabe dieses Gedankens wird das Emblem des ICTR (abgebildet etwa auf http://www.ictr.org/) geziert von der übereinanderliegenden *Waage der Gerechtigkeit* und *Taube des Friedens*, umrahmt vom Lorbeerkranz der Vereinten Nationen.

798 Aus dem (weitgehend) gleichlautenden Erwägungsgrund 6 der Res 827 und 955. Cf dazu schon oben FN 103.

799 So verfügt die gerade erwähnte Res 827 „to establish an international tribunal for the sole purpose of prosecuting persons responsible for serious violations of international humanitarian law committed ... between 1 January 1991 and a date to be determined by the Security Council *upon the restoration of peace*" (Hervorhebung vom Verfasser, cf schon oben p 44). Dies bedeutet nun zwar nicht, dass die Zuständigkeit *ratione temporis* des ICTY mit dem genannten Zeitpunkt automatisch endete, nichtsdestotrotz ist mit der Wiederherstellung des Friedens doch die entscheidende Zäsur markiert, über die hinaus das Tribunal in der ihm gegebenen Grundverfasstheit weiterer Legitimation entbehrt und nur noch „auf Abruf" weiterexistiert. Cf dazu insb BASSIOUNI, The Statute, 34 sowie MERKEL, Lauter leidige Tröster, 342.

800 Es mag daher nicht überraschen, dass die Römer Konferenz selbst unter dem Motto „*Peace and Justice*" stattgefunden hat (cf dazu die Website derselben: http://www.un.org/icc/index.htm).

801 Nicht verschwiegen werden soll hier, dass der ICJ, das zentrale Rechtsprechungsorgan der Vereinten Nationen, (ebenso wie vormals der für den Völkerbund tätige PCIJ) sinnigerweise das sog *Vredespaleis* (also den „Friedenspalast") in Den Haag als seinen Sitz nennt.

law without a court to decide what it just and lawful under any given circumstance."

Zu diesem Zitat, das uns mitten in die Arme des ICC führt und diesen gegenüber den erwähnten anderen Reaktionsformen in der Tat als der Weisheit letzten Schluss erscheinen lassen muss, haben sich aber weitere Erwägungen zu gesellen, die das so harmonisch scheinende Verhältnis von Friede und Gerechtigkeit auch in dessen *konfliktiver* Seite zur Geltung bringen. So ist teilweise sogar die Rede von „deux exigences *a priori* complémentaires et alliées, mais qui peuvent se révéler cruellement contradictoires"[802]. Es wird nämlich immer wieder argumentiert, dass überzogenes Gerechtigkeitsstreben das Ablaufen von Heilungsprozessen einer Gesellschaft im Gefolge traumatisierender Gewalterfahrungen unbotmäßig behindern könne, vor allem aber (in zeitlich noch früherem Stadium), dass das „Damoklesschwert" der Strafverfolgung in vielen Fällen eine Bewältigung des hinter universalen Verbrechen regelmäßig stehenden politischen Konflikts[803] erschwere, wenn nicht überhaupt verunmögliche.[804]

In diesen Zusammenhang von Ambivalenz, ja teilweiser Divergenz von Gerechtigkeit und Frieden gehört auch das schon angesprochene Regelungspositiv von Art 16 des Statuts[805]: „No investigation or prosecution may be commenced or proceeded with under this Statute for a period of 12 months after the Security Council, in a resolution adopted under Chapter VII of the Charter of the United Nations, has requested the Court to that effect; that request may be renewed by the Council under the same conditions." Die damit vorgesehene Möglichkeit eines „Moratoriums" der Strafverfolgung soll dem Sicherheitsrat die nötigen Spielräume geben, in der Verfolgung seiner Verantwortung für den Weltfrieden zB ein geeignetes Friedensabkommen abzuschließen. „In order to end an international or internal conflict, negotiations often must be held with the very leaders who are responsible for war crimes and crimes against humanity. When this is the case, insisting on

---

802 BOURDON, CPI, 92 (Hervorhebung im Original).

803 Cf zu diesem Aspekt schon oben 3.4.1.2 gegen Ende.

804 So hält der anglikanische Erzbischof DESMOND TUTU deutlich fest, dass die Einigung zwischen dem südafrikanischen Apartheid-Regime und den wichtigsten Vertretern der schwarzen Bevölkerungsgruppen ohne die Beseitigung dieses Damoklesschwerts nicht zu erreichen gewesen wäre: „There would have been no negotiated settlement and so no new democratic South Africa had the negotiators on one side inisisted that all perpetrators would be brought to trial. While the Allies could pack up and go home after Nuremberg, we in South Africa had to live with one another." Damit wendet er sich gegen „some South Africans – and others in the international community – [sc who] enjoy the luxury of being able to complain that all the perpetrators ought to have been brought to justice" (TUTU, No Peace Without Forgiveness, 25).

805 Cf oben 2.1.4.1 sowie (zur bereits erfolgten Inanspruchnahme der in Art 16 zu Gunsten des UN-Sicherheitsrates ausgesprochenen Ermächtigung) FN 136.

criminal prosecutions can prolong the conflict, resulting in more deaths, destruction, and human suffering."[806]

Im Bewusstsein von Komplexität und Vielschichtigkeit der Frage bleibt aber trotzdem die vielfach (und zu Recht) vorgebrachte Kritik, dass man dem Anliegen einer adäquaten Vermittlung von Gerechtigkeit und Friede in einer Weise hätte Rechnung tragen können und müssen, die für das *institutionelle Gleichgewicht* (und damit die *horizontale Gewaltenteilung*)[807] auf oberster Ebene des Weltgemeinwesens weniger folgenschwer gewesen wäre. Art 16 räumt dem Sicherheitsrat nämlich eine völlig abstrakt formulierte, allein zeitlich begrenzte (und wegen der beliebigen Erneuerbarkeit auch nur *relativ* zeitlich begrenzte) Generalermächtigung ein, die keine Bindung seines Handelns an irgendwelche *materiellen* Kriterien vorsieht, sondern allein auf die *Formal*voraussetzung des Handelns unter Kapitel VII der UN-Charta abstellt. Auch der zweite, im Sinne einer entsprechend flexiblen Handhabbarkeit vielleicht noch näher liegende Weg eines gleichberechtigten Abstimmungsmechanismus[808] zwischen ICC und SC wurde ausgeschlagen.

Zum Teil wurde und wird über solche *potenzielle* Präponderanz von Friedens- über Gerechtigkeitsinteressen hinaus *prinzipielle* Reserviertheit gegenüber einer Aufarbeitung von groß angelegten Menschenrechtsverletzungen durch Gerichte, welcher Beschaffenheit auch immer, manifest. Hierher gehört die einen Kernpunkt des in § 58 der *Metaphysik der Sitten* entfalteten „Rechts nach dem Kriege" ausmachende apodiktische Festlegung: „Dass mit dem Friedensschlusse auch die *Amnestie* verbunden sei, liegt schon im Begriffe derselben." (MSR 349, O) Jenseits einer solchen Interpretation der Amnestie als geradezu notwendiges Implikat jeder Friedensbemühung[809], die heute in dieser Weise kaum mehr vertreten wird, finden sich doch

---

806 SCHARF, Justice versus Peace, 179. In einer Anmerkung zu dieser Passage zitiert er einen anonymen Regierungsbeamten mit folgenden Worten: „The quest for yesterday's victims of atrocities should not be pursued in such a manner that it makes today's living the dead of tomorrow."

807 Cf dazu schon oben 4.1.1.

808 „Rien n'interdisait de penser que la concertation et le dialogue entre les deux institutions, dans l'hypothèse de l'imminence d'un accord de paix, pouvaient apporter des solutions conformes à l'intérêt du plus grand nombre." Treffend kritisiert BOURDON, CPI, 91 die völlige Unilateralität des Mechanismus und prangert seine Missbrauchsanfälligkeit an, die im Letzten überhaupt zu einer Lähmung des ICC führen könne. Schon in 3.3.3.2 c)iii) haben wir (im Kontext des Subsidiaritätsprinzips) die Problematik der Dotierung nur einer Seite mit der Kompetenzkompetenz gesehen: Was dort für die Vertikalbeziehung im Föderalismus gesagt worden ist, gilt auch für die hier gegenständliche *horizontale Kompetenzverteilung* zwischen SC und ICC.

809 In seinem kompromisslosen Verbot aller Kriegsmittel und Strategien, „welche das wechselseitige Zutrauen im künftigen Frieden unmöglich machen müssen" (cf dazu und zu anschaulichen Exempeln ZEF 346f sowie MSR 347), sieht HÖFFE, Gibt es ein interkulturelles Strafrecht?, 13 zu Recht einen Ansatzpunkt im kantischen Denken selbst, das über eine vollständige und unbedingte Amnestie hinausführt. Da „jene höllischen Künste ... sich nicht lange innerhalb der Grenze des Krieges halten ..., sondern auch in den Friedenszustand übergehen

gewichtige Positionen, die darin (in sogleich zu erläuternder Form) im Verhältnis zur gerichtsförmigen Aufarbeitung den „Königsweg" sehen: „Indeed, some experts believe that these mechanisms do not constitute just ‚a second-best approach' when prosecution is impracticable, but that in many situations they may be better suited to achieving the aims of justice."[810]

Angesprochen ist damit ein besonderes Modell der Amnestie, das in den letzten Jahren bemerkenswerten Auftrieb erfahren hat, nämlich der Typus der *Wahrheitskommission.* Ohne die Komplexität des Phänomens hier auch nur annähernd ausloten zu können, geht es dabei darum, einen Mittelweg zwischen gerichtsförmiger Aufarbeitung von Kapitalverbrechen und einer weitgehenden Untätigkeit im Sinne einer „Pauschalamnestie" zu finden und zu beschreiten. Das zweifellos bedeutendste und zu größter Bekanntheit und Wirkmacht gelangte Beispiel jüngeren Datums stellt in diesem Zusammenhang sicherlich Südafrika[811] dar, wo das im Zug der 1994 erfolgten ersten demokratischen Wahlen berufene Parlament am 19. Juli 1995 eine *Truth and Reconciliation Commission (TRC)* errichtet hat.[812] Vielfältig sind die Merkmale, die diese Institution von Vorläufer- und Paralleleinrichtungen unterscheiden: Zu den markantesten dabei gehört, dass sie zum Unterschied von vielen anderen in einem demokratischen Akt gründet, dem eine breite öffentliche Debatte vorausgegangen ist.

Am wichtigsten aber ist jenes, dass ihr Primärziel nicht so sehr in möglichst umfassender Dokumentation der historischen Wahrheit besteht, sondern dass diese gleichsam nur als Nebenprodukt aus einer durchaus *gerichtsähnlichen* Tätigkeit entspringt: Jenen Individuen, die vor dem im Schoße der TRC gebildeten *Committee on Human Rights Violations* die von ihnen begangenen Menschenrechtsverletzungen wahrheitsgemäß und vollständig bekennen, wird durch das dies (und nur dies) überprüfende *Committee on Amnesty* Straffreiheit zugesagt. Kategorien wie getätigte oder verweigerte persönliche Reue des Täters sind für die Entscheidung über die Amnestierung irrelevant. Ist aber jemand nicht bereit, überhaupt vor der TRC auszusagen oder erweisen sich seine Angaben als unrichtig oder unvollständig, muss

und so die Absicht desselben gänzlich vernichten würden", sind sie entschieden vor, während und nach dem Kriege zu unterbinden, auf dass der ewige Friede nicht auf dem „großen Kirchhofe der Menschengattung" statthabe (ZEF 347).

810 SCHARF, Justice versus Peace, 181.

811 Zu Einrichtung, Struktur und Arbeitsweise der *Truth and Reconciliation Commission* cf in geraffter Form MINOW, Between Vengeance and Forgiveness, 52-57, für eine ausführliche Beschreibung und Dokumentation des Kommissionsgeschehens va aber WAHRHEITS- UND VERSÖHNUNGSKOMMISSION SÜDAFRIKA, Das Schweigen gebrochen – *Out of the Shadows.*

812 Mit der Leitung der Kommission wurde von Staatspräsident NELSON MANDELA mit DESMOND TUTU, Erzbischof von Kapstadt und Friedensnobelpreisträger, eine der Schlüsselfiguren der „demokratischen Wende" Südafrikas betraut. Seine Erfahrungen in dieser Verantwortung sind Anstoß und Grundlage für das öfter zitierte Werk *No Future Without Forgiveness.*

sich das betreffende Individuum (auch und gerade über die Lebensdauer der mit Übergabe ihres Endberichtes[813] an den Staatspräsidenten am 29. Oktober 1998 zum Abschluss ihrer Arbeit gekommenen Kommission hinaus) der regulären Strafverfolgung durch die Gerichte gewärtig sein.[814] Es kommt somit zu individuellem Verfahren und individueller Straffreiheitszusage[815]: „Amnesty would be available but only conditionally: to individuals who personally applied for it and who disclosed fully the facts of misdeeds that could be fairly characterized as having a political objective. Trading truth for amnesty, and amnesty for truth, the commission was intended to promote the gathering of facts and the basis for the society to move on toward a strong democratic future.“[816]

Diese durchaus positive Bewertung des südafrikanischen Amnestiemodells mag hier für sich stehen; wir müssen uns, sie in Sympathie mittragend, jedes ernsthaften und differenzierten Würdigungsversuchs dieses sehr jungen und vielschichtigen Phänomens enthalten.[817] Klar ist aber, dass dessen Beurteilung signifikant anders ausfallen muss als jene der Amnestien, wie sie etwa in Chile[818] oder Uruguay[819] verfügt und abgewickelt worden sind. Die Notwendigkeit einer „Scheidung der Geister“ wird weitum gesehen: „Amnesties vary greatly: Some, as in Haiti and South Africa, are linked closely to mechanisms for providing accountability and

---

813 Besagter Endbericht ist auf der Website der TRC unter http://www.doj.gov.za/trc/index.html abrufbar.

814 Dieser versuchte „dritte Weg“ findet eine treffliche Charakterisierung bei TUTU, No Peace Without Forgiveness, 33f: „Our country's negotiators opted for a ‚third way' that avoided the two extremes of Nuremberg trials and blanket amnesty (or national amnesia). This third way was the granting of amnesty to individuals in exchange for a full disclosure relating to the crime for which amnesty was being sought. It was the carrot of possible freedom in exchange for truth, and the stick was the prospect of lengthy prisons for those already in gaol, and the probability of arrest, prosecution and imprisonment for those still free.“

815 Dem entgegen steht, und nur dieses eine Beispiel von vielen sei aufgeführt, die (aus dem Mangel jeglicher Initiative von Staatsseite motivierte) Etablierung einer privaten Untersuchungskommission, die zu einem prominenten Teil vom katholischen Erzbischof von São Paulo getragen und finanziert worden ist. Unter schwierigen Bedingungen wurden über vier Jahre hinweg Bände von Belegen zusammengetragen, die – unter dem Titel *Brasil: Nunca Mais* (Brasilien: Nie Wieder) herausgegeben – 144 politische Morde sowie 1.800 Folterungen dokumentieren. Trotz dieser überaus verdienstvollen Arbeit bleibt doch der Wermutstropfen, dass die vermeintlichen Täter auf Grund mangelnden politischen Willens nie persönlich zu den Vorwürfen Stellung zu nehmen brauchten.

816 MINOW, Between Vengeance and Forgiveness, 55f.

817 Cf dazu noch unten 5.3.

818 Zum 1978 beschlossenen chilenischen Amnestiegesetz etwa BOURDON, CPI, 308f.

819 Im Jahre 1986 erfolgte die Erlassung eines Gesetzes, das den Verbrechen der Militär- und Polizeikräfte der Jahre 1973 bis 1975 eine generelle Amnestierung angedeihen ließ. Ein 1989 abgehaltenes Referendum über dieses Amnestiegesetz „a été marqué par la volonté d'une majorité d'électeurs (60 %) d'oublier le passé plutôt que de mettre en péril la pérennité fragile des institutions démocratiques“. Cf dazu IDEM, CPI, 167.

redress; others, as in Sierra Leone, Chile, and Argentina, are simply a mindful forgetting."[820] Angesichts des (allein schon an der angeführten, leicht vermehrbaren Zahl der „Problemfälle" ablesbaren) großen Überhangs der Kontraproduktivität und des Scheiterns von Amnestie gegenüber deren gelungener Verwirklichung kann man aber auch zu einer insgesamt reservierten Haltung gelangen: „Aus dem Blickwinkel der Menschenrechte im weitesten Sinn des Wortes tut das neue Statut zweifellos einen entscheidenden Schritt ... So paradox dies klingt, könnte diese Neuregelung, welche eine obligatorische Katharsis am Ende von Konflikten einleitet, die Entstehung eines echten Friedens mehr begünstigen als die Einsetzung von Wahrheits- und Versöhnungskommissionen, deren Hauptaufgabe dahin gehen kann, eine unangenehme Vergangenheit unter den Teppich zu wischen"[821], so der Chef der Schweizer Delegation bei der Römer Konferenz.

## 5.2 Option für ein „bewegliches System"

Was ist mit den vorigen Betrachtungen gewonnen worden? Im spannungsreichen, von Gleich- und Gegenläufigkeiten gezeichneten Verhältnis von Friede und Gerechtigkeit haben wir zwar mehrere Positionen vorgefunden, aber kaum wirkliche Orientierung. Eines ist jedoch deutlich geworden: Es scheint nicht möglich zu sein, in der konkreten Situation Friedens- und Gerechtigkeitsansprüche gleichzeitig und -rangig zur vollen Verwirklichung zu bringen. Vielmehr dominiert oft die Erfahrung, dass man den einen Aspekt zu Lasten des anderen befördern muss oder eben umgekehrt. Fast fühlt man sich dabei an das (va den Wirtschaftswissenschaften vertraute) Bild des „magischen Vielecks" erinnert, welches zentrale volkswirtschaftliche Größen (Wirtschaftswachstum, Inflation, Arbeitslosigkeit, etc) umgreift, die auf Grund ihrer komplexen, kon- wie divergenter Zusammenhänge aber nie zugleich optimierbar sind, sondern nur in mehr oder minder ausgeprägter Akzentuierung der Elemente in ein so oder so gewichtetes Equilibrium zu führen sind.

Ähnlich verhält es sich auch hier: Angesichts von Erfahrungen groß angelegter Menschenrechtsverletzungen, von universalen Verbrechen, die menschliche Gesellschaften zutiefst erschüttern, ja teilweise an den Rand ihrer Existenz führen, gibt es keine *absolute* (und vielleicht noch *allgemein gültige*) Ideallösung, die den im Raum stehenden Ansprüchen umfasend gerecht werden könnte. Auf den Punkt gebracht: „There are no tidy endings following mass atrocity."[822] Was allerdings erreichbar (und uns damit aufgegeben) scheint, ist eine *relative* Ideallösung, die in gebührlicher Berücksichtigung der konkreten Situation das „richtig akzentuierte"

---

[820] SCHARF, Justice versus Peace, 189.
[821] CAFLISCH, Der neue Internationale Strafgerichtshof, 11.
[822] MINOW, Between Vengeance and Forgiveness, 102.

Zusammenspiel von Gerechtigkeits- und Friedensanliegen sucht; dies kann von Fall zu Fall zu nennenswerten Unterschieden führen.[823] Diesem Urteil schließt sich auch RICHARD J. GOLDSTONE, seines Zeichens ehemaliger Richter des südafrikanischen *Constitutional Court* sowie vormaliger Chefankläger von ICTY und ICTR, an: „It is dangerous to generalize or to offer armchair device. There is no recipe for all such situations. In most cases the choices will be limited by political, military, and economic conditions. And, whatever solution is chosen, the results will be mixed.“[824]

Die Grundwerte von *Gerechtigkeit* und *Friede* können so als Elemente eines *„beweglichen Systems“* gedeutet werden[825]: Sie stehen zueinander in einem Verhältnis wechselseitiger Bezogenheit, und zwar derart, dass in der konkreten Situation die Rücknahme des einen Elements durch die Beförderung des anderen kompensiert werden kann. Von just solchen Abwägungs- und Ausgleichsbemühungen spricht DESMOND TUTU – in einem noch weiteren Wertekontext – hinsichtlich der letztendlichen Entscheidung für die Option der TRC (unter Ausschluss einer an den Nürnberger Prozessen orientierten Aufarbeitung der Vergangenheit): „We have had to balance the requirements of justice, accountability, stability, peace and reconciliation. We could very well have had retributive justice, and had a South Africa lying in ashes – a truly Pyrrhic victory if ever there was one.“[826] Der einer solchen *misslungenen* Abwägung in Aussicht gestellte Pyrrhussieg droht aber noch mehr der *unterlassenen* Abwägung, die eines der Elemente von vornherein zurückstuft oder überhaupt ausblendet. Als die beiden Extrema, die kaum je in dieser Schärfe vertreten werden, aber doch als Pole den Bogen der Überlegung abstecken, stehen die völlige Ausblendung des Gerechtigkeitsmomentes zu Gunsten des Friedens in der nur für sich verstandenen Bemerkung: „Dass mit dem Friedensschlusse auch die *Amnestie* verbunden sei, liegt schon im Begriffe desselben“ (MSR 349, O) einerseits wie auch dessen Überhöhung in einem blind-verbissenen Gerechtigkeitsstreben in einer Lesart des zitierten Wahlspruchs FERDINANDS I.[827] *Fiat iustitia, et pereat mundus* („Es geschehe Recht, auch wenn die Welt darüber zu Grunde geht“) andererseits.

Der Grund hiefür ist darin zu suchen, dass die angesprochenen Grundwerte, deren zwei wir in den Blick genommen haben, in ihrer Realisierung voneinander

---

[823] Cf dazu noch unten p 277ff.

[824] So GOLDSTONE im Vorwort zu MINOW, Between Vengeance and Forgiveness, x.

[825] Die Überlegung inspiriert sich aus dem im Kontext der Zivilrechtsdogmatik von WALTER WILBURG entwickelten Modell des „beweglichen Systems“. Cf dazu grundlegend IDEM, Entwicklung eines beweglichen Systems im bürgerlichen Recht (aus 1950). Eine großzügige Darstellung und Analyse bietet BYDLINSKI, Juristische Methodenlehre, 529-543.

[826] TUTU, No Future Without Forgiveness, 27.

[827] Cf dazu oben 4.3.2 aE.

nicht unabhängig sind. Die völlige Opferung des einen ist nur um den Preis der Perversion des anderen zu haben.[828] In kantischem Pathos gesprochen: „Denn wenn die Gerechtigkeit untergeht, so hat es keinen Werth mehr, dass Menschen auf Erden leben." (MSR, 332) Jegliche Antwort auf „mass atrocity" muss sich also, ein erstes festzuhaltendes Ergebnis, weitgehend unabhängig von der konkreten Situation daran messen lassen, dass sie Friedens- und Gerechtigkeitsansprüchen wenigstens zu einem gewissen *Mindestmaß* zu genügen vermag. Aus dem sich oberhalb dieser Mindestschwelle auftuenden Handlungsspektrum gilt es dann die den Erfordernissen der Lage angemessenste herauszufiltern. Rudimentäre Elemente einer möglichen Kriteriologie sollen im Folgenden aufgezeigt werden.[829]

Entscheidende Bedeutung bei der näheren Bestimmung des angesprochenen Mindesterfordernisses kommt dabei dem *Verbot gänzlicher Verdrängung* von groß angelegten Menschenrechtsverletzungen zu. Wohl ist es vorstellbar, dass sich eine Gesellschaft (wie ein Individuum in vergleichbarer Situation) unmittelbar im Moment und Gefolge solcher Ereignisse mit der Ausarbeitung und Applikation von Bewältigungsstrategien überfordert sieht und sich zuallererst den Erfordernissen des nackten Überlebens zu widmen hat. Mit derartigen Situationen ist man insbesondere nach Kriegen bzw Bürgerkriegen konfrontiert, wo die ersten Bemühungen der Wiederherstellung der öffentlichen Ordnung und Sicherheit, der Nahrungsmittel- und Gesundheitsversorgung, etc gelten. Solche legitime Berufung auf den *kollektiven Selbsterhaltungstrieb* schlägt aber nur allzu schnell in *kollektive Verdrängungsmechanismen* um. Meist wird dann argumentiert, dass der Wunden genug aufgerissen seien und dass man jetzt endlich zur Ruhe kommen wolle, um die zunehmend bequemere und im selben Maße problematischere Untätigkeit zu rechtfertigen. Es ist müßig, aus der Überzahl der geschichtlichen Beispiele hiefür irgendwelche im Besonderen aufzählen zu wollen.

Damit kommt der Aspekt *anamnetischer Gerechtigkeit*[830] ins Spiel, dem gerade für den Zusammenhang traumatisierender Menschenrechtsverletzungen hohe Bedeutung zukommt. Hier mag man das südafrikanische Wort „Die Wahrheit schmerzt, aber Schweigen tötet" bemühen oder aber auf die Präambel der französischen *Déclaration des droits de l'homme et du citoyen* vom 26. August 1789 verweisen, die nicht zufällig schon in ihrem ersten Satz die Unkenntnis (*ignorance*) und das Ver-

---

828 Dieser Gedanke wird teilweise durch Zusätze wie „echt" oder „falsch" zum Ausdruck zu bringen gesucht: Ein Friedenszustand, der Gerechtigkeitsaspekte völlig ausblendet, wird dann als „falscher Friede" apostrophiert, da er im Ergebnis dem Menschen solcherart zum Schaden gereicht, dass alle Verbürgungen von Ruhe und Sicherheit sich über kurz oder lang als bloß scheinbare und verhängnisvolle erweisen müssen. Wir denken dabei etwa an den in FN 369 erwähnten „valsche fride" sowie an den „ewigen Frieden ... auf dem großen Kirchhofe der Menschengattung" (ZEF 347).

829 Dazu noch unten 277ff.

830 Cf dazu schon oben 3.1.2.2 aB.

gessen (*oubli*) unter die Hauptursachen des öffentlichen Unglücks (*malheurs publics*) reiht.[831] Auch eine Gesellschaft kann sich ihrer Vergangenheit nicht beliebig entziehen, und dies nicht nur der Opfer wegen[832], sondern im Interesse der Gesamtgesellschaft überhaupt. Damit ist aber zugleich eine *Zeitkomponente* angesprochen, die bei diesem Phänomen eine erhebliche Rolle spielt: Wir haben Verständnis dafür geäußert, dass dem Erinnern und Festhalten der Ereignisse unter dem unmittelbaren Eindruck der ersten Not noch kein großer Stellenwert zukommen mag. Sobald diese aber behoben ist, stellt sich der Anspruch unabweislich an die Gesellschaft als ganze wie an die Individuen in ihr.

Da mögen schnell Erklärungen bei der Hand sein, dass man den Dingen aus der historischen Distanz besser gerecht werden könnte bzw dass sich darum besser kommende Generationen kümmern sollten, die dem Gesamtkomplex unbefangener gegenüberstünden. Der Anspruch besteht und bedeutet für die Gesellschaft, die sich ihm dauerhaft zu entziehen sucht, eine schwere Bürde und Verantwortungslast. Traumatisierende Ereignisse, deren Verarbeitung anfangs in der Tat die Kräfte überstiegen hätte, entwickeln sich in und auf Grund ihrer Verdrängung zusehends zum kräftebindenden und -raubenden Faktor. In unseren Tagen – allerdings auch aus beachtlichem Zeitabstand zu den Katastrophen der letzten Jahrhundertmitte – ist man sich dieser Mechanismen und der Notwendigkeit wie Pflicht zur Aufarbeitung und Stellungnahme immer deutlicher bewusst geworden. Eine derartige *Erinnerungs- und Anerkennungsleistung* erweist sich von daher als ein Element der zu erwartenden Mindestreaktion, die gegenüber bloßer Untätigkeit schon einen entscheidenden Fortschritt darstellt.

Diese Funktion anamnetischer Gerechtigkeit nun kann durch eine Historikerkommission, eine Wahrheitskommission oder durch gerichtsförmige Aufarbeitung uä gleichermaßen erfüllt werden. In dieser Hinsicht scheint Letztere den anderen beiden sogar unterlegen zu sein: „Trials following mass atrocities can never establish a complete historical record, despite all hopes ... Trials, in the end, are ill suited to deal with the subtleties of facing the past."[833] Einen gravierenden Vorzug, den sie mit sich bringen (und diesen teilen sie wohl mit der Einrichtung von Wahrheitskommissionen, die dem südafrikanischen Modell folgen), wird man demgegenüber darin zu sehen haben, dass nicht einfach nur nach dem Festhalten „historischer Wahrheit" im Allgemeinen gestrebt wird, sondern dass auch dem Element *individueller Verantwortlichkeit* – im Englischen wird in diesem Zusammenhang gern und treffend von „accountability" gesprochen – Rechnung zu tragen versucht wird. Unter dem Anspruch *ausgleichender Gerechtigkeit*, in einem weiten Sinne verstanden,

---

831 Zu diesem Aspekt cf auch BRIESKORN, Menschenrechte, 11f.

832 Diese allerdings würden, wie TUTU, No Future Without Forgiveness, 32 richtig sieht, durch den Akt *nationaler Amnesie* ein zweites Mal zu Opfern gemacht.

833 MINOW, Between Vengeance and Forgiveness, 47 und 51.

soll die einzelne Untat mit ihrer jeweils einmaligen Konstellation von Opfer(n) und Täter(n)[834] in den Blick genommen werden. Die Tat kann nicht mehr ungeschehen gemacht werden; insofern kann der Täter am Opfer niemals das gutmachen, was er ihm zugefügt hat. Nichtsdestotrotz bedeutet es einen gravierenden Unterschied, ob diese Tat einfach ungehört verhallt oder ob sie als *individuelles* Verletzungshandeln eine *Antwort* auszulösen im Stande ist, mag diese nun in einem Strafausspruch, in einem Geständnis vor einer Kommission, in einer Reparationszahlung an das Opfer, in einer Bekundung von Reue oder Bitte um Verzeihung, etc bestehen.

Das Bemühen um *ausgleichende Gerechtigkeit auf individueller Ebene* (und dies hat als Vorbedingung das *Ernstnehmen individueller Verantwortlichkeit*) scheint ein weiteres wichtiges Moment des Mindestmaßes an Handeln und Reagieren zu sein, das eine Gesellschaft sich und ihren Gliedern (Opfern, aber auch Tätern) schuldet. Hier spielt einmal mehr eine *Zeitkomponente* herein: Gerade die Qualität der *Unverjährbarkeit*, so haben wir gesehen[835], lässt die Verletzung nicht zur Geschichte werden, sondern hält sie in zu verantwortender Gegenwart. Der Zeitenlauf wird dadurch aber nicht angehalten: Opfer und Täter werden älter und sterben. Insofern ist speziell dem Aspekt individueller Verantwortlichkeit zu Eigen, dass er eine verhältnismäßig rasche Geltendmachung und Umsetzung des darin ausgelobten Anspruchs fordert. Ansonsten bleibt man im Wechsel der Generationen weitgehend auf die bloß allgemeine Feststellung von Verantwortlichkeiten und dementsprechend auf (in weiterem Sinne aufzufassende) Reparationsleistungen – so sie überhaupt noch statthaben (können) – verwiesen, die sowohl auf Opfer- wie Täterseite je länger je mehr nicht mehr die unmittelbar Betroffenen in den Blick zu nehmen vermögen, sondern auf „Surrogate" wie familiäre oder Rechtsnachfolge bzw sonstige Arten der Nahebeziehung ausweichen müssen.

In dem im Rahmen dieses Kapitels erörterten „beweglichen System" ist aber neben der Verflochtenheit von Gerechtigkeit und Friede noch eine zweite (nur anzusprechende, nicht auszuführende) Dimension zu berücksichtigen. Wie die beiden genannten Aspekte sich uU als zwar gegenläufig erweisen, aber dennoch nicht der eine gänzlich zu Gunsten des anderen zurückgedrängt werden darf, so lässt sich Ähnliches für das Verhältnis einer Reaktion auf *einzelstaatlicher bzw -gesellschaflicher* zu jener auf *internationaler bzw universaler* Ebene entfalten. Von den dieses Verhältnis regierenden Grundsätzen und Prinzipien (allen voran das Subsidiaritätsprinzip) und den sich daraus ergebenden Scheidungskriterien war schon andernorts[836] ausführlicher die Rede.

---

834 Bereits in 2.2.2 ist hervorgehoben worden, dass einer Rechtsgutsverletzung stets *relationaler* Charakter zukommt, indem sie eine Beziehung zwischen dem Täter als dem das Rechtsgut Verletzenden und dem Opfer als dem Verletzten ins Leben ruft.

835 Cf oben 3.4.1.4 aE.

836 Cf dazu schon oben 3.3.3.2, va aber 3.4.2.2 und 3.4.2.3.

## 5.3 Der mögliche Beitrag des ICC – Ein Plädoyer für Bescheidenheit

Schon im Rahmen der vorigen Überlegungen ist betont worden, dass es für den Umgang mit traumatisierenden Menschenrechtsverletzungen kein Patentrezept gibt. Deshalb liegt es uns hier mehr als fern, zum Schluss (als sozusagen „krönenden Abschluss") den Internationalen Strafgerichtshof doch noch als solches zu präsentieren. Vielmehr muss es darum gehen – soweit dies in der gebotenen Kürze noch möglich ist –, „to develop and to deepen a vocabulary for assessing the goals and limitations of each kind of response to societal-level atrocities ... Saying that the context matters is not the end of the analysis. Rather, it is the beginning"[837]. Ganz in diesem Sinne ist es uns im Folgenden darum zu tun, uns mögliche Kontexte vor Augen zu halten und auf diesem Hintergrund in rudimentärer und vorläufiger Weise Kriterien anzugeben, in welchem Typus von Situation sich die eine der aufgezeigten Reaktionsmöglichkeiten (und dabei natürlich insbesondere der ICC) als *relativ besser* als andere erweist. Dabei wollen wir uns, dies sei gleich vorausgeschickt, jedes abschließenden Urteils enthalten und es mit einigen Handreichungen bewenden lassen.

„Criminal trials (especially those involving proof of widespread and systematic abuses) can generate a comprehensive record of the nature and the extent of violations, how they are planned and executed, the fate of individual victims, who gave the orders, and who carried them out. The most authoritative rendering of the truth is the crucible of a trial that accords full due process."[838] Aber diese Meinung ist durchaus nicht unumstritten, haben wir doch gerade eben[839] gehört, dass sich das in der gerichtsförmigen Aufarbeitung entwerfbare historische Bild, auf selektierten Einzelfällen aufbauend und von ganz bestimmten, im Wesen der Gerichtsbarkeit gründenden Frage- und Stoßrichtungen determiniert, als nur bruchstückhaft und fragmentarisch erweise; dazu sei eine Wahrheits- oder Historikerkommission auf Grund der höheren Zahl der behandelbaren Fälle besser geeignet. Ohne entscheiden zu wollen, ob und inwieweit diese Schwäche bestehen mag, ist festzuhalten, dass diese Kritik in den größeren Zusammenhang jener der grundsätzlichen

---

837 MINOW, Between Vengeance and Forgiveness, 4f.

838 SCHARF, Justice versus Peace, 182. Und in diesem Zusammenhang führt er eine illustrative Passage aus dem zweiten Bericht des IMT-Chefanklägers JACKSON an den US-Präsidenten an: „We have documented from German sources the Nazi aggressions, persecutions, and atrocities with such authenticity and in such detail that there can be no responsible denial of these crimes in the future and no tradition of matyrdom of the Nazi leaders can arise among informed people. No history of this era can be entitled to authority, which fails to take into account the record of Nurnberg." Cf IDEM, Report 1946, III, 5. Das Dokument ist elektronisch abrufbar unter http://www.yale.edu/lawweb/avalon/imt/jackson/jack63.htm.

839 Cf dazu die Zitate zu FN 833.

*Selektivität* der „trial response" gehört. In dieser Hinsicht formuliert MINOW eine klare Option: „Yet only if we acknowledge that prosecutions are *slow*, *partial*, and *narrow*, can we recognize the value of independent commissions, investigating the larger patterns of atrocity and complex lines of responsibility and complicity."[840]

In diesem Zusammenhang erhebt sich auch Kritik von anderer Seite: Im Gerichtsverfahren komme es zu einer zu hohen Zahl an Freisprüchen eigentlich Schuldiger, zum einen wegen der mangelnden Unparteilichkeit der Gerichte[841], zum anderen aber aus einer grundsätzlichen Überlegung heraus. Vor der Wahrheitskommission kommt es zu einer *Umkehr der Beweislast*: Anders als im Strafverfahren, wo der Grundsatz des *in dubio pro reo* gilt und gelten muss, wird dem Täter hier abverlangt, dass er von sich aus umfassend und wahrhaftig bekennt, um die Wohltat der Amnestie zu erlangen. Dies bringt einmal den Vorzug mit sich, dass Wahrheiten an den Tag treten, von denen man ansonsten wohl nicht, wahrscheinlich niemals erfahren hätte. Neben dieser Stärkung des anamnetischen Aspekts manifestiert sich darin aber vor allem eine *Gewichtsverlagerung* von der *täterzentrierten* Perspektive des Strafverfahrens[842] zum *opferzentrierten* Zugang der Wahrheits- und Versöhnungskommission.[843] Zentrales Anliegen beider Reaktionsformen ist, wie oben gefordert, die Geltendmachung *persönlicher Verantwortlichkeit* im Sinne *ausgleichender* Gerechtigkeit, nur dass im ersten Fall eher einer *retributiven*, im zweiten mehr einer *restaurativen* Gerechtigkeitsvorstellung gefrönt werde:

> „*Retributive justice* – in which an impersonal state hands down punishment with little consideration for victims and hardly any for the perpetrator – is not the only form of justice. I contend that there is another kind of justice, *restorative justice*, which was characteristic of traditional African jurisprudence. Here the central concern is not retribution or punishment but, in the spirit of *ubuntu*, the healing of breaches, the redressing of imbalances, the restoration of broken relationships. This kind of justice seeks to rehabilitate both the victim and the perpetrator, who should be given the opportunity to be reintegrated into the community he or she has injured by his or her offence. This is a far more personal approach, which sees the offence as something that has happened to

840 MINOW, Between Vengeance and Forgiveness, 9 (Hervorhebungen vom Verfasser). Zum Vorwurf der *Selektivität* cf ibd, 40ff. In ibd, 41 weist die Autorin treffend auf den schon oben in FN 576 und 757 besprochenen Umstand hin, dass vom ICTR höchstens lebenslängliche Haft verhängt werden könne, den in Ruanda selbst vor Gericht Stehenden aber die Todesstrafe drohe, und sieht darin einen weiteren Beleg für ein selektives Vorgehen.

841 Cf TUTU, No Peace Without Forgiveness, 28. Hier wird va darauf abgestellt, dass in nicht wenigen Fällen das Justizsystem selbst zur Stützung und Stabilisierung der früheren Unrechtszustände beigetragen bzw von denselben profitiert hat und dementsprechend oft nicht als wirklich unparteiisch gelten kann. Dieser Vorwurf allerdings bezieht sich speziell auf *nationale* Gerichte und kann, zumindest in dieser Form, gegen eine *internationale* Instanz wie den ICC wohl kaum erhoben werden.

842 Cf zu diesem Aspekt oben 2.1.3.1 sowie zuletzt 4.3.1 aE.

843 Cf MINOW, Between Vengeance and Forgiveness, 60.

> people and whose consequence is a rupture in relationships. Thus we would claim that justice, restorative justice, is being served when efforts are being made to work for healing, for forgiveness and for reconciliation."[844]

Über das vorher Gesagte noch hinausgehend, ist in diesen Zeilen (etwas überspitzt ausgedrückt) einem eher *rollen-* ein *menschen*zentriertes, einem in der bloßen Sanktionierung des Geschehenen *vergangenheitsverhafteten* ein *zukunftsorientiertes* Antworten auf Menschenrechtsverletzungen großen Maßstabs entgegengesetzt.[845] Das klassische Remedium der *Strafe* soll überwunden werden durch *Heilung*, *Vergebung* und *Versöhnung*. Und dies findet auch über den speziellen südafrikanischen Kontext hinaus Zustimmung. Auf dem Hintergrund der aufgezeigten „profound critiques and limitations to the trial response to atrocities" könnte man von daher zum Fazit gelangen: „Truth commissions are not a second-best alternative to prosecutions, but instead a form better suited to meet many of the goals. Indeed, to serve the goals of healing for individuals and reconciliation across social divisions even better, truth commissions would need to diverge even more than they usually do from prosecutions ... When the societal goals include restoring dignity to victims, offering a basis for individual healing, and also promoting reconciliation across a divided nation, a truth commission again may be as or more powerful than prosecutions."[846] Es macht zögern, all diese bedeutungsschwangeren Begriffe in dem Bewusstsein im Munde zu führen, dass ihnen im Rahmen dieser Arbeit in ihrer Tragweite nicht einmal annähernd nachzugehen möglich ist. Deutlich sollte allerdings die Anfrage geworden sein, die vom Modell einer Wahrheits- und Versöhnungskommission an jenes strafgerichtlicher Verfolgung herangetragen wird. An diesem Punkt nun dürfen wir den Blick wieder langsam auf den ICC als den eigentlichen Gegenstand unserer Ausführungen zurückwenden.

Wenn im Vorigen[847] von grundsätzlicher Sympathie gegenüber dem südafrikanischen Amnestiemodell die Rede war, dann galt dies der in ihrer Differenziertheit und Ausgewogenheit uE in der Tat bemerkenswerten Antwort, die das südafrikanische Volk auf das jahrzehntelange Apartheid-Regime gefunden hat. Im Falle Südafrika, darin stimmen viele Beobachter überein, ist mit couragiertem und kreativem Vorgehen ein zukunftsträchtiger „Präzedenzfall" geschaffen worden. Von daher stellt die TRC – auch aus der historischen Distanz von nunmehr schon einigen Jahren betrachtet – unter vielerlei Rücksichten ein *Plus* gegenüber einer ebenso denkbaren (nationalen oder internationalen) gerichtsförmigen Aufarbeitung des ge-

---

[844] TUTU, No Peace Without Forgiveness, 51f (Hervorhebungen vom Verfasser).

[845] Zur Unterscheidung von retributiver und restaurativer Gerechtigkeit cf noch gegen Ende dieses Kapitels.

[846] MINOW, Between Vengeance and Forgiveness, 29 und 88f.

[847] Cf oben p 265.

schehenen Unrechts dar. Darüber darf aber nicht vergessen werden, was eingangs dieses Kapitels noch einmal unterstrichen worden ist: Die Wahrheitskommission avanciert damit nicht zum generellen, blind verallgemeinerungsfähigen Patentrezept, sondern zur *relativ besten* Reaktionsweise in Hinblick auf die Anforderungen der besonderen Lage vor Ort. So will auch DESMOND TUTU „seine" TRC verstanden wissen: „I have said ours was a flawed Commission. Despite that I do want to assert as eloquently and as passionately as I can that it was, in an imperfect world, the best possible instrument so far devised to deal with the kind of situation that confronted us after democracy was established in our motherland."[848]

Dem Moment der *Kontextabhängigkeit* wohnt aber auch inne, dass sich mit solcher umfassenderer „Leistungsfähigkeit" auch weitere, komplexere Voraussetzungen verbinden. Sind diese im konkreten Fall, der – wie noch zu zeigen sein wird – ein relativ *privilegierter* sein muss, nicht oder nur unzureichend gegeben, droht die Gefahr, dass überhaupt das Prinzip der *impunity* regiert oder aber dass eine installierte Wahrheitskommission ihrem hohen Anspruch in solchem Grade nicht zu genügen vermag, dass sich in ihrem Handeln bzw Unterlassen ihr Anliegen im Wortsinne „pervertiert". In Abhebung von der relativ hohen *Kooperationsschwelle*, zu deren Überschreiten eine von „mass atrocities" geschlagene Gemeinschaft von Menschen finden muss, bietet der Internationale Strafgerichtshof nunmehr den entscheidenden Vorteil seiner schnöden Existenz. So es gelingt, die noch vorhandenen Kräfte in einer Weise zusammenzuspannen, dass ein Verarbeitungsmechanismus entsteht, der den angesprochenen Mindeststandards[849] zu genügen vermag und der der unrechtsgegeißelten Gemeinschaft geeigneter und gangbarer erscheint als die Geltendmachung individueller Verantwortlichkeit durch eine internationale Strafgerichtsbarkeit, so soll diese Chance offen stehen.

In diesem Argumentationsgang erkennen wir unschwer die uns aus anderem Zusammenhang[850] bereits vertraute *widerlegbare Vermutung zu Gunsten der kleineren Gemeinschaft.* Solch *subsidiaritäts*theoretischen Gedanken haben wir schon im Verhältnis der internationalen zur nationalen Gerichtsbarkeit kennen gelernt, wo er in Form des *Komplementaritätsprinzips*[851] Niederschlag gefunden hat. Wenn sich, wie es in nicht wenigen Fällen von Menschenrechtsverletzungen großen Maßstabs der Fall ist und sein wird, die betroffenen und zuständigen nationalen Gerichte überfordert oder unwillig[852] erweisen, dann ist der ICC auf den Plan zu treten berufen. Ähnliche Überlegungen können aber auch für alternative kleinräumige Bewältigungs-

---

848 TUTU, Between Vengeance and Forgiveness, 229.

849 Cf dazu oben 5.2.

850 Cf schon oben p 199.

851 Cf dazu oben 3.4.2.3.

852 Zur schon erwähnten zu befürchtenden Parteilichkeit der nationalen Gerichte cf TUTU, No Peace Without Forgiveness, 28.

mechanismen fruchtbar gemacht werden: Wenn sie in Anspruch, Dimension und Leistungsfähigkeit in Hinblick auf die formulierten Mindeststandards so beschaffen sind, dass sich – aus universaler Perspektive betrachtet – weder deren Unfähigkeit noch deren Unwillen manifestiert, dann mag ihnen der Vorzug gegeben werden. Dies bedeutet auch grundsätzlichen Respekt in Hinblick auf die Option einer Gemeinschaft für eine eher gerichtsmäßig verfasste, eine mehr am Modell der Wahrheitskommission orientierte oder überhaupt noch einmal anders konstruierte Form der Aufarbeitung, dies allerdings jeweils unter gebührlicher Beachtung nicht zu verletzender Untergrenzen.

Wie das in Art 17ff des Statuts verankerte *Komplementaritätsprinzip* das Verhältnis zwischen oberer und unterer Ebene auf der Prüfungsstufe der „admissibility" der Befassung des Internationalen Strafgerichtshofs flexibilisiert und den ICC gegebenenfalls *obligatorisch* gegenüber der nationalen Ebene (hier allerdings ausschließlich gegenüber gerichtlichen oder gerichtsähnlichen Maßnahmen[853]) zurücktreten lässt, eröffnet das sog *Opportunitätsprinzip*, wie es in Art 53 leg cit Niederschlag gefunden hat, dem Ankläger auf der späteren Verfahrensstufe der „initiation of an investigation" eine *fakultative* Ermächtigung zu einer beweglichen Handhabung des Schwerts der Anklage in seiner Hand. So verfügt Art 53 Abs 1: „The Prosecutor shall, having evaluated the information made available to him or her, initiate an investigation unless he or she determines that there is no reasonable basis to proceed under this Statute." Als Möglichkeit des Fehlens einer derartigen „vernünftigen Grundlage" für ein Verfahren vor dem ICC sieht dann Art 53 Abs 1 lit c den Fall vor, dass „taking into account the gravity of the crime and the interests of victims, there are nonetheless substantial reasons to believe that an investigation would not serve the interests of justice."

Diese Bestimmung dotiert den Ankläger mit einem breiten Ermessensspielraum, die ihm vorbehaltene[854] Initiative zum Verfahrensfortgang nicht zu ergreifen – soweit er den Respekt der sehr allgemein gehaltenen Verpflichtung in Hinblick auf Gravität des Verbrechens und Opferinteressen gewährleistet sieht. Dies ermöglicht ihm, eine umfassende und differenzierte „Filterfunktion" auszuüben, und jetzt nicht nur hinsichtlich nationaler gerichtsförmiger Verfolgungsbemühungen, sondern auch im Blick auf alternative Handlungsformen wie zB eine Wahrheitskom-

---

853 Die in Art 17 verwendeten Begriffe der „prosecution", va aber der „investigation" werden der Auslegung durch den ICC bedürfen. An deren eher extensiver oder restriktiver Handhabung wird sich entscheiden, welche Maßnahmen nationaler Aufarbeitung noch unter den Mantel dieser Termini schlüpfen und solcherart eine Primärverantwortung der unteren Ebene begründen können.

854 Relativiert durch die in diesem Zusammenhang nicht weiter zu erörternden Befugnisse der Vorverfahrenskammer gemäß Art 53 Abs 2 und 3 des Statuts, va aber durch den Fall einer Betreibung des Verfahrens durch den SC [cf dazu schon oben 3.4.4.3 3)].

mission oder ein Amnestiegesetz[855]. Art 53 verleiht dem Ankläger „une véritable responsabilité politique. En effet, déterminer si une enquête sert ou non les intérêts de la justice, compte tenu des intérêts des victimes et/ou de la gravité des crimes, pourra le conduire à faire un choix entre la nécessité d'ouvrir une enquête et celle de ne pas compromettre des négociations sur le point d'aboutir à la signature d'un accord de paix ... Il devra arbitrer entre l'impératif de justice et l'impératif de paix. Il lui faudra par exemple s'interroger sur la portée en droit international d'une loi d'amnistie adoptée dans des conditions parfaitement démocratiques, et notamment après référendum."[856]

Von daher manifestiert sich in noch einmal tieferem Sinne die *prinzipielle Subsidiarität des Internationalen Strafgerichtshofs*. Diese gründet nicht nur im Bewusstsein, dass der ICC schon allein aus technischen Gründen heillos überfordert wäre, wenn er meinte, die Verfahren „aller Welt" an sich ziehen zu können. Wenn man die Grundgedanken des Subsidiaritätsprinzips ernst nimmt, dann kann Universalität nicht aktualisierte Universalkompetenz heißen, sondern Bereitschaft und Willen, überall dort einzuspringen, wo sich die vorrangig berufene Ebene überfordert sieht oder aber Verdrängung und Schweigen den Vorzug geben mag. Dass solche Fallkonstellationen aller Voraussicht nach keine *Ausnahme* darstellen werden und die Aktivierung des ICC damit nicht selten erforderlich sein wird, ändert nichts am grundsätzlichen *Subsidiaritäts*charakter desselben, welcher die erste Chance zur Bewältigung der (oder den) betroffenen Gemeinschaft(en) selbst zuerkennt.

Um dieses Einspringen der Oberebene in der gegebenen Situation, va im stets zu gewärtigenden Missbrauchsfalle und gegen die wohl nicht seltene Widerspenstigkeit und Kooperationsverweigerung der unteren Ebene, effektiv gewährleisten zu können, muss die *Kompetenzkompetenz*[857] – und darin ist ein wichtiges und notwendiges Korrektiv zur grundsätzlichen subsidiaritätsmäßigen Verfasstheit zu sehen – im Letzten beim ICC selbst liegen. In diesen Zusammenhang gehört auch die Verantwortung, als Garant einer gewissen *Einheitlichkeit* der Reaktion (allerdings innerhalb nicht zu eng zu fassender Grenzen) zu fungieren. Dies Moment der Zentralisierung zielt auf den Aspekt *distributiver Gerechtigkeit*[858], welche die Gleichbehandlung vergleichbarer Sachverhalte fordert. Indem das von der unteren Ebene ins Auge gefasste Vorgehen solcherart der oberen noch einmal zur Prüfung und

[855] SCHARF, Justice versus Peace, 180 unterstreicht: „The existence of the ICC should not be viewed as completely removing the possibility of amnesty as a bargaining chip of last resort available to mediators attempting to end an international or internal conflict."

[856] BOURDON, CPI, 166f.

[857] Zur durchaus differenzierten Regelung dieses *zentralistischen* Zuges cf schon oben 2.1.2.4 gegen Ende sowie va 3.4.2.3, insb FN 593.

[858] Zur Bedeutung der Verteilungsgerechtigkeit schon oben 3.4.3.3. Als markantes Beispiel in diesem Zusammenhang cf FN 757.

Beurteilung vorliegt, manifestieren sich hier – angesichts der zu konstatierenden „Primitivität“ des gegenständlichen Rechtssystems jetzt sehr untechnisch gesprochen – Vorformen eines *Instanzenzuges*, worin ein Ausgleich des bisweilen durchwegs spannungsreichen Verhältnisses von Subsidiarität und Gleichförmigkeit der Rechtsanwendung[859] angestrebt ist.

In diesem Sinne erweist sich der ICC – und just das ist mit dem in der Überschrift zu diesem Kapitel angekündigten *Plädoyer für Bescheidenheit* gemeint – nicht als Ideallösung für alle Fälle von Menschenrechtsverletzungen großen Maßstabs, sehr wohl aber als *permanente Rückversicherung*, die jedenfalls dann greifen muss, wenn alternative Reaktionsformen, aus welchen Gründen auch immer, überhaupt nicht oder nicht in adäquater Form zum Zuge kommen. Die Etablierung einer (örtlich und zeitlich) umfassenden internationalen Strafgerichtsbarkeit soll auf diese Weise jenes Mindestniveau an *anamnetischer Gerechtigkeit* und *persönlicher Verantwortlichkeit* garantieren, das im Vorigen ausgelobt worden ist, und zwar (zumindest dem Anspruche nach) für jeden relevanten Unrechtsfall von Heute und Morgen und wo immer auf dem Planeten. Insofern birgt die Errichtung des ICC wenigstens die Hoffnung zunehmender Überwindung der schmerzlichen Erfahrung: „L'impunité, non la justice, a été la règle quasi universelle.“[860]

Findet die unrechtsgegeißelte Gesellschaft, so ist oben schon gesagt worden, aber zu einem Bewältigungsmechanismus, der ihr den Erfordernissen der Lage angemessener und zuträglicher scheint als die Geltendmachung individueller Verantwortlichkeit durch eine internationale Strafgerichtsbarkeit, so hat das *subsiduum* zurückzutreten, wenn und solange diesem Anspruch ernsthaft und mit gewisser Mindesteffizienz nachgegangen wird. Dies allerdings, auch davon war schon die Rede, bedeutet für die betroffene(n) Gemeinschaft(en) die Notwendigkeit einer oft nicht unerheblichen, im Falle des Gelingens fruchtbaren, aber nicht selbstverständlich erbringbaren *Kooperationsleistung*. Man muss sich auf die Art des Bewältigungsmechanismus verständigen, auf dessen konkreten Aufbau und Ablauf; in jeder Phase seiner Existenz bedarf er von Seiten der relevanten Parteien und Beteiligten eines Mindestmaßes an Akzeptanz etc. Scheint solches nicht möglich oder tunlich (etwa weil sich die betroffene Gesellschaft als noch völlig gelähmt oder für den Moment unüberwindbar zerrissen erweist), so bietet der ICC einen (so der Anspruch) in sich stehenden Initiativ- und Funktionszusammenhang, der zumindest zu großen Teilen nicht den Widrigkeiten vor Ort ausgeliefert ist.

Welches sind nun näherhin die Vorbedingungen, die in der einen Situation die angesprochene Kooperationsleistung möglich machen und in der anderen nicht? An dieser Stelle gilt es, der im Vorigen ausgelobten *Kriteriologie* zumindest an-

---

859 Cf dazu ebenso schon FN 757, wo eine ähnliche Beobachtung gemacht worden ist.

860 So BADINTER in BOURDON, CPI, 8.

satzweise und vorläufig Konturen zu geben. In diesem Sinne sollen nun in Anschluss an die bisher eher verallgemeinernde und abstrahierende Behandlung der Fragestellung – die, tiefer betrachtet, einmal mehr Beleg für die in diesem Zusammenhang besonders wichtige Rolle der konkreten Situation ist – in mehr assoziativer Weise einige ausgewählte Aspekte aufgezeigt werden, die für den Ausschlag der Bewertung in die eine oder andere Richtung relevant sein können. Diese oder ähnliche Kriterien mögen auch für den ICC, im Speziellen für den Ankläger in seiner Abwägung im Sinne des Opportunitätsprinzips einen gewichtigen Part spielen.

Es ist schon angeklungen, dass hiebei zuallererst zu fragen ist, unter welchen Vorzeichen eine Gesellschaft den für sie zu beschreitenden Weg wählt. Um seiner Legitimität willen braucht er eine gewisse *demokratische Fundierung* durch die beteiligten Gemeinschaften und Gruppen; dies unter gebührlicher Berücksichtigung von Minderheitenpositionen, auch der Stimme von Individuen (allen voran der Opfer). „En effet, une loi d'amnistie ne peut être opposée aux victimes que si elle résulte d'une consultation populaire sincère, transparente et démocratique."[861] Dies Anliegen gilt es mit jenem der Gewinnung bzw Erhaltung der durch gegenläufige, regelmäßig widerstreitende Interessen gefährdeten Handlungsfähigkeit zu versöhnen. Dabei spielt insbesondere das Vorhandensein von *charismatischen Führungspersönlichkeiten*, die für ein konstruktives Hinwirken auf einen Weg gemeinsamer Aufarbeitung optieren, eine nicht zu unterschätzende Rolle; in diesem Zusammenhang spricht TUTU wohl zu Recht von Südafrika als „blessed with leaders"[862]. Im Vergleich verschiedener Fallbeispiele kann man hier einen markanten Unterschied etwa zur Situation in Ruanda sehen, welcher noch um einen weiteren Aspekt zu bereichern ist: Für die Gewinnung der nötigen Handlungsfähigkeit ist nicht unwichtig, ob es in einem Konflikt – jetzt sehr einfach ausgedrückt – relativ stabile Grenzen zwischen *„Guten"* und *„Bösen"* gibt oder aber ob die beteiligten Gruppen sich in vergleichbarer Unrechtsverstrickung begegnen. Das eine wie das andere kann je nach (hier nicht weiter zu erörternder[863]) Lage des Falles eine selbstständige konstruktive Lösung befördern oder auch behindern. Als nennenswertes Moment der Beurteilung der Sache sollte es aber hier zumindest Erwähnung finden.

Welches Gewicht man dem allenthalben propagierten *national healing* einräumen möchte, ist ebenso durchaus situationsgebunden. Bereitschaft und Willen (insbesondere verfolgter Gruppen) zu einer Lösung jenseits der klassischen Strafverfolgung korrelieren bis zu einem gewissen Grad mit dem Bewusstsein, weiterhin mit den Tätern in einer Gesellschaft zusammenzuleben bzw zusammenleben zu müssen. „While the Allies could pack up and go home after Nuremberg, we in

861 BOURDON, CPI, 307.
862 TUTU, No Peace Without Forgiveness, 216.
863 Cf in diesem Zusammenhang etwa ibd, 206ff.

South Africa had to live with one another."[864] Fehlt dieses Movens, sind die Präferenzen in der Regel anders gelagert. „Healing and justice seem most compatible for groups poised to reclaim or restart a nation under terms conducive to democracy. They are less compatible where the victimized group has been expelled or so decimated that it has no nation in which to reconcile and rebuild."[865]

Solche Determinanten können also darauf Einfluss nehmen, ob man im oben entfalteten Sinne[866] eher einem *restaurativen* oder *retributiven* Gerechtigkeitsverständnis zuneigt. Die Wertigkeit zwischen beiden Gerechtigkeitsformen, wie sie die Wortbildung vielleicht nahe legen mag, erweist sich von daher als keine absolute, sondern differenziert zu behandelnde. Dies gilt insbesondere für den ganzen Fragenkomplex, inwieweit im nachfolgenden Umgang zwischen den Initianten und Hauptverantwortlichen von Menschenrechtsverletzungen und deren Handlangern zu unterscheiden ist. Ohne diesen Aspekt hier über dessen bloße Erwähnung hinaus vertiefen zu können, erscheint es nicht ohne weiteres als Ausdruck eines „archaischen" Gerechtigkeitsverständnisses, für Kapitalverbrecher – und anders kann man sie, welches Amt und welche Funktion sie vor bzw nach der „Wende" auch immer bekleiden mögen – auch und gerade im Zuge eines nationalen Versöhnungs- und Wiederaufbauprozesses eine Bestrafung zu fordern. Auch hier mag man nach wie vor sagen dürfen: „We do not accept the paradox that legal responsibility should be the least where power is the greatest."[867]

Dies soll die Bedeutung von Verzeihen und Vergebung nicht schmälern, die, so sie wohl gegründet sind, in vielen Fällen in der Tat eine „höherwertige" Option gegenüber strafrechtlicher Verfolgung darstellen mögen. Nur darf nie vergessen werden, dass dafür bestimmte, relativ anspruchsvolle Vorbedingungen gegeben sein müssen, die gerade in politischen Zusammenhängen nicht selbstverständlich verwirklicht bzw verwirklichbar sind und damit *forgiveness* zu einem durchaus privilegierten Bewältigungsmechanismus machen. Fehlen sie, kann sich „nationale Versöhnung" hinsichtlich des im Sinne anamnetischer Gerechtigkeit gebotenen Aufarbeitungsprozesses sowie der Bekannt- und Geltendmachung persönlicher Verantwortlichkeiten als vorschnell und oberflächlich erweisen und dergestalt um genau jenes Fundament bringen, das sie im Versöhnungsakt neu zu legen hoffte.

Nur zwei entscheidende Momente sollen abschließend Erwähnung finden, ohne dem eigene Untersuchung verdienenden Phänomen im Übrigen nahe treten zu wollen: a) Vergebung ist ein zutiefst *freier* Akt; dies nicht so sehr im Sinne der allem menschlichen Handeln dem Anspruch nach zu eigenen Autonomie, sondern vielmehr als ein über das Gebotene (und vom Anderen sohin Erwartbare) hinaus

---

864 Ibd, 25.

865 MINOW, Between Vengeance and Forgiveness, 63.

866 Cf oben FN 844.

867 JACKSON, Report 1945, III, 2 (dazu schon oben FN 31).

gehendes *freiwilliges* Werk der *Übergebühr*. „Forgiveness is a power held by the victimized, not a right to be claimed. The ability to dispense, but also to withhold, forgiveness is an ennobling capacity and part of the dignity to be reclaimed by those who survive the wrongdoing ... To expect survivors to forgive is to heap yet another burden on them ... Whether offered by an individual or a public official, an apology does not compel forgiveness. Forgiveness itself is and must remain unpredictable."[868] Sobald Verzeihung regelmäßig wird, mutiert sie zur „Übung" und (damit verbunden) zur legitimen Erwartungshaltung des Gegenübers bzw der Gesellschaft, die das Grundanliegen des *pflichtfeindlichen* Aktes der Vergebung geradezu pervertiert.[869] b) Dem gesellt sich der ganze Problemkomplex der *stellvertretenden* Vergebung bei: Ganz abgesehen von Amnestiegesetzen, die allen Opfern eine Art „Generalverzeihung" abnötigen, stellt sich in vielen anderen Zusammenhängen die Frage, inwieweit Angehörige, Nachfahren, folgende Generationen etc – auch wenn im besten Willen handelnd – befähigt und berechtigt sind, im Namen Anderer zu vergeben. „Even an individual survivor who chooses to forgive cannot, properly, forgive in the name of other victims."[870] Vielleicht nicht in dieser Apodiktizität, aber auf die konkrete Situation bezogen durchaus treffend, der vormalige ruandesische Staatspräsident PASTEUR BIZIMUNGU, eben die Situation seines Landes vor Augen: „There are atrocities that are unforgivable."[871]

## 5.4 GRENZEN MENSCHLICHEN GERECHTIGKEITS- UND FRIEDENSBEMÜHENS

Im Verlauf der vorliegenden Arbeit ist immer wieder das Moment der *Stiftung* angesprochen worden.[872] Darin, es ist schon öfter angeklungen, kommen zwei Aspekte in paradigmatischer Weise zum Ausdruck, die für ein tieferes Verständnis des Gründungsgeschehens des Internationalen Strafgerichtshofs besonders wichtig scheinen: i) Wir sehen in der Tat das Idealbild „ewigen Friedens" vor uns. Damit ist aber nicht so sehr ein überweltlicher, vollkommerer Friede im Sinne einer *pax aeterna* gemeint, sondern jenes Maß an gelungenen menschlichen Beziehungen – auch und gerade in der politischen Wirklichkeit menschlichen Zusammenlebens –,

---

868 MINOW, Between Vengeance and Forgiveness, 17 sowie 116.

869 Ohne dies hier näher verfolgen zu können, wäre durchaus auch zu beleuchten, inwieweit die institutionalisierte Form einer „Versöhnungskommission" in ihrer Verfahrensdynamik solche Übungen bewusst oder unbewusst befördert oder zumindest gedeihen lässt.

870 MINOW, Between Vengeance and Forgiveness, 17. Der Frage der Grenzen menschlicher Vergebung widmet sich in besonders bemerkenswerter Weise *Die Sonnenblume* von SIMON WIESENTHAL.

871 Zitiert nach TUTU, No Peace Without Forgiveness, 209.

872 Cf etwa oben 3.2.5.3, 3.3.3.2 a), 3.4.4.1 aB, 4.2 aE sowie FN 460.

welches wir für unsere Welt berechtigterweise erhoffen dürfen. ii) Solche *pax sempiterna* ist zugleich das Ziel, welches handelnd zu erstreben uns aufgeben ist, und dies in nicht beliebiger Art und Weise:

> „Also ist nicht mehr die Frage: ob der ewige Friede ein Ding oder Unding sei, und ob wir uns nicht in unserem theoretischen Urtheile betrügen, wenn wir das erstere annehmen, sondern wir müssen so handeln, als ob das Ding sei, was vielleicht nicht ist, auf Begründung desselben und diejenige Constitution, die uns dazu die tauglichste scheint (vielleicht den Republicanism aller Staaten sammt und sonders) hinwirken, um ihn herbei zu führen und dem heillosen Kriegführen, worauf als den Hauptzweck bisher alle Staaten ohne Ausnahme ihre innere Anstalten gerichtet haben, ein Ende zu machen. Und wenn das letztere, was die Vollendung dieser Absicht betrifft, auch immer ein frommer Wunsch bliebe, so betrügen wir uns doch gewiß nicht mit der Annahme der Maxime dahin unablässig zu wirken; denn diese ist Pflicht." (MSR 354f)

KANT fordert uns hier auf, nicht den Blick in utopische Ferne zu richten, deren Unerreichbarkeit im Letzten lähmen muss, sondern rät zu einem Leben aus einer Haltung des „als ob".[873] Damit ist nicht so sehr gemeint, dieses Leben nach einer naiv-gutgläubigen Fiktion auszurichten, sondern es just unter dem Anspruch zu gestalten, unter dem wir uns Menschen von Heute erfahren, und uns dabei in couragierter Weise, unserer Verantwortlichkeit bewusst, der uns zu Gebote stehenden Mitteln zu bedienen bzw solche zu stiften. Ob dies in der Tat zur „allmählichen Reform nach festen Grundsätzen" und darin zur „continuirlichen Annäherung zum höchsten politischen Gut, zum ewigen Frieden" (MSR 355) führen kann, beruht auf weiteren Voraussetzungen und ist hier offen zu lassen.

Just in diesen Zusammenhang kann man die Gründung des Internationalen Strafgerichthofes einordnen. Ohne die Vielzahl der aufgeworfenen Aspekte zusammenfassen zu wollen, kommt hier das, was gerade für die großen Zusammenhänge formuliert worden ist, in einem spezifischen Bereich zum Tragen: Der Erfahrung der Fragmentarität und Bruchstückhaftigkeit menschlicher Existenz, die in den Motivation und Gegenstand des ICC ausmachenden universalen Verbrechen einen traurigen Höhepunkt finden, soll ein Moment neu und auf globaler Ebene gewonnener gemeinsamer Handlungsfähigkeit entgegengesetzt werden. Wohin der Weg der universalen Strafgerichtsbarkeit führen wird und ob sie den ihr innewohnenden Ansprüchen und ihr gegenüber bestehenden Erwartungshaltungen auch nur annähernd gerecht zu werden vermag, muss die Zukunft weisen. Gleichviel: Allein die schlussendlich erfolgreichen Gründungsbestrebungen markieren in der Geschichte der überstaatlichen Beziehungen einen entscheidenden Punkt, der das Innehalten zur Reflexion, welches sich diese Arbeit aufgegeben hat, rechtfertigen mag, ja erfor-

---

[873] Die Assoziation zu HANS VAIHINGERS „Philosophie des Als ob" ist unvermeidlich.

derlich macht. Sie streuen, so scheint es, den Samen persönlicher Verantwortlichkeit in einer Weise aus, die berechtigte Hoffnung wachsen lässt, dass er nicht mehr ohne weiteres auszumerzen sein werde. Nürnberg, Rom und nunmehr Den Haag können mithin zur Trias werden, die der die Geschichte zeichnenden skandalösen *impunity* wenn auch nicht Einhalt zu gebieten, so doch deren Selbstverständlichkeit abzuringen vermag.

Im Pathos, so ist es dem Menschen angemessen, muss schon die Wende zur Bescheidenheit liegen: Auch wenn der ICC, was ihm von Herzen zu wünschen ist, im Großen und Ganzen einen erfolg- und segensreichen Weg gehen wird, ist sein Scheitern im konkreten Falle schon vorprogrammiert. Insofern will sich auch die vorliegende Arbeit als „fractured meditation on the incompleteness and inescapable inadequacy of each possible response to collective atrocities“[874] verstanden wissen, insbesondere hinsichtlich des Untersuchungsgegenstandes derselben. Nichtsdestotrotz ist es nicht an uns, die Hände in den Schoß zu legen, sondern in Mut und Demut die Herausforderung des „ewigen Friedens“ anzunehmen und ihr in Gründung und Beförderung des Internationalen Strafgerichtshofes näher gekommen zu sein zu hoffen – dies im ständigen Bewusstsein: „There are no tidy endings following mass atrocity.“[875]

---

874 MINOW, Between Vengeance and Forgiveness, 5.
875 Ibd, 102.

## LITERATURVERZEICHNIS

### *Printliteratur*

ANNAN, KOFI, Jahresbericht an die Generalversammlung der Vereinten Nationen vom 20. September 1999, Press Release SG/SM/7136, GA/9596.

ANZILOTTI, DIONISIO, Lehrbuch des Völkerrechts. Band 1: Einführung – Allgemeine Lehren. Berlin 1929.

ARENDT, HANNAH, 200 Jahre Amerikanische Revolution. In: KNOTT, MARIE LUISE (Hrsg), Hannah Arendt – Zur Zeit. Politische Essays. München 1989, 161-177.

ARENDT, HANNAH, Eichmann in Jerusalem. Ein Bericht von der Banalität des Bösen. München [9]1999 (Serie Piper 308).

ARISTOTELES, Politik. Übersetzt von Franz Susemihl. Hamburg 1994 (re 545).

AUGUSTINUS, AURELIUS, Vom Gottesstaat. De civitate Dei (Bd 1: Buch 1-10, Bd 2: Buch 11-22). Übersetzt von Wilhelm Thimme. München 1997 (dtv 30123).

AUSTIN, JOHN, The Province of Jurisprudence Determined. London 1832.

BASSIOUNI, M. CHERIF, Crimes Against Humanity in International Criminal Law. Dordrecht 1993.

BASSIOUNI, M. CHERIF, The Statute of the International Criminal Court: A Documentary History. New York 1998.

BECKER, ASTRID, Der Tatbestand des Verbrechens gegen die Menschlichkeit. Überlegungen zur Problematik eines völkerrechtlichen Strafrechts. Berlin 1996.

BERTEL, CHRISTIAN/VENIER, ANDREAS, Grundriss des österreichischen Strafprozessrechts. Wien [8]2004.

BODIN, JEAN, Les six livres de la République. Paris 1576.

BOURDON, WILLIAM (Hrsg), La Cour pénale internationale. Le statut de Rome. Paris 2000.

BRANDT, REINHARD, Vom Weltbürgerrecht. In: HÖFFE, OTFRIED (Hrsg), Immanuel Kant. Zum ewigen Frieden. Berlin 1995.

BRIESKORN, NORBERT, Rechtsphilosophie. Stuttgart 1990 (Urban-Taschenbücher 398).

BRIESKORN, NORBERT, Menschenrechte. Eine historisch-philosophische Grundlegung. Stuttgart 1997 (Kon-Texte 3).

BROWN, BARTRAM S., The Statute of the ICC: Past, Present, and Future. In: SEWALL, SARAH B./KAYSEN, CARL (Hrsg), The United States and the International Criminal Court. National Security and International Law. Lanham 2000, 61-84.

BYDLINSKI, FRANZ, Juristische Methodenlehre und Rechtsbegriff. Wien [2]1991.

CAFLISCH, LUCIUS, Der neue Internationale Strafgerichtshof: Ein Instrument zur Durchsetzung des humanitären Völkerrechts und der Menschenrechte. In: Liechtensteinische Juristen-Zeitung (LJZ), 1/99, 1-11.

CICERO, MARCUS TULLIUS, De re publica. Vom Gemeinwesen. Übersetzt von Karl Büchner. Stuttgart 1991.

DECKERS, DANIEL, Gerechtigkeit und Recht. Eine historisch-kritische Untersuchung der Gerechtigkeitslehre des Francisco de Vitoria. Freiburg im Breisgau 1991.

DERRIDA, JACQUES, Gesetzeskraft. Der „mystische Grund der Autorität". Frankfurt am Main 1991 (es 1645).

DUVE, THOMAS, „Mit Kant und mit ihm". Anmerkungen zu Reinhard Merkel: „Lauter leidige Tröster". Kants Friedensschrift und die Idee eines Völkerstrafgerichtshofs. In: ORSI, GIUSEPPE et al (Hrsg), Internationale Gerechtigkeit. Rechtsphilosophische Hefte. Beiträge zur Rechtswissenschaft, Philosophie und Politik, Bd VII, Frankfurt am Main 1997, 137-152.

FUCHS, HELMUT, Österreichisches Strafrecht. Allgemeiner Teil I. Grundlagen und Lehre von der Straftat. Wien [6]2004.

GERHARDT, VOLKER, Immanuel Kants Entwurf „Zum ewigen Frieden". Eine Theorie der Politik. Darmstadt 1995.

GRIMM JACOB/GRIMM WILHELM, Deutsches Wörterbuch in 33 Bänden. München 1984.

GUILLAUME, GILBERT, La compétence universelle. Formes anciennes et nouvelles. In: Mélanges offerts à Georges Levasseur. Droit pénal – Droit européen. Paris 1992, 23-36.

HEGEL, GEORG WILHELM FRIEDRICH, Grundlinien der Philosophie des Rechts oder Naturrecht und Staatswissenschaft im Grundrisse (samt Zusätzen von Eduard Gans). Berlin 1821.

HERTEL, WOLFRAM, Supranationalität als Verfassungsprinzip. Normativität und Legitimation als Elemente des Europäischen Verfassungsrechts. In: OPPERMANN, THOMAS et al (Hrsg), Tübinger Schriften zum internationalen und europäischen Recht, Bd 47, Berlin 1999.

HOBBES, THOMAS, Leviathan, or The Matter, Forme, & Power of a Common-Wealth Ecclesiasticall and Civill. London 1651.

HÖFFE, OTFRIED, Demokratie im Zeitalter der Globalisierung. München 1999.

HÖFFE, OTFRIED, Gibt es ein interkulturelles Strafrecht? Ein philosophischer Versuch. Frankfurt am Main 1999 (stw 1396).

JACKSON, ROBERT H., Report of the United States Representative to the International Conference on Military Trials vom 6. Juni 1945. Department of State Publication 3080. Washington 1949. *(„Report 1945“)*

JACKSON, ROBERT H., Report of the United States Representative to the International Conference on Military Trials vom 7. Oktober 1946. Department of State Publication 3080. Washington 1949. *(„Report 1946“)*

JUSTENHOVEN, HEINZ-GERHARD, Francisco de Vitoria zu Krieg und Frieden. Köln 1991.

KANT, IMMANUEL, Die Metaphysik der Sitten. In: KÖNIGLICH PREUSSISCHE AKADEMIE DER WISSENSCHAFTEN (Hrsg), Kants gesammelte Schriften. Berlin 1912 [= AKADEMIE-AUSGABE], Bd VI, 205-491.

KANT, IMMANUEL, Idee zu einer allgemeinen Geschichte in weltbürgerlicher Absicht, in: AKADEMIE-AUSGABE, Bd VIII, 17-31.

KANT, IMMANUEL, Über den Gemeinspruch: Das mag in der Theorie richtig sein, taugt aber nicht für die Praxis. In: AKADEMIE-AUSGABE, Bd VIII, 273-313.

KANT, IMMANUEL, Zum ewigen Frieden. Ein philosophischer Entwurf. In: AKADEMIE-AUSGABE, Bd VIII, 343-386.

KELSEN, HANS, Das Problem der Souveränität und die Theorie des Völkerrechts. Beitrag zu einer Reinen Rechtslehre. Tübingen [2]1928.

KELSEN, HANS, Will the Judgment in the Nuremberg Trial Constitute a Precedent in International Law? In: The International Law Quaterly 1 (1947), 153-171.

KELSEN, HANS, Reine Rechtslehre. Wien ²1960.

KLEMME, HEINER F., Einleitung. In: KLEMME, HEINER F. (Hrsg), Immanuel Kant. Über den Gemeinspruch: Das mag in der Theorie richtig sein, taugt aber nicht für die Praxis. Zum ewigen Frieden. Ein philosophischer Entwurf. Hamburg 1992 (Philosophische Bibliothek Bd 443), VII-LIII.

VON LISZT, FRANZ, Das Völkerrecht. Berlin ¹⁰1915.

LOCKE, JOHN, Zwei Abhandlungen über die Regierung, Zweite Abhandlung über den wahren Ursprung, die Reichweite und den Zweck der staatlichen Regierung. Übersetzt von Hans Jörn Hoffmann. Frankfurt am Main ⁷1998 (stw 213).

MARGALIT, AVISHAI, Ethik der Erinnerung. Max Horkheimer Vorlesungen. Frankfurt am Main 2000 (Fischer Taschenbücher 14717).

MERKEL, REINHARD, „Lauter leidige Tröster"? Kants Friedensschrift und die Idee eines Völkerstrafgerichtshofs. In: MERKEL, REINHARD/WITTMANN, ROLAND (Hrsg), „Zum ewigen Frieden". Grundlagen, Aktualität und Aussichten einer Idee von Immanuel Kant. Frankfurt am Main 1996 (stw 1227), 309-350.

MERKEL, REINHARD/WITTMANN, ROLAND, Einleitung. In: MERKEL, REINHARD/WITTMANN, ROLAND (Hrsg), „Zum ewigen Frieden". Grundlagen, Aktualität und Aussichten einer Idee von Immanuel Kant. Frankfurt am Main 1996 (stw 1227), 7-11.

MINOW, MARTHA, Between Vengeance and Forgiveness. Facing History after Genocide and Mass Violence. Boston 1998.

MOYNIER, GUSTAVE, Note sur la création d'une institution judiciaire internationale propre à prévenir et à réprimer les infractions à la Convention de Genève. In : Bulletin internationale des Sociétés de secours aux militaires blessés, Nr 11, April 1872, 122-131.

MÜLLER, ANDREAS TH., Zum Primat der juristischen Person im internationalen Recht – Zugleich ein Beitrag zur „Rehabilitierung" der natürlichen Person als Völkerrechtssubjekt. In: ÖSTERREICHISCHE LUDWIG WITTGENSTEIN GESELLSCHAFT (Hrsg), Beiträge des 25. Internationalen Wittgenstein Symposiums. Kirchberg am Wechsel 2002, 176-178.

MÜLLER-BALLIN, GABI, Die Nürnberger Prozesse 1945-1949. Vorgeschichte – Verlauf – Ergebnisse – Dokumente. Nürnberg 1995.

NEUHOLD, HANSPETER/HUMMER, WALDEMAR/SCHREUER, CHRISTOPH (Hrsg), Österreichisches Handbuch des Völkerrechts (Bd 1: Textteil, Bd 2: Materialienteil). Wien [4]2004.

ODERSKY, WALTER, Die Rolle des Strafrechts bei der Bewältigung politischen Unrechts. In: RIEDEL-SPANGENBERGER, ILONA (Hrsg), Die Aufhebung diktatorischer Unrechtsurteile. Freiburg im Breisgau 2001, 65-88.

PATZIG, GÜNTHER, Kants Schrift „Zum ewigen Frieden“. In: MERKEL, REINHARD/WITTMANN, ROLAND (Hrsg), „Zum ewigen Frieden“. Grundlagen, Aktualität und Aussichten einer Idee von Immanuel Kant. Frankfurt am Main 1996 (stw 1227), 12-30.

PERNTHALER, PETER, Allgemeine Staatslehre und Verfassungslehre. Wien [2]1996.

PERNTHALER, PETER, Der Verfassungskern. Gesamtänderung und Durchbrechung der Verfassung im Lichte der Theorie, Rechtsprechung und europäischen Verfassungskultur. Wien 1998.

PERNTHALER, PETER, Die Globalisierung als Herausforderung an eine moderne Staatslehre. In: SCHÄFFER, HEINZ et al (Hrsg), Staat – Verfassung – Verwaltung. Festschrift anlässlich des 65. Geburtstages von Friedrich Koja. Wien 1998, 69-84.

PERNTHALER, PETER, Das Subsidiaritätsprinzip und die Ausgliederung öffentlicher Aufgaben. In: BLICKLE, PETER et al (Hrsg), Subsidiarität als rechtliches und politisches Ordnungsprinzip in Kirche, Staat und Gesellschaft. Genese, Geltungsgrundlagen und Perspektiven an der Schwelle des dritten Jahrtausends. Berlin 2002, 179-198.

PLATON, Der Staat. Übersetzt von Rudolf Rufener. München 1991 (dtv 2266).

RADBRUCH, GUSTAV, Rechtsphilosophie. Leipzig [3]1932.

RIEDEL-SPANGENBERGER, ILONA, Nulla poena sine lege. Ein alter umstrittener und auslegungsbedürftiger Rechtsgrundsatz. In: RIEDEL-SPANGENBERGER, ILONA (Hrsg), Die Aufhebung diktatorischer Unrechtsurteile. Freiburg im Breisgau 2001, 9-22.

ROUSSEAU, JEAN-JACQUES, Du contrat social ou Principes du droit politique. Amsterdam 1762.

SADAT, LEILA NADYA, The Evolution of the ICC: From The Hague to Rome and Back Again. In: SEWALL, SARAH B./KAYSEN, CARL (Hrsg), The United States and the International Criminal Court. National Security and International Law. Lanham 2000, 31-49.

SCHARF, MICHAEL P., Justice versus Peace. In: SEWALL, SARAH B./KAYSEN, CARL (Hrsg), The United States and the International Criminal Court. National Security and International Law. Lanham 2000, 179-193.

SCHMIDT, HEINRICH (Hrsg), Allgemeine Erklärung der Menschenpflichten. Ein Vorschlag. München 1997 (Serie Piper 2664).

SCHWARZENBERGER, GEORGE, International Law as Applied by International Courts and Tribunals, Bd II: The Law of Armed Conflict. London 1968.

SCHWEBEL, STEPHEN M., The Compliance Process and the Future of International Law. In: Proceedings of the American Society of International Law 75 (1981), 178-185.

SUNGA, LYAL S., Individual Responsibility in International Law for Serious Human Rights Violations. International Studies in Human Rights, Bd 21. Dordrecht 1992.

SUNGA, LYAL S., The Emerging System of International Criminal Law. Developments in Codification and Implementation. The Hague 1997.

THÜRER, DANIEL, Modernes Völkerrecht: Ein System im Wandel und Wachstum – Gerechtigkeitsgedanke als Kraft der Veränderung? In: Zeitschrift für ausländisches öffentliches Recht und Völkerrecht, Bd 60/3-4, 2000, 558-604.

TUTU, DESMOND, No Future Without Forgiveness. London 1999.

UHLENBROCK, HENNING, Der Staat als juristische Person. Dogmengeschichtliche Untersuchungen zu einem Grundbegriff der deutschen Staatslehre. Berlin 2000.

DE VATTEL, EMER, Le droit des gens ou principes de la loi naturelle, appliqués à la conduite et aux affaires des nations et des souverains. Leiden 1758. (Deutsche Übersetzung: Das Völkerrecht oder die Grundsätze des Naturrechts. Tübingen 1959).

VONES, LUDWIG, Artikel „Inquisition". In: KASPER, WALTER (Hrsg), Lexikon für Theologie und Kirche. Freiburg im Breisgau [3]1996, Bd 5, 527-532.

WACHSMANN, PATRICK, Les droits de l'homme. Paris [3]1999.

WAHRHEITS- UND VERSÖHNUNGSKOMMISSION SÜDAFRIKA (Hrsg), Das Schweigen gebrochen. „Out of the Shadows". Geschichte-Anhörungen-Perspektiven. Frankfurt am Main 2000.

WIESENTHAL, SIMON, Die Sonnenblume. Eine Erzählung von Schuld und Vergebung mit Kommentaren. Frankfurt am Main [6]1998.

# *Internetliteratur*

*Die im Folgenden aufgeführten Webseiten repräsentieren sämtlich den Stand vom 30. September 2005. Bewusst wurde eine (sehr bescheidene) Auswahl hinsichtlich relativ stabiler Links getroffen. Spätere Deaktivierungen bzw Verschiebungen von Seiten können allerdings nicht ausgeschlossen werden.*

## a) Webseiten zum Internationalen Strafgerichtshof selbst

- http://www.un.org/law/icc/

  *Offizielle Webseite des Internationalen Strafgerichtshofes. Hier ist insbesondere auch das Statut des ICC in seinen sechs authentischen Sprachfassungen abrufbar.*

- http://www.icc-cpi.int/index.php

  *Die neue Webseite des Internationalen Strafgerichtshofes befindet sich gerade im Aufbau.*

- http://www.un.org/icc/index.htm

  *Seite der United Nations Conference of Plenipotentiaries on the Establishment of an International Criminal Court, 15 June – 17 July 1998, Rome, Italy.*

- http://www.igc.org/icc/

  *Coalition for the International Criminal Court (CICC). Dieses Forum von über 1.000 NGOs bietet auch eine jeweils aktuelle Übersicht über die Signatar- und Ratifikationsstaaten des ICC-Statuts.*

- http://www.americanstudents.us/icc.shtml

  *Independent Student Coalition for the International Criminal Court (ISC-ICC). Auch hier findet sich eine Aufstellung der Ratifikanten des Statuts.*

- http://www.un.org/Depts/german/index.html

  *Die Seite des Deutschen Übersetzungsdienstes der Vereinten Nationen bietet die zwar nicht authentische, aber amtliche deutsche Übersetzung des Statuts des Internationalen Strafgerichtshofes.*

### b) Webseiten zu den Ad-hoc-Tribunalen und sonstigen Aktivitäten auf dem Gebiet internationaler Strafgerichtsbarkeit


- http://www.un.org/icty/index.html
  *Offizielle Webseite des International Criminal Tribunal for the former Yugoslavia (ICTY). Hier ist auch das Statut in den sechs authentischen Fassungen abrufbar.*

- http://www.ictr.org/
  *Offizielle Webseite des International Criminal Tribunal for Rwanda (ICTR). Hier ist auch das Statut in den sechs authentischen Fassungen abrufbar.*

- http://www.un.org/law/ilc/index.htm
  *Homepage der International Law Commission (ILC).*

- http://www.un.org/Depts/german/index.html
  *Auf der Seite des Deutschen Übersetzungsdienstes der Vereinten Nationen finden sich auch die (nicht authentischen) Übersetzungen der Statute von ICTY und ICTR.*

- http://www.laws.qmw.ac.uk/pirch/LINKS/linkinttribs.htm
  *Linksammlung zur Thematik „International Tribunals".*


### c) Webseiten zu historischen Themen


- http://www.yale.edu/lawweb/avalon/imt/menu.htm
  *Vertrag von Versailles vom 28. Juni 1919 in der authentischen englischen Fassung.*

- http://www.documentarchiv.de/wr/vv07.html
  *Vertrag von Versailles vom 28. Juni 1919 in deutscher Übersetzung.*

- http://www.yale.edu/lawweb/avalon/wwii/moscow.htm
  *Moskauer Erklärung vom 30. Oktober 1943 (in englischer Sprache).*

- http://www.yale.edu/lawweb/avalon/wwii/ger01.htm
  *Berliner Deklaration vom 5. Juni 1945 (in englischer Sprache).*

- http://www.dhm.de/lemo/html/dokumente/Nachkriegsjahre_erklaerungBerlinerDeklaration/
  *Berliner Deklaration vom 5. Juni 1945 (in deutscher Übersetzung).*

- http://www.yale.edu/lawweb/avalon/imt/jackson/jack08.htm
  *Bericht von Robert H. Jackson an den US-Präsidenten vom 6. Juni 1945.*

- http://www.yale.edu/lawweb/avalon/imt/proc/imtchart.htm
  *Londoner Abkommen vom 8. August 1945 (in englischer Sprache).*

- http://www.yale.edu/lawweb/avalon/imt/proc/imtconst.htm
  *Englische Fassung der Charter of the International Military Tribunal (IMT), die einen integrierenden Bestandteil des Londoner Abkommens vorstellt.*

- http://www.derriere.de/Nuernberg/NP_8.htm
  *Auf dieser Webseite finden sich deutsche Übersetzungen der Moskauer Erklärung vom 30. Oktober 1943 sowie des Londoner Abkommens vom 8. August 1945 (samt dem zugehörigen Statut des Internationalen Militärgerichtshofes).*

- http://www.yale.edu/lawweb/avalon/imt/imt.htm
  *Umfassende Sammlung von Dokumenten zum Verfahrensgang des International Military Tribunal (in englischer Sprache).*

- http://www.stephen-stratford.co.uk/imtfe_charter.htm
  *Charter of the International Military Tribunal for the Far-East (IMTFE) vom 19. Januar 1946 (in englischer Sprache).*

- http://www.yale.edu/lawweb/avalon/imt/proc/judcont.htm
  *Judgment of the IMT for the Trial of German Major War Criminals vom 30. September und 1. Oktober 1946. Das Urteil ist in englischer Sprache im Volltext abrufbar.*

- http://www.yale.edu/lawweb/avalon/imt/jackson/jack63.htm
  *Bericht von Robert H. Jackson an den US-Präsidenten vom 7. Oktober 1946.*

- http://www.unhchr.ch/html/menu3/b/p_genoci.htm
  *Völkermordkonvention vom 9. Dezember 1948 (in englischer Sprache).*

- http://www.icrc.org/Web/Eng/siteeng0.nsf/html/genevaconventions
  *Englische Volltexte der 4 Genfer Konventionen vom 12. August 1949 und der 2 Zusatzprotokolle vom 8. Juni 1977.*

- http://www.un.org/law/ilc/texts/nurnfra.htm
  *Principles of International Law Recognized in the Charter of the Nürnberg Tribunal and in the Judgment of the Tribunal von 1950 (englisch).*

## Abkürzungsverzeichnis

| | |
|---|---|
| AA | Akademie-Ausgabe |
| aB | am Beginn |
| Abs | Absatz (Absätze) |
| aE | am Ende |
| arg | argumento |
| Art | Artikel |
| Bd | Band |
| bes | besonders |
| BGBl | Bundesgesetzblatt |
| bzw | beziehungsweise |
| ca | circa |
| CARICON | Carribean Common Market |
| cf | confer (vergleiche) |
| CPI | Cour pénale internationale |
| dh | das heißt |
| Dig | Digesten |
| EG | Europäische Gemeinschaft(en) |
| EGV | Vertrag zur Gründung der Europäischen Gemeinschaft |
| et al | et alii (und andere) |
| etc | et cetera |
| EU | Europäische Union |
| EuGH | Europäischer Gerichtshof |
| EUV | Vertrag über die Europäischen Union |

| | |
|---|---|
| f | folgend |
| ff | folgende |
| FN | Fußnote(n) |
| GA | General Assembly |
| Hrsg | Herausgeber |
| ia | inter alia (unter anderem) |
| ibd | ibidem (ebenda) |
| ICC | International Criminal Court |
| ICJ | International Court of Justice |
| ICTR | (Statute of the) International Criminal Tribunal for Rwanda |
| ICTY | (Statute of the) International Criminal Tribunal for the former Yugoslavia |
| idem | derselbe |
| idR | in der Regel |
| ieS | im engeren Sinne |
| ILC | International Law Commission |
| IMT | International Military Tribunal |
| IMTFE | International Military Tribunal for the Far-East |
| insb | insbesonders |
| Inst | Institutionen |
| iSd | im Sinne des/der |
| iwS | im weiteren Sinne |
| leg cit | legis citatae (des zitierten Gesetzes) |
| lit | littera(e) |
| lS | letzter Satz |

| | |
|---|---|
| (I)NGO | (International) Non-Governmental Organization |
| Nr | Nummer(n) |
| p | pagina (Seite) |
| PCIJ | Permanent Court of International Justice |
| Pr | Präambel |
| PrepCom | Preparatory Committee on the Establishment of an ICC |
| Res | Resolution(en) |
| RPF | Rwandese Patriotic Front |
| Rz | Randzahl(en) |
| S | Satz (Sätze) |
| sc | scilicet (ergänze) |
| SC | Security Council |
| SCAP | Supreme Commander for the Allied Powers |
| sog | sogenannte(r/s) |
| TRC | Truth and Reconciliation Commission |
| uä | und ähnliche(s) |
| UN(O) | United Nations (Organization) |
| uE | unseres Erachtens |
| uU | unter Umständen |
| va | vor allem |
| Z | Ziffer(n) |
| zB | zum Beispiel |
| Zshg | Zusammenhang |

# ANHANG

## Rome Statute of the International Criminal Court

*Text of the Rome Statute circulated as document A/CONF.183/9 of 17 July 1998 and corrected by procès-verbaux of 10 November 1998, 12 July 1999, 30 November 1999, 8 May 2000, 17 January 2001 and 16 January 2002. The Statute entered into force on 1 July 2002.*

### PREAMBLE

The States Parties to this Statute,

Conscious that all peoples are united by common bonds, their cultures pieced together in a shared heritage, and concerned that this delicate mosaic may be shattered at any time,

Mindful that during this century millions of children, women and men have been victims of unimaginable atrocities that deeply shock the conscience of humanity,

Recognizing that such grave crimes threaten the peace, security and well-being of the world,

Affirming that the most serious crimes of concern to the international community as a whole must not go unpunished and that their effective prosecution must be ensured by taking measures at the national level and by enhancing international cooperation,

Determined to put an end to impunity for the perpetrators of these crimes and thus to contribute to the prevention of such crimes,

Recalling that it is the duty of every State to exercise its criminal jurisdiction over those responsible for international crimes,

Reaffirming the Purposes and Principles of the Charter of the United Nations, and in particular that all States shall refrain from the threat or use of force against the territorial integrity or political independence of any State, or in any other manner inconsistent with the Purposes of the United Nations,

Emphasizing in this connection that nothing in this Statute shall be taken as authorizing any State Party to intervene in an armed conflict or in the internal affairs of any State,

Determined to these ends and for the sake of present and future generations, to establish an independent permanent International Criminal Court in relationship with the United Nations system, with jurisdiction over the most serious crimes of concern to the international community as a whole,

Emphasizing that the International Criminal Court established under this Statute shall be complementary to national criminal jurisdictions,

Resolved to guarantee lasting respect for and the enforcement of international justice,

Have agreed as follows:

### PART 1. ESTABLISHMENT OF THE COURT

#### Article 1

#### The Court

An International Criminal Court ("the Court") is hereby established. It shall be a permanent institution and shall have the power to exercise its jurisdiction over persons for the most serious crimes of international concern, as referred to in this Statute, and shall be complementary to national criminal jurisdictions. The jurisdiction and functioning of the Court shall be governed by the provisions of this Statute.

### Article 2

### Relationship of the Court with the United Nations

The Court shall be brought into relationship with the United Nations through an agreement to be approved by the Assembly of States Parties to this Statute and thereafter concluded by the President of the Court on its behalf.

### Article 3

### Seat of the Court

1. The seat of the Court shall be established at The Hague in the Netherlands ("the host State").

2. The Court shall enter into a headquarters agreement with the host State, to be approved by the Assembly of States Parties and thereafter concluded by the President of the Court on its behalf.

3. The Court may sit elsewhere, whenever it considers it desirable, as provided in this Statute.

### Article 4

### Legal status and powers of the Court

1. The Court shall have international legal personality. It shall also have such legal capacity as may be necessary for the exercise of its functions and the fulfilment of its purposes.

2. The Court may exercise its functions and powers, as provided in this Statute, on the territory of any State Party and, by special agreement, on the territory of any other State.

## PART 2. JURISDICTION, ADMISSIBILITY AND APPLICABLE LAW

### Article 5

### Crimes within the jurisdiction of the Court

1. The jurisdiction of the Court shall be limited to the most serious crimes of concern to the international community as a whole. The Court has jurisdiction in accordance with this Statute with respect to the following crimes:

(a) The crime of genocide;

(b) Crimes against humanity;

(c) War crimes;

(d) The crime of aggression.

2. The Court shall exercise jurisdiction over the crime of aggression once a provision is adopted in accordance with articles 121 and 123 defining the crime and setting out the conditions under which the Court shall exercise jurisdiction with respect to this crime. Such a provision shall be consistent with the relevant provisions of the Charter of the United Nations.

### Article 6

### Genocide

For the purpose of this Statute, "genocide" means any of the following acts committed with intent to destroy, in whole or in part, a national, ethnical, racial or religious group, as such:

(a) Killing members of the group;

(b) Causing serious bodily or mental harm to members of the group;

(c) Deliberately inflicting on the group conditions of life calculated to bring about its physical destruction in whole or in part;

(d) Imposing measures intended to prevent births within the group;

(e) Forcibly transferring children of the group to another group.

### Article 7

### Crimes against humanity

1. For the purpose of this Statute, "crime against humanity" means any of the following acts when committed as part of a widespread or systematic attack directed against any civilian population, with knowledge of the attack:

(a) Murder;

(b) Extermination;

(c) Enslavement;

(d) Deportation or forcible transfer of population;

(e) Imprisonment or other severe deprivation of physical liberty in violation of fundamental rules of international law;

(f) Torture;

(g) Rape, sexual slavery, enforced prostitution, forced pregnancy, enforced sterilization, or any other form of sexual violence of comparable gravity;

(h) Persecution against any identifiable group or collectivity on political, racial, national, ethnic, cultural, religious, gender as defined in paragraph 3, or other grounds that are universally recognized as impermissible under international law, in connection with any act referred to in this paragraph or any crime within the jurisdiction of the Court;

(i) Enforced disappearance of persons;

(j) The crime of apartheid;

(k) Other inhumane acts of a similar character intentionally causing great suffering, or serious injury to body or to mental or physical health.

2. For the purpose of paragraph 1:

(a) "Attack directed against any civilian population" means a course of conduct involving the multiple commission of acts referred to in paragraph 1 against any civilian population, pursuant to or in furtherance of a State or organizational policy to commit such attack;

(b) "Extermination" includes the intentional infliction of conditions of life, *inter alia* the deprivation of access to food and medicine, calculated to bring about the destruction of part of a population;

(c) "Enslavement" means the exercise of any or all of the powers attaching to the right of ownership over a person and includes the exercise of such power in the course of trafficking in persons, in particular women and children;

(d) "Deportation or forcible transfer of population" means forced displacement of the persons concerned by expulsion or other coercive acts from the area in which they are lawfully present, without grounds permitted under international law;

(e) "Torture" means the intentional infliction of severe pain or suffering, whether physical or mental, upon a person in the custody or under the control of the accused; except that torture shall not include pain or suffering arising only from, inherent in or incidental to, lawful sanctions;

(f) "Forced pregnancy" means the unlawful confinement of a woman forcibly made pregnant, with the intent of affecting the ethnic composition of any population or carrying out other grave violations of international law. This definition shall not in any way be interpreted as affecting national laws relating to pregnancy;

(g) "Persecution" means the intentional and severe deprivation of fundamental rights contrary to international law by reason of the identity of the group or collectivity;

(h) "The crime of apartheid" means inhumane acts of a character similar to those referred to in paragraph 1, committed in the context of an institutionalized regime of systematic oppression and domination by one racial group over any other racial group or groups and committed with the intention of maintaining that regime;

(i) "Enforced disappearance of persons" means the arrest, detention or abduction of persons by, or with the authorization, support or acquiescence of, a State or a political organization, followed by a refusal to acknowledge that deprivation of freedom or to give information on the fate or whereabouts of those persons, with the intention of removing them from the protection of the law for a prolonged period of time.

3. For the purpose of this Statute, it is understood that the term "gender" refers to the two sexes, male and female, within the context of society. The term "gender" does not indicate any meaning different from the above.

**Article 8**

**War crimes**

1. The Court shall have jurisdiction in respect of war crimes in particular when committed as

part of a plan or policy or as part of a large-scale commission of such crimes.

2. For the purpose of this Statute, "war crimes" means:

(a) Grave breaches of the Geneva Conventions of 12 August 1949, namely, any of the following acts against persons or property protected under the provisions of the relevant Geneva Convention:

(i) Wilful killing;

(ii) Torture or inhuman treatment, including biological experiments;

(iii) Wilfully causing great suffering, or serious injury to body or health;

(iv) Extensive destruction and appropriation of property, not justified by military necessity and carried out unlawfully and wantonly;

(v) Compelling a prisoner of war or other protected person to serve in the forces of a hostile Power;

(vi) Wilfully depriving a prisoner of war or other protected person of the rights of fair and regular trial;

(vii) Unlawful deportation or transfer or unlawful confinement;

(viii) Taking of hostages.

(b) Other serious violations of the laws and customs applicable in international armed conflict, within the established framework of international law, namely, any of the following acts:

(i) Intentionally directing attacks against the civilian population as such or against individual civilians not taking direct part in hostilities;

(ii) Intentionally directing attacks against civilian objects, that is, objects which are not military objectives;

(iii) Intentionally directing attacks against personnel, installations, material, units or vehicles involved in a humanitarian assistance or peacekeeping mission in accordance with the Charter of the United Nations, as long as they are entitled to the protection given to civilians or civilian objects under the international law of armed conflict;

(iv) Intentionally launching an attack in the knowledge that such attack will cause incidental loss of life or injury to civilians or damage to civilian objects or widespread, long-term and severe damage to the natural environment which would be clearly excessive in relation to the concrete and direct overall military advantage anticipated;

(v) Attacking or bombarding, by whatever means, towns, villages, dwellings or buildings which are undefended and which are not military objectives;

(vi) Killing or wounding a combatant who, having laid down his arms or having no longer means of defence, has surrendered at discretion;

(vii) Making improper use of a flag of truce, of the flag or of the military insignia and uniform of the enemy or of the United Nations, as well as of the distinctive emblems of the Geneva Conventions, resulting in death or serious personal injury;

(viii) The transfer, directly or indirectly, by the Occupying Power of parts of its own civilian population into the territory it occupies, or the deportation or transfer of all or parts of the population of the occupied territory within or outside this territory;

(ix) Intentionally directing attacks against buildings dedicated to religion, education, art, science or charitable purposes, historic monuments, hospitals and places where the sick and wounded are collected, provided they are not military objectives;

(x) Subjecting persons who are in the power of an adverse party to physical mutilation or to medical or scientific experiments of any kind which are neither justified by the medical, dental or hospital treatment of the person concerned nor carried out in his or her interest, and which cause death to or seriously endanger the health of such person or persons;

(xi) Killing or wounding treacherously individuals belonging to the hostile nation or army;

(xii) Declaring that no quarter will be given;

(xiii) Destroying or seizing the enemy's property unless such destruction or seizure be imperatively demanded by the necessities of war;

(xiv) Declaring abolished, suspended or inadmissible in a court of law the rights and actions of the nationals of the hostile party;

(xv) Compelling the nationals of the hostile party to take part in the operations of war directed against their own country, even if they were in the belligerent's service before the commencement of the war;

(xvi) Pillaging a town or place, even when taken by assault;

(xvii) Employing poison or poisoned weapons;

(xviii) Employing asphyxiating, poisonous or other gases, and all analogous liquids, materials or devices;

(xix) Employing bullets which expand or flatten easily in the human body, such as bullets with a hard envelope which does not entirely cover the core or is pierced with incisions;

(xx) Employing weapons, projectiles and material and methods of warfare which are of a nature to cause superfluous injury or unnecessary suffering or which are inherently indiscriminate in violation of the international law of armed conflict, provided that such weapons, projectiles and material and methods of warfare are the subject of a comprehensive prohibition and are included in an annex to this Statute, by an amendment in accordance with the relevant provisions set forth in articles 121 and 123;

(xxi) Committing outrages upon personal dignity, in particular humiliating and degrading treatment;

(xxii) Committing rape, sexual slavery, enforced prostitution, forced pregnancy, as defined in article 7, paragraph 2 (f), enforced sterilization, or any other form of sexual violence also constituting a grave breach of the Geneva Conventions;

(xxiii) Utilizing the presence of a civilian or other protected person to render certain points, areas or military forces immune from military operations;

(xxiv) Intentionally directing attacks against buildings, material, medical units and transport, and personnel using the distinctive emblems of the Geneva Conventions in conformity with international law;

(xxv) Intentionally using starvation of civilians as a method of warfare by depriving them of objects indispensable to their survival, including wilfully impeding relief supplies as provided for under the Geneva Conventions;

(xxvi) Conscripting or enlisting children under the age of fifteen years into the national armed forces or using them to participate actively in hostilities.

(c) In the case of an armed conflict not of an international character, serious violations of article 3 common to the four Geneva Conventions of 12 August 1949, namely, any of the following acts committed against persons taking no active part in the hostilities, including members of armed forces who have laid down their arms and those placed *hors de combat* by sickness, wounds, detention or any other cause:

(i) Violence to life and person, in particular murder of all kinds, mutilation, cruel treatment and torture;

(ii) Committing outrages upon personal dignity, in particular humiliating and degrading treatment;

(iii) Taking of hostages;

(iv) The passing of sentences and the carrying out of executions without previous judgement pronounced by a regularly constituted court, affording all judicial guarantees which are generally recognized as indispensable.

(d) Paragraph 2 (c) applies to armed conflicts not of an international character and thus does not apply to situations of internal disturbances and tensions, such as riots, isolated and sporadic acts of violence or other acts of a similar nature.

(e) Other serious violations of the laws and customs applicable in armed conflicts not of an international character, within the established framework of international law, namely, any of the following acts:

(i) Intentionally directing attacks against the civilian population as such or against individual civilians not taking direct part in hostilities;

(ii) Intentionally directing attacks against buildings, material, medical units and transport, and personnel using the distinctive emblems of the Geneva Conventions in conformity with international law;

(iii) Intentionally directing attacks against personnel, installations, material, units or vehicles involved in a humanitarian assistance or peacekeeping mission in accordance with the Charter of the United Nations, as long as they are entitled to the protection given to civilians or civilian objects under the international law of armed conflict;

(iv) Intentionally directing attacks against buildings dedicated to religion, education, art, science or charitable purposes, historic monuments, hospitals and places where the sick and wounded are collected, provided they are not military objectives;

(v) Pillaging a town or place, even when taken by assault;

(vi) Committing rape, sexual slavery, enforced prostitution, forced pregnancy, as defined in article 7, paragraph 2 (f), enforced sterilization, and any other form of sexual violence also constituting a serious violation of article 3 common to the four Geneva Conventions;

(vii) Conscripting or enlisting children under the age of fifteen years into armed forces or groups or using them to participate actively in hostilities;

(viii) Ordering the displacement of the civilian population for reasons related to the conflict, unless the security of the civilians involved or imperative military reasons so demand;

(ix) Killing or wounding treacherously a combatant adversary;

(x) Declaring that no quarter will be given;

(xi) Subjecting persons who are in the power of another party to the conflict to physical mutilation or to medical or scientific experiments of any kind which are neither justified by the medical, dental or hospital treatment of the person concerned nor carried out in his or her interest, and which cause death to or seriously endanger the health of such person or persons;

(xii) Destroying or seizing the property of an adversary unless such destruction or seizure be imperatively demanded by the necessities of the conflict;

(f) Paragraph 2 (e) applies to armed conflicts not of an international character and thus does not apply to situations of internal disturbances and tensions, such as riots, isolated and sporadic acts of violence or other acts of a similar nature. It applies to armed conflicts that take place in the territory of a State when there is protracted armed conflict between governmental authorities and organized armed groups or between such groups.

3. Nothing in paragraph 2 (c) and (e) shall affect the responsibility of a Government to maintain or re-establish law and order in the State or to defend the unity and territorial integrity of the State, by all legitimate means.

### Article 9

### Elements of Crimes

1. Elements of Crimes shall assist the Court in the interpretation and application of articles 6, 7 and 8. They shall be adopted by a two-thirds majority of the members of the Assembly of States Parties.

2. Amendments to the Elements of Crimes may be proposed by:

(a) Any State Party;

(b) The judges acting by an absolute majority;

(c) The Prosecutor.

Such amendments shall be adopted by a two-thirds majority of the members of the Assembly of States Parties.

3. The Elements of Crimes and amendments thereto shall be consistent with this Statute.

### Article 10

Nothing in this Part shall be interpreted as limiting or prejudicing in any way existing or developing rules of international law for purposes other than this Statute.

### Article 11

### Jurisdiction ratione temporis

1. The Court has jurisdiction only with respect to crimes committed after the entry into force of this Statute.

2. If a State becomes a Party to this Statute after its entry into force, the Court may exercise its jurisdiction only with respect to crimes committed after the entry into force of this Statute for that State, unless that State has made a declaration under article 12, para. 3.

### Article 12

### Preconditions to the exercise of jurisdiction

1. A State which becomes a Party to this Statute thereby accepts the jurisdiction of the Court with respect to the crimes referred to in article 5.

2. In the case of article 13, paragraph (a) or (c), the Court may exercise its jurisdiction if one or more of the following States are Parties to this Statute or have accepted the jurisdiction of the Court in accordance with paragraph 3:

(a) The State on the territory of which the conduct in question occurred or, if the crime was committed on board a vessel or aircraft, the State of registration of that vessel or aircraft;

(b) The State of which the person accused of the crime is a national.

3. If the acceptance of a State which is not a Party to this Statute is required under paragraph 2, that State may, by declaration lodged with the Registrar, accept the exercise of jurisdiction by the Court with respect to the crime in question. The accepting State shall cooperate with the Court without any delay or exception in accordance with Part 9.

### Article 13

### Exercise of jurisdiction

The Court may exercise its jurisdiction with respect to a crime referred to in article 5 in accordance with the provisions of this Statute if:

(a) A situation in which one or more of such crimes appears to have been committed is referred to the Prosecutor by a State Party in accordance with article 14;

(b) A situation in which one or more of such crimes appears to have been committed is referred to the Prosecutor by the Security Council acting under Chapter VII of the Charter of the United Nations; or

(c) The Prosecutor has initiated an investigation in respect of such a crime in accordance with article 15.

### Article 14

### Referral of a situation by a State Party

1. A State Party may refer to the Prosecutor a situation in which one or more crimes within the jurisdiction of the Court appear to have been committed requesting the Prosecutor to investigate the situation for the purpose of determining whether one or more specific persons should be charged with the commission of such crimes.

2. As far as possible, a referral shall specify the relevant circumstances and be accompanied by such supporting documentation as is available to the State referring the situation.

**Article 15**

**Prosecutor**

1. The Prosecutor may initiate investigations *proprio motu* on the basis of information on crimes within the jurisdiction of the Court.

2. The Prosecutor shall analyse the seriousness of the information received. For this purpose, he or she may seek additional information from States, organs of the United Nations, intergovernmental or non-governmental organizations, or other reliable sources that he or she deems appropriate, and may receive written or oral testimony at the seat of the Court.

3. If the Prosecutor concludes that there is a reasonable basis to proceed with an investigation, he or she shall submit to the Pre-Trial Chamber a request for authorization of an investigation, together with any supporting material collected. Victims may make representations to the Pre-Trial Chamber, in accordance with the Rules of Procedure and Evidence.

4. If the Pre-Trial Chamber, upon examination of the request and the supporting material, considers that there is a reasonable basis to proceed with an investigation, and that the case appears to fall within the jurisdiction of the Court, it shall authorize the commencement of the investigation, without prejudice to subsequent determinations by the Court with regard to the jurisdiction and admissibility of a case.

5. The refusal of the Pre-Trial Chamber to authorize the investigation shall not preclude the presentation of a subsequent request by the Prosecutor based on new facts or evidence regarding the same situation.

6. If, after the preliminary examination referred to in paragraphs 1 and 2, the Prosecutor concludes that the information provided does not constitute a reasonable basis for an investigation, he or she shall inform those who provided the information. This shall not preclude the Prosecutor from considering further information submitted to him or her regarding the same situation in the light of new facts or evidence.

**Article 16**

**Deferral of investigation or prosecution**

No investigation or prosecution may be commenced or proceeded with under this Statute for a period of 12 months after the Security Council, in a resolution adopted under Chapter VII of the Charter of the United Nations, has requested the Court to that effect; that request may be renewed by the Council under the same conditions.

**Article 17**

**Issues of admissibility**

1. Having regard to paragraph 10 of the Preamble and article 1, the Court shall determine that a case is inadmissible where:

(a) The case is being investigated or prosecuted by a State which has jurisdiction over it, unless the State is unwilling or unable genuinely to carry out the investigation or prosecution;

(b) The case has been investigated by a State which has jurisdiction over it and the State has decided not to prosecute the person concerned, unless the decision resulted from the unwillingness or inability of the State genuinely to prosecute;

(c) The person concerned has already been tried for conduct which is the subject of the complaint, and a trial by the Court is not permitted under article 20, paragraph 3;

(d) The case is not of sufficient gravity to justify further action by the Court.

2. In order to determine unwillingness in a particular case, the Court shall consider, having regard to the principles of due process recognized by international law, whether one or more of the following exist, as applicable:

(a) The proceedings were or are being undertaken or the national decision was made for the purpose of shielding the person concerned from criminal responsibility for crimes within the jurisdiction of the Court referred to in article 5;

(b) There has been an unjustified delay in the proceedings which in the circumstances is inconsistent with an intent to bring the person concerned to justice;

(c) The proceedings were not or are not being conducted independently or impartially, and they were or are being conducted in a manner which, in the circumstances, is inconsistent with an intent to bring the person concerned to justice.

3. In order to determine inability in a particular case, the Court shall consider whether, due to a total or substantial collapse or unavailability of its national judicial system, the State is unable to obtain the accused or the necessary evidence and testimony or otherwise unable to carry out its proceedings.

### Article 18

### Preliminary rulings regarding admissibility

1. When a situation has been referred to the Court pursuant to article 13 (a) and the Prosecutor has determined that there would be a reasonable basis to commence an investigation, or the Prosecutor initiates an investigation pursuant to articles 13 (c) and 15, the Prosecutor shall notify all States Parties and those States which, taking into account the information available, would normally exercise jurisdiction over the crimes concerned. The Prosecutor may notify such States on a confidential basis and, where the Prosecutor believes it necessary to protect persons, prevent destruction of evidence or prevent the absconding of persons, may limit the scope of the information provided to States.

2. Within one month of receipt of that notification, a State may inform the Court that it is investigating or has investigated its nationals or others within its jurisdiction with respect to criminal acts which may constitute crimes referred to in article 5 and which relate to the information provided in the notification to States. At the request of that State, the Prosecutor shall defer to the State's investigation of those persons unless the Pre-Trial Chamber, on the application of the Prosecutor, decides to authorize the investigation.

3. The Prosecutor's deferral to a State's investigation shall be open to review by the Prosecutor six months after the date of deferral or at any time when there has been a significant change of circumstances based on the State's unwillingness or inability genuinely to carry out the investigation.

4. The State concerned or the Prosecutor may appeal to the Appeals Chamber against a ruling of the Pre-Trial Chamber, in accordance with article 82. The appeal may be heard on an expedited basis.

5. When the Prosecutor has deferred an investigation in accordance with paragraph 2, the Prosecutor may request that the State concerned periodically inform the Prosecutor of the progress of its investigations and any subsequent prosecutions. States Parties shall respond to such requests without undue delay.

6. Pending a ruling by the Pre-Trial Chamber, or at any time when the Prosecutor has deferred an investigation under this article, the Prosecutor may, on an exceptional basis, seek authority from the Pre-Trial Chamber to pursue necessary investigative steps for the purpose of preserving evidence where there is a unique opportunity to obtain important evidence or there is a significant risk that such evidence may not be subsequently available.

7. A State which has challenged a ruling of the Pre-Trial Chamber under this article may challenge the admissibility of a case under article 19 on the grounds of additional significant facts or significant change of circumstances.

### Article 19

### Challenges to the jurisdiction of the Court or the admissibility of a case

1. The Court shall satisfy itself that it has jurisdiction in any case brought before it. The Court may, on its own motion, determine the admissibility of a case in accordance with article 17.

2. Challenges to the admissibility of a case on the grounds referred to in article 17 or challenges to the jurisdiction of the Court may be made by:

(a) An accused or a person for whom a warrant of arrest or a summons to appear has been issued under article 58;

(b) A State which has jurisdiction over a case, on the ground that it is investigating or prosecuting the case or has investigated or prosecuted; or

(c) A State from which acceptance of jurisdiction is required under article 12.

3. The Prosecutor may seek a ruling from the Court regarding a question of jurisdiction or admissibility. In proceedings with respect to jurisdiction or admissibility, those who have referred the situation under article 13, as well as victims, may also submit observations to the Court.

4. The admissibility of a case or the jurisdiction of the Court may be challenged only once by any person or State referred to in paragraph 2. The challenge shall take place prior to or at the commencement of the trial. In exceptional circumstances, the Court may grant leave for a challenge to be brought more than once or at a time later than the commencement of the trial. Challenges to the admissibility of a case, at the commencement of a trial, or subsequently with the leave of the Court, may be based only on article 17, paragraph 1 (c).

5. A State referred to in paragraph 2 (b) and (c) shall make a challenge at the earliest opportunity.

6. Prior to the confirmation of the charges, challenges to the admissibility of a case or challenges to the jurisdiction of the Court shall be referred to the Pre-Trial Chamber. After confirmation of the charges, they shall be referred to the Trial Chamber. Decisions with respect to jurisdiction or admissibility may be appealed to the Appeals Chamber in accordance with article 82.

7. If a challenge is made by a State referred to in paragraph 2 (b) or (c), the Prosecutor shall suspend the investigation until such time as the Court makes a determination in accordance with article 17.

8. Pending a ruling by the Court, the Prosecutor may seek authority from the Court:

(a) To pursue necessary investigative steps of the kind referred to in article 18, paragraph 6;

(b) To take a statement or testimony from a witness or complete the collection and examination of evidence which had begun prior to the making of the challenge; and

(c) In cooperation with the relevant States, to prevent the absconding of persons in respect of whom the Prosecutor has already requested a warrant of arrest under article 58.

9. The making of a challenge shall not affect the validity of any act performed by the Prosecutor or any order or warrant issued by the Court prior to the making of the challenge.

10. If the Court has decided that a case is inadmissible under article 17, the Prosecutor may submit a request for a review of the decision when he or she is fully satisfied that new facts have arisen which negate the basis on which the case had previously been found inadmissible under article 17.

11. If the Prosecutor, having regard to the matters referred to in article 17, defers an investigation, the Prosecutor may request that the relevant State make available to the Prosecutor information on the proceedings. That information shall, at the request of the State concerned, be confidential. If the Prosecutor thereafter decides to proceed with an investigation, he or she shall notify the State to which deferral of the proceedings has taken place.

## Article 20

## Ne bis in idem

1. Except as provided in this Statute, no person shall be tried before the Court with respect to conduct which formed the basis of crimes for which the person has been convicted or acquitted by the Court.

2. No person shall be tried by another court for a crime referred to in article 5 for which that person has already been convicted or acquitted by the Court.

3. No person who has been tried by another court for conduct also proscribed under article 6, 7 or 8 shall be tried by the Court with respect to the same conduct unless the proceedings in the other court:

(a) Were for the purpose of shielding the person concerned from criminal responsibility for crimes within the jurisdiction of the Court; or

(b) Otherwise were not conducted independently or impartially in accordance with the norms of due process recognized by international law and were conducted in a manner which, in the circumstances, was inconsistent with an intent to bring the person concerned to justice.

**Article 21**

**Applicable law**

1. The Court shall apply:

(a) In the first place, this Statute, Elements of Crimes and its Rules of Procedure and Evidence;

(b) In the second place, where appropriate, applicable treaties and the principles and rules of international law, including the established principles of the international law of armed conflict;

(c) Failing that, general principles of law derived by the Court from national laws of legal systems of the world including, as appropriate, the national laws of States that would normally exercise jurisdiction over the crime, provided that those principles are not inconsistent with this Statute and with international law and internationally recognized norms and standards.

2. The Court may apply principles and rules of law as interpreted in its previous decisions.

3. The application and interpretation of law pursuant to this article must be consistent with internationally recognized human rights, and be without any adverse distinction founded on grounds such as gender as defined in article 7, paragraph 3, age, race, colour, language, religion or belief, political or other opinion, national, ethnic or social origin, wealth, birth or other status.

## PART 3. GENERAL PRINCIPLES OF CRIMINAL LAW

**Article 22**

**Nullum crimen sine lege**

1. A person shall not be criminally responsible under this Statute unless the conduct in question constitutes, at the time it takes place, a crime within the jurisdiction of the Court.

2. The definition of a crime shall be strictly construed and shall not be extended by analogy. In case of ambiguity, the definition shall be interpreted in favour of the person being investigated, prosecuted or convicted.

3. This article shall not affect the characterization of any conduct as criminal under international law independently of this Statute.

**Article 23**

**Nulla poena sine lege**

A person convicted by the Court may be punished only in accordance with this Statute.

**Article 24**

**Non-retroactivity ratione personae**

1. No person shall be criminally responsible under this Statute for conduct prior to the entry into force of the Statute.

2. In the event of a change in the law applicable to a given case prior to a final judgement, the law more favourable to the person being investigated, prosecuted or convicted shall apply.

**Article 25**

**Individual criminal responsibility**

1. The Court shall have jurisdiction over natural persons pursuant to this Statute.

2. A person who commits a crime within the jurisdiction of the Court shall be individually responsible and liable for punishment in accordance with this Statute.

3. In accordance with this Statute, a person shall be criminally responsible and liable for punishment for a crime within the jurisdiction of the Court if that person:

(a) Commits such a crime, whether as an individual, jointly with another or through another person, regardless of whether that other person is criminally responsible;

(b) Orders, solicits or induces the commission of such a crime which in fact occurs or is attempted;

(c) For the purpose of facilitating the commission of such a crime, aids, abets or otherwise assists in its commission or its attempted commission, including providing the means for its commission;

(d) In any other way contributes to the commission or attempted commission of such a crime by a group of persons acting with a common purpose. Such contribution shall be intentional and shall either:

(i) Be made with the aim of furthering the criminal activity or criminal purpose of the group, where such activity or purpose involves the commission of a crime within the jurisdiction of the Court; or

(ii) Be made in the knowledge of the intention of the group to commit the crime;

(e) In respect of the crime of genocide, directly and publicly incites others to commit genocide;

(f) Attempts to commit such a crime by taking action that commences its execution by means of a substantial step, but the crime does not occur because of circumstances independent of the person's intentions. However, a person who abandons the effort to commit the crime or otherwise prevents the completion of the crime shall not be liable for punishment under this Statute for the attempt to commit that crime if that person completely and voluntarily gave up the criminal purpose.

4. No provision in this Statute relating to individual criminal responsibility shall affect the responsibility of States under international law.

### Article 26

### Exclusion of jurisdiction over persons under eighteen

The Court shall have no jurisdiction over any person who was under the age of 18 at the time of the alleged commission of a crime.

### Article 27

### Irrelevance of official capacity

1. This Statute shall apply equally to all persons without any distinction based on official capacity. In particular, official capacity as a Head of State or Government, a member of a Government or parliament, an elected representative or a government official shall in no case exempt a person from criminal responsibility under this Statute, nor shall it, in and of itself, constitute a ground for reduction of sentence.

2. Immunities or special procedural rules which may attach to the official capacity of a person, whether under national or international law, shall not bar the Court from exercising its jurisdiction over such a person.

### Article 28

### Responsibility of commanders and other superiors

In addition to other grounds of criminal responsibility under this Statute for crimes within the jurisdiction of the Court:

(a) A military commander or person effectively acting as a military commander shall be criminally responsible for crimes within the jurisdiction of the Court committed by forces under his or her effective command and control, or effective authority and control as the case may be, as a result of his or her failure to exercise control properly over such forces, where:

(i) That military commander or person either knew or, owing to the circumstances at the time, should have known that the forces were committing or about to commit such crimes; and

(ii) That military commander or person failed to take all necessary and reasonable measures within his or her power to prevent or repress their commission or to submit the matter to the competent authorities for investigation and prosecution.

(b) With respect to superior and subordinate relationships not described in paragraph (a), a superior shall be criminally responsible for crimes within the jurisdiction of the Court committed by subordinates under his or her effective authority and control, as a result of his or her failure to exercise control properly over such subordinates, where:

(i) The superior either knew, or consciously disregarded information which clearly indicated, that the subordinates were committing or about to commit such crimes;

(ii) The crimes concerned activities that were within the effective responsibility and control of the superior; and

(iii) The superior failed to take all necessary and reasonable measures within his or her power to prevent or repress their commission or to submit the matter to the competent authorities for investigation and prosecution.

### Article 29

### Non-applicability of statute of limitations

The crimes within the jurisdiction of the Court shall not be subject to any statute of limitations.

### Article 30

### Mental element

1. Unless otherwise provided, a person shall be criminally responsible and liable for punishment for a crime within the jurisdiction of the Court only if the material elements are committed with intent and knowledge.

2. For the purposes of this article, a person has intent where:

(a) In relation to conduct, that person means to engage in the conduct;

(b) In relation to a consequence, that person means to cause that consequence or is aware that it will occur in the ordinary course of events.

3. For the purposes of this article, "knowledge" means awareness that a circumstance exists or a consequence will occur in the ordinary course of events. "Know" and "knowingly" shall be construed accordingly.

### Article 31

### Grounds for excluding criminal responsibility

1. In addition to other grounds for excluding criminal responsibility provided for in this Statute, a person shall not be criminally responsible if, at the time of that person's conduct:

(a) The person suffers from a mental disease or defect that destroys that person's capacity to appreciate the unlawfulness or nature of his or her conduct, or capacity to control his or her conduct to conform to the requirements of law;

(b) The person is in a state of intoxication that destroys that person's capacity to appreciate the unlawfulness or nature of his or her conduct, or capacity to control his or her conduct to conform to the requirements of law, unless the person has become voluntarily intoxicated under such circumstances that the person knew, or disregarded the risk, that, as a result of the intoxication, he or she was likely to engage in conduct constituting a crime within the jurisdiction of the Court;

(c) The person acts reasonably to defend himself or herself or another person or, in the case of war crimes, property which is essential for the survival of the person or another person or property which is essential for accomplishing a military mission, against an imminent and unlawful use of force in a manner proportionate to the degree of danger to the person or the other person or property protected. The fact that the person was involved in a defensive operation conducted by forces shall not in itself constitute a ground for excluding criminal responsibility under this subparagraph;

(d) The conduct which is alleged to constitute a crime within the jurisdiction of the Court has been caused by duress resulting from a threat of imminent death or of continuing or imminent serious bodily harm against that person or another person, and the person acts necessarily and reasonably to avoid this threat, provided that the person does not intend to cause a greater harm than the one sought to be avoided. Such a threat may either be:

(i) Made by other persons; or

(ii) Constituted by other circumstances beyond that person's control.

2. The Court shall determine the applicability of the grounds for excluding criminal responsibility provided for in this Statute to the case before it.

3. At trial, the Court may consider a ground for excluding criminal responsibility other than those referred to in paragraph 1 where such a ground is derived from applicable law as set forth in article 21. The procedures relating to the consideration of such a ground shall be provided for in the Rules of Procedure and Evidence.

### Article 32

### Mistake of fact or mistake of law

1. A mistake of fact shall be a ground for excluding criminal responsibility only if it negates the mental element required by the crime.

2. A mistake of law as to whether a particular type of conduct is a crime within the jurisdiction of the Court shall not be a ground for excluding criminal responsibility. A mistake of law may, however, be a ground for excluding criminal responsibility if it negates the mental element required by such a crime, or as provided for in article 33.

### Article 33

### Superior orders and prescription of law

1. The fact that a crime within the jurisdiction of the Court has been committed by a person pursuant to an order of a Government or of a superior, whether military or civilian, shall not relieve that person of criminal responsibility unless:

(a) The person was under a legal obligation to obey orders of the Government or the superior in question;

(b) The person did not know that the order was unlawful; and

(c) The order was not manifestly unlawful.

2. For the purposes of this article, orders to commit genocide or crimes against humanity are manifestly unlawful.

## PART 4. COMPOSITION AND ADMINISTRATION OF THE COURT

### Article 34

### Organs of the Court

The Court shall be composed of the following organs:

(a) The Presidency;

(b) An Appeals Division, a Trial Division and a Pre-Trial Division;

(c) The Office of the Prosecutor;

(d) The Registry.

### Article 35

### Service of judges

1. All judges shall be elected as full-time members of the Court and shall be available to serve on that basis from the commencement of their terms of office.

2. The judges composing the Presidency shall serve on a full-time basis as soon as they are elected.

3. The Presidency may, on the basis of the workload of the Court and in consultation with its members, decide from time to time to what extent the remaining judges shall be required to serve on a full-time basis. Any such arrangement shall be without prejudice to the provisions of article 40.

4. The financial arrangements for judges not required to serve on a full-time basis shall be made in accordance with article 49.

### Article 36

### Qualifications, nomination and election of judges

1. Subject to the provisions of paragraph 2, there shall be 18 judges of the Court.

2. (a) The Presidency, acting on behalf of the Court, may propose an increase in the number of judges specified in paragraph 1, indicating the reasons why this is considered necessary and appropriate. The Registrar shall promptly circulate any such proposal to all States Parties.

(b) Any such proposal shall then be considered at a meeting of the Assembly of States Parties to be convened in accordance with article 112. The proposal shall be considered adopted if approved at the meeting by a vote of two thirds of the members of the Assembly of States Parties and shall enter into force at such time as decided by the Assembly of States Parties.

(c)

(i) Once a proposal for an increase in the number of judges has been adopted under subparagraph (b), the election of the additional judges shall take place at the next session of the Assembly of States Parties in accordance with paragraphs 3 to 8, and article 37, paragraph 2;

(ii) Once a proposal for an increase in the number of judges has been adopted and brought into effect under subparagraphs (b) and (c) (i), it shall be open to the Presidency at any time thereafter, if the workload of the Court justifies it, to propose a reduction in the number of judges, provided that the number of judges shall not be reduced below that specified in paragraph 1. The proposal shall be dealt with in accordance with the procedure laid down in subparagraphs (a) and (b). In the event that the proposal is adopted, the number of judges shall be progressively decreased as the terms of office of serving judges expire, until the necessary number has been reached.

3. (a) The judges shall be chosen from among persons of high moral character, impartiality and integrity who possess the qualifications required in their respective States for appointment to the highest judicial offices.

(b) Every candidate for election to the Court shall:

(i) Have established competence in criminal law and procedure, and the necessary relevant experience, whether as judge, prosecutor, advocate or in other similar capacity, in criminal proceedings; or

(ii) Have established competence in relevant areas of international law such as international humanitarian law and the law of human rights, and extensive experience in a professional legal capacity which is of relevance to the judicial work of the Court;

(c) Every candidate for election to the Court shall have an excellent knowledge of and be fluent in at least one of the working languages of the Court.

4. (a) Nominations of candidates for election to the Court may be made by any State Party to this Statute, and shall be made either:

(i) By the procedure for the nomination of candidates for appointment to the highest judicial offices in the State in question; or

(ii) By the procedure provided for the nomination of candidates for the International Court of Justice in the Statute of that Court.

Nominations shall be accompanied by a statement in the necessary detail specifying how the candidate fulfils the requirements of paragraph 3.

(b) Each State Party may put forward one candidate for any given election who need not necessarily be a national of that State Party but shall in any case be a national of a State Party.

(c) The Assembly of States Parties may decide to establish, if appropriate, an Advisory Committee on nominations. In that event, the Committee's composition and mandate shall be established by the Assembly of States Parties.

5. For the purposes of the election, there shall be two lists of candidates:

List A containing the names of candidates with the qualifications specified in paragraph 3 (b) (i); and

List B containing the names of candidates with the qualifications specified in paragraph 3 (b) (ii).

A candidate with sufficient qualifications for both lists may choose on which list to appear. At the first election to the Court, at least nine judges shall be elected from list A and at least five judges from list B. Subsequent elections shall be so organized as to maintain the equivalent proportion on the Court of judges qualified on the two lists.

6. (a) The judges shall be elected by secret ballot at a meeting of the Assembly of States Parties convened for that purpose under article 112. Subject to paragraph 7, the persons elected to the Court shall be the 18 candidates who obtain the highest number of votes and a two-thirds majority of the States Parties present and voting.

(b) In the event that a sufficient number of judges is not elected on the first ballot, successive ballots shall be held in accordance with the procedures laid down in subparagraph (a) until the remaining places have been filled.

7. No two judges may be nationals of the same State. A person who, for the purposes of membership of the Court, could be regarded as a national of more than one State shall be deemed to be a national of the State in which that person ordinarily exercises civil and political rights.

8. (a) The States Parties shall, in the selection of judges, take into account the need, within the membership of the Court, for:

(i) The representation of the principal legal systems of the world;

(ii) Equitable geographical representation; and

(iii) A fair representation of female and male judges.

(b) States Parties shall also take into account the need to include judges with legal expertise on specific issues, including, but not limited to, violence against women or children.

9. (a) Subject to subparagraph (b), judges shall hold office for a term of nine years and, subject to subparagraph (c) and to article 37, paragraph 2, shall not be eligible for re-election.

(b) At the first election, one third of the judges elected shall be selected by lot to serve for a term of three years; one third of the judges elected shall be selected by lot to serve for a term of six years; and the remainder shall serve for a term of nine years.

(c) A judge who is selected to serve for a term of three years under subparagraph (b) shall be eligible for re-election for a full term.

10. Notwithstanding paragraph 9, a judge assigned to a Trial or Appeals Chamber in accordance with article 39 shall continue in office to complete any trial or appeal the hearing of which has already commenced before that Chamber.

**Article 37**

**Judicial vacancies**

1. In the event of a vacancy, an election shall be held in accordance with article 36 to fill the vacancy.

2. A judge elected to fill a vacancy shall serve for the remainder of the predecessor's term and, if that period is three years or less, shall be eligible for re-election for a full term under article 36.

**Article 38**

**The Presidency**

1. The President and the First and Second Vice-Presidents shall be elected by an absolute majority of the judges. They shall each serve for a term of three years or until the end of their respective terms of office as judges, whichever expires earlier. They shall be eligible for re-election once.

2. The First Vice-President shall act in place of the President in the event that the President is unavailable or disqualified. The Second Vice-President shall act in place of the President in the event that both the President and the First Vice-President are unavailable or disqualified.

3. The President, together with the First and Second Vice-Presidents, shall constitute the Presidency, which shall be responsible for:

(a) The proper administration of the Court, with the exception of the Office of the Prosecutor; and

(b) The other functions conferred upon it in accordance with this Statute.

4. In discharging its responsibility under paragraph 3 (a), the Presidency shall coordinate with and seek the concurrence of the Prosecutor on all matters of mutual concern.

### Article 39

### Chambers

1. As soon as possible after the election of the judges, the Court shall organize itself into the divisions specified in article 34, paragraph (b). The Appeals Division shall be composed of the President and four other judges, the Trial Division of not less than six judges and the Pre-Trial Division of not less than six judges. The assignment of judges to divisions shall be based on the nature of the functions to be performed by each division and the qualifications and experience of the judges elected to the Court, in such a way that each division shall contain an appropriate combination of expertise in criminal law and procedure and in international law. The Trial and Pre-Trial Divisions shall be composed predominantly of judges with criminal trial experience.

2. (a) The judicial functions of the Court shall be carried out in each division by Chambers.

(b)

(i) The Appeals Chamber shall be composed of all the judges of the Appeals Division;

(ii) The functions of the Trial Chamber shall be carried out by three judges of the Trial Division;

(iii) The functions of the Pre-Trial Chamber shall be carried out either by three judges of the Pre-Trial Division or by a single judge of that division in accordance with this Statute and the Rules of Procedure and Evidence;

(c) Nothing in this paragraph shall preclude the simultaneous constitution of more than one Trial Chamber or Pre-Trial Chamber when the efficient management of the Court's workload so requires.

3. (a) Judges assigned to the Trial and Pre-Trial Divisions shall serve in those divisions for a period of three years, and thereafter until the completion of any case the hearing of which has already commenced in the division concerned.

(b) Judges assigned to the Appeals Division shall serve in that division for their entire term of office.

4. Judges assigned to the Appeals Division shall serve only in that division. Nothing in this article shall, however, preclude the temporary attachment of judges from the Trial Division to the Pre-Trial Division or vice versa, if the Presidency considers that the efficient management of the Court's workload so requires, provided that under no circumstances shall a judge who has participated in the pre-trial phase of a case be eligible to sit on the Trial Chamber hearing that case.

### Article 40

### Independence of the judges

1. The judges shall be independent in the performance of their functions.

2. Judges shall not engage in any activity which is likely to interfere with their judicial functions or to affect confidence in their independence.

3. Judges required to serve on a full-time basis at the seat of the Court shall not engage in any other occupation of a professional nature.

4. Any question regarding the application of paragraphs 2 and 3 shall be decided by an absolute majority of the judges. Where any such question concerns an individual judge, that judge shall not take part in the decision.

### Article 41

### Excusing and disqualification of judges

1. The Presidency may, at the request of a judge, excuse that judge from the exercise of a function under this Statute, in accordance with the Rules of Procedure and Evidence.

2. (a) A judge shall not participate in any case in which his or her impartiality might reasonably be doubted on any ground. A judge shall be disqualified from a case in accordance with this paragraph if, *inter alia*, that judge has previously been involved in any capacity in that case before the Court or in a related criminal case at the national level involving the person being investigated or prosecuted. A judge shall also be disqualified on such other grounds as may be provided for in the Rules of Procedure and Evidence.

(b) The Prosecutor or the person being investigated or prosecuted may request the disqualification of a judge under this paragraph.

(c) Any question as to the disqualification of a judge shall be decided by an absolute majority of the judges. The challenged judge shall be entitled to present his or her comments on the matter, but shall not take part in the decision.

**Article 42**

**The Office of the Prosecutor**

1. The Office of the Prosecutor shall act independently as a separate organ of the Court. It shall be responsible for receiving referrals and any substantiated information on crimes within the jurisdiction of the Court, for examining them and for conducting investigations and prosecutions before the Court. A member of the Office shall not seek or act on instructions from any external source.

2. The Office shall be headed by the Prosecutor. The Prosecutor shall have full authority over the management and administration of the Office, including the staff, facilities and other resources thereof. The Prosecutor shall be assisted by one or more Deputy Prosecutors, who shall be entitled to carry out any of the acts required of the Prosecutor under this Statute. The Prosecutor and the Deputy Prosecutors shall be of different nationalities. They shall serve on a full-time basis.

3. The Prosecutor and the Deputy Prosecutors shall be persons of high moral character, be highly competent in and have extensive practical experience in the prosecution or trial of criminal cases. They shall have an excellent knowledge of and be fluent in at least one of the working languages of the Court.

4. The Prosecutor shall be elected by secret ballot by an absolute majority of the members of the Assembly of States Parties. The Deputy Prosecutors shall be elected in the same way from a list of candidates provided by the Prosecutor. The Prosecutor shall nominate three candidates for each position of Deputy Prosecutor to be filled. Unless a shorter term is decided upon at the time of their election, the Prosecutor and the Deputy Prosecutors shall hold office for a term of nine years and shall not be eligible for re-election.

5. Neither the Prosecutor nor a Deputy Prosecutor shall engage in any activity which is likely to interfere with his or her prosecutorial functions or to affect confidence in his or her independence. They shall not engage in any other occupation of a professional nature.

6. The Presidency may excuse the Prosecutor or a Deputy Prosecutor, at his or her request, from acting in a particular case.

7. Neither the Prosecutor nor a Deputy Prosecutor shall participate in any matter in which their impartiality might reasonably be doubted on any ground. They shall be disqualified from a case in accordance with this paragraph if, *inter alia*, they have previously been involved in any capacity in that case before the Court or in a related criminal case at the national level involving the person being investigated or prosecuted.

8. Any question as to the disqualification of the Prosecutor or a Deputy Prosecutor shall be decided by the Appeals Chamber.

(a) The person being investigated or prosecuted may at any time request the disqualification of the Prosecutor or a Deputy Prosecutor on the grounds set out in this article;

(b) The Prosecutor or the Deputy Prosecutor, as appropriate, shall be entitled to present his or her comments on the matter;

9. The Prosecutor shall appoint advisers with legal expertise on specific issues, including, but not limited to, sexual and gender violence and violence against children.

**Article 43**

**The Registry**

1. The Registry shall be responsible for the non-judicial aspects of the administration and servicing of the Court, without prejudice to the functions and powers of the Prosecutor in accordance with article 42.

2. The Registry shall be headed by the Registrar, who shall be the principal administrative officer

of the Court. The Registrar shall exercise his or her functions under the authority of the President of the Court.

3. The Registrar and the Deputy Registrar shall be persons of high moral character, be highly competent and have an excellent knowledge of and be fluent in at least one of the working languages of the Court.

4. The judges shall elect the Registrar by an absolute majority by secret ballot, taking into account any recommendation by the Assembly of States Parties. If the need arises and upon the recommendation of the Registrar, the judges shall elect, in the same manner, a Deputy Registrar.

5. The Registrar shall hold office for a term of five years, shall be eligible for re-election once and shall serve on a full-time basis. The Deputy Registrar shall hold office for a term of five years or such shorter term as may be decided upon by an absolute majority of the judges, and may be elected on the basis that the Deputy Registrar shall be called upon to serve as required.

6. The Registrar shall set up a Victims and Witnesses Unit within the Registry. This Unit shall provide, in consultation with the Office of the Prosecutor, protective measures and security arrangements, counselling and other appropriate assistance for witnesses, victims who appear before the Court, and others who are at risk on account of testimony given by such witnesses. The Unit shall include staff with expertise in trauma, including trauma related to crimes of sexual violence.

### Article 44

### Staff

1. The Prosecutor and the Registrar shall appoint such qualified staff as may be required to their respective offices. In the case of the Prosecutor, this shall include the appointment of investigators.

2. In the employment of staff, the Prosecutor and the Registrar shall ensure the highest standards of efficiency, competency and integrity, and shall have regard, *mutatis mutandis*, to the criteria set forth in article 36, paragraph 8.

3. The Registrar, with the agreement of the Presidency and the Prosecutor, shall propose Staff Regulations which include the terms and conditions upon which the staff of the Court shall be appointed, remunerated and dismissed. The Staff Regulations shall be approved by the Assembly of States Parties.

4. The Court may, in exceptional circumstances, employ the expertise of gratis personnel offered by States Parties, intergovernmental organizations or non-governmental organizations to assist with the work of any of the organs of the Court. The Prosecutor may accept any such offer on behalf of the Office of the Prosecutor. Such gratis personnel shall be employed in accordance with guidelines to be established by the Assembly of States Parties.

### Article 45

### Solemn undertaking

Before taking up their respective duties under this Statute, the judges, the Prosecutor, the Deputy Prosecutors, the Registrar and the Deputy Registrar shall each make a solemn undertaking in open court to exercise his or her respective functions impartially and conscientiously.

### Article 46

### Removal from office

1. A judge, the Prosecutor, a Deputy Prosecutor, the Registrar or the Deputy Registrar shall be removed from office if a decision to this effect is made in accordance with paragraph 2, in cases where that person:

(a) Is found to have committed serious misconduct or a serious breach of his or her duties under this Statute, as provided for in the Rules of Procedure and Evidence; or

(b) Is unable to exercise the functions required by this Statute.

2. A decision as to the removal from office of a judge, the Prosecutor or a Deputy Prosecutor under paragraph 1 shall be made by the Assembly of States Parties, by secret ballot:

(a) In the case of a judge, by a two-thirds majority of the States Parties upon a recommendation adopted by a two-thirds majority of the other judges;

(b) In the case of the Prosecutor, by an absolute majority of the States Parties;

(c) In the case of a Deputy Prosecutor, by an absolute majority of the States Parties upon the recommendation of the Prosecutor.

3. A decision as to the removal from office of the Registrar or Deputy Registrar shall be made by an absolute majority of the judges.

4. A judge, Prosecutor, Deputy Prosecutor, Registrar or Deputy Registrar whose conduct or ability to exercise the functions of the office as required by this Statute is challenged under this article shall have full opportunity to present and receive evidence and to make submissions in accordance with the Rules of Procedure and Evidence. The person in question shall not otherwise participate in the consideration of the matter.

### Article 47

### Disciplinary measures

A judge, Prosecutor, Deputy Prosecutor, Registrar or Deputy Registrar who has committed misconduct of a less serious nature than that set out in article 46, paragraph 1, shall be subject to disciplinary measures, in accordance with the Rules of Procedure and Evidence.

### Article 48

### Privileges and immunities

1. The Court shall enjoy in the territory of each State Party such privileges and immunities as are necessary for the fulfilment of its purposes.

2. The judges, the Prosecutor, the Deputy Prosecutors and the Registrar shall, when engaged on or with respect to the business of the Court, enjoy the same privileges and immunities as are accorded to heads of diplomatic missions and shall, after the expiry of their terms of office, continue to be accorded immunity from legal process of every kind in respect of words spoken or written and acts performed by them in their official capacity.

3. The Deputy Registrar, the staff of the Office of the Prosecutor and the staff of the Registry shall enjoy the privileges and immunities and facilities necessary for the performance of their functions, in accordance with the agreement on the privileges and immunities of the Court.

4. Counsel, experts, witnesses or any other person required to be present at the seat of the Court shall be accorded such treatment as is necessary for the proper functioning of the Court, in accordance with the agreement on the privileges and immunities of the Court.

5. The privileges and immunities of:

(a) A judge or the Prosecutor may be waived by an absolute majority of the judges;

(b) The Registrar may be waived by the Presidency;

(c) The Deputy Prosecutors and staff of the Office of the Prosecutor may be waived by the Prosecutor;

(d) The Deputy Registrar and staff of the Registry may be waived by the Registrar.

### Article 49

### Salaries, allowances and expenses

The judges, the Prosecutor, the Deputy Prosecutors, the Registrar and the Deputy Registrar shall receive such salaries, allowances and expenses as may be decided upon by the Assembly of States Parties. These salaries and allowances shall not be reduced during their terms of office.

### Article 50

### Official and working languages

1. The official languages of the Court shall be Arabic, Chinese, English, French, Russian and Spanish. The judgements of the Court, as well as other decisions resolving fundamental issues before the Court, shall be published in the official languages. The Presidency shall, in accordance with the criteria established by the Rules of Procedure and Evidence, determine which decisions may be considered as resolving fundamental issues for the purposes of this paragraph.

2. The working languages of the Court shall be English and French. The Rules of Procedure and Evidence shall determine the cases in which other official languages may be used as working languages.

3. At the request of any party to a proceeding or a State allowed to intervene in a proceeding, the Court shall authorize a language other than English or French to be used by such a party or State, provided that the Court considers such authorization to be adequately justified.

**Article 51**

**Rules of Procedure and Evidence**

1. The Rules of Procedure and Evidence shall enter into force upon adoption by a two-thirds majority of the members of the Assembly of States Parties.

2. Amendments to the Rules of Procedure and Evidence may be proposed by:

(a) Any State Party;

(b) The judges acting by an absolute majority; or

(c) The Prosecutor.

Such amendments shall enter into force upon adoption by a two-thirds majority of the members of the Assembly of States Parties.

3. After the adoption of the Rules of Procedure and Evidence, in urgent cases where the Rules do not provide for a specific situation before the Court, the judges may, by a two-thirds majority, draw up provisional Rules to be applied until adopted, amended or rejected at the next ordinary or special session of the Assembly of States Parties.

4. The Rules of Procedure and Evidence, amendments thereto and any provisional Rule shall be consistent with this Statute. Amendments to the Rules of Procedure and Evidence as well as provisional Rules shall not be applied retroactively to the detriment of the person who is being investigated or prosecuted or who has been convicted.

5. In the event of conflict between the Statute and the Rules of Procedure and Evidence, the Statute shall prevail.

**Article 52**

**Regulations of the Court**

1. The judges shall, in accordance with this Statute and the Rules of Procedure and Evidence, adopt, by an absolute majority, the Regulations of the Court necessary for its routine functioning.

2. The Prosecutor and the Registrar shall be consulted in the elaboration of the Regulations and any amendments thereto.

3. The Regulations and any amendments thereto shall take effect upon adoption unless otherwise decided by the judges. Immediately upon adoption, they shall be circulated to States Parties for comments. If within six months there are no objections from a majority of States Parties, they shall remain in force.

## PART 5. INVESTIGATION AND PROSECUTION

**Article 53**

**Initiation of an investigation**

1. The Prosecutor shall, having evaluated the information made available to him or her, initiate an investigation unless he or she determines that there is no reasonable basis to proceed under this Statute. In deciding whether to initiate an investigation, the Prosecutor shall consider whether:

(a) The information available to the Prosecutor provides a reasonable basis to believe that a crime within the jurisdiction of the Court has been or is being committed;

(b) The case is or would be admissible under article 17; and

(c) Taking into account the gravity of the crime and the interests of victims, there are nonetheless substantial reasons to believe that an investigation would not serve the interests of justice.

If the Prosecutor determines that there is no reasonable basis to proceed and his or her determination is based solely on subparagraph (c) above, he or she shall inform the Pre-Trial Chamber.

2. If, upon investigation, the Prosecutor concludes that there is not a sufficient basis for a prosecution because:

(a) There is not a sufficient legal or factual basis to seek a warrant or summons under article 58;

(b) The case is inadmissible under article 17; or

(c) A prosecution is not in the interests of justice, taking into account all the circumstances, including the gravity of the crime, the interests of victims and the age or infirmity of the alleged perpetrator, and his or her role in the alleged crime; the Prosecutor shall inform the Pre-Trial Chamber and the State making a referral under article 14 or the Security Council in a case under article 13, paragraph (b), of his or her conclusion and the reasons for the conclusion.

3. (a) At the request of the State making a referral under article 14 or the Security Council under article 13, paragraph (b), the Pre-Trial Chamber may review a decision of the Prosecutor under paragraph 1 or 2 not to proceed and may request the Prosecutor to reconsider that decision.

(b) In addition, the Pre-Trial Chamber may, on its own initiative, review a decision of the Prosecutor not to proceed if it is based solely on paragraph 1 (c) or 2 (c). In such a case, the decision of the Prosecutor shall be effective only if confirmed by the Pre-Trial Chamber.

4. The Prosecutor may, at any time, reconsider a decision whether to initiate an investigation or prosecution based on new facts or information.

### Article 54

### Duties and powers of the Prosecutor with respect to investigations

1. The Prosecutor shall:

(a) In order to establish the truth, extend the investigation to cover all facts and evidence relevant to an assessment of whether there is criminal responsibility under this Statute, and, in doing so, investigate incriminating and exonerating circumstances equally;

(b) Take appropriate measures to ensure the effective investigation and prosecution of crimes within the jurisdiction of the Court, and in doing so, respect the interests and personal circumstances of victims and witnesses, including age, gender as defined in article 7, paragraph 3, and health, and take into account the nature of the crime, in particular where it involves sexual violence, gender violence or violence against children; and

(c) Fully respect the rights of persons arising under this Statute.

2. The Prosecutor may conduct investigations on the territory of a State:

(a) In accordance with the provisions of Part 9; or

(b) As authorized by the Pre-Trial Chamber under article 57, paragraph 3 (d).

3. The Prosecutor may:

(a) Collect and examine evidence;

(b) Request the presence of and question persons being investigated, victims and witnesses;

(c) Seek the cooperation of any State or intergovernmental organization or arrangement in accordance with its respective competence and/or mandate;

(d) Enter into such arrangements or agreements, not inconsistent with this Statute, as may be necessary to facilitate the cooperation of a State, intergovernmental organization or person;

(e) Agree not to disclose, at any stage of the proceedings, documents or information that the Prosecutor obtains on the condition of confidentiality and solely for the purpose of generating new evidence, unless the provider of the information consents; and

(f) Take necessary measures, or request that necessary measures be taken, to ensure the confidentiality of information, the protection of any person or the preservation of evidence.

### Article 55

### Rights of persons during an investigation

1. In respect of an investigation under this Statute, a person:

(a) Shall not be compelled to incriminate himself or herself or to confess guilt;

(b) Shall not be subjected to any form of coercion, duress or threat, to torture or to any other form of cruel, inhuman or degrading treatment or punishment;

(c) Shall, if questioned in a language other than a language the person fully understands and speaks, have, free of any cost, the assistance of a competent interpreter and such translations as are necessary to meet the requirements of fairness; and

(d) Shall not be subjected to arbitrary arrest or detention, and shall not be deprived of his or her liberty except on such grounds and in accordance with such procedures as are established in this Statute.

2. Where there are grounds to believe that a person has committed a crime within the jurisdiction of the Court and that person is about to be questioned either by the Prosecutor, or by national authorities pursuant to a request made under Part 9, that person shall also have the following rights of which he or she shall be informed prior to being questioned:

(a) To be informed, prior to being questioned, that there are grounds to believe that he or she has committed a crime within the jurisdiction of the Court;

(b) To remain silent, without such silence being a consideration in the determination of guilt or innocence;

(c) To have legal assistance of the person's choosing, or, if the person does not have legal assistance, to have legal assistance assigned to him or her, in any case where the interests of justice so require, and without payment by the person in any such case if the person does not have sufficient means to pay for it; and

(d) To be questioned in the presence of counsel unless the person has voluntarily waived his or her right to counsel.

**Article 56**

**Role of the Pre-Trial Chamber in relation to a unique investigative opportunity**

1. (a) Where the Prosecutor considers an investigation to present a unique opportunity to take testimony or a statement from a witness or to examine, collect or test evidence, which may not be available subsequently for the purposes of a trial, the Prosecutor shall so inform the Pre-Trial Chamber.

(b) In that case, the Pre-Trial Chamber may, upon request of the Prosecutor, take such measures as may be necessary to ensure the efficiency and integrity of the proceedings and, in particular, to protect the rights of the defence.

(c) Unless the Pre-Trial Chamber orders otherwise, the Prosecutor shall provide the relevant information to the person who has been arrested or appeared in response to a summons in connection with the investigation referred to in subparagraph (a), in order that he or she may be heard on the matter.

2. The measures referred to in paragraph 1 (b) may include:

(a) Making recommendations or orders regarding procedures to be followed;

(b) Directing that a record be made of the proceedings;

(c) Appointing an expert to assist;

(d) Authorizing counsel for a person who has been arrested, or appeared before the Court in response to a summons, to participate, or where there has not yet been such an arrest or appearance or counsel has not been designated, appointing another counsel to attend and represent the interests of the defence;

(e) Naming one of its members or, if necessary, another available judge of the Pre-Trial or Trial Division to observe and make recommendations or orders regarding the collection and preservation of evidence and the questioning of persons;

(f) Taking such other action as may be necessary to collect or preserve evidence.

3. (a) Where the Prosecutor has not sought measures pursuant to this article but the Pre-Trial Chamber considers that such measures are required to preserve evidence that it deems would be essential for the defence at trial, it shall consult with the Prosecutor as to whether there is good reason for the Prosecutor's failure to request the measures. If upon consultation, the

Pre-Trial Chamber concludes that the Prosecutor's failure to request such measures is unjustified, the Pre-Trial Chamber may take such measures on its own initiative.

(b) A decision of the Pre-Trial Chamber to act on its own initiative under this paragraph may be appealed by the Prosecutor. The appeal shall be heard on an expedited basis.

4. The admissibility of evidence preserved or collected for trial pursuant to this article, or the record thereof, shall be governed at trial by article 69, and given such weight as determined by the Trial Chamber.

### Article 57

### Functions and powers of the Pre-Trial Chamber

1. Unless otherwise provided in this Statute, the Pre-Trial Chamber shall exercise its functions in accordance with the provisions of this article.

2. (a) Orders or rulings of the Pre-Trial Chamber issued under articles 15, 18, 19, 54, paragraph 2, 61, paragraph 7, and 72 must be concurred in by a majority of its judges.

(b) In all other cases, a single judge of the Pre-Trial Chamber may exercise the functions provided for in this Statute, unless otherwise provided for in the Rules of Procedure and Evidence or by a majority of the Pre-Trial Chamber.

3. In addition to its other functions under this Statute, the Pre-Trial Chamber may:

(a) At the request of the Prosecutor, issue such orders and warrants as may be required for the purposes of an investigation;

(b) Upon the request of a person who has been arrested or has appeared pursuant to a summons under article 58, issue such orders, including measures such as those described in article 56, or seek such cooperation pursuant to Part 9 as may be necessary to assist the person in the preparation of his or her defence;

(c) Where necessary, provide for the protection and privacy of victims and witnesses, the preservation of evidence, the protection of persons who have been arrested or appeared in response to a summons, and the protection of national security information;

(d) Authorize the Prosecutor to take specific investigative steps within the territory of a State Party without having secured the cooperation of that State under Part 9 if, whenever possible having regard to the views of the State concerned, the Pre-Trial Chamber has determined in that case that the State is clearly unable to execute a request for cooperation due to the unavailability of any authority or any component of its judicial system competent to execute the request for cooperation under Part 9.

(e) Where a warrant of arrest or a summons has been issued under article 58, and having due regard to the strength of the evidence and the rights of the parties concerned, as provided for in this Statute and the Rules of Procedure and Evidence, seek the cooperation of States pursuant to article 93, paragraph 1 (k), to take protective measures for the purpose of forfeiture, in particular for the ultimate benefit of victims.

### Article 58

### Issuance by the Pre-Trial Chamber of a warrant of arrest or a summons to appear

1. At any time after the initiation of an investigation, the Pre-Trial Chamber shall, on the application of the Prosecutor, issue a warrant of arrest of a person if, having examined the application and the evidence or other information submitted by the Prosecutor, it is satisfied that:

(a) There are reasonable grounds to believe that the person has committed a crime within the jurisdiction of the Court; and

(b) The arrest of the person appears necessary:

(i) To ensure the person's appearance at trial,

(ii) To ensure that the person does not obstruct or endanger the investigation or the court proceedings, or

(iii) Where applicable, to prevent the person from continuing with the commission of that crime or a related crime which is within the jurisdiction of the Court and which arises out of the same circumstances.

2. The application of the Prosecutor shall contain:

(a) The name of the person and any other relevant identifying information;

(b) A specific reference to the crimes within the jurisdiction of the Court which the person is alleged to have committed;

(c) A concise statement of the facts which are alleged to constitute those crimes;

(d) A summary of the evidence and any other information which establish reasonable grounds to believe that the person committed those crimes; and

(e) The reason why the Prosecutor believes that the arrest of the person is necessary.

3. The warrant of arrest shall contain:

(a) The name of the person and any other relevant identifying information;

(b) A specific reference to the crimes within the jurisdiction of the Court for which the person's arrest is sought; and

(c) A concise statement of the facts which are alleged to constitute those crimes.

4. The warrant of arrest shall remain in effect until otherwise ordered by the Court.

5. On the basis of the warrant of arrest, the Court may request the provisional arrest or the arrest and surrender of the person under Part 9.

6. The Prosecutor may request the Pre-Trial Chamber to amend the warrant of arrest by modifying or adding to the crimes specified therein. The Pre-Trial Chamber shall so amend the warrant if it is satisfied that there are reasonable grounds to believe that the person committed the modified or additional crimes.

7. As an alternative to seeking a warrant of arrest, the Prosecutor may submit an application requesting that the Pre-Trial Chamber issue a summons for the person to appear. If the Pre-Trial Chamber is satisfied that there are reasonable grounds to believe that the person committed the crime alleged and that a summons is sufficient to ensure the person's appearance, it shall issue the summons, with or without conditions restricting liberty (other than detention) if provided for by national law, for the person to appear. The summons shall contain:

(a) The name of the person and any other relevant identifying information;

(b) The specified date on which the person is to appear;

(c) A specific reference to the crimes within the jurisdiction of the Court which the person is alleged to have committed; and

(d) A concise statement of the facts which are alleged to constitute the crime.

The summons shall be served on the person.

### Article 59

### Arrest proceedings in the custodial State

1. A State Party which has received a request for provisional arrest or for arrest and surrender shall immediately take steps to arrest the person in question in accordance with its laws and the provisions of Part 9.

2. A person arrested shall be brought promptly before the competent judicial authority in the custodial State which shall determine, in accordance with the law of that State, that:

(a) The warrant applies to that person;

(b) The person has been arrested in accordance with the proper process; and

(c) The person's rights have been respected.

3. The person arrested shall have the right to apply to the competent authority in the custodial State for interim release pending surrender.

4. In reaching a decision on any such application, the competent authority in the custodial State shall consider whether, given the gravity of the alleged crimes, there are urgent and exceptional circumstances to justify interim release and whether necessary safeguards exist to ensure that the custodial State can fulfil its duty to surrender the person to the Court. It shall not be open to the competent authority of the custodial State to consider whether the warrant of arrest was properly issued in accordance with article 58, paragraph 1 (a) and (b).

5. The Pre-Trial Chamber shall be notified of any request for interim release and shall make recommendations to the competent authority in the custodial State. The competent authority in the custodial State shall give full consideration to such recommendations, including any recommendations on measures to prevent the escape of the person, before rendering its decision.

6. If the person is granted interim release, the Pre-Trial Chamber may request periodic reports on the status of the interim release.

7. Once ordered to be surrendered by the custodial State, the person shall be delivered to the Court as soon as possible.

### Article 60

### Initial proceedings before the Court

1. Upon the surrender of the person to the Court, or the person's appearance before the Court voluntarily or pursuant to a summons, the Pre-Trial Chamber shall satisfy itself that the person has been informed of the crimes which he or she is alleged to have committed, and of his or her rights under this Statute, including the right to apply for interim release pending trial.

2. A person subject to a warrant of arrest may apply for interim release pending trial. If the Pre-Trial Chamber is satisfied that the conditions set forth in article 58, paragraph 1, are met, the person shall continue to be detained. If it is not so satisfied, the Pre-Trial Chamber shall release the person, with or without conditions.

3. The Pre-Trial Chamber shall periodically review its ruling on the release or detention of the person, and may do so at any time on the request of the Prosecutor or the person. Upon such review, it may modify its ruling as to detention, release or conditions of release, if it is satisfied that changed circumstances so require.

4. The Pre-Trial Chamber shall ensure that a person is not detained for an unreasonable period prior to trial due to inexcusable delay by the Prosecutor. If such delay occurs, the Court shall consider releasing the person, with or without conditions.

5. If necessary, the Pre-Trial Chamber may issue a warrant of arrest to secure the presence of a person who has been released.

### Article 61

### Confirmation of the charges before trial

1. Subject to the provisions of paragraph 2, within a reasonable time after the person's surrender or voluntary appearance before the Court, the Pre-Trial Chamber shall hold a hearing to confirm the charges on which the Prosecutor intends to seek trial. The hearing shall be held in the presence of the Prosecutor and the person charged, as well as his or her counsel.

2. The Pre-Trial Chamber may, upon request of the Prosecutor or on its own motion, hold a hearing in the absence of the person charged to confirm the charges on which the Prosecutor intends to seek trial when the person has:

(a) Waived his or her right to be present; or

(b) Fled or cannot be found and all reasonable steps have been taken to secure his or her appearance before the Court and to inform the person of the charges and that a hearing to confirm those charges will be held.

In that case, the person shall be represented by counsel where the Pre-Trial Chamber determines that it is in the interests of justice.

3. Within a reasonable time before the hearing, the person shall:

(a) Be provided with a copy of the document containing the charges on which the Prosecutor intends to bring the person to trial; and

(b) Be informed of the evidence on which the Prosecutor intends to rely at the hearing.

The Pre-Trial Chamber may issue orders regarding the disclosure of information for the purposes of the hearing.

4. Before the hearing, the Prosecutor may continue the investigation and may amend or withdraw any charges. The person shall be given reasonable notice before the hearing of any amendment to or withdrawal of charges. In case of a withdrawal of charges, the Prosecutor shall notify the Pre-Trial Chamber of the reasons for the withdrawal.

5. At the hearing, the Prosecutor shall support each charge with sufficient evidence to establish substantial grounds to believe that the person

committed the crime charged. The Prosecutor may rely on documentary or summary evidence and need not call the witnesses expected to testify at the trial.

6. At the hearing, the person may:

(a) Object to the charges;

(b) Challenge the evidence presented by the Prosecutor; and

(c) Present evidence.

7. The Pre-Trial Chamber shall, on the basis of the hearing, determine whether there is sufficient evidence to establish substantial grounds to believe that the person committed each of the crimes charged. Based on its determination, the Pre-Trial Chamber shall:

(a) Confirm those charges in relation to which it has determined that there is sufficient evidence, and commit the person to a Trial Chamber for trial on the charges as confirmed;

(b) Decline to confirm those charges in relation to which it has determined that there is insufficient evidence;

(c) Adjourn the hearing and request the Prosecutor to consider:

(i) Providing further evidence or conducting further investigation with respect to a particular charge; or

(ii) Amending a charge because the evidence submitted appears to establish a different crime within the jurisdiction of the Court.

8. Where the Pre-Trial Chamber declines to confirm a charge, the Prosecutor shall not be precluded from subsequently requesting its confirmation if the request is supported by additional evidence.

9. After the charges are confirmed and before the trial has begun, the Prosecutor may, with the permission of the Pre-Trial Chamber and after notice to the accused, amend the charges. If the Prosecutor seeks to add additional charges or to substitute more serious charges, a hearing under this article to confirm those charges must be held. After commencement of the trial, the Prosecutor may, with the permission of the Trial Chamber, withdraw the charges.

10. Any warrant previously issued shall cease to have effect with respect to any charges which have not been confirmed by the Pre-Trial Chamber or which have been withdrawn by the Prosecutor.

11. Once the charges have been confirmed in accordance with this article, the Presidency shall constitute a Trial Chamber which, subject to paragraph 9 and to article 64, paragraph 4, shall be responsible for the conduct of subsequent proceedings and may exercise any function of the Pre-Trial Chamber that is relevant and capable of application in those proceedings.

## PART 6.
## THE TRIAL

### Article 62

### Place of trial

Unless otherwise decided, the place of the trial shall be the seat of the Court.

### Article 63

### Trial in the presence of the accused

1. The accused shall be present during the trial.

2. If the accused, being present before the Court, continues to disrupt the trial, the Trial Chamber may remove the accused and shall make provision for him or her to observe the trial and instruct counsel from outside the courtroom, through the use of communications technology, if required. Such measures shall be taken only in exceptional circumstances after other reasonable alternatives have proved inadequate, and only for such duration as is strictly required.

### Article 64

### Functions and powers of the Trial Chamber

1. The functions and powers of the Trial Chamber set out in this article shall be exercised in

accordance with this Statute and the Rules of Procedure and Evidence.

2. The Trial Chamber shall ensure that a trial is fair and expeditious and is conducted with full respect for the rights of the accused and due regard for the protection of victims and witnesses.

3. Upon assignment of a case for trial in accordance with this Statute, the Trial Chamber assigned to deal with the case shall:

(a) Confer with the parties and adopt such procedures as are necessary to facilitate the fair and expeditious conduct of the proceedings;

(b) Determine the language or languages to be used at trial; and

(c) Subject to any other relevant provisions of this Statute, provide for disclosure of documents or information not previously disclosed, sufficiently in advance of the commencement of the trial to enable adequate preparation for trial.

4. The Trial Chamber may, if necessary for its effective and fair functioning, refer preliminary issues to the Pre-Trial Chamber or, if necessary, to another available judge of the Pre-Trial Division.

5. Upon notice to the parties, the Trial Chamber may, as appropriate, direct that there be joinder or severance in respect of charges against more than one accused.

6. In performing its functions prior to trial or during the course of a trial, the Trial Chamber may, as necessary:

(a) Exercise any functions of the Pre-Trial Chamber referred to in article 61, paragraph 11;

(b) Require the attendance and testimony of witnesses and production of documents and other evidence by obtaining, if necessary, the assistance of States as provided in this Statute;

(c) Provide for the protection of confidential information;

(d) Order the production of evidence in addition to that already collected prior to the trial or presented during the trial by the parties;

(e) Provide for the protection of the accused, witnesses and victims; and

(f) Rule on any other relevant matters.

7. The trial shall be held in public. The Trial Chamber may, however, determine that special circumstances require that certain proceedings be in closed session for the purposes set forth in article 68, or to protect confidential or sensitive information to be given in evidence.

8. (a) At the commencement of the trial, the Trial Chamber shall have read to the accused the charges previously confirmed by the Pre-Trial Chamber. The Trial Chamber shall satisfy itself that the accused understands the nature of the charges. It shall afford him or her the opportunity to make an admission of guilt in accordance with article 65 or to plead not guilty.

(b) At the trial, the presiding judge may give directions for the conduct of proceedings, including to ensure that they are conducted in a fair and impartial manner. Subject to any directions of the presiding judge, the parties may submit evidence in accordance with the provisions of this Statute.

9. The Trial Chamber shall have, *inter alia*, the power on application of a party or on its own motion to:

(a) Rule on the admissibility or relevance of evidence; and

(b) Take all necessary steps to maintain order in the course of a hearing.

10. The Trial Chamber shall ensure that a complete record of the trial, which accurately reflects the proceedings, is made and that it is maintained and preserved by the Registrar.

## Article 65

### Proceedings on an admission of guilt

1. Where the accused makes an admission of guilt pursuant to article 64, paragraph 8 (a), the Trial Chamber shall determine whether:

(a) The accused understands the nature and consequences of the admission of guilt;

(b) The admission is voluntarily made by the accused after sufficient consultation with defence counsel; and

(c) The admission of guilt is supported by the facts of the case that are contained in:

(i) The charges brought by the Prosecutor and admitted by the accused;

(ii) Any materials presented by the Prosecutor which supplement the charges and which the accused accepts; and

(iii) Any other evidence, such as the testimony of witnesses, presented by the Prosecutor or the accused.

2. Where the Trial Chamber is satisfied that the matters referred to in paragraph 1 are established, it shall consider the admission of guilt, together with any additional evidence presented, as establishing all the essential facts that are required to prove the crime to which the admission of guilt relates, and may convict the accused of that crime.

3. Where the Trial Chamber is not satisfied that the matters referred to in paragraph 1 are established, it shall consider the admission of guilt as not having been made, in which case it shall order that the trial be continued under the ordinary trial procedures provided by this Statute and may remit the case to another Trial Chamber.

4. Where the Trial Chamber is of the opinion that a more complete presentation of the facts of the case is required in the interests of justice, in particular the interests of the victims, the Trial Chamber may:

(a) Request the Prosecutor to present additional evidence, including the testimony of witnesses; or

(b) Order that the trial be continued under the ordinary trial procedures provided by this Statute, in which case it shall consider the admission of guilt as not having been made and may remit the case to another Trial Chamber.

5. Any discussions between the Prosecutor and the defence regarding modification of the charges, the admission of guilt or the penalty to be imposed shall not be binding on the Court.

**Article 66**

**Presumption of innocence**

1. Everyone shall be presumed innocent until proved guilty before the Court in accordance with the applicable law.

2. The onus is on the Prosecutor to prove the guilt of the accused.

3. In order to convict the accused, the Court must be convinced of the guilt of the accused beyond reasonable doubt.

**Article 67**

**Rights of the accused**

1. In the determination of any charge, the accused shall be entitled to a public hearing, having regard to the provisions of this Statute, to a fair hearing conducted impartially, and to the following minimum guarantees, in full equality:

(a) To be informed promptly and in detail of the nature, cause and content of the charge, in a language which the accused fully understands and speaks;

(b) To have adequate time and facilities for the preparation of the defence and to communicate freely with counsel of the accused's choosing in confidence;

(c) To be tried without undue delay;

(d) Subject to article 63, paragraph 2, to be present at the trial, to conduct the defence in person or through legal assistance of the accused's choosing, to be informed, if the accused does not have legal assistance, of this right and to have legal assistance assigned by the Court in any case where the interests of justice so require, and without payment if the accused lacks sufficient means to pay for it;

(e) To examine, or have examined, the witnesses against him or her and to obtain the attendance and examination of witnesses on his or her behalf under the same conditions as witnesses against him or her. The accused shall also be entitled to raise defences and to present other evidence admissible under this Statute;

(f) To have, free of any cost, the assistance of a competent interpreter and such translations as are necessary to meet the requirements of fairness, if any of the proceedings of or documents presented to the Court are not in a language which the accused fully understands and speaks;

(g) Not to be compelled to testify or to confess guilt and to remain silent, without such silence being a consideration in the determination of guilt or innocence;

(h) To make an unsworn oral or written statement in his or her defence; and

(i) Not to have imposed on him or her any reversal of the burden of proof or any onus of rebuttal.

2. In addition to any other disclosure provided for in this Statute, the Prosecutor shall, as soon as practicable, disclose to the defence evidence in the Prosecutor's possession or control which he or she believes shows or tends to show the innocence of the accused, or to mitigate the guilt of the accused, or which may affect the credibility of prosecution evidence. In case of doubt as to the application of this paragraph, the Court shall decide.

### Article 68

### Protection of the victims and witnesses and their participation in the proceedings

1. The Court shall take appropriate measures to protect the safety, physical and psychological well-being, dignity and privacy of victims and witnesses. In so doing, the Court shall have regard to all relevant factors, including age, gender as defined in article 7, paragraph 3, and health, and the nature of the crime, in particular, but not limited to, where the crime involves sexual or gender violence or violence against children. The Prosecutor shall take such measures particularly during the investigation and prosecution of such crimes. These measures shall not be prejudicial to or inconsistent with the rights of the accused and a fair and impartial trial.

2. As an exception to the principle of public hearings provided for in article 67, the Chambers of the Court may, to protect victims and witnesses or an accused, conduct any part of the proceedings *in camera* or allow the presentation of evidence by electronic or other special means. In particular, such measures shall be implemented in the case of a victim of sexual violence or a child who is a victim or a witness, unless otherwise ordered by the Court, having regard to all the circumstances, particularly the views of the victim or witness.

3. Where the personal interests of the victims are affected, the Court shall permit their views and concerns to be presented and considered at stages of the proceedings determined to be appropriate by the Court and in a manner which is not prejudicial to or inconsistent with the rights of the accused and a fair and impartial trial. Such views and concerns may be presented by the legal representatives of the victims where the Court considers it appropriate, in accordance with the Rules of Procedure and Evidence.

4. The Victims and Witnesses Unit may advise the Prosecutor and the Court on appropriate protective measures, security arrangements, counselling and assistance as referred to in article 43, paragraph 6.

5. Where the disclosure of evidence or information pursuant to this Statute may lead to the grave endangerment of the security of a witness or his or her family, the Prosecutor may, for the purposes of any proceedings conducted prior to the commencement of the trial, withhold such evidence or information and instead submit a summary thereof. Such measures shall be exercised in a manner which is not prejudicial to or inconsistent with the rights of the accused and a fair and impartial trial.

6. A State may make an application for necessary measures to be taken in respect of the protection of its servants or agents and the protection of confidential or sensitive information.

### Article 69

### Evidence

1. Before testifying, each witness shall, in accordance with the Rules of Procedure and Evidence, give an undertaking as to the truthfulness of the evidence to be given by that witness.

2. The testimony of a witness at trial shall be given in person, except to the extent provided by the measures set forth in article 68 or in the Rules of Procedure and Evidence. The Court may also permit the giving of *viva voce* (oral) or recorded testimony of a witness by means of video or audio technology, as well as the introduction of documents or written transcripts, subject to this Statute and in accordance with the Rules of Procedure and Evidence. These measures shall not be prejudicial to or inconsistent with the rights of the accused.

3. The parties may submit evidence relevant to the case, in accordance with article 64. The Court shall have the authority to request the submission of all evidence that it considers necessary for the determination of the truth.

4. The Court may rule on the relevance or admissibility of any evidence, taking into account, *inter alia*, the probative value of the evidence and any prejudice that such evidence may cause to a fair trial or to a fair evaluation of the testimony of a witness, in accordance with the Rules of Procedure and Evidence.

5. The Court shall respect and observe privileges on confidentiality as provided for in the Rules of Procedure and Evidence.

6. The Court shall not require proof of facts of common knowledge but may take judicial notice of them.

7. Evidence obtained by means of a violation of this Statute or internationally recognized human rights shall not be admissible if:

(a) The violation casts substantial doubt on the reliability of the evidence; or

(b) The admission of the evidence would be antithetical to and would seriously damage the integrity of the proceedings.

8. When deciding on the relevance or admissibility of evidence collected by a State, the Court shall not rule on the application of the State's national law.

### Article 70

### Offences against the administration of justice

1. The Court shall have jurisdiction over the following offences against its administration of justice when committed intentionally:

(a) Giving false testimony when under an obligation pursuant to article 69, paragraph 1, to tell the truth;

(b) Presenting evidence that the party knows is false or forged;

(c) Corruptly influencing a witness, obstructing or interfering with the attendance or testimony of a witness, retaliating against a witness for giving testimony or destroying, tampering with or interfering with the collection of evidence;

(d) Impeding, intimidating or corruptly influencing an official of the Court for the purpose of forcing or persuading the official not to perform, or to perform improperly, his or her duties;

(e) Retaliating against an official of the Court on account of duties performed by that or another official;

(f) Soliciting or accepting a bribe as an official of the Court in connection with his or her official duties.

2. The principles and procedures governing the Court's exercise of jurisdiction over offences under this article shall be those provided for in the Rules of Procedure and Evidence. The conditions for providing international cooperation to the Court with respect to its proceedings under this article shall be governed by the domestic laws of the requested State.

3. In the event of conviction, the Court may impose a term of imprisonment not exceeding five years, or a fine in accordance with the Rules of Procedure and Evidence, or both.

4. (a) Each State Party shall extend its criminal laws penalizing offences against the integrity of its own investigative or judicial process to offences against the administration of justice referred to in this article, committed on its territory, or by one of its nationals;

(b) Upon request by the Court, whenever it deems it proper, the State Party shall submit the case to its competent authorities for the purpose of prosecution. Those authorities shall treat such cases with diligence and devote sufficient resources to enable them to be conducted effectively.

### Article 71

### Sanctions for misconduct before the Court

1. The Court may sanction persons present before it who commit misconduct, including disruption of its proceedings or deliberate refusal to comply with its directions, by administrative measures other than imprisonment, such as tem-

porary or permanent removal from the courtroom, a fine or other similar measures provided for in the Rules of Procedure and Evidence.

2. The procedures governing the imposition of the measures set forth in paragraph 1 shall be those provided for in the Rules of Procedure and Evidence.

### Article 72

### Protection of national security information

1. This article applies in any case where the disclosure of the information or documents of a State would, in the opinion of that State, prejudice its national security interests. Such cases include those falling within the scope of article 56, paragraphs 2 and 3, article 61, paragraph 3, article 64, paragraph 3, article 67, paragraph 2, article 68, paragraph 6, article 87, paragraph 6 and article 93, as well as cases arising at any other stage of the proceedings where such disclosure may be at issue.

2. This article shall also apply when a person who has been requested to give information or evidence has refused to do so or has referred the matter to the State on the ground that disclosure would prejudice the national security interests of a State and the State concerned confirms that it is of the opinion that disclosure would prejudice its national security interests.

3. Nothing in this article shall prejudice the requirements of confidentiality applicable under article 54, paragraph 3 (e) and (f), or the application of article 73.

4. If a State learns that information or documents of the State are being, or are likely to be, disclosed at any stage of the proceedings, and it is of the opinion that disclosure would prejudice its national security interests, that State shall have the right to intervene in order to obtain resolution of the issue in accordance with this article.

5. If, in the opinion of a State, disclosure of information would prejudice its national security interests, all reasonable steps will be taken by the State, acting in conjunction with the Prosecutor, the defence or the Pre-Trial Chamber or Trial Chamber, as the case may be, to seek to resolve the matter by cooperative means. Such steps may include:

(a) Modification or clarification of the request;

(b) A determination by the Court regarding the relevance of the information or evidence sought, or a determination as to whether the evidence, though relevant, could be or has been obtained from a source other than the requested State;

(c) Obtaining the information or evidence from a different source or in a different form; or

(d) Agreement on conditions under which the assistance could be provided including, among other things, providing summaries or redactions, limitations on disclosure, use of *in camera* or *ex parte* proceedings, or other protective measures permissible under the Statute and the Rules of Procedure and Evidence.

6. Once all reasonable steps have been taken to resolve the matter through cooperative means, and if the State considers that there are no means or conditions under which the information or documents could be provided or disclosed without prejudice to its national security interests, it shall so notify the Prosecutor or the Court of the specific reasons for its decision, unless a specific description of the reasons would itself necessarily result in such prejudice to the State's national security interests.

7. Thereafter, if the Court determines that the evidence is relevant and necessary for the establishment of the guilt or innocence of the accused, the Court may undertake the following actions:

(a) Where disclosure of the information or document is sought pursuant to a request for cooperation under Part 9 or the circumstances described in paragraph 2, and the State has invoked the ground for refusal referred to in article 93, paragraph 4:

> (i) The Court may, before making any conclusion referred to in subparagraph 7 (a) (ii), request further consultations for the purpose of considering the State's representations, which may include, as appropriate, hearings *in camera* and *ex parte*;
>
> (ii) If the Court concludes that, by invoking the ground for refusal under article 93,

paragraph 4, in the circumstances of the case, the requested State is not acting in accordance with its obligations under this Statute, the Court may refer the matter in accordance with article 87, paragraph 7, specifying the reasons for its conclusion; and

(iii) The Court may make such inference in the trial of the accused as to the existence or non-existence of a fact, as may be appropriate in the circumstances; or

(b) In all other circumstances:

(i) Order disclosure; or

(ii) To the extent it does not order disclosure, make such inference in the trial of the accused as to the existence or non-existence of a fact, as may be appropriate in the circumstances.

### Article 73

### Third-party information of documents

If a State Party is requested by the Court to provide a document or information in its custody, possession or control, which was disclosed to it in confidence by a State, intergovernmental organization or international organization, it shall seek the consent of the originator to disclose that document or information. If the originator is a State Party, it shall either consent to disclosure of the information or document or undertake to resolve the issue of disclosure with the Court, subject to the provisions of article 72. If the originator is not a State Party and refuses to consent to disclosure, the requested State shall inform the Court that it is unable to provide the document or information because of a pre-existing obligation of confidentiality to the originator.

### Article 74

### Requirements for the decision

1. All the judges of the Trial Chamber shall be present at each stage of the trial and throughout their deliberations. The Presidency may, on a case-by-case basis, designate, as available, one or more alternate judges to be present at each stage of the trial and to replace a member of the Trial Chamber if that member is unable to continue attending.

2. The Trial Chamber's decision shall be based on its evaluation of the evidence and the entire proceedings. The decision shall not exceed the facts and circumstances described in the charges and any amendments to the charges. The Court may base its decision only on evidence submitted and discussed before it at the trial.

3. The judges shall attempt to achieve unanimity in their decision, failing which the decision shall be taken by a majority of the judges.

4. The deliberations of the Trial Chamber shall remain secret.

5. The decision shall be in writing and shall contain a full and reasoned statement of the Trial Chamber's findings on the evidence and conclusions. The Trial Chamber shall issue one decision. When there is no unanimity, the Trial Chamber's decision shall contain the views of the majority and the minority. The decision or a summary thereof shall be delivered in open court.

### Article 75

### Reparations to victims

1. The Court shall establish principles relating to reparations to, or in respect of, victims, including restitution, compensation and rehabilitation. On this basis, in its decision the Court may, either upon request or on its own motion in exceptional circumstances, determine the scope and extent of any damage, loss and injury to, or in respect of, victims and will state the principles on which it is acting.

2. The Court may make an order directly against a convicted person specifying appropriate reparations to, or in respect of, victims, including restitution, compensation and rehabilitation. Where appropriate, the Court may order that the award for reparations be made through the Trust Fund provided for in article 79.

3. Before making an order under this article, the Court may invite and shall take account of representations from or on behalf of the convicted person, victims, other interested persons or interested States.

4. In exercising its power under this article, the Court may, after a person is convicted of a crime within the jurisdiction of the Court, determine whether, in order to give effect to an order which it may make under this article, it is necessary to seek measures under article 93, paragraph 1.

5. A State Party shall give effect to a decision under this article as if the provisions of article 109 were applicable to this article.

6. Nothing in this article shall be interpreted as prejudicing the rights of victims under national or international law.

**Article 76**

**Sentencing**

1. In the event of a conviction, the Trial Chamber shall consider the appropriate sentence to be imposed and shall take into account the evidence presented and submissions made during the trial that are relevant to the sentence.

2. Except where article 65 applies and before the completion of the trial, the Trial Chamber may on its own motion and shall, at the request of the Prosecutor or the accused, hold a further hearing to hear any additional evidence or submissions relevant to the sentence, in accordance with the Rules of Procedure and Evidence.

3. Where paragraph 2 applies, any representations under article 75 shall be heard during the further hearing referred to in paragraph 2 and, if necessary, during any additional hearing.

4. The sentence shall be pronounced in public and, wherever possible, in the presence of the accused.

**PART 7.
PENALTIES**

**Article 77**

**Applicable penalties**

1. Subject to article 110, the Court may impose one of the following penalties on a person convicted of a crime referred to in article 5 of this Statute:

(a) Imprisonment for a specified number of years, which may not exceed a maximum of 30 years; or

(b) A term of life imprisonment when justified by the extreme gravity of the crime and the individual circumstances of the convicted person.

2. In addition to imprisonment, the Court may order:

(a) A fine under the criteria provided for in the Rules of Procedure and Evidence;

(b) A forfeiture of proceeds, property and assets derived directly or indirectly from that crime, without prejudice to the rights of bona fide third parties.

**Article 78**

**Determination of the sentence**

1. In determining the sentence, the Court shall, in accordance with the Rules of Procedure and Evidence, take into account such factors as the gravity of the crime and the individual circumstances of the convicted person.

2. In imposing a sentence of imprisonment, the Court shall deduct the time, if any, previously spent in detention in accordance with an order of the Court. The Court may deduct any time otherwise spent in detention in connection with conduct underlying the crime.

3. When a person has been convicted of more than one crime, the Court shall pronounce a sentence for each crime and a joint sentence specifying the total period of imprisonment. This period shall be no less than the highest individual sentence pronounced and shall not exceed 30 years imprisonment or a sentence of life imprisonment in conformity with article 77, paragraph 1 (b).

**Article 79**

**Trust Fund**

1. A Trust Fund shall be established by decision of the Assembly of States Parties for the benefit

of victims of crimes within the jurisdiction of the Court, and of the families of such victims.

2. The Court may order money and other property collected through fines or forfeiture to be transferred, by order of the Court, to the Trust Fund.

3. The Trust Fund shall be managed according to criteria to be determined by the Assembly of States Parties.

### Article 80

### Non-prejudice to national application of penalties and national laws

Nothing in this Part affects the application by States of penalties prescribed by their national law, nor the law of States which do not provide for penalties prescribed in this Part.

## PART 8. APPEAL AND REVISION

### Article 81

### Appeal against decision of acquittal or conviction or against sentence

1. A decision under article 74 may be appealed in accordance with the Rules of Procedure and Evidence as follows:

(a) The Prosecutor may make an appeal on any of the following grounds:

(i) Procedural error,

(ii) Error of fact, or

(iii) Error of law;

(b) The convicted person, or the Prosecutor on that person's behalf, may make an appeal on any of the following grounds:

(i) Procedural error,

(ii) Error of fact,

(iii) Error of law, or

(iv) Any other ground that affects the fairness or reliability of the proceedings or decision.

2. (a) A sentence may be appealed, in accordance with the Rules of Procedure and Evidence, by the Prosecutor or the convicted person on the ground of disproportion between the crime and the sentence;

(b) If on an appeal against sentence the Court considers that there are grounds on which the conviction might be set aside, wholly or in part, it may invite the Prosecutor and the convicted person to submit grounds under article 81, paragraph 1 (a) or (b), and may render a decision on conviction in accordance with article 83;

(c) The same procedure applies when the Court, on an appeal against conviction only, considers that there are grounds to reduce the sentence under paragraph 2 (a).

3. (a) Unless the Trial Chamber orders otherwise, a convicted person shall remain in custody pending an appeal;

(b) When a convicted person's time in custody exceeds the sentence of imprisonment imposed, that person shall be released, except that if the Prosecutor is also appealing, the release may be subject to the conditions under subparagraph (c) below;

(c) In case of an acquittal, the accused shall be released immediately, subject to the following:

(i) Under exceptional circumstances, and having regard, *inter alia*, to the concrete risk of flight, the seriousness of the offence charged and the probability of success on appeal, the Trial Chamber, at the request of the Prosecutor, may maintain the detention of the person pending appeal;

(ii) A decision by the Trial Chamber under subparagraph (c) (i) may be appealed in accordance with the Rules of Procedure and Evidence.

4. Subject to the provisions of paragraph 3 (a) and (b), execution of the decision or sentence shall be suspended during the period allowed for appeal and for the duration of the appeal proceedings.

### Article 82

### Appeal against other decisions

1. Either party may appeal any of the following decisions in accordance with the Rules of Procedure and Evidence:

(a) A decision with respect to jurisdiction or admissibility;

(b) A decision granting or denying release of the person being investigated or prosecuted;

(c) A decision of the Pre-Trial Chamber to act on its own initiative under article 56, paragraph 3;

(d) A decision that involves an issue that would significantly affect the fair and expeditious conduct of the proceedings or the outcome of the trial, and for which, in the opinion of the Pre-Trial or Trial Chamber, an immediate resolution by the Appeals Chamber may materially advance the proceedings.

2. A decision of the Pre-Trial Chamber under article 57, paragraph 3 (d), may be appealed against by the State concerned or by the Prosecutor, with the leave of the Pre-Trial Chamber. The appeal shall be heard on an expedited basis.

3. An appeal shall not of itself have suspensive effect unless the Appeals Chamber so orders, upon request, in accordance with the Rules of Procedure and Evidence.

4. A legal representative of the victims, the convicted person or a bona fide owner of property adversely affected by an order under article 75 may appeal against the order for reparations, as provided in the Rules of Procedure and Evidence.

## Article 83

### Proceedings on appeal

1. For the purposes of proceedings under article 81 and this article, the Appeals Chamber shall have all the powers of the Trial Chamber.

2. If the Appeals Chamber finds that the proceedings appealed from were unfair in a way that affected the reliability of the decision or sentence, or that the decision or sentence appealed from was materially affected by error of fact or law or procedural error, it may:

(a) Reverse or amend the decision or sentence; or

(b) Order a new trial before a different Trial Chamber.

For these purposes, the Appeals Chamber may remand a factual issue to the original Trial Chamber for it to determine the issue and to report back accordingly, or may itself call evidence to determine the issue. When the decision or sentence has been appealed only by the person convicted, or the Prosecutor on that person's behalf, it cannot be amended to his or her detriment.

3. If in an appeal against sentence the Appeals Chamber finds that the sentence is disproportionate to the crime, it may vary the sentence in accordance with Part 7.

4. The judgement of the Appeals Chamber shall be taken by a majority of the judges and shall be delivered in open court. The judgement shall state the reasons on which it is based. When there is no unanimity, the judgement of the Appeals Chamber shall contain the views of the majority and the minority, but a judge may deliver a separate or dissenting opinion on a question of law.

5. The Appeals Chamber may deliver its judgement in the absence of the person acquitted or convicted.

## Article 84

### Revision of conviction or sentence

1. The convicted person or, after death, spouses, children, parents or one person alive at the time of the accused's death who has been given express written instructions from the accused to bring such a claim, or the Prosecutor on the person's behalf, may apply to the Appeals Chamber to revise the final judgement of conviction or sentence on the grounds that:

(a) New evidence has been discovered that:

(i) Was not available at the time of trial, and such unavailability was not wholly or partially attributable to the party making application; and

(ii) Is sufficiently important that had it been proved at trial it would have been likely to have resulted in a different verdict;

(b) It has been newly discovered that decisive evidence, taken into account at trial and upon which the conviction depends, was false, forged or falsified;

(c) One or more of the judges who participated in conviction or confirmation of the charges has committed, in that case, an act of serious misconduct or serious breach of duty of sufficient gravity to justify the removal of that judge or those judges from office under article 46.

2. The Appeals Chamber shall reject the application if it considers it to be unfounded. If it determines that the application is meritorious, it may, as appropriate:

(a) Reconvene the original Trial Chamber;

(b) Constitute a new Trial Chamber; or

(c) Retain jurisdiction over the matter,

with a view to, after hearing the parties in the manner set forth in the Rules of Procedure and Evidence, arriving at a determination on whether the judgement should be revised.

### Article 85

### Compensation to an arrested or convicted person

1. Anyone who has been the victim of unlawful arrest or detention shall have an enforceable right to compensation.

2. When a person has by a final decision been convicted of a criminal offence, and when subsequently his or her conviction has been reversed on the ground that a new or newly discovered fact shows conclusively that there has been a miscarriage of justice, the person who has suffered punishment as a result of such conviction shall be compensated according to law, unless it is proved that the non-disclosure of the unknown fact in time is wholly or partly attributable to him or her.

3. In exceptional circumstances, where the Court finds conclusive facts showing that there has been a grave and manifest miscarriage of justice, it may in its discretion award compensation, according to the criteria provided in the Rules of Procedure and Evidence, to a person who has been released from detention following a final decision of acquittal or a termination of the proceedings for that reason.

## PART 9. INTERNATIONAL COOPERATION AND JUDICIAL ASSISTANCE

### Article 86

### General obligation to cooperate

States Parties shall, in accordance with the provisions of this Statute, cooperate fully with the Court in its investigation and prosecution of crimes within the jurisdiction of the Court.

### Article 87

### Requests for cooperation: general provisions

1. (a) The Court shall have the authority to make requests to States Parties for cooperation. The requests shall be transmitted through the diplomatic channel or any other appropriate channel as may be designated by each State Party upon ratification, acceptance, approval or accession.

Subsequent changes to the designation shall be made by each State Party in accordance with the Rules of Procedure and Evidence.

(b) When appropriate, without prejudice to the provisions of subparagraph (a), requests may also be transmitted through the International Criminal Police Organization or any appropriate regional organization.

2. Requests for cooperation and any documents supporting the request shall either be in or be accompanied by a translation into an official language of the requested State or one of the working languages of the Court, in accordance with the choice made by that State upon ratification, acceptance, approval or accession.

Subsequent changes to this choice shall be made in accordance with the Rules of Procedure and Evidence.

3. The requested State shall keep confidential a request for cooperation and any documents supporting the request, except to the extent that the disclosure is necessary for execution of the request.

4. In relation to any request for assistance presented under this Part, the Court may take such measures, including measures related to the protection of information, as may be necessary to ensure the safety or physical or psychological well-being of any victims, potential witnesses and their families. The Court may request that any information that is made available under this Part shall be provided and handled in a manner that protects the safety and physical or psychological well-being of any victims, potential witnesses and their families.

5. (a) The Court may invite any State not party to this Statute to provide assistance under this Part on the basis of an ad hoc arrangement, an agreement with such State or any other appropriate basis.

(b) Where a State not party to this Statute, which has entered into an ad hoc arrangement or an agreement with the Court, fails to cooperate with requests pursuant to any such arrangement or agreement, the Court may so inform the Assembly of States Parties or, where the Security Council referred the matter to the Court, the Security Council.

6. The Court may ask any intergovernmental organization to provide information or documents. The Court may also ask for other forms of cooperation and assistance which may be agreed upon with such an organization and which are in accordance with its competence or mandate.

7. Where a State Party fails to comply with a request to cooperate by the Court contrary to the provisions of this Statute, thereby preventing the Court from exercising its functions and powers under this Statute, the Court may make a finding to that effect and refer the matter to the Assembly of States Parties or, where the Security Council referred the matter to the Court, to the Security Council.

**Article 88**

**Availability of procedures under national law**

States Parties shall ensure that there are procedures available under their national law for all of the forms of cooperation which are specified under this Part.

**Article 89**

**Surrender of persons to the Court**

1. The Court may transmit a request for the arrest and surrender of a person, together with the material supporting the request outlined in article 91, to any State on the territory of which that person may be found and shall request the cooperation of that State in the arrest and surrender of such a person. States Parties shall, in accordance with the provisions of this Part and the procedure under their national law, comply with requests for arrest and surrender.

2. Where the person sought for surrender brings a challenge before a national court on the basis of the principle of *ne bis in idem* as provided in article 20, the requested State shall immediately consult with the Court to determine if there has been a relevant ruling on admissibility. If the case is admissible, the requested State shall proceed with the execution of the request. If an admissibility ruling is pending, the requested State may postpone the execution of the request for surrender of the person until the Court makes a determination on admissibility.

3. (a) A State Party shall authorize, in accordance with its national procedural law, transportation through its territory of a person being surrendered to the Court by another State, except where transit through that State would impede or delay the surrender.

(b) A request by the Court for transit shall be transmitted in accordance with article 87. The request for transit shall contain:

(i) A description of the person being transported;

(ii) A brief statement of the facts of the case and their legal characterization; and

(iii) The warrant for arrest and surrender;

(c) A person being transported shall be detained in custody during the period of transit;

(d) No authorization is required if the person is transported by air and no landing is scheduled on the territory of the transit State;

(e) If an unscheduled landing occurs on the territory of the transit State, that State may require a request for transit from the Court as provided for in subparagraph (b). The transit State shall detain the person being transported until the request for transit is received and the transit is effected, provided that detention for purposes of this subparagraph may not be extended beyond 96 hours from the unscheduled landing unless the request is received within that time.

4. If the person sought is being proceeded against or is serving a sentence in the requested State for a crime different from that for which surrender to the Court is sought, the requested State, after making its decision to grant the request, shall consult with the Court.

**Article 90**

**Competing requests**

1. A State Party which receives a request from the Court for the surrender of a person under article 89 shall, if it also receives a request from any other State for the extradition of the same person for the same conduct which forms the basis of the crime for which the Court seeks the person's surrender, notify the Court and the requesting State of that fact.

2. Where the requesting State is a State Party, the requested State shall give priority to the request from the Court if:

(a) The Court has, pursuant to article 18 or 19, made a determination that the case in respect of which surrender is sought is admissible and that determination takes into account the investigation or prosecution conducted by the requesting State in respect of its request for extradition; or

(b) The Court makes the determination described in subparagraph (a) pursuant to the requested State's notification under paragraph 1.

3. Where a determination under paragraph 2 (a) has not been made, the requested State may, at its discretion, pending the determination of the Court under paragraph 2 (b), proceed to deal with the request for extradition from the requesting State but shall not extradite the person until the Court has determined that the case is inadmissible. The Court's determination shall be made on an expedited basis.

4. If the requesting State is a State not Party to this Statute the requested State, if it is not under an international obligation to extradite the person to the requesting State, shall give priority to the request for surrender from the Court, if the Court has determined that the case is admissible.

5. Where a case under paragraph 4 has not been determined to be admissible by the Curt, the requested State may, at its discretion, proceed to deal with the request for extradition from the requesting State.

6. In cases where paragraph 4 applies except that the requested State is under an existing international obligation to extradite the person to the requesting State not Party to this Statute, the requested State shall determine whether to surrender the person to the Court or extradite the person to the requesting State. In making its decision, the requested State shall consider all the relevant factors, including but not limited to:

(a) The respective dates of the requests;

(b) The interests of the requesting State including, where relevant, whether the crime was committed in its territory and the nationality of the victims and of the person sought; and

(c) The possibility of subsequent surrender between the Court and the requesting State.

7. Where a State Party which receives a request from the Court for the surrender of a person also receives a request from any State for the extradition of the same person for conduct other than that which constitutes the crime for which the Court seeks the person's surrender:

(a) The requested State shall, if it is not under an existing international obligation to extradite the person to the requesting State, give priority to the request from the Court;

(b) The requested State shall, if it is under an existing international obligation to extradite the person to the requesting State, determine whether to surrender the person to the Court or to extradite the person to the requesting State. In making its decision, the requested State shall consider all the relevant factors, including but not limited to those set out in paragraph 6, but shall give special consideration to the relative nature and gravity of the conduct in question.

8. Where pursuant to a notification under this article, the Court has determined a case to be inadmissible, and subsequently extradition to the requesting State is refused, the requested State shall notify the Court of this decision.

### Article 91

### Contents of request for arrest and surrender

1. A request for arrest and surrender shall be made in writing. In urgent cases, a request may be made by any medium capable of delivering a written record, provided that the request shall be confirmed through the channel provided for in article 87, paragraph 1 (a).

2. In the case of a request for the arrest and surrender of a person for whom a warrant of arrest has been issued by the Pre-Trial Chamber under article 58, the request shall contain or be supported by:

(a) Information describing the person sought, sufficient to identify the person, and information as to that person's probable location;

(b) A copy of the warrant of arrest; and

(c) Such documents, statements or information as may be necessary to meet the requirements for the surrender process in the requested State, except that those requirements should not be more burdensome than those applicable to requests for extradition pursuant to treaties or arrangements between the requested State and other States and should, if possible, be less burdensome, taking into account the distinct nature of the Court.

3. In the case of a request for the arrest and surrender of a person already convicted, the request shall contain or be supported by:

(a) A copy of any warrant of arrest for that person;

(b) A copy of the judgement of conviction;

(c) Information to demonstrate that the person sought is the one referred to in the judgement of conviction; and

(d) If the person sought has been sentenced, a copy of the sentence imposed and, in the case of a sentence for imprisonment, a statement of any time already served and the time remaining to be served.

4. Upon the request of the Court, a State Party shall consult with the Court, either generally or with respect to a specific matter, regarding any requirements under its national law that may apply under paragraph 2 (c). During the consultations, the State Party shall advise the Court of the specific requirements of its national law.

### Article 92

### Provisional arrest

1. In urgent cases, the Court may request the provisional arrest of the person sought, pending presentation of the request for surrender and the documents supporting the request as specified in article 91.

2. The request for provisional arrest shall be made by any medium capable of delivering a written record and shall contain:

(a) Information describing the person sought, sufficient to identify the person, and information as to that person's probable location;

(b) A concise statement of the crimes for which the person's arrest is sought and of the facts which are alleged to constitute those crimes, including, where possible, the date and location of the crime;

(c) A statement of the existence of a warrant of arrest or a judgement of conviction against the person sought; and

(d) A statement that a request for surrender of the person sought will follow.

3. A person who is provisionally arrested may be released from custody if the requested State has not received the request for surrender and the documents supporting the request as specified in article 91 within the time limits specified in the Rules of Procedure and Evidence. However, the person may consent to surrender before the expiration of this period if permitted by the law of the requested State. In such a case, the requested State shall proceed to surrender the person to the Court as soon as possible.

4. The fact that the person sought has been released from custody pursuant to paragraph 3 shall not prejudice the subsequent arrest and surrender of that person if the request for surrender and the documents supporting the request are delivered at a later date.

### Article 93

### Other forms of cooperation

1. States Parties shall, in accordance with the provisions of this Part and under procedures of national law, comply with requests by the Court to provide the following assistance in relation to investigations or prosecutions:

(a) The identification and whereabouts of persons or the location of items;

(b) The taking of evidence, including testimony under oath, and the production of evidence, including expert opinions and reports necessary to the Court;

(c) The questioning of any person being investigated or prosecuted;

(d) The service of documents, including judicial documents;

(e) Facilitating the voluntary appearance of persons as witnesses or experts before the Court;

(f) The temporary transfer of persons as provided in paragraph 7;

(g) The examination of places or sites, including the exhumation and examination of grave sites;

(h) The execution of searches and seizures;

(i) The provision of records and documents, including official records and documents;

(j) The protection of victims and witnesses and the preservation of evidence;

(k) The identification, tracing and freezing or seizure of proceeds, property and assets and instrumentalities of crimes for the purpose of eventual forfeiture, without prejudice to the rights of bona fide third parties; and

(l) Any other type of assistance which is not prohibited by the law of the requested State, with a view to facilitating the investigation and prosecution of crimes within the jurisdiction of the Court.

2. The Court shall have the authority to provide an assurance to a witness or an expert appearing before the Court that he or she will not be prosecuted, detained or subjected to any restriction of personal freedom by the Court in respect of any act or omission that preceded the departure of that person from the requested State.

3. Where execution of a particular measure of assistance detailed in a request presented under paragraph 1, is prohibited in the requested State on the basis of an existing fundamental legal principle of general application, the requested State shall promptly consult with the Court to try to resolve the matter. In the consultations, consideration should be given to whether the assistance can be rendered in another manner or subject to conditions. If after consultations the matter cannot be resolved, the Court shall modify the request as necessary.

4. In accordance with article 72, a State Party may deny a request for assistance, in whole or in part, only if the request concerns the production of any documents or disclosure of evidence which relates to its national security.

5. Before denying a request for assistance under paragraph 1 (l), the requested State shall consider whether the assistance can be provided subject to specified conditions, or whether the assistance can be provided at a later date or in an alternative manner, provided that if the Court or the Prosecutor accepts the assistance subject to conditions, the Court or the Prosecutor shall abide by them.

6. If a request for assistance is denied, the requested State Party shall promptly inform the Court or the Prosecutor of the reasons for such denial.

7. (a) The Court may request the temporary transfer of a person in custody for purposes of identification or for obtaining testimony or other assistance. The person may be transferred if the following conditions are fulfilled:

> (i) The person freely gives his or her informed consent to the transfer; and
>
> (ii) The requested State agrees to the transfer, subject to such conditions as that State and the Court may agree.

(b) The person being transferred shall remain in custody. When the purposes of the transfer have been fulfilled, the Court shall return the person without delay to the requested State.

8. (a) The Court shall ensure the confidentiality of documents and information, except as required for the investigation and proceedings described in the request.

(b) The requested State may, when necessary, transmit documents or information to the Prosecutor on a confidential basis. The Prosecutor may then use them solely for the purpose of generating new evidence.

(c) The requested State may, on its own motion or at the request of the Prosecutor, subsequently consent to the disclosure of such documents or information. They may then be used as evidence pursuant to the provisions of Parts 5 and 6 and in accordance with the Rules of Procedure and Evidence.

9. (a)

(i) In the event that a State Party receives competing requests, other than for surrender or extradition, from the Court and from another State pursuant to an international obligation, the State Party shall endeavour, in consultation with the Court and the other State, to meet both requests, if necessary by postponing or attaching conditions to one or the other request.

(ii) Failing that, competing requests shall be resolved in accordance with the principles established in article 90.

(b) Where, however, the request from the Court concerns information, property or persons which are subject to the control of a third State or an international organization by virtue of an international agreement, the requested States shall so inform the Court and the Court shall direct its request to the third State or international organization.

10. (a) The Court may, upon request, cooperate with and provide assistance to a State Party conducting an investigation into or trial in respect of conduct which constitutes a crime within the jurisdiction of the Court or which constitutes a serious crime under the national law of the requesting State.

(b) (i) The assistance provided under subparagraph (a) shall include, *inter alia*:

a. The transmission of statements, documents or other types of evidence obtained in the course of an investigation or a trial conducted by the Court; and

b. The questioning of any person detained by order of the Court;

(ii) In the case of assistance under subparagraph (b) (i) a:

a. If the documents or other types of evidence have been obtained with the assistance of a State, such transmission shall require the consent of that State;

b. If the statements, documents or other types of evidence have been provided by a witness or expert, such transmission shall be subject to the provisions of article 68.

(c) The Court may, under the conditions set out in this paragraph, grant a request for assistance under this paragraph from a State which is not a Party to this Statute.

### Article 94

### Postponement of execution of a request in respect of ongoing investigation or prosecution

1. If the immediate execution of a request would interfere with an ongoing investigation or prosecution of a case different from that to which the request relates, the requested State may postpone the execution of the request for a period of time agreed upon with the Court. However, the postponement shall be no longer than is necessary to complete the relevant investigation or prosecution in the requested State. Before making a decision to postpone, the requested State should consider whether the assistance may be immediately provided subject to certain conditions.

2. If a decision to postpone is taken pursuant to paragraph 1, the Prosecutor may, however, seek measures to preserve evidence, pursuant to article 93, paragraph 1 (j).

### Article 95

### Postponement of execution of a request in respect of an admissibility challenge

Where there is an admissibility challenge under consideration by the Court pursuant to article 18 or 19, the requested State may postpone the execution of a request under this Part pending a determination by the Court, unless the Court has specifically ordered that the Prosecutor may pursue the collection of such evidence pursuant to article 18 or 19.

### Article 96

### Contents of request for other forms of assistance under article 93

1. A request for other forms of assistance referred to in article 93 shall be made in writing. In urgent cases, a request may be made by any medium capable of delivering a written record, provided that the request shall be confirmed through the channel provided for in article 87, paragraph 1 (a).

2. The request shall, as applicable, contain or be supported by the following:

(a) A concise statement of the purpose of the request and the assistance sought, including the legal basis and the grounds for the request;

(b) As much detailed information as possible about the location or identification of any person or place that must be found or identified in order for the assistance sought to be provided;

(c) A concise statement of the essential facts underlying the request;

(d) The reasons for and details of any procedure or requirement to be followed;

(e) Such information as may be required under the law of the requested State in order to execute the request; and

(f) Any other information relevant in order for the assistance sought to be provided.

3. Upon the request of the Court, a State Party shall consult with the Court, either generally or with respect to a specific matter, regarding any requirements under its national law that may apply under paragraph 2 (e). During the consultations, the State Party shall advise the Court of the specific requirements of its national law.

4. The provisions of this article shall, where applicable, also apply in respect of a request for assistance made to the Court.

### Article 97

### Consultations

Where a State Party receives a request under this Part in relation to which it identifies problems which may impede or prevent the execution of the request, that State shall consult with the Court without delay in order to resolve the matter. Such problems may include, *inter alia*:

(a) Insufficient information to execute the request;

(b) In the case of a request for surrender, the fact that despite best efforts, the person sought cannot be located or that the investigation conducted has determined that the person in the requested State is clearly not the person named in the warrant; or

(c) The fact that execution of the request in its current form would require the requested State to breach a pre-existing treaty obligation undertaken with respect to another State.

### Article 98

### Cooperation with respect to waiver of immunity and consent to surrender

1. The Court may not proceed with a request for surrender or assistance which would require the requested State to act inconsistently with its obligations under international law with respect to the State or diplomatic immunity of a person or property of a third State, unless the Court can first obtain the cooperation of that third State for the waiver of the immunity.

2. The Court may not proceed with a request for surrender which would require the requested State to act inconsistently with its obligations under international agreements pursuant to which the consent of a sending State is required to surrender a person of that State to the Court,

unless the Court can first obtain the cooperation of the sending State for the giving of consent for the surrender.

### Article 99

### Execution of requests under articles 93 and 96

1. Requests for assistance shall be executed in accordance with the relevant procedure under the law of the requested State and, unless prohibited by such law, in the manner specified in the request, including following any procedure outlined therein or permitting persons specified in the request to be present at and assist in the execution process.

2. In the case of an urgent request, the documents or evidence produced in response shall, at the request of the Court, be sent urgently.

3. Replies from the requested State shall be transmitted in their original language and form.

4. Without prejudice to other articles in this Part, where it is necessary for the successful execution of a request which can be executed without any compulsory measures, including specifically the interview of or taking evidence from a person on a voluntary basis, including doing so without the presence of the authorities of the requested State Party if it is essential for the request to be executed, and the examination without modification of a public site or other public place, the Prosecutor may execute such request directly on the territory of a State as follows:

(a) When the State Party requested is a State on the territory of which the crime is alleged to have been committed, and there has been a determination of admissibility pursuant to article 18 or 19, the Prosecutor may directly execute such request following all possible consultations with the requested State Party;

(b) In other cases, the Prosecutor may execute such request following consultations with the requested State Party and subject to any reasonable conditions or concerns raised by that State Party. Where the requested State Party identifies problems with the execution of a request pursuant to this subparagraph it shall, without delay, consult with the Court to resolve the matter.

5. Provisions allowing a person heard or examined by the Court under article 72 to invoke restrictions designed to prevent disclosure of confidential information connected with national security shall also apply to the execution of requests for assistance under this article.

### Article 100

### Costs

1. The ordinary costs for execution of requests in the territory of the requested State shall be borne by that State, except for the following, which shall be borne by the Court:

(a) Costs associated with the travel and security of witnesses and experts or the transfer under article 93 of persons in custody;

(b) Costs of translation, interpretation and transcription;

(c) Travel and subsistence costs of the judges, the Prosecutor, the Deputy Prosecutors, the Registrar, the Deputy Registrar and staff of any organ of the Court;

(d) Costs of any expert opinion or report requested by the Court;

(e) Costs associated with the transport of a person being surrendered to the Court by a custodial State; and

(f) Following consultations, any extraordinary costs that may result from the execution of a request.

2. The provisions of paragraph 1 shall, as appropriate, apply to requests from States Parties to the Court. In that case, the Court shall bear the ordinary costs of execution.

### Article 101

### Rule of speciality

1. A person surrendered to the Court under this Statute shall not be proceeded against, punished or detained for any conduct committed prior to surrender, other than the conduct or course of conduct which forms the basis of the crimes for which that person has been surrendered.

2. The Court may request a waiver of the requirements of paragraph 1 from the State which surrendered the person to the Court and, if necessary, the Court shall provide additional information in accordance with article 91. States Parties shall have the authority to provide a waiver to the Court and should endeavour to do so.

### Article 102

### Use of terms

For the purposes of this Statute:

(a) "surrender" means the delivering up of a person by a State to the Court, pursuant to this Statute.

(b) "extradition" means the delivering up of a person by one State to another as provided by treaty, convention or national legislation.

## PART 10. ENFORCEMENT

### Article 103

### Role of States in enforcement of sentences of imprisonment

1. (a) A sentence of imprisonment shall be served in a State designated by the Court from a list of States which have indicated to the Court their willingness to accept sentenced persons.

(b) At the time of declaring its willingness to accept sentenced persons, a State may attach conditions to its acceptance as agreed by the Court and in accordance with this Part.

(c) A State designated in a particular case shall promptly inform the Court whether it accepts the Court's designation.

2. (a) The State of enforcement shall notify the Court of any circumstances, including the exercise of any conditions agreed under paragraph 1, which could materially affect the terms or extent of the imprisonment. The Court shall be given at least 45 days' notice of any such known or foreseeable circumstances. During this period, the State of enforcement shall take no action that might prejudice its obligations under article 110.

(b) Where the Court cannot agree to the circumstances referred to in subparagraph (a), it shall notify the State of enforcement and proceed in accordance with article 104, paragraph 1.

3. In exercising its discretion to make a designation under paragraph 1, the Court shall take into account the following:

(a) The principle that States Parties should share the responsibility for enforcing sentences of imprisonment, in accordance with principles of equitable distribution, as provided in the Rules of Procedure and Evidence;

(b) The application of widely accepted international treaty standards governing the treatment of prisoners;

(c) The views of the sentenced person;

(d) The nationality of the sentenced person;

(e) Such other factors regarding the circumstances of the crime or the person sentenced, or the effective enforcement of the sentence, as may be appropriate in designating the State of enforcement.

4. If no State is designated under paragraph 1, the sentence of imprisonment shall be served in a prison facility made available by the host State, in accordance with the conditions set out in the headquarters agreement referred to in article 3, paragraph 2. In such a case, the costs arising out of the enforcement of a sentence of imprisonment shall be borne by the Court.

### Article 104

### Change in designation of State of enforcement

1. The Court may, at any time, decide to transfer a sentenced person to a prison of another State.

2. A sentenced person may, at any time, apply to the Court to be transferred from the State of enforcement.

**Article 105**

**Enforcement of the sentence**

1. Subject to conditions which a State may have specified in accordance with article 103, paragraph 1 (b), the sentence of imprisonment shall be binding on the States Parties, which shall in no case modify it.

2. The Court alone shall have the right to decide any application for appeal and revision. The State of enforcement shall not impede the making of any such application by a sentenced person.

**Article 106**

**Supervision of enforcement of sentences and conditions of imprisonment**

1. The enforcement of a sentence of imprisonment shall be subject to the supervision of the Court and shall be consistent with widely accepted international treaty standards governing treatment of prisoners.

2. The conditions of imprisonment shall be governed by the law of the State of enforcement and shall be consistent with widely accepted international treaty standards governing treatment of prisoners; in no case shall such conditions be more or less favourable than those available to prisoners convicted of similar offences in the State of enforcement.

3. Communications between a sentenced person and the Court shall be unimpeded and confidential.

**Article 107**

**Transfer of the person upon completion of sentence**

1. Following completion of the sentence, a person who is not a national of the State of enforcement may, in accordance with the law of the State of enforcement, be transferred to a State which is obliged to receive him or her, or to another State which agrees to receive him or her, taking into account any wishes of the person to be transferred to that State, unless the State of enforcement authorizes the person to remain in its territory.

2. If no State bears the costs arising out of transferring the person to another State pursuant to paragraph 1, such costs shall be borne by the Court.

3. Subject to the provisions of article 108, the State of enforcement may also, in accordance with its national law, extradite or otherwise surrender the person to a State which has requested the extradition or surrender of the person for purposes of trial or enforcement of a sentence.

**Article 108**

**Limitation on the prosecution or punishment of other offences**

1. A sentenced person in the custody of the State of enforcement shall not be subject to prosecution or punishment or to extradition to a third State for any conduct engaged in prior to that person's delivery to the State of enforcement, unless such prosecution, punishment or extradition has been approved by the Court at the request of the State of enforcement.

2. The Court shall decide the matter after having heard the views of the sentenced person.

3. Paragraph 1 shall cease to apply if the sentenced person remains voluntarily for more than 30 days in the territory of the State of enforcement after having served the full sentence imposed by the Court, or returns to the territory of that State after having left it.

**Article 109**

**Enforcement of fines and forfeiture measures**

1. States Parties shall give effect to fines or forfeitures ordered by the Court under Part 7, without prejudice to the rights of bona fide third parties, and in accordance with the procedure of their national law.

2. If a State Party is unable to give effect to an order for forfeiture, it shall take measures to recover the value of the proceeds, property or assets ordered by the Court to be forfeited, without prejudice to the rights of bona fide third parties.

3. Property, or the proceeds of the sale of real property or, where appropriate, the sale of other property, which is obtained by a State Party as a result of its enforcement of a judgement of the Court shall be transferred to the Court.

### Article 110

### Review by the Court concerning reduction of sentence

1. The State of enforcement shall not release the person before expiry of the sentence pronounced by the Court.

2. The Court alone shall have the right to decide any reduction of sentence, and shall rule on the matter after having heard the person.

3. When the person has served two thirds of the sentence, or 25 years in the case of life imprisonment, the Court shall review the sentence to determine whether it should be reduced. Such a review shall not be conducted before that time.

4. In its review under paragraph 3, the Court may reduce the sentence if it finds that one or more of the following factors are present:

(a) The early and continuing willingness of the person to cooperate with the Court in its investigations and prosecutions;

(b) The voluntary assistance of the person in enabling the enforcement of the judgements and orders of the Court in other cases, and in particular providing assistance in locating assets subject to orders of fine, forfeiture or reparation which may be used for the benefit of victims; or

(c) Other factors establishing a clear and significant change of circumstances sufficient to justify the reduction of sentence, as provided in the Rules of Procedure and Evidence.

5. If the Court determines in its initial review under paragraph 3 that it is not appropriate to reduce the sentence, it shall thereafter review the question of reduction of sentence at such intervals and applying such criteria as provided for in the Rules of Procedure and Evidence.

### Article 111

### Escape

If a convicted person escapes from custody and flees the State of enforcement, that State may, after consultation with the Court, request the person's surrender from the State in which the person is located pursuant to existing bilateral or multilateral arrangements, or may request that the Court seek the person's surrender, in accordance with Part 9. It may direct that the person be delivered to the State in which he or she was serving the sentence or to another State designated by the Court.

## PART 11.
## ASSEMBLY OF STATES PARTIES

### Article 112

### Assembly of States Parties

1. An Assembly of States Parties to this Statute is hereby established. Each State Party shall have one representative in the Assembly who may be accompanied by alternates and advisers. Other States which have signed this Statute or the Final Act may be observers in the Assembly.

2. The Assembly shall:

(a) Consider and adopt, as appropriate, recommendations of the Preparatory Commission;

(b) Provide management oversight to the Presidency, the Prosecutor and the Registrar regarding the administration of the Court;

(c) Consider the reports and activities of the Bureau established under paragraph 3 and take appropriate action in regard thereto;

(d) Consider and decide the budget for the Court;

(e) Decide whether to alter, in accordance with article 36, the number of judges;

(f) Consider pursuant to article 87, paragraphs 5 and 7, any question relating to non-cooperation;

(g) Perform any other function consistent with this Statute or the Rules of Procedure and Evidence.

3. (a) The Assembly shall have a Bureau consisting of a President, two Vice-Presidents and 18 members elected by the Assembly for three-year terms.

(b) The Bureau shall have a representative character, taking into account, in particular, equitable geographical distribution and the adequate representation of the principal legal systems of the world.

(c) The Bureau shall meet as often as necessary, but at least once a year. It shall assist the Assembly in the discharge of its responsibilities.

4. The Assembly may establish such subsidiary bodies as may be necessary, including an independent oversight mechanism for inspection, evaluation and investigation of the Court, in order to enhance its efficiency and economy.

5. The President of the Court, the Prosecutor and the Registrar or their representatives may participate, as appropriate, in meetings of the Assembly and of the Bureau.

6. The Assembly shall meet at the seat of the Court or at the Headquarters of the United Nations once a year and, when circumstances so require, hold special sessions. Except as otherwise specified in this Statute, special sessions shall be convened by the Bureau on its own initiative or at the request of one third of the States Parties.

7. Each State Party shall have one vote. Every effort shall be made to reach decisions by consensus in the Assembly and in the Bureau. If consensus cannot be reached, except as otherwise provided in the Statute:

(a) Decisions on matters of substance must be approved by a two-thirds majority of those present and voting provided that an absolute majority of States Parties constitutes the quorum for voting;

(b) Decisions on matters of procedure shall be taken by a simple majority of States Parties present and voting.

8. A State Party which is in arrears in the payment of its financial contributions towards the costs of the Court shall have no vote in the Assembly and in the Bureau if the amount of its arrears equals or exceeds the amount of the contributions due from it for the preceding two full years. The Assembly may, nevertheless, permit such a State Party to vote in the Assembly and in the Bureau if it is satisfied that the failure to pay is due to conditions beyond the control of the State Party.

9. The Assembly shall adopt its own rules of procedure.

10. The official and working languages of the Assembly shall be those of the General Assembly of the United Nations.

## PART 12.
## FINANCING

### Article 113

### Financial Regulations

Except as otherwise specifically provided, all financial matters related to the Court and the meetings of the Assembly of States Parties, including its Bureau and subsidiary bodies, shall be governed by this Statute and the Financial Regulations and Rules adopted by the Assembly of States Parties.

### Article 114

### Payment of expenses

Expenses of the Court and the Assembly of States Parties, including its Bureau and subsidiary bodies, shall be paid from the funds of the Court.

### Article 115

### Funds of the Court and of the Assembly of States Parties

The expenses of the Court and the Assembly of States Parties, including its Bureau and subsidiary bodies, as provided for in the budget decided by the Assembly of States Parties, shall be provided by the following sources:

(a) Assessed contributions made by States Parties;

(b) Funds provided by the United Nations, subject to the approval of the General Assembly, in particular in relation to the expenses incurred due to referrals by the Security Council.

**Article 116**

**Voluntary contributions**

Without prejudice to article 115, the Court may receive and utilize, as additional funds, voluntary contributions from Governments, international organizations, individuals, corporations and other entities, in accordance with relevant criteria adopted by the Assembly of States Parties.

**Article 117**

**Assessment of contributions**

The contributions of States Parties shall be assessed in accordance with an agreed scale of assessment, based on the scale adopted by the United Nations for its regular budget and adjusted in accordance with the principles on which that scale is based.

**Article 118**

**Annual audit**

The records, books and accounts of the Court, including its annual financial statements, shall be audited annually by an independent auditor.

## PART 13. FINAL CLAUSES

**Article 119**

**Settlement of disputes**

1. Any dispute concerning the judicial functions of the Court shall be settled by the decision of the Court.

2. Any other dispute between two or more States Parties relating to the interpretation or application of this Statute which is not settled through negotiations within three months of their commencement shall be referred to the Assembly of States Parties. The Assembly may itself seek to settle the dispute or may make recommendations on further means of settlement of the dispute, including referral to the International Court of Justice in conformity with the Statute of that Court.

**Article 120**

**Reservations**

No reservations may be made to this Statute.

**Article 121**

**Amendments**

1. After the expiry of seven years from the entry into force of this Statute, any State Party may propose amendments thereto. The text of any proposed amendment shall be submitted to the Secretary-General of the United Nations, who shall promptly circulate it to all States Parties.

2. No sooner than three months from the date of notification, the Assembly of States Parties, at its next meeting, shall, by a majority of those present and voting, decide whether to take up the proposal. The Assembly may deal with the proposal directly or convene a Review Conference if the issue involved so warrants.

3. The adoption of an amendment at a meeting of the Assembly of States Parties or at a Review Conference on which consensus cannot be reached shall require a two-thirds majority of States Parties.

4. Except as provided in paragraph 5, an amendment shall enter into force for all States Parties one year after instruments of ratification or acceptance have been deposited with the Secretary-General of the United Nations by seven-eighths of them.

5. Any amendment to articles 5, 6, 7 and 8 of this Statute shall enter into force for those States Parties which have accepted the amendment one year after the deposit of their instruments of ratification or acceptance. In respect of a State

Party which has not accepted the amendment, the Court shall not exercise its jurisdiction regarding a crime covered by the amendment when committed by that State Party's nationals or on its territory.

6. If an amendment has been accepted by seven-eighths of States Parties in accordance with paragraph 4, any State Party which has not accepted the amendment may withdraw from this Statute with immediate effect, notwithstanding article 127, paragraph 1, but subject to article 127, paragraph 2, by giving notice no later than one year after the entry into force of such amendment.

7. The Secretary-General of the United Nations shall circulate to all States Parties any amendment adopted at a meeting of the Assembly of States Parties or at a Review Conference.

### Article 122

### Amendments to provisions of an institutional nature

1. Amendments to provisions of this Statute which are of an exclusively institutional nature, namely, article 35, article 36, paragraphs 8 and 9, article 37, article 38, article 39, paragraphs 1 (first two sentences), 2 and 4, article 42, paragraphs 4 to 9, article 43, paragraphs 2 and 3, and articles 44, 46, 47 and 49, may be proposed at any time, notwithstanding article 121, paragraph 1, by any State Party. The text of any proposed amendment shall be submitted to the Secretary-General of the United Nations or such other person designated by the Assembly of States Parties who shall promptly circulate it to all States Parties and to others participating in the Assembly.

2. Amendments under this article on which consensus cannot be reached shall be adopted by the Assembly of States Parties or by a Review Conference, by a two-thirds majority of States Parties. Such amendments shall enter into force for all States Parties six months after their adoption by the Assembly or, as the case may be, by the Conference.

### Article 123

### Review of the Statute

1. Seven years after the entry into force of this Statute the Secretary-General of the United Nations shall convene a Review Conference to consider any amendments to this Statute. Such review may include, but is not limited to, the list of crimes contained in article 5. The Conference shall be open to those participating in the Assembly of States Parties and on the same conditions.

2. At any time thereafter, at the request of a State Party and for the purposes set out in paragraph 1, the Secretary-General of the United Nations shall, upon approval by a majority of States Parties, convene a Review Conference.

3. The provisions of article 121, paragraphs 3 to 7, shall apply to the adoption and entry into force of any amendment to the Statute considered at a Review Conference.

### Article 124

### Transitional Provision

Notwithstanding article 12, paragraphs 1 and 2, a State, on becoming a party to this Statute, may declare that, for a period of seven years after the entry into force of this Statute for the State concerned, it does not accept the jurisdiction of the Court with respect to the category of crimes referred to in article 8 when a crime is alleged to have been committed by its nationals or on its territory. A declaration under this article may be withdrawn at any time. The provisions of this article shall be reviewed at the Review Conference convened in accordance with article 123, paragraph 1.

### Article 125

### Signature, ratification, acceptance, approval or accession

1. This Statute shall be open for signature by all States in Rome, at the headquarters of the Food

and Agriculture Organization of the United Nations, on 17 July 1998. Thereafter, it shall remain open for signature in Rome at the Ministry of Foreign Affairs of Italy until 17 October 1998. After that date, the Statute shall remain open for signature in New York, at United Nations Headquarters, until 31 December 2000.

2. This Statute is subject to ratification, acceptance or approval by signatory States. Instruments of ratification, acceptance or approval shall be deposited with the Secretary-General of the United Nations.

3. This Statute shall be open to accession by all States. Instruments of accession shall be deposited with the Secretary-General of the United Nations.

### Article 126

### Entry into force

1. This Statute shall enter into force on the first day of the month after the 60th day following the date of the deposit of the 60th instrument of ratification, acceptance, approval or accession with the Secretary-General of the United Nations.

2. For each State ratifying, accepting, approving or acceding to this Statute after the deposit of the 60th instrument of ratification, acceptance, approval or accession, the Statute shall enter into force on the first day of the month after the 60th day following the deposit by such State of its instrument of ratification, acceptance, approval or accession.

### Article 127

### Withdrawal

1. A State Party may, by written notification addressed to the Secretary-General of the United Nations, withdraw from this Statute. The withdrawal shall take effect one year after the date of receipt of the notification, unless the notification specifies a later date.

2. A State shall not be discharged, by reason of its withdrawal, from the obligations arising from this Statute while it was a Party to the Statute, including any financial obligations which may have accrued. Its withdrawal shall not affect any cooperation with the Court in connection with criminal investigations and proceedings in relation to which the withdrawing State had a duty to cooperate and which were commenced prior to the date on which the withdrawal became effective, nor shall it prejudice in any way the continued consideration of any matter which was already under consideration by the Court prior to the date on which the withdrawal became effective.

### Article 128

### Authentic texts

The original of this Statute, of which the Arabic, Chinese, English, French, Russian and Spanish texts are equally authentic, shall be deposited with the Secretary-General of the United Nations, who shall send certified copies thereof to all States.

IN WITNESS WHEREOF, the undersigned, being duly authorized thereto by their respective Governments, have signed this Statute.

**DONE at Rome, this 17th day of July 1998.**

# Principles of International Law Recognized in the Charter of the Nürnberg Tribunal and in the Judgment of the Tribunal

*Text adopted by the Commission at its second session, in 1950, and submitted to the General Assembly as a part of the Commission's report covering the work of that session.*

## Principle I

Any person who commits an act which constitutes a crime under international law is responsible therefor and liable to punishment.

## Principle II

The fact that internal law does not impose a penalty for an act which constitutes a crime under international law does not relieve the person who committed the act from responsibility under international law.

## Principle III

The fact that a person who committed an act which constitutes a crime under international law acted as Head of State or responsible Government official does not relieve him from responsibility under international law.

## Principle IV

The fact that a person acted pursuant to order of his Government or of a superior does not relieve him from responsibility under international law, provided a moral choice was in fact possible to him.

## Principle V

Any person charged with a crime under international law has the right to a fair trial on the facts and law.

## Principle VI

The crimes hereinafter set out are punishable as crimes under international law:

***(a) Crimes against peace:***

(i) Planning, preparation, initiation or waging of a war of aggression or a war in violation of international treaties, agreements or assurances;

(ii) Participation in a common plan or conspiracy for the accomplishment of any of the acts mentioned under (i).

***(b) War crimes:***

Violations of the laws or customs of war which include, but are not limited to, murder, ill-treatment or deportation to slave-labour or for any other purpose of civilian population of or in occupied territory; murder or ill-treatment of prisoners of war, of persons on the Seas, killing of hostages, plunder of public or private property, wanton destruction of cities, towns, or villages, or devastation not justified by military necessity.

***(c) Crimes against humanity:***

Murder, extermination, enslavement, deportation and other inhuman acts done against any civilian population, or persecutions on political, racial or religious grounds, when such acts are done or such persecutions are carried on in execution of or in connection with any crime against peace or any war crime.

## Principle VII

Complicity in the commission of a crime against peace, a war crime, or a crime against humanity as set forth in Principle VI is a crime under international law.

Gregor Kemper

# Der Weg nach Rom

## Die Entwicklung völkerrechtlicher Strafgerichtsbarkeit und die Errichtung des Ständigen Internationalen Strafgerichtshofs

Frankfurt am Main, Berlin, Bern, Bruxelles, New York, Oxford, Wien, 2004.
XVI, 320 S. Europäische Hochschulschriften: Reihe 2, Rechtswissenschaft.
Bd. 3902
ISBN 3-631-52189-8 · br. € 56.50*

Im Juli 2002 ist das Römische Statut zur Errichtung des Ständigen Internationalen Strafgerichtshofs in Kraft getreten. Damit hat die Durchsetzung des Völkerstrafrechts auf internationaler Ebene ihren vorläufigen Höhepunkt erreicht. Die Errichtung des Internationalen Strafgerichtshofs ist das Ergebnis einer langen Entwicklung, welche in dieser Abhandlung nachgezeichnet wird.

*Aus dem Inhalt:* Das Verfahren gegen Peter von Hagenbach von 1474 · Die Strafbestimmungen des Versailler Vertrages · Der Internationale Militärgerichtshof von Nürnberg · Die wissenschaftliche Entwicklung in der Zeit des Kalten Krieges · Der Internationale Strafgerichtshof für das ehemalige Jugoslawien · Die Konferenz von Rom und das Statut für den Internationalen Strafgerichtshof

FSC
www.fsc.org
MIX
Papier | Fördert gute Waldnutzung
FSC® C083411

Kolibri 360 GmbH
Ferdinand-Jühlke-Straße 7
99095 Erfurt, Deutschland
produktsicherheit@kolibri360.de

Druck:
CPI Druckdienstleistungen GmbH
im Auftrag der
Kolibri 360 GmbH
Ferdinand-Jühlke-Str. 7
99095 Erfurt